21 世纪高职高专规划教材·财经管理系列

现代人力资源管理案例教程

（修订本）

主　编　张岩松　贝凤岩

副主编　李　健　祁玉红　许　峰

清华大学出版社

北京交通大学出版社

·北京·

内 容 简 介

本书是为适应高职人力资源管理学课程教学的需要而组织编写的。在绪论中首先对案例教学的方法、技巧和规律进行了系统阐述，从而为人力资源管理案例教学目标的实现提供方法论指导。本书内容包括人力资源管理概述、人力资源规划、工作分析、员工招聘、人力资源测评、员工激励、培训开发、绩效管理、薪酬管理、职业生涯管理、劳动关系管理等章，每章首先是“学习目标”，让学生明确本章的要求，借用生动有趣的人力资源管理小故事导入后，本着理论够用为度的原则介绍了人力资源管理学的基本理论，在此基础上设置了若干个人力资源管理案例，每个案例包括案例内容和“思考·讨论·训练”题若干，全书精选了近60个案例，非常适合教学使用。为了便于学生自主学习，每章后配有“培训游戏”及“课后练习题”若干，供学生在课后复习巩固时选用。

本书可作为高等学校人力资源管理、公共事业管理等专业学生的“人力资源管理学”教材，也可作为管理类专业主干课“人力资源管理学”的配套教材，还可供各级各类组织人力资源管理人员培训和自学使用。

图书在版编目(CIP)数据

现代人力资源管理案例教程/张岩松，贝凤岩主编. —北京：清华大学出版社；北京交通大学出版社，2011.2（2019.7 重印）
（21 世纪高职高专规划教材·财经管理系列）
ISBN 987-7-5121-0487-7

Ⅰ. ①现…　Ⅱ. ①张…　②贝…　Ⅲ. ①劳动力资源-资源管理-案例-高等学校-教材
Ⅳ. ①F241

中国版本图书馆 CIP 数据核字（2011）第 014215 号

责任编辑：郭东青
出版发行：清 华 大 学 出 版 社　　邮编：100084　　电话：010-62776969
　　　　　北京交通大学出版社　　邮编：100044　　电话：010-51686414
印 刷 者：北京鑫海金澳胶印有限公司
经　　销：全国新华书店
开　　本：185 mm×230 mm　　印张：21　　字数：470 千字
版　　次：2011 年 2 月第 1 版　　2019 年 7 月第 1 次修订　　2019 年 7 月第 3 次印刷
书　　号：ISBN 987-7-5121-0487-7/F·790
印　　数：7 001～8 000 册　　定价：56.00 元

本书如有质量问题，请向北京交通大学出版社质监组反映。对您的意见和批评，我们表示欢迎和感谢。
投诉电话：010-51686043，51686008；传真：010-62225406；E-mail：press@bjtu.edu.cn。

出版说明

高职高专教育是我国高等教育的重要组成部分，它的根本任务是培养生产、建设、管理和服务第一线需要的德、智、体、美全面发展的高等技术应用型专门人才，所培养的学生在掌握必要的基础理论和专业知识的基础上，应重点掌握从事本专业领域实际工作的基本知识和职业技能，因而与其对应的教材也必须有自己的体系和特色。

为了适应我国高职高专教育发展及其对教学改革和教材建设的需要，在教育部的指导下，我们在全国范围内组织并成立了“21世纪高职高专教育教材研究与编审委员会”(以下简称“教材研究与编审委员会”)。“教材研究与编审委员会”的成员单位皆为教学改革成效较大、办学特色鲜明、办学实力强的高等专科学校、高等职业学校、成人高等学校及高等院校主办的二级职业技术学院，其中一些学校是国家重点建设的示范性职业技术学院。

为了保证规划教材的出版质量，“教材研究与编审委员会”在全国范围内选聘“21世纪高职高专规划教材编审委员会”（以下简称“教材编审委员会”）成员和征集教材，并要求“教材编审委员会”成员和规划教材的编著者必须是从事高职高专教学第一线的优秀教师或生产第一线的专家。“教材编审委员会”组织各专业的专家、教授对所征集的教材进行评选，对所列选教材进行审定。

目前，“教材研究与编审委员会”计划用2～3年的时间出版各类高职高专教材200种，范围覆盖计算机应用、电子电气、财会与管理、商务英语等专业的主要课程。此次规划教材全部按教育部制定的“高职高专教育基础课程教学基本要求”编写，其中部分教材是教育部《新世纪高职高专教育人才培养模式和教学内容体系改革与建设项目计划》的研究成果。此次规划教材按照突出应用性、实践性和针对性的原则编写并重组系列课程教材结构，力求反映高职高专课程和教学内容体系改革方向；反映当前教学的新内容，突出基础理论知识的应用和实践技能的培养；适应“实践的要求和岗位的需要”，不依照“学科”体系，即贴近岗位，淡化学科；在兼顾理论和实践内容的同时，避免“全”而“深”的面面俱到，基础理论以应用为目的，以必要、够用为度；尽量体现新知识、新技术、新工艺、新方法，以利于学生综合素质的形成和科学思维方式与创新能力的培养。

此外，为了使规划教材更具广泛性、科学性、先进性和代表性，我们希望全国从事高职高专教育的院校能够积极加入到“教材研究与编审委员会”中来，推荐“教材编审委员会”成员和有特色的、有创新的教材。同时，希望将教学实践中的意见与建议，及时反馈给我们，以便对已出版的教材不断修订、完善，不断提高教材质量，完善教材体系，为社会奉献更多更新的与高职高专教育配套的高质量教材。

此次所有规划教材由全国重点大学出版社——清华大学出版社与北京交通大学出版社联合出版，适合于各类高等专科学校、高等职业学校、成人高等学校及高等院校主办的二级职业技术学院使用。

21世纪高职高专教育教材研究与编审委员会

2010年1月

前　言

案例教学的首要功能，在于以学生为主，以案例学习为中心，高度调动学生的积极性、创造性，引导学生通过对案例的学习，自主地进行读、写、说的训练，从而提高学生分析和解决现实管理问题的能力，这也是“市场营销案例分析”课程的重要特点。因此，教师要牢牢把握本课程的这一重要特征，将其体现到整个教学过程中去。使学生通过个人与集体的讨论和分析，从案例情景中归纳出问题，找寻解决问题的方案并择优处理，最终领悟出适合自身特点的思维和逻辑推理方法，从而在今后实践活动中，可以有效地运用这种逐步培育起来的思维和逻辑推理方法，来观察、分析和解决问题，培养和确立相关能力，并随今后工作实践的持续进行而日趋成熟和完善。

本书正是为适应高职各专业人力资源管理学课程案例教学的需要而组织编写的。它在绪论中首先对案例教学的方法、技巧和规律进行了系统阐述，从而为人力资源管理案例分析教学目的的实现提供方法论指导。

本书将人力资源管理学内容分为人力资源管理概述、人力资源规划、工作分析、员工招聘、人力资源测评、员工激励、培训开发、绩效管理、薪酬管理、职业生涯管理、劳动关系管理等章，每章首先是“学习目标”，让学生明确本章的要求，借用生动有趣的人力资源管理小故事导入后，本着理论够用为度的原则介绍了人力资源管理学的基本理论，在此基础上设置了若干个人力资源管理案例，每个案例包括案例内容和思考讨论训练题若干，全书精选了近 60 个案例，它们是从众多案例中精选出来的，非常适合教学使用，可作为规范性案例提供给学生学习和课堂讨论。

使用本书进行人力资源管理学教学应保证 36 课时。具体教学应分为三个阶段。一是案例教学导入阶段（4 课时），包括案例教学概述 2 课时（教师讲授）、组建课堂讨论小组 2 课时。二是案例学习和讨论阶段（24 课时）。这是人力资源管理学案例分析课程教学的主要阶段，在这一阶段要指导学生研讨 30 个左右的案例，这 24 个课时主要用于学生进行课堂讨论，少量课时由教师讲授。学生课外学习的课时不包括在这 24 课时内。三是书面分析报告撰写阶段（8 课时），这 8 个课时是学生进行分析成果口头表述和教师讲评的课时，并不包括学生撰写分析报告的课外课时。每个学生至少要完成两篇人力资源管理案例分析报告的撰写和表述。在教学过程中，建议教师应就人力资源管理案例的基本要求和相关问题的处理、主动学习和被动学习、案例分析的研究角度、书面分析报告的撰写、案例的口头表述技巧等内容穿插讲述，以提高学生案例分析的质量。为了增强教学效果，也可以在教学中适当安排培训游戏，这在每章后的“培训游戏”中都做了安排。

为了便于学生自主学习，本书每章后配了“课后练习题”若干，这些练习题是参考国内外有关著作和各兄弟院校的相关教学资源，从众多实训题中精心选编而成的，每道练习题并非简单的问答题，而是需要学生消化课堂学习内容亲身实践、动手动脑去完成的技能训练题，这些练习题可供学生在课后复习巩固时选用。

本书由大连职业技术学院张岩松、贝凤岩任主编，李健、祁玉红、许峰任副主编。具体分工如下：张岩松确定全书编写体例和框架并编写了第十章；李健编写了第六至第九章和第十一章；贝凤岩编写了第二章和第三章；祁玉红编写了第四章；许峰编写了第一章；赵明晓编写了第五章；穆秀英编写了绪论。陈百君、王海鉴具体负责全书案例的资料检索和收集工作，李晓明、张朝晖、周宏波、蔡颖颖、鲍文玉、于凯、于丽娟、郭沁荣、王芳、孙培岩、包红君、曹晖、房红怡、佟昌杰、王洪亮、张昀完成了全书的文字录入工作，李健完成全书统稿工作。

本书在编写的过程中，集采众家之说，参考颇多，限于篇幅仅列出了主要参考书目，在此向各位专家学者深表谢意。有些资料是参考互联网发布或转发的信息，其中有些已经无法查明出处，在此亦向各位原作者所付出的辛勤劳动表示衷心的感谢。本书在成书过程中，也得到北京交通大学出版社的大力支持，亦致以深深的谢意。

由于时间、条件、水平等的限制，书中错漏之处在所难免，恳请读者指正。

编者

2011 年 1 月

目　　录

绪论 …… 1

一、管理教学案例概述 …… 1

二、管理案例的“教” …… 5

三、管理案例的“学” …… 19

四、管理案例教学范例 …… 37

第一章　人力资源管理概述 …… 49

学习目标 …… 49

故事导入 …… 49

一、人力资源的概念和特征 …… 51

二、人力资源管理的含义 …… 53

三、人力资源管理与传统人事管理的区别 …… 53

四、人力资源管理的原则 …… 54

五、人力资源管理信息系统 …… 56

六、人力资源外包 …… 59

七、人力资源的跨文化管理 …… 65

案例 1　华为的人力资源管理 …… 67

案例 2　宏通公司的人力资源管理 …… 76

案例 3　福临汽车配件股份有限公司的人事纷争 …… 80

案例 4　思马特服装厂的人力资源管理 …… 82

案例 5　微软的人力资源管理 E 化 …… 84

案例 6　会元公司的人力资源外包 …… 85

案例 7　中日合资企业 SNK 的跨文化管理难题 …… 87

培训游戏　报数 …… 91

课后练习题 …… 92

第二章　人力资源规划 …… 96

学习目标 …… 96

故事导入 …… 96

一、人力资源规划的含义 …… 97

二、人力资源规划的内容 …… 97

三、人力资源规划的原则 …… 98

四、人力资源规划的程序 …… 100

五、人力资源预测…… 102
案例 1　人事部经理的困惑 …… 105
案例 2　某公司的年度人力资源规划 …… 106
案例 3　绿色化工公司的人力资源规划 …… 109
案例 4　让人才为企业守候的天成公司 …… 110
案例 5　李宁公司的人力资源战略 …… 114
培训游戏　飞船竞赛…… 117
课后练习题…… 118
第三章　工作分析…… 120
学习目标…… 120
故事导入…… 120
一、工作分析的含义和作用…… 121
二、工作分析的程序…… 122
三、工作分析的方法…… 124
案例 1　乌金煤炭公司的工作分析 …… 126
案例 2　A 公司的工作分析 …… 134
案例 3　新联信息公司的职位说明 …… 136
案例 4　清扫工作该由谁来做 …… 139
案例 5　什么样的软件工程师最合适 …… 140
培训游戏　信任背摔…… 142
课后练习题…… 143
第四章　员工招聘…… 147
学习目标…… 147
故事导入…… 147
一、员工招聘的概念和意义…… 148
二、员工招聘的原则…… 149
三、员工招聘的流程…… 150
四、招聘方式比较…… 152
案例 1　宝洁公司的标准化面试 …… 153
案例 2　无人才可招的总经理 …… 155
案例 3　夕阳好网站的招聘策略 …… 160
案例 4　欧莱雅创造性招聘之道 …… 162
案例 5　选拔总经理的情景面试 …… 166
案例 6　强盛公司员工的招聘失误 …… 168
培训游戏　了解你的词典…… 169

课后练习题……………………………………………………………………………………… 170
第五章 人力资源测评………………………………………………………………………… 175
学习目标………………………………………………………………………………………… 175
故事导入………………………………………………………………………………………… 175
一、人力资源测评的功能……………………………………………………………………… 176
二、人力资源测评的程序……………………………………………………………………… 176
三、人力资源测评的方法……………………………………………………………………… 177
案例 1 人员素质测评：借你一双慧眼……………………………………………………… 180
案例 2 S企业营销人员的综合素质测评 …………………………………………………… 181
案例 3 美岛公司的人力资源测评方案……………………………………………………… 186
培训游戏 纸游戏……………………………………………………………………………… 189
课后练习题……………………………………………………………………………………… 190
第六章 员工激励……………………………………………………………………………… 191
学习目标………………………………………………………………………………………… 191
故事导入………………………………………………………………………………………… 191
一、员工激励的含义和特点…………………………………………………………………… 192
二、员工激励的作用…………………………………………………………………………… 193
三、员工激励的原则…………………………………………………………………………… 193
案例 1 发生在玩具厂的故事………………………………………………………………… 195
案例 2 冯经理新的激励手段………………………………………………………………… 196
案例 3 我们愿意加班………………………………………………………………………… 197
案例 4 中捷股份的股票期权激励计划……………………………………………………… 198
培训游戏 工作环境的挑战…………………………………………………………………… 201
课后练习题……………………………………………………………………………………… 202
第七章 培训开发……………………………………………………………………………… 204
学习目标………………………………………………………………………………………… 204
故事导入………………………………………………………………………………………… 204
一、培训开发的含义…………………………………………………………………………… 205
二、培训开发的原则…………………………………………………………………………… 205
三、培训开发的流程…………………………………………………………………………… 207
案例 1 松下幸之助的培训之道……………………………………………………………… 210
案例 2 麦当劳的培训课程计划……………………………………………………………… 211
案例 3 惠普中国公司的销售培训…………………………………………………………… 215
案例 4 新康医药集团的员工培训管理……………………………………………………… 216
案例 5 康佳集团的新员工入职培训………………………………………………………… 220

案例 6　如何拉动员工的培训需求 …… 223
培训游戏　搭纸牌 …… 225
课后练习题 …… 226
第八章　绩效管理 …… 227
学习目标 …… 227
故事导入 …… 227
一、绩效管理的性质 …… 228
二、绩效管理的机制 …… 229
案例 1　五星啤酒：机制探索，绩效争议 …… 231
案例 2　员工个性化绩效评价标准 …… 236
案例 3　华夏银行商业信贷部的绩效评估 …… 238
案例 4　联想电脑的考核体系 …… 240
案例 5　“王—李事件”质疑绩效考核的公正性 …… 246
案例 6　小刘“2 分”走人 …… 247
培训游戏　星图游戏 …… 247
课后练习题 …… 248
第九章　薪酬管理 …… 250
学习目标 …… 250
故事导入 …… 250
一、薪酬与薪酬管理的含义 …… 251
二、薪酬管理的原则 …… 251
三、薪酬管理的流程 …… 252
案例 1　朗讯独特的薪酬机制 …… 255
案例 2　泰斗网络公司的三种岗位薪酬体系 …… 257
案例 3　这样的工资制度是否可行 …… 258
案例 4　阳光快餐店的薪酬问题 …… 260
案例 5　三瑞德公司的薪酬计划 …… 261
培训游戏　猜人名游戏 …… 265
课后练习题 …… 265
第十章　职业生涯管理 …… 267
学习目标 …… 267
故事导入 …… 267
一、职业生涯管理的含义 …… 268
二、职业生涯管理的原则 …… 269
三、职业生涯管理的流程 …… 270

案例 1　3M 公司的职业生涯体系 …… 272
案例 2　成都鼎鑫的员工职业生涯规划 …… 274
案例 3　左右为难的经理 …… 277
案例 4　通用电气的接班人选拔 …… 280
案例 5　职业生涯规划书范例 …… 284
案例 6　职业生涯讨论会日程安排 …… 293
案例 7　几次工作转换带来的困惑 …… 296
培训游戏　造房子 …… 299
课后练习题 …… 299
第十一章　劳动关系管理 …… 301
学习目标 …… 301
故事导入 …… 301
一、劳动关系管理的含义 …… 302
二、劳动关系管理的内容 …… 302
三、劳动关系管理的途径 …… 306
案例 1　灵活、高效的全员聘用合同制 …… 307
案例 2　劳务关系不同于劳动关系的法律调整 …… 310
案例 3　竞业限制的经济补偿 …… 312
案例 4　扬州曙光电缆的劳动安全管理 …… 315
培训游戏　高空飞蛋 …… 317
课后练习题 …… 318
参考文献 …… 319

绪论

如果把传统的知识教学比作给学生一条鱼，那么只能供一餐之需；而案例教学则是教给学生捕鱼的本领，将使其终身受益无穷。

——作者

管理案例是在实际企业管理过程中发生的事实材料，这些事实材料由环境、条件、人员、数据、时间等要素所构成，把这些事实材料加工成供课堂教学和学生分析讨论所用的书面文字材料，就称为管理教学案例。它是为了某种既定教学目的、围绕一定的管理问题而对某一真实的管理情景所作的客观描述或介绍。管理案例教学既是对管理问题进行研究的一种手段，也是现代管理教育的一种方法，目前国内外已经有广泛的研究和运用。为了更好地实施案例教学、充分运用本书，我们在此对管理案例教学的组织开展进行较全面的论述，希望对大家有所帮助。

一、管理教学案例概述

（一）管理教学案例的由来

“案例”译自英文单词“case”，医学上译作“病历”；法学上译作“案例”或“判例”；在商业上或企业管理的教学中，往往译作“案例”、“实例”、“个案”等。

案例教学法是指以案例为教学媒介，在教师的指导下，运用多种方式启发学生独立思考，对案例提供的客观事实和问题分析研究，提出见解，作出判断和决策，从而提高学生分析问题和解决问题能力的一种理论联系实际的启发式教学方法。

案例教学法的产生，可以追溯到古希腊和古罗马。古希腊哲学家、教育家苏格拉底，在教学中曾采用过“问答式”教学法，这可以被看做是案例教学的雏形。之后，古希腊哲学家柏拉图继承了苏格拉底的教育思想，将“问答”积累的内容编辑成书，在书中附加了许多日常生活中的小例子，一个例子说明一个原理，那些日常生活的小故事，就可被看做是案例。在管理教学中采用案例教学法开始于20世纪初。现代工商管理实务的出现呼唤着正规的学校管理教育。19世纪80年代，首批商学院在北美出现，哈佛商学院是其中之一。1908年，哈佛大学创立企业管理研究院，由经济学者盖伊担任首任院长。他认为企业管理教学应尽可能仿效哈佛法学院的教学法。他称这种方法为“问题方法”（Problem Method）。在盖伊的策划下，邀请了15位商人参加哈佛“企业政策”一课，每位商人在第一次上课时，报告他们自己所遭遇的问题，并解答学生们所提出的问题；第二次上课时，每一名学生须携带分析及解决这些问题的书面报告；在第三次上课时，由商人和学生一同讨论这些报告。这些报告，便是哈佛企业管理研究院最早的真实案例。1920年，哈佛企业管理研究院第二任院长董翰姆向企业管理界募集到5 000美元，请欧普兰德教授从事收集和整理制作案例的工作，这是哈佛企业管理研究院第一次由专人从事案例开发工作。这应当说是案例教学的雏形。同年，哈佛成立案例开发中心，次年出版了第一本案例集，开始正式推行案例教学。到20世纪40年代中期，哈佛开始大力向外推广案例法。在洛克菲勒基金会赞助下，从1946年起连续9年，先后请来287位外校的高级学者参加他们的“人际关系”课的案例讨论，开始争鸣辩论。1954年，编写出版了《哈佛商学院的案例教学法》一书，并出版了《哈佛案例目录总览》，建立了“校际案例交流中心”，对澄清有关概念、统一术语、就案例法的意义与功能达成共识，起到了良好作用。1955年起，在福特基金会资助下，哈佛连续11年，每年举办为期8周的“访问教授暑期案例讲习班”，前后有119所院校的227位院长、系主任和资深教授参加，大大促进了案例教学在全美管理院校的普及。可以看出，案例教学在美国普及经历了近半个世纪的艰苦历程。首先在少数院校突破，再向四周逐步扩散；在有战略远见的团体的大力支持下，通过出书、编案例集、建立交流所、举办研讨班等措施，尤其是首先提高院系领导的认识，终于瓜熟蒂落、水到渠成。从20世纪50年代开始，加拿大、英国、法国、德国、意大利、日本及东南亚国家都引进了美国案例教学法。50年来，哈佛案例教学法被各大学接受，闻名全球，它设立“校际案例交换所”，从事国内及世界各大学所制作的案例交换工作，每年投入巨额资金开发案例，同时案例的交流也使它每年获得两千多万美元的收入。

我国管理教育与培训界开始接触到案例教学起自20世纪80年代。1980年由美国商务部与中国内地教育部、经贸委合作，举办“袖珍MBA”培训班，并将中美合作培养MBA的项目执行基地设在大连理工大学，称“中国工业科技管理大连培训中心”，由中美双方教师组成案例开发小组，到若干个中国企业调研，编写了首批用于教学的中国案例，并编写了《案例教学法介绍》一书和首批83篇自编的中国管理案例。此后数年，部分高校及管理干部培训机构开始陆续试用案例教学，全国厂长统考也开始有了案例题。

1986年春，在当时国家经委支持下，大连培训中心首次举办了为期两周的案例培训班，这种新型教学方法与思想引起几十位参加者的极大兴趣，在大家倡议及国家经委的支持下，同年底在太原成立了第一个国内民间的专门学术团体“管理案例研究会”，次年开始办起了《管理案例教学研究》的学术刊物，余凯成教授任会长和该刊物主编，他主持和出版多部案例教学法的译著与专著。

我国台湾地区较之内地更早地开展工商管理教育，自20世纪70年代起先后有司徒达贤、陈万淇、刘常勇等学者，力主和推荐案例教学法，并编写出版了《企业个案集》（熊祥林主编）、《台湾本土企业个案集》（刘常勇主编），供教师学生使用。

案例教学，对师生的要求很高，学生得认真准备，积极参加小组和班级讨论，查阅参考文献，构思和拟写发言提纲，这当然比带上笔记本就去听课要难多了；对教师来说更是如此，案例的课堂讨论中将会发生什么情况，很难预计，这次班上出现这种情况，下一次虽然是讨论同一案例，都有可能出现另一种情况。冷场了怎么办？出现僵局怎么办？……有点防不胜防，所以教师备好一堂案例课所花的工夫，常远胜于准备一堂讲授课。

总之，案例教学确实是适合管理教育与培训特点的一种十分有效而独特的管理教学方法。

（二）管理教学案例的特征

1. 鲜明的目的性

这里所指的目的是教学目的，有两层含义：第一层狭义的目的，指通过对案例的分析，让学生验证、操习和运用管理的某些概念和方法，以达到学生能深刻领会、掌握、提高这些知识和技能的目的；第二层是广义的目的，这与工商管理教育的基本目标——重在能力培养是密切联系的。这包括未来管理者应具备的学习能力（快速阅读、做笔记、抓重点、列提纲、查资料、演绎和归纳等），人际交往能力（口头和书面表达、陈述见解与听取意见、小组交流沟通等），解决问题能力（发现和抓住问题、分清轻重主次、分析原因、拟定各种解决问题的措施等）。

2. 高度的仿真性

教学案例是在实地调查的基础上编写出来的实际案例，这种实际案例具有典型性、代表性、非偶发性，这是案例的关键特征。案例设计中，其问题往往若隐若现，提供信息并非一目了然，有关键数据需要进行一定的计算、加工、推导，才能直接用案例进行分析。案例通过模拟显示社会经济生活纷繁复杂的“迷宫”以至“陷阱”，目的是训练学生通过对信息的搜集、加工、整理，最终获得符合实际的决策。

3. 灵活的启发性

教学案例必须设计一定的问题，即思考题。其中有的问题比较外露，有的比较含蓄，而通常是显而不露，留待学生去挖掘。案例中设计的问题并不在多，关键是能启发学生的思考。案例提供的情况越是有虚有实，越能够诱人深入，从而给学生留下充分的思维空间，达到最佳的学习效果。

4. 相当的随机性

管理教学案例的侧重点是介绍真实的管理情形，这种情形中包含了许多对解决问题的思路、途径和办法所做的评论；或者案例对问题的解决只字不提，由学生去观察、挖掘、分析，提出自己认为合适的、满意的解决办法和方案。

（三）管理案例教学的作用

管理案例教学的过程具有极为丰富的内容，它是一个学知识、研究问题和进行读、写、说综合训练的过程，这一过程有着重要的作用。

1. 帮助学生建立起知识总体，深化课堂理论教学

一个管理专业的学生按其专业培养计划要求，需要学习的课程较多，除管理专业课外，还要学习诸如会计、统计、财务、金融、经济法学、经济学和哲学等课程。正是这众多的课程构成了学生必要的知识结构，形成一个知识的总体。但是在教学过程中，分门别类地开出这些课程，出于种种原因，仅依靠课堂讲授，学生总是难以把握各门课程之间的内在联系，因而难以形成自己的知识总体。知识的总体建立不起来，也就表明一个学生所获得的知识还是零散的、死板的，是解决不了现实问题的一些知识碎片。在现实社会生活中，“书呆子”正是这种情况及其危害的生动说明。管理案例分析在帮助学生建立知识的总体结构方面，具有特殊的功能。因为要对一个现实的、活生生的管理案例进行分析，势必要运用各学科的知识，使其相互渗透，融会贯通，否则，就难以分析说明任何问题；而且，正是在这种案例的分析说明中，使得分析者头脑中原来处于分割状态、零散状态的知识，逐渐实现了有机结合，形成了知识的总体，表现出分析和解决问题的一种能力。很显然，管理案例分析不是理论学习的中断，而是学习的深入，只是这种学习具有很强的针对性，它致力于实际问题的分析和解决。因此，对深化课堂理论教学起着十分重要的作用。

2. 增强学生对专业知识的感性认识，加速知识向技能的转化

管理是一种特殊的复杂劳动，一个管理者仅仅会背诵几条管理理论，而没有判断实际事物的能力是不能解决问题的。正是出于这一原因，作为一个管理者就要特别注意对实际问题的研究，把握事物的个性特征。所以在管理专业知识的教学中，增强学生对专业知识的感性认识，努力促使学生所学知识向技能的转化十分重要。由于管理案例中一些典型素材源于管理实践，提供了大量的具体、明确、生动的感性知识，因此，管理案例的分析过程在丰富学生对专业知识的感性认识，培养学生洞察问题、发现问题和根据实际情况分析问题的实际技能等方面有着重要作用。

3. 推进“启发式”教学，提高教学质量

多年来在教学上，我们都主张废除注入式，提倡启发式的教学方法，而且，为此我们也作出了巨大的努力，获得了不少成功的经验。但是，我们过去的不少探索多是在课堂理论教学的范围内进行的，多是强调教师的努力，较少注意到发挥学生在这方面的积极作用。而管理案例分析的独到之处在于，它的教学阵地大大突破了课堂的狭小范围，并一改单纯由教师进行课堂讲授知识的传统形式，要求学生对一个个活生生的管理案例进行分析研究，并以高度的积极性和主动性在理论知识和实例的相互碰撞过程中受到启发，在把握事物内在的必然联系中萌生创见。很明显，案例分析的这种教学方式，对提高教学质量是大有好处的，它在教学领域里，对推动理论与实际的紧密结合和正确运用启发式教学等方面，将产生深远影响，发挥重要作用。

4. 培养学生分析和解决问题的能力，提高决策水平

以一定的意义上说，管理就是决策，而决策就是分析和解决问题的过程，所有案例都隐

含着现实管理中的问题，案例将纷繁复杂的管理情景加以描述，以使管理者调动形象思维和逻辑思维，对其中的有关信息进行分类组合、排列分析，完成去粗取精、由表及里的加工过程，理出头绪，揭示问题的症结所在，寻求解决问题的有效方法。通过对案例情景中所包含的矛盾和问题的分析与处理，可以有效地锻炼和提高学生运用理论解决实际问题的能力。由于在解决案例有关管理问题的过程里，学生唱的是“主角”，而教师只起辅助和支持的作用，因此，学生没有依靠，必须开动自己的脑筋，独立地走完解决问题的全过程。这样，经过一定数量的案例分析，能使学生摸索到解决问题过程中的规律，帮助他们逐步形成自己独特的分析和解决问题的方式方法，提高决策的质量和效率。

5. 提高学生处理人际关系的能力，与人和谐相处

管理是一种社会性活动，因此，管理的效果不仅取决于管理者自身的办事效率，重要的还取决于管理者与人相处和集体工作的能力。案例教学在注重提高学生解决问题能力的同时，把提高处理人际关系和集体工作的能力也放在重要的位置上。要解决问题就必须与别人合作。在案例教学的过程中，有许多群体活动，通过群体的互动，取长补短，集思广益，形成较为完善的方案。同时，同样重要的是在讨论的过程中，学生可以通过学习与沟通，体会如何去听取别人的见解，如何坚持自己的观点，如何去说服别人，如何自我指导与自我控制，如何与人相处。人们的思想方法不尽相同，思维方式各异，价值观念也不尽一致，在认识和处理问题上自然会存在分歧，正是在遭遇和处理分歧及人际冲突的过程中，学生才能体会到如何理解和包容想法不同、观点各异的同伴，才能心平气和地与人合作，向他人学习并携手朝着共同的目标努力。

6. 开发学生的智能和创造性，增强学习能力

案例独具特色的地方，是有利于开发人的智能和创造性，增强人的学习能力。人的学习能力是分层次的，接受知识和经验是一个层次，消化和整合知识经验是另一个层次，应变与创新是更高层次。学习能力的强弱不仅体现在对理论知识的死记硬背和被动接收上，更为重要的是体现在整合知识和经验的能力上，以及适应不断变化的创新能力上。只有真正善于学习的管理者，才会知道自己需要什么样的知识和窍门，懂得更新哪些方面的知识，知道如何利用知识解决问题，达到既定的目标。

二、管理案例的“教”

管理案例的“教”是指教师在案例教学中的组织引导，管理案例的“学”是指学生在案例教学中的学习过程。教与学要双向互动，协调配合，扮演好各自的角色，才能取得案例教学的良好效果，更好地达到教学目标。

管理案例教学的组织引导，是教师在案例教学的课堂上自始至终地与学生进行交流互动、敦促学生学习的过程，是主持案例教学的重点和难点，它好似一只看不见的手，对案例教学产生一种无形的推动力量，是教学成败的关键，作为实施管理案例教学的教师必须高度

重视管理案例教学的组织引导。

（一）明确教师角色

在案例分析中教师与学生的角色关系有所转换，这具体是指在传统的课堂上，从讲授的角度来看，教师的活动似乎减少了。其实，就和演戏一样，这是前台上的表面现象，这并不能否定教师在教学中的重要作用。恰恰相反，在案例分析中教师的作用非常重要，为了使案例分析课获得好的效果，教师总要煞费苦心、精心设计，这里不妨摘录一段一个学生有趣的谈话，来看看教师所耗费的苦心。

“我头一回碰上大型综合性管理案例，是在上一门叫做‘政策制定’课的时候。在这以前，我连什么叫政策也不清楚，跟大多数同学一样，头一回去上这课，可真有点紧张，生怕老师点到我。

一开始老师就正巧把坐在我身边的一位同学叫起来提问，我如释重负，松了一口气，暗暗说：老天爷，真是福星高照，差点没叫到我！其实，那案例早就布置下来了。我也曾细细读过两遍，而且想尽量把分析材料准备好。可是说实话，我不知从何下手，心中根本没底。

我身边那位同学胸有成竹，很快地解释起他所建议的方案来。讲了五分钟，他还滔滔不绝，看来信心十足。我们绝大多数同学都听得目瞪口呆，他真有一套！

又过了五分钟，他居然像魔术师似的拿出几张幻灯片，上台去用投影仪放给大家看，上面全是支持他论点的数据演算和分析，他足足花了十分钟才介绍完。

老师既无惊讶之感，也没夸他，只是礼貌地向他略表谢意，然后马上叫起另一位同学：‘李××同学，请你谈谈你对王×同学的分析有什么看法？’我心想：‘真见鬼，难道老师真想让我们也干得跟王×一样好？’

不用说，以后每次上课，同学们全把案例准备得十分充分。原来这种案例就该这样来分析，我也能学会！大约一周以后，我可真有点想王×了，可是自打头一次课露过面以后，他再没露面。这是怎么一回事？

原来是老师耍的‘花招’，他让一位高年级班上的尖子生来放头一炮，向我们提供了一个案例分析发言的样板。我们知道后都叫了起来，‘咳，我说呢，他咋那棒！老师真鬼’。可是老师的目的达到了，他已清楚地向我们表明了他眼里杰出的案例分析发言该是什么样子。虽然最后我们班没有谁能赶上王×的水平，但我们心里已有了一个奋斗方向，用不着老师老来督促我们去向某种看不见、摸不着的目标努力了。”

从学生的话中可以看到，这个老师为了设计案例分析发言的“第一炮”，他做了多么精巧的安排，费了何等的苦心，而正是这番苦心，使学生获得了具体的、真实的楷模，有了可仿效的范例。不难看出教师在这里扮演的是一个导演的角色，所起的是一个导演的作用，教师没有直接告诉学生应该怎样进行案例分析的发言，可是他通过精心安排，使“第一炮”成功，让同学们明白了应该如何去做，这比直接讲授，效果要好得多，正如这个学生所说的，这是他们看得见、摸得着的目标。

在管理案例分析中还有许多重要工作，是需要教师去做的，比如教学进度的制定、规范性案例的选择等，学生在案例分析过程中理论指导和能力的诱发，以及学生分析成果表述的评估和最后的讲评等，都离不开教师的辛勤劳动。具体地讲，教师在案例教学中应承担如下角色。

1. 主持人

在案例教学过程中，教师首要的任务是使学生明确教学的内容及把握教学行进的程序，并在整个课堂教学的过程中维持课堂秩序。具体地说，在教学的开始阶段，教师要像主持人那样引导学生进入学习状态，帮助学生明确教学目的，了解学习的程序、规范和操作方法。同时，还要提出明确的教学要求，编制教学计划和进度表，使学生心中有数，尽早进入学习状态。没有课堂秩序，就不可能进行真正的案例讨论，因此，教师还必须发挥主持人的角色作用，在教学过程中，控制发言顺序和学习进度，使讨论总是围绕一个问题或一定范围的问题进行，使课堂的发言在每一时刻只能由一人主讲，形成热烈而有秩序的讨论气氛。在讨论终结时，同样，教师要发挥主持人的作用，无论对讨论的内容作不作评价，都有必要对讨论的全过程进行总结，使案例教学有头有尾，为学生的学习画上一个圆满的句号。

2. 发言人

如果说教师对教学有控制作用，那就是对教学程序和学习大方向的控制，这是通过“主持人”角色实现的。此外，在教学的具体内容上，教师发挥一定的“控制”作用。但这种“控制”完全不同于课堂讲座上教师的作用。在讲座中的教师可以自己决定讲什么内容，如何安排这些内容，不需要考虑学生的所思所想。而案例教学中教师的控制作用是通过发言人的角色发挥出来的。“发言人”是一个代表性人物，他的发言，不能只代表自己，而要代表一个群体。教师的发言，需要反映学生群体的整体意见，也就是既不能是教师自己的，也不能是学生中某个人的，而是包括全体学生集体成果的思想和意见。当然，发言人不能有言必发，原样照搬，也不能任意取舍，随意剪裁，而是对学生的思想“原料”进行加工简化，对学生的发言作简要的总结和整理归类，有时还要从意思到言语上稍加修正，以求更准确、更科学地反映学生的思想。当学生不能形成统一的意见和共识时，教师还要综合各种不同的看法和决策，向学生作一个既有共性又包含特性的结论性交代。能否发挥好这个角色，取决于教师的综合分析能力，以及思想整合能力。

3. 导演者

案例的课堂讨论虽然以学生为主体，但这并不等于完全放任自流，它实际上一直处于教师紧密的然而却是无形巧妙的监控与指导之下。教师就像未曾出现在舞台上或屏幕之上，但却无所不在的导演一样，发挥着潜在的影响力。教师通过导演的角色，使学生知道什么时候陈述自己的见解，什么时候评论他人的观点；教师通过导演的角色，无形规定着哪些学生发言，哪些学生不发言，哪些学生多说，哪些学生少说；教师通过导演的角色，影响全班的联动，同时也影响个人，对其进行个别辅导。导演角色的灵活度很大，同时难度也很大，扮演好这个角色，对教师的群体互动能力和临场应变能力要求很高。

4. 催化剂

催化剂是化学反应中帮助和加速物质变化过程的中间媒体，它本身不发生变化，但在物质的变化过程中却又离不开它。案例课堂上的教师像催化剂一样，促进着学生的讨论学习过程，否则就难以深入并取得预期效果。教师“催化剂”角色的发挥，就是帮助、启发学生，通过一个又一个的提问向学生提出挑战，推动他们的思考，将问题由表面引向纵深，一步步朝着解决问题的方向发展。为达到这个目的，教师会不断地提出类似的问题：这些方案的优点和缺点是什么？如果选择了这个方案将产生什么样的影响？会有什么反作用？有多大风险？必要时，教师还会主持一场表决，迫使学生作出自己的决策。同时，教师“催化剂”角色的发挥，还体现在促进学生相互交流沟通过程中。在学生交流过程中，充当桥梁和穿针引线的作用，使各种思想相互撞击和融合，丰富教学的内容。要发挥好催化剂的作用，是很不容易的，需要悉心体会，不断摸索，长期积累，方可功到自然成。

5. 信息库

这不是教师的主要角色，但在某些情况下，特别是在进行“活案例”的教学过程中，这个角色的作用是必不可少的，甚至是非常重要的。在许多情况下，教师需要向学生适当地补充一些必要的信息，充当“提问者”和“参考数据库”。在学生主动提出补充有关信息的要求时，教师就应该满足他们的要求。要发挥好这个角色，教师必须在备课时做好充分的材料和信息准备。

教师要自觉抵制诱惑，不能角色错位，充当自己不该扮演的角色。一是不当讲演者。高明的案例教学过程中教师在课堂上往往少露面、少讲话，他们只开路搭桥，穿针引线，最忌讳经常插话，长篇大论，形成喧宾夺主之势。二是不当评论家。教师不要频繁地、急急忙忙地对学生的见解和活动横加指责和干涉，不要吹毛求疵、品头论足，只能适当地诱导和提醒。教师应当更精心备课，对将要做研讨的案例有深刻的认识，就案例中隐含问题的分析和处理对策有自己的见解。在课堂上，教师也应当在必要时为学生释疑解惑，以及在展开讨论的基础上适当予以归纳、评论。然而，不应忘却和违背“导引而非替代”的宗旨，切忌讲解过度。要致力于引导学生多想、多说，以收到激发思考、集思广益之效。古人有言“引而不发，如也”(《孟子·心上》)，这对于成功的案例研讨是极为重要的。三是不当仲裁者。当学生之间产生争论时，不要马上出来评判是非，充当裁判员，教师的见解不见得总是正确、全面的，不能总以“权威”自居，教师若下断语，也就终止了讨论。

（二）做好教学准备

案例的教学准备是指在选择确定了具体案例之后，根据教学目标，就这些案例进行内容、重点及教学实施方法等问题的酝酿筹划。

这些准备工作并不一定按照固定的顺序进行，通常应首先考虑教学目标，其次是案例内容，最后是实施方法，然后再回到内容和实施方法，如此不断地反复。对多数教师来说，课前的准备是不断地试验和不断纠正错误的过程，直到找出一种最适合自己的方法。

1. 案例内容的准备

以案例内容为主的准备工作包括了解案例的事实和对有关信息的透彻分析。教师对案例事实和数据越熟悉，在教学中就越主动。要避免出现在课堂上胡乱翻找关键的信息和统计数据的现象，所有重要信息都要做到信手拈来。不能因为以前教过了某些案例就认为掌握了这些案例，即使是教了十多遍的案例，也应该不断地翻翻这些案例，重视一下有关人物的姓名和职务，重温一下各种数据并记住在哪儿可找得到。

除了对案例的情境有把握，教师还应对超出案例情节的相关情形进行了解，掌握更多的行为背景状况，争取对案例的内容有所扩展。这就要求教师不仅要研读案例，同时，还要阅读报纸杂志的相关资料，并通过与相关人员谈话，积累丰富的相关信息。

在案例内容的准备上，教学说明书或教学指导书有时会起更大的作用。通常，公开发表的案例教科书都伴有教学指导书或说明书。指导书的目的是为了帮助教师为课堂教学做准备，其主要内容一般包括识别案例问题、确定教学目标、建议的学生作业、在课堂讨论中可以提出的问题等。不同作者写的教学指导书都是为了某一特定的课程编写的。所以每个教师在考虑使用一份教学指导书时，要看他的课程是否具备类似的条件。把某一环境中某一门课的一个案例搬到另一环境中的另一门课中往往很难取得理想的效果，需要教师认真把握。

2. 教学重点、难点的准备

由于教学的时间是有限的，因此，应该对案例中的重要议题作优先安排，根据教学的目标不同，教学重点也有不同的侧重。有时，可以将重点放在传授知识、理解概念上，在这方面，其他教学形式也许更容易做到。案例教学特有的重点是对问题的识别与分析，对资料与数据进行分类与说明及制订备选方案和决策。既可以是内容性的，又可以是过程性的，这完全根据具体的需要进行选择和确定。在教学重点的准备过程中，必须考虑教学目标与学生特点等因素，避免凭教师的主观想象确定教学重点，造成学生需要的没有作为重点，学生掌握不了的或已经掌握的，却被作为重点强调和发挥这样的局面。

3. 教学实施方法的准备

根据教学目标和教学重点，教师通常需要制订教学实施计划，明确一系列方法、步骤。比如，教师希望课堂上发生什么？如何使其发生？讨论按什么顺序进行？是先作决策然后再分析，还是先分析再决策？案例的每一部分需要讨论多长时间？是对讨论进行控制，还是任其自由发展？以上所有问题应在教学实施计划中作出回答。教学实施计划通常涉及以下几个方面的问题，即预习思考题、课堂时间分配、板书计划及拟定提问学生名单等。不同教师的课堂计划所包含的组成部分和具体内容不尽相同，其详细的程度也不一样，有的将其写在纸上，有的则存在脑子里。下面就以上几个方面的具体准备内容作些一般性介绍。

(1) 给学生布置预习作业。由于案例教学的特殊形式和作用，在案例教学前让学生进行课前预习非常必要。因此，给学生布置预习作业成为案例教学的重要一环，也是教学实施准备的基础工作。在案例教学中，学生的预习作业主要包括：阅读案例及其参考资料和针对具体案例的思考题。为了促进学生的课前准备，教师可以要求学生就自己准备的案例写一份书面分析材料。预习作业中的思考题，通常隐含教师的教学意图，对学生的分析起导向的作用，是非常重要的一个环节，它可以作为“引子”，是值得认真琢磨和探讨的问题。案例教学中没有一定要遵循的布置预习作业的准则，由于教学风格的不同和教学目标的特殊需要，教师可以灵活安排，随时调整。

(2) 课堂时间分配计划。为使教学时间得到有效利用，制订课堂时间的分配计划是必要的，特别是对那些教学经验少的教师更是如此。课堂时间的分配计划不仅规定课堂上各种活动各占多长时间，而且还包括将要讨论的问题的顺序。从教学经验来看，时间计划既不能规定得太死，也不能毫无限制，时间计划性太弱，可能使教学发生任意性，容易使教学偏离目标。

(3) 板书计划。课堂上的板书往往不为一般教师所重视，特别在案例的教学过程中，板书更容易被认为可有、可无、可多、可少，当做是一件较为随意的事情。然而，一些对教学有着很深经验的教师，则尤为重视板书的作用，他们在教学之前，刻意作板书计划，对那些重要问题和重要内容常作一些强调，加强对学生的引导。有的教师甚至会对哪些问题写在黑板的什么部位都做预先的规定，比如，将分析的内容写在左边，将建议的内容写在右边。许多包含重要内容和重要问题的板书，往往会从头到尾地保留在黑板上。这些板书，无疑会对学生有着非常重要的提示和指导作用，教师根据教学的需要，可随时将这些“要点”展示在学生面前，学生从这些“要点”中受到提醒，使其思考得以连贯，得到的概念得以进一步的强化。

(4) 拟定提问名单。为了提高课堂讨论质量，创造良好的教学气氛，在事先对学生有所了解的前提下，拟定一个提问名单，不失为一种好方法。提问名单没有固定的模式，一般可以包括以下一些思路：一是确保班上每一个人在课堂里至少有机会依次发言；二是找到那些与该案例特定情境有相关的技能和经验的学生，并予以重点考虑；三是当分析案例遇有较大困难时，要确保选几个，至少是一个合适的学生来打破僵局；四是当课堂上没人举手发言时，教师能有一个名单可叫。制定提问名单同鼓励学生积极发言并不矛盾，即使名单上列出了某个学生，教师仍希望他们自己举手发言，关于教师应否使用提问名单，可以根据教学需要，自行处理。

(5) 课堂的课题引入与结束。如何使学生在案例教学中快速进入正题，如何使学生在讨论结束后有一定的整合，这与课堂的开始和结束有很大的关系。好的开始是成功的一半，因此，教师需要就如何推动课堂的讨论进行认真的准备。好的教学需要找到合适的切入点，比如，如何引入案例，如何谈到所布置的阅读材料，如何就已布置给学生的思考题让其发挥。可供切入的点有许多，关键是要做到自然巧妙，能抓住学生的兴趣和注意力。同开始一样，一堂案例课的结束虽不是教学的主体，但却有独特的作用，是不可缺少的教学组成部分。形象地理解，可将课堂教学的结束看做“点睛”之笔，通过结束过程突出重点，使之显得有生气。有的教师对学生的活动进行总结，同时指出课堂讨论的优缺点，有的教师既不总结也不评论，而把总结的任务留给学生独立完成。很难说出哪种方法好，应根据实际情况而定。

4. 物质准备

在案例教学的准备过程中，往往容易被忽视而又非常重要的是教学场地等物质设施的安排。物质性设施的准备是案例教学条件中的重要一环，教学之前，教师必须检查教室的布局是否利于学生参与学习，必须提供必要的条件，使教师能够迅速认识学生并使学生相互认识，并保证和促进其交流与沟通。因此，明智的教师很有必要在教室的物质性设施上动一番脑筋，下一番工夫。

理想的教室布局需要根据场地的形状、面积和学生人数进行灵活调整。因此，案例教学是不可能有固定教室布局的，但没有固定的布局并不意味着可以随意安排，而要遵循一定的原则。案例教学教室布局的原则主要有四条：一是要满足听与看的条件，即学生可以在任何位置上听到教师和其他学生的发言，无须移动位置就可以看到教师、写字板及教室内设置的其他视听设备；二是要保证教师不受限制，可以走到每一个学生的位置前与其进行对话和指导；三是每个学生可以很便利地离开座位走到讲台前或其他学生的面前，进行面向全班的交流和学生之间的面对面交流；四是根据学生人数的多少，扩大或缩小课堂的沟通半径。

实际上，大多数大学和教育培训机构中的传统式教室（或许还应算上一些公共设施如酒店等的会议室）都是一间长方形的房间，室内一端放置有一个讲台或讲桌，条桌和坐椅一排排地放置布满全室。对于讲课这类单向沟通来说，学生的主要任务是聆听教师的讲解，这种布置方式是实用的。不过这可能并不算是最佳的布局，因为后排的人往往很难看得见讲演者。但无论如何，这是一种常规的布局方式。从案例教学的角度看，这种布局带来不少困难。案例讨论要求的是双向沟通，这种布局方式使坐在后排的人发言时，只能面对前面各排同学的后脑勺，这很难实现流畅的双向沟通。对于坐在前面的学生来说，要他们扭过头去看着后排正在发表高见的同学，同样也非易事。从使用案例来考虑，这种布局对教师强调过多而对学生重视不够。

对于小组，使用案例的理想布局是一张完整的圆桌，坐椅呈环状布置。环状意味着全体参加者地位均等，平起平坐，大家的视线可以顾及每一个人，使组员得以面对面地沟通。环形布局有一些其他的变化形式。例如，可以利用方形或矩形布局，也可以采用六边形或八边形布局，在参加讨论的人数不多的情况下，六边形和八边形或矩形更可取，因为这两者都能改善学生的视野，但随着学生人数的增加，以上这些布局开始显现出不利之处。桌子的尺寸总是有限的，人数增加，参加者之间距离就会随之迅速增加，桌子中央的无用空间不但被浪费，而且还成了沟通的障碍。对于较大的组，就不能像小组那样安排，而需要采用其他的布局方案。以半环形、好似台阶式的方式，用成排的坐椅布置出的各种形式，是较为理想的方案。坐椅最好是可移动的，或至少是可转动的，以便前排的学生可以轻易地转过身来，看见他们身后的同学。放在每位学生前面的课桌或条桌的大小，应不但能使人舒适，而且还能放置案例和参考材料，其尺寸不必太大，比正常的打印案例尺寸宽一点即可，大约 30 厘米是较适当的尺寸。

（三）积极组织引导

课堂组织和引导的效果是否理想，课堂引导的原则是否得到较好的体现，教师的角色和作用能否得到较好的发挥，不仅取决于教师主观刻意的追求，更重要的是要具备较深厚的工夫，掌握并善于运用课堂组织引导的技能技巧。掌握了多种引导技能技巧，教师就能在课堂上进退自如，四两拨千斤；缺乏引导的技能技巧，就会面对复杂的教学环境束手无策，难以驾驭课堂。课堂组织引导的技能技巧难以穷尽，何时何处在何种情况下采用何种技巧更难以在纸面上准确叙述，而是需要教师经过一定量的教学实践，不断地探索和积累才能有所把握。

1. 善于把握教学节奏

课堂引导就如同带一支队伍，教师要尽力做到出发时有多少人，到达目的地时还有多少人，也就是说当学习的过程完成后，所有的学生都能达到预期的学习目的。由于案例教学前后延伸的时间长、经历的环节多，特别是始终处在较开放的教学条件下，因此，不可能像讲座那样由教师直接操纵和控制，教学行进速度和节奏可以不受其他因素的影响，完全由教师一人决定。在案例教学过程中，难免会遇到节外生枝、偏离主题的情况，如不能及时予以处理，就会影响和分散一些学生的注意力，渐渐地会使有的学生“落伍”和“掉队”。因此，在总览全局、整体把握的前提下，教师必须根据教学的具体进展情况不断地进行“微调”。其中，合理地把握教学的节奏就是进行微调的一个关键的技能，值得教师去细心体会和认真掌握。过度的跳跃，会破坏连贯思维，使学生产生困惑，进度缓慢，会淡化学习的兴趣，使学生产生懈怠情绪。所谓合理的节奏，就是快慢适度，松紧自如。调整进度，把握节奏，可以采取以下方法和技能。

（1）具备善于澄清学生意见和见解的能力。具备善于澄清学生意见和见解的能力才能及时避免观点混淆和学生间的误解。课堂交流的效果是好还是不好，首先体现在发言人是否准确地表述了自己的意见，听取发言的人是否完整地理解了发言人的意思，两者中有一方出了问题，误解就在所难免。因此，要使教学能有效地进行，教师就要从最初较容易出现差错的地方着手，帮助学生表达和理解。为达到此目的可以运用一些操作性、实用性较强的问句去引导和澄清学生发言中需展开和完善的概念，或请发言的学生进一步解释说明自己的意见，或通过教师表述其意思，然后征求发言学生意见。澄清概念和观点不仅可及时增进师生及学生之间在语言含义上的理解，提高教学的效率，同时，还常常可以避免许多无谓的争论。当然，案例教学适度争论是必要的、有益的。但一旦争论超出了一定的限度，就会造成无意义的纠缠，甚至攻击。一旦达到了这种程度，争论双方都会置初始的概念和见解于不顾，掺杂了许多个人情绪，不是为了辨明是非，而是为了一争胜负。这时，通过澄清概念，可以把学生拉回到最初探讨问题的状态里面去，从紧张和对立的情绪中摆脱出来，同时，在概念澄清过程中，往往还可以发现许多共同点，进一步增进理解。

（2）要检查认同程度、把握学习进度。由于学生在思维方式、表达习惯、理解能力、经

验积累等方面存在着差异，对教学中遇到的问题和探讨的道理，有的学生可能理解和接受得快一些，有的学生理解和接受得慢一些，要保持全体学生相对同步，教师有必要适时检查学生学习进度及对问题的认同程度，进而适度控制进展节奏，以免学生学习进度的差距拉得太大，妨碍广泛的思想交流，影响课堂的讨论交流效果及学生的参与程度。因此，教师在课堂上要注意首尾相接，不断提出问题，了解学生是否将注意力放在了问题的主线上，并了解学生是否对有关问题有了相应的理解。一旦发现有学生走得太快，及时引导，使其适当地放慢进度；对跟不上的学生，则集中力量加以引导，使其加快步伐，同全班保持同步。在检查学生对问题的认同程度、把握学习进度的过程中，还有另一个问题值得注意，由于学生研究问题的兴趣不同，一些学生往往被枝节问题所吸引，而分散了注意力。因此，教师要善于体察学生的思想动态和心理过程，及时发现偏离主题的情况并加以引导，把其注意力集中到关键的问题上来。

(3) 要善于做好阶段性小结和总结。在课堂引导中，教学节奏的明确标志体现在阶段性的小结和最后的总结上。当教学的一项内容或一个过程完成时，往往需要进行小结，归纳阶段性的成果和收获，使学生对全班的学习成果有一个概要性的认识，并进行条理化、结构化，明确要点和重点，为进行下一步的学习和研究打下基础。因此，案例教学是一个分析问题和解决问题的过程，只有一环扣一环地探索和铺垫，循序渐进地向前推进，才能形成有说服力的方案和解决问题的方法。值得教师注意的是，阶段性小结和最后总结的内容不是教师自己对问题的认识、分析和看法，而是就学生对问题的分析和看法的重点进行归纳。总结也不一定需要很长时间，5 分钟可以，15 分钟也行，只要把握住重点，提纲挈领地理出几条，即能达到目的，切忌在总结中大发议论，喧宾夺主，影响学生学习的主动性和积极性。

2. 进行课堂有效沟通

管理案例的课堂教学是师生之间、学生之间进行沟通，实现思想交流、达成共识、取长补短、相互学习的过程。课堂上教师的发言总量的多少、沟通时机的把握、沟通方式的运用等种种因素，都直接影响课堂引导的质量和教学效果。因此，课堂上的沟通能否有效，很大程度上取决于教师的沟通技能与技巧。

(1) 要给出明确的指导语。教师的“主持人”角色和“发言人”角色，具体体现在他对课堂活动所作的总体性的和阶段性的安排及组织上。要发挥好这个作用，教师就要善于明确地、简要地将教学的目的、程序、方式、方法等向学生交代清楚，使学生能够尽早地在教师的规则下形成自组织状态。所谓自组织状态就是学生不需要教师的介入，自行组织进行教学活动的状态。指导语在案例教学中，是教师向学生进行授权，帮助学生达到自组织状态的关键。如果处理不好，就可能出现暂时失控的情况。因此，给出明确的指导语，是把握课堂教学的重要技能。指导语要恰当明了，突出重点，添枝加叶反复解释会使重要的信息被冲淡，使学生难得要领。对关键的信息、重要的内容和程序，适当加以强调，有时还有必要适当举例和示范加以说明解释，以引起学生的注意。

(2) 对学生在课堂上的表现和发言予以及时反馈。反馈是激励学生的重要手段，因为反馈是教师对学生发言内容的理解验证。要理解学生就必须真诚、精心地去听，除此之外，反馈是教师引导把握教学方向的有力工具。课堂讨论中，教师可以通过反馈，讨论学习中的重点内容、观点，把有独到见解的发言提纲反映出来，使有价值的闪光点得到突出和放大，使学生能够朝着正确的学习线路进行思考和研究问题。反馈可以采取不同方式，可长可短，可采取言语表述方式，也可采取写板书的方式，必要时，还可与个别学生进行课外的交流并予以适当指导。有时，写板书的方式比只是言语表述方式的反馈效果会更好些。一是因为这样的反馈更直观明了，二是学生可能会受到更强的激励。值得探讨的还有一点，就是在对待学生所提出的尖锐问题和棘手难题时，教师不能回避，必须作出合情合理的解释和响应。来不及在课堂上说明的，可以采取课下单独交流方式完成。因为，学生提出的许多尖锐问题往往是其最关注的问题，非常希望得到教师的重视和认可，如果这时教师予以回避，势必会影响学生的学习积极性。

（3）善于打破冷场。所谓冷场，指的是当需要学生发表意见和看法时，课堂保持较长时间的沉默。冷场是教师和学生都不愿发生的事，但在整个教学过程中偶尔出现冷场的情况也在情理之中。重要的是，当出现冷场的时候，教师是否能采取灵活的方式方法，运用恰当的技能技巧及时有效地启发引导，打破沉默，使课堂气氛热烈起来。冷场的现象可能由不同的原因造成，因此要解决冷场问题，必须针对不同的原因，采取不同的方法。分析起来冷场多是发生在以下几种情况之下。一种是在教学开始阶段，可能由于不熟悉，学生带有一些防备心理，慎于开口。这时教师可以采取一些“破冰”或称“热身”的方法，激励学生。所谓“破冰”、“热身”就是创造某种环境，使学生心情放松，在不自觉中参与培训的教学技能，就像体育运动所称的“热身运动”一样，教学开始阶段的“热身”和“破冰”，对帮助学生进入状态很有意义。在学生相互不熟悉的情况下，还可以通过点名的办法或者“顺序发言”的办法，打破冷场，这对学生保持在以后的时间里继续发言也是非常重要的。研究发现，在集体讨论中，已经发了言的人往往再发言的可能性更大，而没有开口的人，则往往倾向于保持沉默，发言和不发言都带有惯性。因此，教学阶段教师就应尽力想办法让每一个学生都发言。一种可能带来冷场的情况是当课堂中由几位擅长发言的学生主导时，一旦他们不发言，就会出现冷场。这时，一方面可以引导擅长发言的学生继续发言，同时，引导不开口的学生对前面的发言发表看法，逐步让缺乏自信和羞怯心理较重的学生适应讨论和交流的环境。为了避免冷场，教师还需讲究一下提问的方法和角度，尽量避免过空过大。过于抽象的问题，往往会使学生难以准确把握问题的含义，无从开口。教师提出问题后，没有得到响应，就要想想是否提的问题不够具体，指向是否明确，一旦发现是这种情况，就应及时地将问题细化，做进一步解释和说明。

（4）出现背离正题，及时引回。许多人在一起讨论，很难避免出现海阔天空、离题万里的偏差，这时不必焦躁，也不妨静观一下，学生中很可能有人主动出来纠偏。如果走得过远，时间宝贵，不容再等，也可由教师干预，但切忌粗暴，口气要委婉些。如能培养学生自治，集体控制讨论，那当然是上策了。

(5) 做好讨论的收尾。收尾并没有什么固定的模式。有的老师喜欢做一个简要的结论性小结，或做一番讲评收尾。学生这时喜欢围绕着教师问这类问题：“老师，您说谁的说法对?”“要是换了您，会怎么办?”“什么才是正确答案?”等，明智一点，最好别正面直接回答。一是有违学生自学与自治原则，二是管理问题，本无所谓“唯一正确”或“最佳”答案。何况学生中很可能更有高见，所以有的教师是让学生集体做总结，如问：“大家觉得今天有哪些主要收获和心得?”也可以让一位学生带头小结，再让大家补充。因为既然无所谓“标准答案”，因此重要的是使每个人去总结自己的体会。如在这个案例的具体情况下，问题及其原因已经找出来了，你到底打算怎么办？当然还应该知道，别人有不同意见吗？为什么？这些才是要紧的。

(6) 课堂发言的掌握。在案例讨论的各阶段，教师都面临着掌握课堂发言过程的问题。课堂发言是全班信息共享、形成共识的过程，利用好有限的时间，集中学生的高质量的见解和解决问题的思路、办法，创造良好的交流氛围，也使教师掌握课堂发言的关注点和主导方向，这是教师引导教学的难点和重点，对教师的角色发挥和教学技能的发挥提出了很高的要求，其基本任务便是妥善处理四类常见的问题。

一是发言过少。每次在讨论时总有那么一些人发言很少或完全不发言。2 小时左右的讨论，很难使 30 名以上的学生都有效地参与讨论。因此，班级规模超过这个数，很多学生显然不可能发言，问题是要防止同一批学生每次讨论都不发言。因此，教师要尽力避免这种情况的发生，采取多种办法帮助那些发言过少或根本不发言的学生。要做好这一点，前提就是了解学生。人与人会有很大的差别，人们对不同事物的敏感度也是不一样的，教师应在教学过程中，注意发现学生个性的特点，对“症”下药。如此，对那些要面子的学生则可以客气的方式，劝导其发言，对于过于腼腆的学生还可以私下与之交流，个别提供指导，给予他们鼓励，帮助他们战胜怯场的弱点。同时，教师要注意搜寻那些新举手的人，及时给他们创造发言的机会，注意观察惯常不发言者的兴趣，从他们的兴趣入手，引导他们发言，还可提一些简单的是非判断题请不善发言的人作答，由少到多地引导他们发言，有时还可以要求学生每人至少要说一句话，但不能重复别人已经说过的或仅仅复述案例内容而没有个人见解或解决措施。总之这些办法的真正作用，在于强调参与发言本身的重要性，对创造良好的交流氛围大有好处，至于采取哪些具体办法，可以根据教师的喜好和学生的特点灵活处置。

二是发言过差。虽然学生都发了言，但其发言的态度与质量却不能令人满意，这种事情也是有可能发生的。偶然放过一些水平不高的发言是可以的，也是正常的，但是经常容忍学生低水平发言，最后会使整个学习班趋于平庸，所以有时必须要采取一些措施，改善发言过差的情况。首先要分析其原因，看是出自教师方面的原因，还是出自学生方面的原因，针对不同的原因，应采取不同的对策和方法。是教师的问题，就要注意总结经验，分析是教师提出的要求和标准太高，学生无法达到，还是阅读时间太少，难以深入解析案例，等等。发现问题，及时纠正。如果是学生的责任，属于能力等客观问题，可以原谅。属主观努力程度不够，没有很好地预习案例，课堂讨论得不好，可以要求学生重新再来，促使其认真对待。总之，解决发言过差的问题是为了提高讨论质量，带动全班学习整体水平的提高，教师要认真对待，慎重处理。

三是发言过多。正像有些学生发言过少一样，也可能有些学生在课堂讨论中发言过多，这往往会影响其他学生的参与程度，破坏讨论的发言气氛。因此，适当对发言过多的学生加以限制是必要的。在院校学生的案例课上，那些口若悬河的人成不了太大的问题，因为，在一个大家彼此相处了较长时间的班级里，群体压力会迫使那些讲话滔滔不绝而又空洞无物的发言者有所节制，“自我矫正”。但在具有丰富经验的管理者的培训班上，教师所面对的是一批彼此相处不久的学生，如果讨论的题目撞在了他们的兴奋点上，很有可能引起发言者滔滔不绝的讲述。教师要特别注意观察，必要时，可以有意识地限制他们发言，或者以诙谐的办法打断他们的长篇大论，限制他们发言的次数。有时，一堂课上，多数学生争相发言，都颇有见地，只是时间不够，不可能每个人都尽兴，那就只好限制每个人的发言时间。制定一个大家都必须共同遵守的规则，比如规定每个人就每个问题的发言最多不可超过5分钟。在这个规定前提下，教师再进行“协调”和“平衡”，则显得容易些了。

四是发言过当。发言过当主要是指讨论中出现空洞无物、关系不太大或不得要领的发言。发言过当是影响讨论效果的原因之一，需要教师及时引导，及时纠偏。解决发言过当的问题，首先要由教师明确具体的讨论题目，要求学生将注意力集中到某一问题上或某一范围内。如果遇到与确定的问题有关但暂时还未涉及时，教师可以说：让我们把这个问题放一放。必要时，还可以把学生引出的这些问题记录在写字板上，这样既可以调动发言学生的积极性，又可以将这些将要涉及的问题存下来，留作话题。当遇到那些空洞无物的发言时，适当地打断发言者，请他结合一些数据加以说明，有哪些证据支持他的观点。通过这些问题，可以引申发言者的思考，帮助学生学会分析问题的方法。当然，处理发言过当的情况还应该注意因人而异，不要采取一种方法对待所有学生。比如，一个从不发言的学生第一次发了言，即使没有讲出什么内容，也可以鼓励他，而对一个经常喋喋不休的学生，教师可以果断地中断他的发言。

到底采取什么样的发言引导办法，掌握讨论发言的过程，需要一个系统的考虑，必须要从教学目标、课堂讨论的整体进程和学生的具体情况出发，不能“灵机一动”，随意处置，否则会迷失方向，丧失重点。为实现总体意图，采用的方法可以千差万别，但需要遵循的一个基本原则是：在任何情况下，都不能伤害学生的感情，至少不能从主观上打击学生的积极性。有时，极个别学生的冷漠和不参与态度不能改变，那就让他去保持自我，其实教师不可能解决所有学生的所有问题。

（四）做好分析讲评

管理案例分析具有很强的实践性，要求教学要有很强的针对性，因此，在案例分析的讲评中，一个很重要的问题，就是要贯彻有的放矢的原则，即教师的讲评要符合学生的实际情况，学生的实际情况就是“的”，教师讲授的内容是“矢”，只有有的放矢地讲授，学生才会

从中受到启发，受到教益。如果讲评和学生的实际毫不相干，显然是毫无用处的。

1. 案例分析讲评对教师的要求

这包括如下几个方面。

(1) 要了解学生的实际情况。了解学生的实际情况，这是有的放矢进行讲评的首要条件。学生的情况是多方面的，包括学生各自的选例，案例涉及的有关原理和其他专业知识，学生案例分析的实际水平，以及学生个人分析问题的能力等。只有将这一系列问题掌握好，才可能避免讲评的千篇一律，体现出有的放矢的原则。从这里也不难看到强调对学生实际情况的了解，实际上对教师的工作提出了更高的要求，各个教师对学生实际情况了解的过程，实际上是教师付出辛勤劳动的过程。

(2) 要具备必要的知识、理论素养。管理案例分析是专业课的后续课，又是毕业论文的先导课。案例分析不是盲目的分析，而是在规范的程序和步骤中对有关专业理论的深入学习和运用，一篇好的案例分析必是理论和实际相结合的产物，是专业理论和其他多方面知识和技能的结合体。因此，要使讲评能对学生产生指导意义，这就要求教师有较好的知识理论素养。这里所说的知识素养不仅仅是指管理的专业知识，还应包括思维逻辑、科学研究及写作技能等方面的知识和能力。只有这样，才能适应案例分析教学。在国外，一般是教授、副教授指导学生作案例分析，原因就在这里。因此，我们的教师应努力丰富和充实自己，使自己的知识理论素养不断提高，在案例分析的教学过程中，在讲评整个环节上尽力给学生更多的知识，给予有效的指导。

(3) 要有同学生共同研究实际问题的决心。在管理案例分析教学中，规范性的案例学习是多人共同学习和分析一种案例，而在自编案例分析时，每个学生的选例就有了独立性和自主性，都从自己的实际情况出发，选择适当的案例。这样一个教学班有几十个学生，就可能有十几个案例，对于这些案例，教师不可能都是熟悉的，因为一个人的知识、精力都是有限的，不可能是全才，不可能无所不知、无所不会。尽管如此，仍然要充分发挥教师的指导作用。虽然学生各自选择的案例不同，但在研究问题、分析案例的方法、途径和技巧上却有共同的东西。给学生正确的方法论的指导是不可或缺的，但是不能只停留在一般方法论的指导上，而应有深入全面的指导。为此，要认真深入了解学生研究的案例，要研究学生获得的实际资料和理论资料，甚至要同学生一道进行考察。总之，要有与学生共同研究实际问题的决心。如果我们这样做了，就不仅在一般方法上能给学生有益的指导，而且在具体分析研究上也可以给学生作出好的指导。这样，在讲评时就能说到点子上，做到有的放矢地讲授，使学生感到中肯、实在、受益匪浅。

(4) 要有强烈的责任心和使命感。讲评向教师提出的较高要求，既有量的方面，又有质的方面。从量的方面说，要求教师完成的工作是大量的，从案例分析的动员、选例、研究案例、写作，到评估、评点和讲评，都需要教师对每一个学生倾注心血，付出劳动。从质的方面说，管理所具有的创造性，要求教师对学生的指导也应有创造性，讲评中有的放矢原则的贯彻，就是这种创造性的表现。总之，案例分析的教学，不论是案例分析的讲评，还是整个案例分析的指导，对教师来说，都是一个严峻的考验，它要求教师必须有强烈的责任心和神圣的使命感，具体来说就是要求教师能吃大苦、耐大劳，并能创造性地工作，否则就难以完成管理案例分析指导的教学任务了，也谈不上在授课中贯彻有的放矢的原则。

因此，案例分析讲评中有的放矢原则的贯彻，实际上是对教师提出了更高、更严格的要求。

2. 案例分析讲评应注意的问题

为了确保管理案例分析讲评的效果，有必要讲究讲评的技巧和方法。大量的教学实践表明，以下几个问题是讲评时应该注意的。

（1）重视学生自己启发自己、自己教育自己。引导学生正确认识分析中的成功和不足是讲评的重要内容之一，但这一目的的实现，光凭空洞的说教是难以奏效的。最有效的方法是指导学生自己启发自己、自己教育自己。比如说在讲授正确编写案例问题时，如果我们空洞地要求学生做到清楚完整，那么学生就不能得到具体的认识，对案例清楚完整的概念仍停留在抽象的印象上。这时教师就应研究那些在案例的表述上做到了或者基本上做到了清楚完整的典型，并予以讲评，这就使得尚不能清楚完整表述案例的同学，从中受到启发，得到具体的指导。运用学生自己的典型来进行讲评，学生易理解，易接受。在教师讲评的启示下，引起同学之间的有益讨论，相互取长补短，把问题弄得更加清楚、明白，这就是重视学生自己启发自己、自己教育自己的意义所在。

（2）要爱护同学们开展案例分析的积极性。管理案例分析的特点，要求学生有高度的积极性、主动性和创造性，要求学生积极配合，因此，在分析讲评中爱护和保护学生的积极性，是一个十分重要的问题。尤其在成人教育过程中，更是如此。

成人学生与一般青少年学生大不相同，虽然在用功程度上成人学生之间也存在差别，但从总体上看，他们学习的自觉性一般都比较高。成人学生有很强的自尊心，他们在学习上舍得下苦工夫。在平常的学习考试中，往往一场考试下来，不少人就拼瘦了，有个别同学还闹出一场病来。在案例分析中，他们的热情也较高，因此，我们在讲评中不必回避他们的不足之处，但在指出存在的问题时，应注意方法。一般在充分肯定其成绩的基础上，指出其不足。就是对于那些基础较差的学生，也应结合学生以前的工作实际，或者学生自身的素质条件，帮助其分析潜在的优势，让其坚定学好管理案例分析这门功课的信心。在案例分析的教学实践中，凡是坚持这样做的，都能收到好的效果，使学生进行案例分析的热情不断提高。

（3）克服急躁心理，注意循序渐进。管理案例分析的教学目的是通过多次分析、完成多个分析循环的过程来逐步实现的。因此，在指导学生开展案例分析的教学过程中，应克服急躁情绪，把握好循序渐进的原则。在每次讲评时，教师对案例分析的阶段教学目的、教学重点，要心中有数，特别是相互衔接的两次案例分析的教学目的要明确，并据此作为重点讲评的能力的训练，多次分析、多次讲评，使学生的知识不断丰富起来，能力不断提高，达到该课教学目的所规定的总体要求。

三、管理案例的“学”

学生是案例教学中的主体，案例教学的过程基本上是学生通过自己努力来逐步领悟的过程。换句话说，案例教学的过程，对学生来讲既是一种收集分辨信息、分析查找问题、拟订备选方案和作出最后决策的纵深演进的过程；同时，也是从个人阅读分析到小组学习讨论，再到全班交流，形成共识的过程。学生在案例教学过程中要做好以下工作。

（一）重视课前阅读

阅读案例是进行案例分析的基础，没有一定数量和一定质量的阅读，要做好案例分析是不可能的。实质上案例分析的过程是将纸上的情况转变为脑中的情况的转换加工过程，能否既全面、客观又突出重点地接受案例的信息，首先取决于对案例的阅读质量，为了达到有效的阅读，可以从以下几方面入手。

1. 案例阅读的目的与时间安排

案例阅读的目的，不仅是为了了解案例的内容和所提供的情况，而且要以尽可能高的效率做到这一点，并且因为学习负担总是那么重，谁能以最短时间读完并理解它，谁就能占据优势。不过所说的最短时间，不是指到了次日进行课堂讨论了，当晚才急匆匆翻阅、囫囵吞枣，不花工夫是无法理解、分析和消化案例的，大多数案例至少要读两次，若要分析深透，两次也不够，要知道教师们可能已经把案例反复读得很熟，甚至能背诵了，学生当然不必下这么大工夫去阅读，但要准备至少读两遍。

记住这一要求，便可以作时间安排了。一般情况下，一个大型综合案例，约 2 小时 30 分至 3 小时精读一遍，外文案例当然要更长些。如果同时有几门课，全有案例分析，合并专门时间（比如一整天或两个下午等）集中阅读效果较好。有经验的学生，总是安排在每周五、周六和周日，先把下周要学习的案例阅读一遍，以便能有充足时间深思，有备无患，万一下周出了紧急情况，无法再读，但由于已知道大概，不至于进课堂脑内空空、仓皇应战。

2. 案例阅读的步骤与方法

不要开始就一味地细读，而应分两步走：先粗读，待知其概貌，再精读，究其细节。粗读是浏览式的，而且要掌握诀窍，这就是先细看第 1、2 页，其中往往交代了背景情况，以及主要人物所面临的关键问题。有时候如果开始没有介绍背景，那么应该先读末页，因为在文章最后介绍背景也是常见的。如果还没有读到，就只好老老实实，从头读下去直到找到背景情况为止。背景介绍找到后，要反复看，不可浮光掠影，要透彻了解，直到能用自己的语言描述出来为止。了解了背景后，应快速浏览正文中余下的部分，注意小标题，把每一节的头一段的头几句先看看，不必齐头并进下同样工夫。因为粗读的目的，是做到心中有数。很快读完正文，接着就要迅速翻阅正文后面所附的图表，先注意是些什么类型的图表，如有资产负债表和损益表，有组织结构系统图，有主要人物的简历表，搞清这些可以节省不少分析时间，否则盲目地读，做了许多分析，最后再看附图表时才发现已提供了这些分析，岂不白白浪费了宝贵时间与精力。图表分为两大类：一类是多数案例都常有的，如一般财务报表、组织结构图等；另一类是某案例独有的。对于前者，要注意有什么不同于一般的奇特之处，如财务报表里有一笔你没见过的特殊账目，就得标出来留待以后细加探究，若能在这些常被人忽略的地方有所发现，则在全班讨论时就可能有独到见解。

对正文与附图有了大体了解，就可以从容地从头到尾再仔细阅读，如记眉批和备注，但不要重复文中所述，应点出要害。引进观察结果、发现、体会与心得，记住与下一步分析有关的概念。如果是外文案例，做摘要是有好处的。一边读正文，一边要对照有关附图，找出两者的关联。对于技术、组织方面的复杂描述不要不求甚解，一定要搞清楚。要把事实和观点分开，还要分清人物说的和他们实际做的，看两者是否一致。不但要注意他们说过和做过什么，还要注意他们有什么没说和没做的以及为什么这样。千万不要对文中人物所说的看法和结论都照单全收，信以为真，而要想一想，真是这样吗？正文全看完，要再细看附图，搞清其中每个主要组成部分。全班讨论前夕，最好挤出时间把案例重读一遍，温习一下。不过步骤可不全同于上次。虽然先看背景情况，但接着先不要读正文，而是先看图表，顺序最好倒着看，即先从最后一幅看起，弄清细节，特别留心反常的图表或项目。这样做的原因是，因为粗读时，往往越读越累、越厌烦，也就越马虎，结果虎头蛇尾，对后面的理解不如前面的深入，尤其时间紧迫时，倒读更为保险。

（二）做好分析准备

个人分析与准备是管理案例学习的关键环节，其目的是完成信息的取舍，以及找到有效信息的因果关系，是学生创造性学习的过程。这个环节的基础打好了，不但可以为个人的决策方面提供可靠的根基，而且可以将全班的讨论交流朝着高质量、高水平推进。同样做好个人分析和准备有其内在的规律，需要学生认真琢磨、体会。

1. 案例分析的基本角度

案例分析应注意从两种基本角度出发。一是当事者的角度，案例分析需进入角色，站到案例中主要角色的立场上去观察与思考，设身处地地去体验，才能忧其所忧，与主角共命运，这样才能有真实感、压力感与紧迫感，才能真正达到预期的学习目的。二是总经理或总负责人的角度，这当然是对综合型案例而言。高级课程就是为了培养学生掌握由专业（职能）工作者转变为高级管理干部所必需的能力。因此，这种课程所选用的案例，要求学生从全面的综合的角度去分析与决策，这是不言而喻的。

2. 案例分析的基本技巧

这种技巧包括两种互相关联和依赖的方面。一方面，就是要对所指定的将供集体讨论的案例，作出深刻而有意义的分析。包括找出案例所描述的情景中存在的问题与机会，找出问题产生的原因及各问题间的主次轻重关系，拟订各种针对性备选行动方案，提供它们各自的支持性论据，进行权衡对比后，从中作出抉择，制定最后决策，并作为建议供集体讨论。另

一方面的技巧易为人们所忽视，那便是以严密的逻辑、清晰而有条理的口述方式，把自己的观点表达出来，没有这方面的技巧，前面分析的质量即使很高，也很难反映在你参与讨论所获得的成绩里。

3. 案例分析的一般过程

究竟采用哪种分析方法，分析至何种深度，在很大程度上取决于分析者对整个课程所采取的战略和在本课中所打算扮演的角色。但不论具体战略如何，这里提供一个适用性很广、既简单又有效的一般分析过程，它包括五个主要步骤：①确定本案例在整个课程中的地位，找出此案例中的关键问题；②确定是否还有与已找出的关键问题有关但却未予布置的重要问题；③选定适合分析此案例所需采取的一般分析方法；④明确分析的系统与主次关系，并找出构成自己分析逻辑的依据；⑤确定所要采取的分析类型和拟扮演的角色。

4. 关键问题的确定

有些教师喜欢在布置案例作业时，随着附上若干启发性思考题。多数学生总是一开始就按所布置的思考题去分析，实际上变成逐题作答，题答完了，分析就算做好了。作为学习案例分析的入门途径，此法未尝不可一试，但不宜成为长久和唯一的办法。教师出思考题，确实往往能够成为一个相当不错的分析提纲，一条思路，但不是经过独立思考拟定的分析系统。按题作答不可能是一套综合性分析，多半只是一道道孤立的问题回答。最好是在初次浏览过案例，开始再次精读前，先自我提几个基本问题，并仔细反复地思索它们：案例的关键问题，即主要矛盾是什么？为什么教师在此时此刻布置这一案例？它是什么类型的？在整个课程中处于什么地位？它跟已学过的哪些课程有关？它的教学目的是什么？除了已布置的思考题外，此案例还有没有别的重要问题？若有是哪些？这些问题的答案往往不那么明显，不那么有把握，不妨在小组里跟同学们讨论一下。这些问题要互相联系起来考虑，不要孤立地去想。最好一直抓住这些基本问题不放，记在心里，不断地试图回答它们，哪怕已经开始课堂讨论了。一旦想通了此案例的基本目的与关键问题，得出的分析自然纲举目张、命中要害。要是全班讨论后还没搞清，可以再去请教教师和同学。

5. 找出未布置的重要问题

真正很好地把握住案例的实质与要点，这是所必须做的一步。一般凭自己的常识去找就行，但要围绕本案例的主题并联系本课程的性质去发掘。找出这些问题的一个办法，就是试着去设想，假如你是教师，会向同学们提出些什么问题？有些教师根本不布置思考题，或讨论时脱离那些思考题，不按思考题的思路和方向去引导，却随着大家讨论的自然发展而揭示出问题，画龙点睛地提示一下，启发大家提出有价值的见解。你还得想想，在全班讨论此案例时可能会提出什么问题？总之，要能想出一两个题，做好准备，一旦教师或同学提出类似问题，你已胸有成竹，便可沉着应战。

6. 案例分析的一般方法

案例的分析方法，当然取决于分析者个人的偏好与案例的具体情况。这里想介绍三种可供选用的分析方法。所谓一般分析法，也就是分析的主要着眼点，要着重考察和探索的方面，或者是分析时的思路。

（1）系统分析法。把所分析的组织看成是处于不断地把各种投入因素转化成产出因素的过程中的一个系统，了解该系统各组成部分和它们在转化过程中的相互联系，就能更深刻地理解有关的行动和更清楚地看出问题。有时，用图来表明整个系统很有用，因为图能帮助你了解系统的有关过程及案例中的各种人物在系统中的地位与相互作用。管理中常用的流程图就是系统法常用的形式之一。投入—产出转化过程一般可分为若干基本类型：流程型、大规模生产型（或叫装配型）、批量生产型与项目生产型等。生产流程的类型与特点和组织中的各种职能都有关联。

（2）行为分析法。分析着眼于组织中各种人员的行为与人际关系。注重人的行为，是因为组织本身的存在，它的思考与行动都离不开具体的人，都要由其成员的行为来体现，把投入变为产出，也是通过人来实现的。人的感知、认识、信念、态度、个性等各种心理因素，人在群体中的表现，人与人之间的交往、沟通、冲突与协调，组织中的人与外界环境的关系，他们的价值观、行为规范与社交结构，有关的组织因素与技术因素，都是行为分析法所关注的。

（3）决策分析法。这不仅限于“决策树”或“决策论”，而且指的是使用任何一种规范化、程序化的模型或工具，来评价并确定各种备选方案。要记住，单单知道有多种备选方案是不够的，还要看这些方案间的相互关系，要看某一方案实现前，可能会发生什么事件及此事件出现的可能性。

7. 明确分析的系统与主次

所谓“明系统、分主次”，就是通常说的“梳辫子”，即把案例提供的大量杂乱的信息，归纳出条理与顺序，搞清它们间的关系是主从还是并列，是叠加还是平行，等等。在此基础上分清轻重缓急。你的观点或建议，都要有充分的论据来支持，它们可以是案例中提供的信息，也可以是其他可靠来源得来的事实，还可以是你自己的经历。但是案例中的信息往往过多、过详，若一一予以详细考虑，会消耗大量精力与时间，所以要筛选出重要的事实和有关的数据。最好先想一下，采用了选中的分析方法分析某种特定问题，究竟需要哪些事实与数据？然后再回过头去寻找，这可以节省不少时间。此外，并不是所需的每一件事实都能找到，有经验的分析者总是想，若此案例未提供这些材料，我该做什么样的假设？换句话说，他们已对某一方面情况作出恰当的、创造性的假设准备。分析的新手总以为用假设就不现实、不可靠，殊不知在现实生活中，信息总难以完全精确，时间与经费的限制往往决定了难以取得所需要的全部信息，这就需要用假设、估计与判断去补充。既然是决策，就不可能有完全的把握，总是有一定风险。最后还应提醒一点，能用一定的定量分析来支持你的立场，便可以大大加强你的分析与建议的说服力。有些人总是自觉或不自觉地讨厌和抵制“摆弄数字”。然而，能创造性地运用一些简单的定量分析技术来支持自己的论点，正是学生在案例学习中所能学到的最宝贵的技巧之一。这种技巧一旦成为习惯或反射性行为，就能使你成为一个出类拔萃的管理人才。

8. 案例分析的类型与水平

案例分析的类型，可以说是五花八门，不胜枚举，每一种都对应有一个事实上的分析深度与广度（或称分析水平），不能认为在任何情况下都力求分析得越全面、越深入才好。有时你还有别的要紧事要做，时间与精力方面都制约着你。所以，究竟采取何种类型的分析为宜，这要取决于你具体的战略与战术方面的考虑。这里举出五种最常见的分析类型：①综合型分析，是对案例中所有关键问题都进行深入分析，列举有力的定性与定量论据，提出重要解决方案和建议；②专题型分析，不是全线出击，而只着重分析某一个或数个专门的问题。所选的当然是你最内行、最富有经验，掌握情况最多、最有把握的、可以充分扬长避短的问题。这样你就可以相对其他同学分析得深刻、细致、透彻，提出独到的创见。讨论中你只要把一个方面的问题分析透了，就是对全班的重要贡献；③先锋型分析，即分析你认为教师可能首先提出的问题。这似乎也可以算是一种专题的分析，但毕竟有所不同。开始时往往容易冷场，要有人带头破冰“放响第一炮”。所以这种一马当先式的分析，可能不一定要求太详尽，还要具体视问题的要求和教师的个人特点而定。这种分析，因为是第一个，所以还常有引方向、搭架子的作用，即先把主要的问题和备选方案大体摊出来，供大家进一步剖析、补充、讨论。然而，这点做好了，是功不可没的；④蜻蜓点水式或曰“打了就跑”式的分析，多半是一般性的、表面的、肤浅的。这种游击式分析，只是个人因故毫无准备，仓促上场时采用，是一种以攻为守性战术，目的是摆脱困境，指望收瞬间曝光之效。这当然只能是万不得已时，偶尔为之，仅表示你积极参与的态度；⑤信息型分析，这种分析的形式很多，但都是提供从案例本身之外其他来源获得的有关信息，如从期刊、技术文献、企业公布的年度报表乃至个人或亲友的经历中得来的信息。这种信息对某一特定问题作深入分析是很可贵的。

9. 案例分析的陈述与表达

完成了上述分析，不等于准备工作完全就绪，还差很重要的一步，就是把你的分析变成有利于课堂陈述的形式。学生分析做得颇为出色，可惜不能流畅表达，无法将观点传播得让别人明白，以至于感觉尴尬。表达与说服他人是一种专门的技巧，它是管理者终身都要提高的技巧。关于这方面的一般要点，在此只想提出以下三点供参考。一是要设法把你所说的东西形象化、直观化。例如，能不能把你的发言要点用提纲方式简明而系统地列出来？能不能用一幅“决策图”或“方案权衡四分图”表明备选方案的利弊，使比较与取舍一目了然？能否列表表明其方案的强弱长短？学生为课堂讨论预制挂图、幻灯片或课件应当受到鼓励并提供方便，因为这可大大提高讨论的质量和效率。二是可以把你的分析同班上过去分析某一案例时大家都共有的某种经历联系起来，以利用联想与对比，方便大家的接受与理解。三是不必事先把想讲的一切细节全写下来，那不但浪费精力，而且到时反而不易找到要点，还是列一个提纲为好。要保持灵活，不要把思想约束在一条窄巷里，否则当教师或同学针对一个简单的问题请你澄清时，便会使你茫然不知所措。

（三）参与小组学习

以学习小组的形式，组织同学进行讨论和其他集体学习活动，是案例教学中的重要的、不可缺少的一环。这是因为许多复杂案例，没有小组的集体努力，没有组内的相互启发、补充、分工合作、鼓励支持，个人很难分析得好，或者根本就干不了。而且，有些人在全班发言时顾虑甚多，小组发言时则很活跃，充分作出了贡献并获得锻炼。此外，案例学习小组总是高度自治的，尤其在院校的高年级与干部培训班，小组本身的管理能使学生学到很有用的人际关系技巧与组织能力。

1. 案例学习小组的建立

学习小组建立的方式对它今后的成败是个重要因素。这种学习小组当然还应由学生自行酝酿，自愿组合为好，使其成为高度自治的群体。但小组能否成功地发挥应有的作用，却取决于下述五个条件。

（1）建组的及时性。指建组的时机问题。据某些院校对上百位管理系学生所作的调查显示，搞得好的小组大多是建立得较早的，有些在开学之前就建立了。组建早的好处是，对组员的选择面宽些，组员间多半早就相识，对彼此的能力与态度已有所了解，学习活动起步也早些。

（2）规模的适中性。调查表明：最能满足学习要求的小组规模都不大，一般 4 至 6 人，过大和过小都会出现一些额外的问题。小组超过 6 人（调查中发现有的组多达 10 人），首先集体活动时间难安排，不易协调。当然，人数多达 7 至 8 人的组办得好的也有，但都符合下列条件：一是建组早，彼此又了解在各自工作与学习方面的表现；二是时间、地点安排上矛盾不大且容易解决；三是第 7、第 8 位组员有某些方面的特长、专门知识或有利条件，还有的是组员们知道有 1 至 2 位同学确实勤奋，但因某种原因需要特别额外辅导、帮助，再就是有个别组员因某种正当理由（半脱产学习等），事先就说明不可能每会必到，但小组又希望每次学习人数不少于 5 至 6 人时，就不妨多接纳 1 至 2 人。

（3）自觉性与责任感。这是指组员们对小组的负责态度与纪律修养，尤其指对预定的集体学习活动不迟到、不缺勤。否则，常有人不打招呼任意缺席，小组的积极作用就不能充分发挥。你可能会问：干脆每组只要 2 至 3 人，短小精干，机动灵活，有什么不好？也许确实是没什么不好，避免了大组的那些麻烦，但有可能因知识与经验的多样性不足，虽然可以收到取长补短之效，但不能满足优质案例分析的需要，同时，也难造成小组讨论的气氛。而且与大组相比，分工的好处不能充分显现，每人分配的工作量偏多。很显然，小组规模的大小因对应课程的不同而异，课程较易，对分析的综合性要求较低，且并不强调与重视小组学习形式的利用，则规模宜小，2 至 3 人即可，反之，则至少应有 4 人，但增到 6 人以上就得慎重了。

（4）互容性。如果组员间脾气不相投，个性有对立，话不投机，互容性低，就不会有良好的沟通，易生隔阂。调查中就有学生反映，尖子生不见得是好组员，要是大家被他趾高气

扬、咄咄逼人的优越感镇住了，就不能畅所欲言。当然，强调互容性并不是认为一团和气好，不同观点之间的交锋也是有必要的，关键是要保持平和、平等的态度。

(5) 互补性。指相互间感到有所短长，需要互助互补。可惜的是，希望组内气氛轻松随和，就自然去选私交较好的朋友入组，以为亲密无间，利于沟通，却忽略了互补性。调查中有人说，我悔不该参加了由清一色密友们组成的学习小组，我们之间在社交场合已结交了很久，相处得一直不错，但却从未一起学习、工作过，结果证明不行。遗憾的是，学习没搞好，友谊也受影响了。这不是说非要拒绝好友参加不可，最好是根据课程性质和对个人特长的了解来建组，以收集思广益之效。

2. 案例学习小组的管理

根据经验，要建设并维持一个有效能的管理案例学习小组，应该在管理方面注意下列事项。

(1) 明确对组员的期望与要求。如果你有幸成为组长，你首先要让大家知道，一个组员究竟该做什么？所以必须在小组会上从开始就预先向大家交代清楚这些要求：一是小组开会前，每人必须将案例从头到尾读一遍，并备妥适当的分析；二是人人尽量每会必到，如与其他活动冲突，小组活动应享受优先；三是要给予每人在小组会上发言的机会，人人都必须有所贡献，不允许有人垄断发言的机会；四是个人作出了有益贡献，应受到组员的尊敬与鼓励，首先让他（或他们）代表小组在全班发言；五是组内若有人屡屡缺席，到会也不作准备，无所作为，毫无贡献，就不能让他分享集体成果，严重的要采取纪律措施直到请他退组。有时小组为了程序方面的琐事（如定开会时间、地点、讨论顺序等）而争吵，或因为性格冲突，话不投机，拂袖而去，甚至为争夺影响力与控制权而对立，也是有的。但关键是看小组是否能出成果，对大家学习是否确有帮助，如时间花了，却没有收获，小组对大家没有凝聚力，各种矛盾就会出现。

(2) 建立合理程序与规则。所谓合理，即指有利于出成果。一是要选好会址，这是第一个程序问题，会址除了要尽量照顾大家，使人人方便外，最要紧的是清静无干扰。最好有可以坐和写字的桌椅，能有块小黑板更好。二是要定好开会时间，一经商定，就要使之制度化、正规化。这可以节省每次协调开会或因变化而通知的时间，也不致因通知未到而使有的人错过了出席机会。不但要定好开会时间，也要定好结束时间，这更为要紧。每一案例讨论2小时，最多3小时就足够了，时间定了，大家就会注意效率，玩笑、海阔天空地闲谈就会少了。三是要开门见山，有什么说什么，节省时间。四是要早确定和发挥小组领导功能，可以用协商或表决的方式公推出组长，以主持会议和作业分派，也可以轮流执政，使每个人都有机会表现与锻炼组织领导能力。五是要尽早确定每个案例的分工。这种分工是允许的，甚至是受到鼓励的。多数老师允许同小组的同学，在各自书面报告中使用集体搞出的相同图表（报告分析正文必须自己写，不得雷同），有的组为了发挥每个人的特长，把分工固定下来（如某某总是管财务分析等）。但由于案例各不相同，若每次小组会能根据案例具体特点，酌情分工，可能会更有利于出成果。但由谁来分工好，较多情况下是授权组长负责，他得先行一步，早把案例看过，拟出分工方案。六是要在整个学期中，使每个人都有机会承担不同类型的分工，以便弥补弱点与不足。人们的长处常与主要兴趣一致，或是本来主修的专业，或是自己的工作经历等。通常开始总是靠每人发挥所长，才能取得最佳集体成效。但长此以往，人们的弱点依然故我，难有长进。因此，组长得考虑安排适当机会，使每个人在弱项上能得到锻炼。事实上，个人弱项进步了，全组总成绩也水涨船高。好的组长会巧妙地安排不善演算的组员有时也去弄一下数字，而让长于财会的同学适当分析一下敏感的行为与人际关系问题。至少学会在自己的弱项上能提出较好的问题，并观察在这方面擅长的同学是怎么分析的，对已在管理岗位上当领导者的同学更需如此。

（3）学习小组的改组。有时会发现，由于各种无法控制的原因，小组不能作出富有成果的集体分析，这时可以考虑与另一个较小的组完全或部分合并。后者是指仅在分析特难案例时才合到一起讨论，可先试验几次，再正式合并。较大的组可能体验到相反的情况，指挥不灵，配合不良。这时，可以试行把它进一步分解为两个小组以增加灵活性，不是指彻底分解，而是有分有合，有时分开活动，有时则集中合并举行全体会议。

（4）争取实现“精神合作”。从行为学的角度看，小组也像个人那样，要经历若干发展阶段，才会趋于成熟，变成效能很高、团结紧密、合作良好的工作单元。但有的小组成长迅速，有的经历缓慢痛苦的过程，有的永远不能成熟。成长迅速的小组，表面看来没下什么工夫，其实他们为了发展群体，是作出了个人牺牲的。他们注意倾听伙伴的意见和批评，仲裁和调解他们中的冲突，互相鼓励与支持，尊重并信任本组的领导。组员只有作出了这种努力，才能使小组完成既定的集体学习任务，满足各位组员个人心理需要，成为团结高效的集体，这里心理需要指的是集体的接受、温暖、友谊、合作与帮助。案例学习小组的成熟过程，一般包括五个阶段，一是互相认识，二是确定目标与任务，三是冲突与内部竞争，四是有效的工作合作，五是精神上的合作。小组若是能具备适当的构成条件，又制定出合理的工作程序与规范，就易于较快越过发展的前三个阶段而达到第四个阶段，并有可能发展到最高境界及精神上的合作默契成熟阶段。那时，小组的成果就更多、水平更高、学习兴趣更强，组员们也就更满意了。

（四）置身课堂讨论

课堂讨论对于教师来说是整个案例教学过程的中心环节，对于学生来说则是整个案例学习过程中的高潮与“重头戏”。因为学生在个人及小组的分析准备中所做的工作要靠课堂讨论表现出来，这也是教师对学生整个课程中成绩评定的重要依据。事实上，课堂讨论的表现也决定了随后书面报告质量的高低，并已为大量实践所证明，但有不少教师不太重视书面报告评分。

1. 注意聆听他人发言

这是指注意倾听别人（教师与同学们）的发言。许多人认为，参加讨论就是自己本人要很好地发言，这的确很重要，但听好别人发言也同等重要。课堂讨论是学习的极好机会，而

"听"正是讨论中学习的最重要的方式。有人还以为，只有自己"讲"，才是做贡献，殊不知听也同样是做贡献，听之所以重要，是因为课堂讨论的好坏不仅取决于每一个人的努力，而且也取决于全班的整体表现。集体的分析能力是因全班而定的，它的提高不仅依靠个人经验积累，也要靠全班整体的提高。重要的是要使全班学会自己管理好自己，自己掌握好讨论，不离题万里，陷入歧途。初学案例的班常会发生离题现象，原因就在于许多人从未经过要强制自己听别人发言的训练，只想自己打算讲什么和如何讲，而不注意听别人正在讲什么，并对之作出反应。监控好全班讨论的进程，掌握好讨论的方向，从而履行好你对提高全班讨论能力的职责，这也是重要的贡献。光会讲的学生不见得就是案例讨论中的优等生，抢先发言，频频出击，滔滔不绝，口若悬河，还不如关键时刻三言两语，击中要害，力挽狂澜。许多人在讨论刚一开始，总是走神，不是紧张地翻看案例或笔记，就是默诵发言提纲，或沉浸在检查自己发言准备的沉思里。其实正是一开头教师的开场白和头一问，以及所选定的第一个回答者的发言最重要，是定方向、搭架子，你得注意听教师说什么，你是否同意教师的观点，有什么补充和评论，并准备作出反应。

2. 具备主动进取精神

前面提到有人总想多讲，但对多数人来说，却不是什么克制自己想讲的冲动问题，而是怎样打破藩篱，消除顾虑，投身讨论中去的问题。针对这一点，教师必须尽力做好说服教育工作。就像生活本身那样，案例的课堂讨论可能是很有趣的，也可能是很乏味的；可能使人茅塞顿开，心明眼亮，也可能使人心如乱麻，越来越糊涂；可能收获寥寥，令人泄气，也可能硕果累累，激动人心。不过归根结底，从一堂案例讨论课里究竟能得到多少教益，还是取决于你自己。为什么？因为案例讨论是铁面无私的，既不会偏袒谁，也不会歧视谁。正如谚语所云："种瓜得瓜，种豆得豆。"你参加讨论并成为其中佼佼者的能力如何？你讨论中所取得的收获怎样？关键的决定性因素是你有没有一股积极参与、主动进取的精神。足球界有句名言："一次良好的进攻就是最佳的防守。"这话对案例讨论完全适用。反之，最糟糕的情况就是畏缩不前，端坐不语，紧张地等着教师点名叫你发言。这种精神状态，完全是被动的，怎么会有所收获？积极参与的精神能使你勇于承担风险，而做好管理工作是不能不承担风险的，这种精神正是优秀管理者最重要的品质之一。指望每次发言都绝无差错，这是不现实的，无论分析推理或提出建议，总难免有错，但这正是学习的一种有效方式。人的知识至少有一部分来自于教训，教师或同学指出你的某项错误，切不要为争面子而强辩，为了满足自己"一贯正确"的感情需要而拒不承认明摆的事实，正是蹩脚管理者的特征。

（五）记录学习心得

参加案例课堂讨论的过程，是一个学习和锻炼的过程，也是一个积极进行思考从事复杂智力劳动的过程，在这一过程中萌发一些心得体会和发现一些自己原来未曾想到的问题是常有的事，这正是在案例学习中已经意识到的点滴形态的收获，为了不使这些收获遗忘或丢失，有必要做好记录。

做心得和发现的记录，要讲究方法。有的同学过于认真，从讨论一开始就从头记录，结果记录一大篇，不知精华之所在，这就是方法不妥。正确的方法是在认真听的基础上记重点，记新的信息。有的学生采取“事实、概念、通则”一览表的格式，颇有参考价值。这里不妨引一实例以作借鉴。

春季学期：××××年××月××日课堂讨论“兴办新事业”。

事实：

(1) 在美国的所有零售业企业中，50%以上营业两年就垮台了；

(2) 美国企业的平均寿命是6年；

(3) 在经营企业时想花钱去买时间，是根本办不到的；

(4) 美国在2000年有235万个食品杂货店。

概念：

“空当”，各大公司经营领域之间，总有两不管的空当存在。大公司不屑一顾，小企业却游刃有余，可有所作为。例如，给大型电缆制造商生产木质卷轴，就是个空当。

通则：

(1) 开创一家企业所需的资源是人、财、物，还有主意；

(2) 新企业开创者的基本目标是维持生存。

记录要精确、简明，对素材要有所取舍、选择。在课堂上，主要注意力要放在听和看上，确有重要新发现、新体会，提纲挈领，只记要点。此外，最佳的笔记心得整理时机是在案例讨论结束的当天。

（六）撰写分析报告

管理案例书面分析报告，是整个案例学习过程中的最后一个环节，是教师在结束课堂讨论后，让学生把自己的分析以简明的书面形式呈上来供批阅的一份文字材料，一般由2 500字以下、最多不到3 000字的正文和若干附图组成。但并不是每门课程所布置的案例都必须撰写书面报告，有些案例教师可能要求只作口头分析就够了。有些报告可能完全布置给个人去单独完成。书面报告是在全班及小组讨论后才完成，本身已包括了集体智慧的成分，是指教师允许同一小组的成员使用小组共同准备的同样图表，但报告正文照例要由个人撰写，禁止互相抄袭。还有的要求学生在全班讨论前呈交个人书面报告或案例分析提纲。这主要是为了掌握学生的分析水平，也便于在下次全班讨论前进行小结讲评。一般来说，要求写书面报告的案例比要求口头讨论的案例要长些、复杂些、困难些，也就是教师希望在这些案例的阅读与分析上花的时间和工夫要更多些。其实在书面报告上下点力气是值得的，书面报告的撰写是一种极有益的学习经历，这是在学习管理专业的整段时期内，在本专业领域检验并锻炼书面表达技巧的极少而又十分宝贵的机会之一。多数学生在如何精确而简洁地把自己的分析转化为书面形式方面，往往都不怎么高明和内行。这种转化确实并非易事，尤其篇幅与字数

 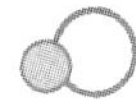

的限制又很紧，所以花点时间去锻炼提高这种可贵的技巧是必要的。

1. 做好撰写准备与时间安排

撰写书面报告，先要认真地考虑一下计划，尤其要把时间安排好，这不单指报告本身，要把阅读与个人分析及小组会议（一般是开两次）统一起来考虑。一般的计划是，在两三天内共抽出12～15小时来完成一篇案例分析报告（包括上述其他环节，但课堂讨论不包括在内）是较恰当的。如果案例特难，也许总共得花20～25小时以上。但是如果长达25小时以上，就会使人疲乏而烦躁，洞察力与思维能力会下降。不能满足于拨出整段时间，还得仔细划分给每项活动的时间，这种安排是否恰当将影响整个工作的效率。下面是一种典型的时间计划安排，共分六项或六个步骤，分析的作业是一篇较长的、具有相当难度的典型综合性案例，书面报告要求2 500字以下，图表最多八幅：

(1) 初读案例并作个人分析　　4～5小时

(2) 第一次小组会（分析事实与情况，找出问题及组内任务分工安排）　　2～3小时

(3) 重读案例并完成分析　　4～5小时

(4) 第二次小组会（交流见解及讨论难点）　　2～3小时

(5) 着手组织报告撰写（确定关键信息，列出提纲，完成初稿）　　5～7小时

(6) 修改、重写、定稿、打字、校核　　2～3小时

这六项活动可分别归入“分析”与“撰写”这两大类活动。根据对3 000多份案例报告的调查，无论是得分高低，大多数学生花在写稿方面的时间普遍不足，而花在分析上，尤其是小组会上的时间过多。要知道既然总时数已经限定，则多分析一小时，写稿就少了一小时，而且又多出来一批需要筛选和处理的信息，会加重写稿的工作量，这种连锁反应式的影响，将使一些同学无法细致地利用、消化、吸收他们的分析成果，并准确表达、陈述、综合归纳成一份有说服力的文件，很难使阅读他们的分析报告的人信服和接受他们的高见。

下面是一段典型的对话。

学生：我花了那么多时间，没想到只得到这么点分数！不过我把自己的报告又读了一遍，还是看出不少问题。怎么我在写稿的时候竟一点儿没意识到它会这么糟呢？

教师：怎么会没意识到呢？仔细谈谈你是怎么写的？

学生：报告是星期二早上上课时交的，我们小组是上星期五下午开的第一次会，开了好长时间，第二次会是星期一下午开的，会开完，已经很晚了。当晚我就动手组织材料，拟提纲，动笔写初稿，搞到凌晨两点多才写完，但来不及推敲修改誊正，就交卷了。

很明显，这位同学根本没时间修改、重写，初稿就直接誊正，一气呵成，也没留足够时间消化、吸收和组织好他个人和小组分析的结果。遗憾的是，这种现象十分典型，是经常出

现的。有人说："根本不会有高质量的初稿，只可能有高质量的定稿。"这就是说，要写好分析报告，在报告的构思上得肯花时间，并安排足够时间用在修改和重写上。

2. 书面报告的正确形式与文风

要写好报告，当然要以正确的分析作为基础，问题还在于怎样才能把最好的分析转化为书面报告，由于受篇幅、字数的限制，这就自然引出对文风的要求，那就是简明扼要。写案例报告可不是搞文学创作，不需要任何花哨的堆砌修饰，但要做到一针见血、开门见山，却非易事。不许你多于 2 500 字，你就只能把代表你分析的精髓的那一两点关键信息说出来，并给予有力的辩解和支持。

一般来说，2 500 字加图表的一份报告，教师评改得花 15～20 分钟，一位老师通常每班带 50 位学生，每一班他就要批阅 50 份报告，每份 20 分钟，就要花 17 小时才能批阅完。若同时带两个班，每班平均每周两次案例作业……算算就知道，一份报告最多能占 20 分钟，所以，一定要干净利落，把你的主要见解及分析论据写得一目了然就行了。手头有了分析与讨论所得的大量素材，可别忙于动笔，要先花点时间好好想想，怎样才能有效而清晰地把你的意见表达出来，到这一步为止，你就已经花了不少时间在案例阅读、分析和讨论上。一般是按照自己分析时的思路，一步步把报告写出来，可是，教师和读者要知道的是你分析的结果，所以你的报告若不以你的分析为起点，而是以分析的终点入手，会显得明智得多。试考虑一下，能不能用一句话概括出你所作的分析的主要成果和精华所在？这应该成为报告的主体，并应在几段中就明确陈述出来，报告的其余部分，则可用来说明三部分内容：一是为什么选中这一点来作为主要信息；二是没选中的其他方案是什么及其未能入选的理由；三是支持你的表现及其所建议方案的证据。慎重的方法是，把报告剩下这部分中的每一段落，都先以提纲的形式各列出一条关键信息来，最好每一段落只涉及一条重要信息，一个段落若超过 700 个字，就一定包含有几条不同见解，这会使读者抓不到要领。报告定稿后，正式打字前，最好要自己读一遍，以便发现问题，及时修改，打字后还应校阅一遍，看有无错别字和漏句、漏字等。你若素来文笔不强，建议你搞一本入门性的写作小册子来翻翻，并安排更多时间在改稿和写稿上。要注意学习善写的同学的技巧和经验，并在老师批阅发回报告后重读一遍，记下写作方面的问题，以免下次再犯。

3. 图表的准备

把数据以图表方式恰当安排与表达出来，能经济而有效地介绍出你的许多支持性论证，但一定要使图表与正文融为一体，配合无间，让读者能看出图表的作用，还要使每张图能独立存在，即使不参阅正文，也看得懂，每幅图表应有明确标题，正文中要交代每幅图表的主要内容，图表应按报告正文中相应的顺序来编号。

（七）提高表述水平

口头表述是管理案例教学中的一个重要教学环节。它的基本要求是：分析者将自己的分析研究成果当众表述，以让他人了解。在管理案例分析中学生将自己的分析成果进行口头表述，不仅可以引起学生热烈的讨论，让其相互启发、相互学习，还可使学生尽快提高演讲水平。

1. 案例分析表述的要求

为了使管理案例分析中的表述达到预期的训练效果，因此对每个表述者都应提出具体要求，而且这些要求应在学生尚未进行表述之前就应予以明确，以让表述者在其表述过程中切实注意到这些问题。

(1) 时间要求。案例分析教学阶段不同，表述时间的长短也不一致。一般来说，在规范性案例学习的课堂讨论阶段，分析成果表述的时间应长一些，但每个学生的表述时间不应超过20分钟。这一时间要求是出于以下三方面的考虑。其一，听众注意力的局限性。大量研究表明，人们对演讲的注意力，是受一定时间限制的，一般在演讲的20分钟以内是听众注意力最集中的时间，20分钟后注意力开始下降，1个小时后注意力急剧下降。因此，我们规定时间，就是要表述者注意演讲的时间观念，培养自己利用演讲最佳时间的好习惯。其二，培养表述者的概括力。要在有限的时间内将自己的演讲成果清楚地表述出来，自然就啰嗦不得，必然要注意思路的条理、语言的精练、恰到好处的概括，否则就不可能在规定的时间内讲完自己的分析成果内容。其三，教学总体时间的限制。一个教学班每个人都得表述，每个人20分钟，10个人就是200分钟，20个人就是400分钟。显然，如果1个人占用时间太长，势必使其他的人失去表述的机会，同时时间占得太长，不仅使听众感到疲劳，而且整个教学时间也不允许。

(2) 表述前应有充分的准备。演讲大致可分为娱乐性演讲、传授性演讲、说服性演讲和鼓动性演讲四大类。管理案例分析成果表述演讲可以是介于传授性和说服性之间的演讲，或者说是二者兼而有之的演讲。传授性的演讲要向人们传授某种知识，说服性演讲要使听众放弃自己的看法，同意演讲者的观点。对于案例分析的成果表述者来说，就是要将一个案例分析透，让听众从你的分析中得到新的知识，受到启发，并按你提的方案去从事管理，这绝不是信口开河所能办到的，需要的是深思熟虑。与其缺乏思考、意见不成熟甚至荒谬，还不如闭口不讲。因此，要想使表述达到好的效果，表述者对自己表述的内容应有充分的准备。一般在表述前教师应检查表述者的讲稿。讲稿和书面分析成果有区别，二者的表述形式不同，在表述的思路、结构和详略上也有所区别。讲稿可以是逐字逐句式的，也可以是纲目式的。为了体现案例分析成果表述教学的严肃性，没有讲稿的学生，原则上不允许上讲台。

(3) 克服习惯性口头语病。习惯性口头语病是演讲的大忌，它分割了演讲的内容，淡化了演讲的气氛，严重地影响着演讲的效果。

习惯性口头语病有多种表现，例如，有的人开口是“这个”闭口也是“这个”，有的每说完一句话后就“啊”一下，往往讲完一段话“啊”高达十几次和几十次，这样会使听众不去注意你讲的内容，而是在数你说了几次“这个”、“那个”或“啊”了多少回。试想，这会有演讲的效果吗?

习惯性口头语病是由于长期说话习惯所形成的不良思维形式的外在表现，要克服它，绝非一日之功，但也不是不可克服的。克服这种习惯口头语病的重要方法，就是引起说话者本人高度重视，使他从习惯性状态转变到自我意识的感觉中来。为此，需要外界的刺激，让其下决心根除坏习惯。在分析成果表述中，我们将此作为一条要求明确提出，并在听取表述的过程中做好记录，统计这种习惯性口头语病出现的次数，进而从成绩上反映出它对演讲效果所造成的损害。当然，要使具有习惯性口头语病的人克服这一毛病，需要一个过程，过于性急也是不对的。但是，只要我们作出了明确要求，并采取一定的措施，习惯性口头语病一定可以得到克服。

对管理案例分析成果口头表述提出要求，其目的在于造成一个真实的演讲环境，并让表述者在这种环境和气氛中严格地按正确的方式造就自己，逐步掌握演讲这一艺术，获得影响他人、打动人心的能力。

2. 口头表述的训练

案例分析成果的口头表述是一种演讲。一篇好的演讲实际上是语言、情感和姿态的综合。它是一个人知识、智力积累和品德修养的反映，而且还是长期进行语言、思维、姿态等方面训练的结果。管理案例分析的成果表述，既是一种真正的演讲，又是一种对具有更大社会性演讲的训练。为了取得表述的良好效果，从方法技巧上应特别注意从以下几个方面进行训练。

（1）正确选择演讲方式。演讲的方式大致有四种，分别是照本宣读式演讲、背诵式演讲、即兴演讲和准备式即兴演讲。四种演讲方式各有利弊，分别适应不同的人物和场合。我们的案例分析成果口头表述，宜采用什么样的演讲方式呢？在教学实践中，我们发现不少同学采用的是照本宣读式，一字不漏地往下念，结果使表述变得死板、僵硬，也表现不出表述者的演讲神采，这种方式显然效果不佳。针对案例分析的内容，在口头表述之前就已有研究。因此，完全可以在有准备的基础上即兴演讲，根据听众的情绪、时间的长短来调整自己讲话的内容，使其生动、活泼，达到理想的效果。

有的同学在表述时，也有采取背诵式演讲的。但我们发现，这种方式过于死板，同时一旦忘却某一段文字，演讲就很难继续下去，甚至会出现“卡壳”现象。

到底采用何种方式表述自己的分析成果，这要根据自己的实际情况来定。应根据自己的心理状况和演讲的适应能力，确定适合自己情况的表述方式。如果是初次演讲，对即兴演讲又没有把握，就不要勉强采取这种方式，不如暂时采取照本宣读式，慢慢向即兴演讲过渡。

（2）嗓音的正确应用。演讲是通过声音发出信息的。好的声音，不仅能准确、恰当地表情达意，而且能声声入耳，娓娓动听，使听众心潮激荡，如痴如醉，完全沉浸在演讲中。相反，如果声音不佳，不但不能准确无误地表述出自己的思想感情，反而会使听众厌恶和感到枯燥无味，影响演讲效果。

演讲声音要达到理想的效果，应从以下三个方面下工夫。第一，声音要正确清楚。声音的正确清楚是演讲者有效传达自己思想感情的前提。如果读字不准、吐字不清，听众就不知所云，自然难以达到演讲的目的。为使自己演讲时的声音清楚，需从三个方面努力：一是正

确运用发音器官，形成正确清楚的语音；二是注意按会场空间的大小来控制音量，一般案例分析成果的口头表述是在教室里进行的，声音比较好控制；三是注意声音的流向，即要面对全体听众，而不能只将声音输给一部分听众，而忽略了另一部分听众。第二，注意声音清亮圆润。清亮圆润是演讲运用的一种艺术。所谓清亮圆润，是指演讲者的声音清脆悦耳，对人有一种吸引力，使人愉快。声音是否清亮圆润既受制于发音器官的先天条件，更取决于后天的训练。例如，有的人有口吃的毛病，但经过苦练之后也是可以克服的，如果先天条件较好，经过训练就会更理想。第三，声音要富于变化。声音的高低、大小强弱的变化，不仅是听众的要求，而且是表达思想情感的需要。如果声音平淡而没有变化，就像念文章缺乏抑扬顿挫一样，令人烦躁，或使人昏昏欲睡。总之，甜美的声音，有利于演讲达到理想效果，经过刻苦的训练，可以掌握正确应用声音的规律。

(3) 要给听众留下美好的印象。演讲者的形象对演讲的效果也十分重要，如果演讲者形象不佳，使听众看不顺眼，产生一种厌恶的心理，自然就难以打动他们的心了。

演讲者演讲时，在塑造自己的形象上应注意的就是：精神要饱满，要充满信心，潇洒大方，站立姿势要端正，面部表情要自然，服饰要适合演讲的场合。

精神饱满，信心十足，这是许多著名的政治家、演说家在演讲时所表现出的风格。从电影《列宁在一九一八》里，可以看到列宁在工人中间演讲时就是那样，他饱满的精神、百倍的信心，加上那富有号召力的演说，使人振奋不已。周恩来总理每次演讲时也是如此，即使是在他身患重病的情况下，只要公开露面讲话，他都是精神饱满、信心十足的，给人以极大的鼓舞。

演讲者在演讲时要注意站在听众前面的正中间，让光线照到自己的脸上，使不同位置的听众不仅能看到演讲者，还能感知演讲者的面部表情。

演讲者的面部表情应以微笑为基础，要正视听众，切忌头抬得过高，或低头盯着地面和讲稿。演讲者的面部表情，可以起到感染听众的作用，从听众的表情上可以了解到听众对演讲的内容是否感兴趣。

演讲者服饰以整洁大方、庄重朴素为宜，过于随便有损形象，同时也是对听众缺乏礼貌的表现。

除此之外，还应讲究站立姿势，原则上讲，站立姿势应以有利于走动和发音为宜。

(4) 语言简洁、明快。在当今的信息时代，人的生活、工作节奏大大加快，因此，说话、演讲都应该注意语言的简洁和明快。在案例分析成果表述会上，每个人发言 10 至 20 分钟，如果语言不简洁、明快的话，就不可能表述完你的分析成果，而且我们还要认识到，要打动别人的心，要使自己的演讲给人留下深刻的印象，语言并不在多，而在于精。在这方面，中外不少的名家为我们树立了榜样。

1863 年 11 月 19 日，在美国葛提斯保国家阵亡烈士墓园落成仪式中，有两个人发表了演说，一个是当时享有盛名的演说家爱德华·埃费雷，另一个是当时的美国总统林肯。埃费雷是那天的主要发言人，讲了两个小时，而林肯仅讲了两分钟，十句话。可是至今人们能记下的不是埃费雷的演说，而是林肯的两分钟的讲话，原因就是林肯的演说十分简洁、明快，正如古人所说："言不在多，达意则灵。"连演说家爱德华·埃费雷在给林肯的信中，自己也承认说"我花了两个小时才刚刚接触到主题，您几句话就表达了……"

由此可见，语言的简洁、明快是多么重要啊！我们在案例分析成果的表述中要有意识地尽量做到这一点。

（5）正确开头和结尾。演讲的开头和结尾对演讲效果都会产生重要影响。在案例分析成果表述会上，常常听到有的同学这样开头："同学们，我不会讲话，讲得不好的地方，请大家见谅。"这些谦词其实是废话，这里根本不存在原谅和不原谅的问题，你讲得好能说服人，能打动人的心是事实，你讲得不好，别人的印象就是不好，也是事实，这与原谅无关，而且这样一说，反而使听众信心顿减，因此这种开头不足取。演讲的结尾也十分关键，它是走向成功的最后一步，如果平平淡淡收尾，尽管前面讲得可以，也给人一种"虎头蛇尾"的感觉。

演讲如何开头？没有一定之规。有的学者提出以下四点可供参考：一是形式要力求新颖、别致、风趣，目的是引起听众的注意，集中听众的精力；二是内容要出新意，出奇制胜，能给听众耳目一新之感；三是提纲挈领地点明演讲的宗旨，这可以很自然地引起下文；四是要有声势和气魄，几句话就能使听众对你折服。有不少名人在演讲的开头作出了好的示范。革命烈士恽代英，有次晚上演讲，由于前面已有几个人讲完话，听众正有些疲倦，他走上讲台大笑三声作为自己演讲的开头。郭沫若先生在1949年应邀到北京大学讲北伐战争问题。当时听众"爆满"，连广场旁的树上都趴着人，他的第一句话是："同志们！今天我面对青春的海洋，摆革命的龙门阵！"话音一落立即获得全场雷鸣般的掌声。

演讲的结尾一般有三个方面的问题值得注意：一是进一步揭示主题，加强听众对演讲的认识；二是采用一些启发性的语言，有意地启发听众去思考一些问题；三是在必要的时候还应鼓起听众的激情，促进听众的行动。

演讲的开头和结尾的上述技巧和方法，在案例分析成果口头表述中是完全可以借鉴的。只要坚持训练，表述能力就一定会提高。

3. 口头表述的评估

学生在案例分析成果表述会上表述完自己的分析成果之后，即意味着一轮案例分析的结束。因此，及时进行分析成果的评估，是案例分析教学不可缺少的一项重要工作。定向分析和定量计算相结合是案例分析评估的基本方法。具体的做法是将学生的案例分析从五个方面予以计分考核，在进行定量计算的基础上，按优、良、中、及格和不及格五个档次对分析成果进行分析评估。计分考核的五个方面及其要求如下。

（1）案例是否清楚完整。案例是分析研究的直接对象，学生的案例分析不论采取何种表述（包括书面和口头表述）方法，都应该让读者或者听众明了案例的内容，了解案例大致的轮廓。如果不能从其分析中明了案例的情况，那就根本无法判断分析内容的正确性。

要求学生案例表述得清楚完整，这可以检验和进一步训练学生观察问题的能力和表述问题的能力。如果观察问题不细致、不深入，就不可能取得更多的信息，甚至包括那些属于案例实体运行的关键材料也不能得到，那么，这就会直接影响下一步的分析；如果对客观存在的管理活动不能清楚完整地予以表述，就说明缺乏起码的分析问题的能力，所谓进一步的分析也是不可能的。因此，考核案例表述是否清楚完整，其意义十分重要。

（2）分析研究角度是否正确。如前所述，案例分析的研究角度有既定的要求，那就是立足于管理技术的探索和管理水平的提高，这一既定要求还不仅仅是为了降低学生分析案例的难度，更重要的还在于这一规定体现了管理案例分析的专业性质。案例分析的书面表述即是一种写作，但是它不是单纯的写作，它是在管理专业知识的学习和运用中所进行的一种写作。显然，如果分析研究的角度脱离了既定的要求，使案例分析带有随意性，那就难以把握了。没有一定规范的训练是不会有什么成果的，必须考核分析的角度是否正确。

（3）分析是否新颖。管理劳动的创造性决定了案例分析的价值所在。如果分析总是重复已有的结论，都是些老套套，毫无新颖之处，这种分析就不可取，而且，这也不会有实际价值，因为现实中的管理是充满生机和活力的，不可能千篇一律，万古不变。因此，对学生的案例分析特别要从是否新颖的角度进行必要的考核。

新颖是一个较抽象、伸缩性较大的概念。最大的新颖莫过于从无到有，莫过于重新制造。如果用这样的标准去评价学生的分析，显然不符合实际，勉强这样做不仅无益，反而会违背开设案例分析课程的初衷，不利于该课程教学目的的实现。在案例分析中，所说的新颖性，主要是指学生有自己的见解，而且在分析表述其见解时，能够自圆其说，具体表现为以下三种情况。

其一，通过案例分析，能概括出一些基本观点。尽管这些观点并不是学生的创造，但从总体上看，这些观点在案例分析的基础上能够形成一个独立的见解。应该说，学生的独立见解，就是一种分析的新颖性之所在。

其二，对自己分析的管理案例，在分析中能够解释其中一些管理行为，并能总结出经验，甚至还能提出建设性意见，对实际的管理工作有现实参考价值，也是分析的一种新颖性所在。

其三，在案例分析中，对有些管理现象虽不能圆满解释，但是能够发现问题并指出有进一步研究的必要，以期引起更多人的重视，这又是一种新颖性的表现。

当然，上述分析新颖性的说明，是针对学生的现实基础，面对学生的实际所作的解释。这里并不排斥某些学生在分析中发表创造性、独到见解所表现出来的新颖性。

（4）建议是否合理可行。管理案例分析课具有很强的实践性，寻求管理的最佳方法、方案是分析研究的内容之一。因此，作为一篇案例分析，原则上都应有这方面的内容。在文中可以建设性意见、启示、认识或希望等形式出现。这方面的内容，从某种意义上说是分析的落脚点，在一定程度上，反映了整个案例分析的实际价值。因此，当对一案例分析进行评估时，很有必要考虑这些建议的可行性，看其是否合理。

（5）口头表述能力鉴定。前面说到管理案例分析，是在学习和运用管理知识的基础上所进行的一种读、写、说综合训练，作为一个管理者，必须具备一定的表述能力，特别是口头表述能力。正确运用语言对一个管理者来说十分重要，正是出于这一原因，在案例分析的教学中，才安排一个案例分析成果口头表述的教学环节，这是一个十分重要的环节。口头表述能力鉴定，就是通过参加案例分析成果表述会，在认真听取学生口头表述后，对其表述能力作出的评价。

上述五个方面在具体的评估过程中可以采取列表的形式制成“案例分析成果评估表”，按 100 分分摊到五项内容上，每一项再划分为三至五个（不等）档次，每一档次按一定比例再细分。其评估见表 0-1（梅子惠. 现代企业管理案例分析教程. 武汉：武汉理工大学出版社，2006.）。

表 0-1　口头表述评估表

档次 考核项目	好（20 分）	中（15 分）	差（10 分）
案例是否清楚	清楚	较清楚	不清楚
研究角度是否正确	正确	较正确	不正确
分析是否新颖	新颖	较有新颖性	无新颖性
建议是否可行	可行	基本可行	不可行
表达能力鉴定	好	中	差
定量分析合计（分）			

案例分析成果口头表述评估，可采取在教师支持下由学校领导、学生和有关方面人员组成的评估小组进行，先由评估小组的成员对学生的分析逐项进行考核，然后由教师集中，确定学生的分析成绩。分析的评估资料在教师进行该轮次案例分析评讲和总结之后，暂由教师妥善保管，待期末考试之后，一起计算总成绩。

四、管理案例教学范例

（一）管理案例讨论提纲实例

案例：中日合资洁丽日用化工公司

十几年前，洁丽公司与日本丽斯公司进行技术合作，向国内引进该公司丽斯品牌的化妆品，双方各投资40%，另有20%由建厂当地乡镇的个体户出资建成。日本丽斯品牌在日本不出名，由于中国当时开放不久，日用化工品和化妆品缺乏，大家也不在乎名牌。十几年来，合资生产的丽斯牌，在江南一带颇具知名度，有数百个专柜遍布城乡各地的小百货商店，并有几百位化妆师（销售与推广）和美容店。近两三年由于人们消费水平提高，以及不少欧美品牌进入中国市场，丽斯牌在人们心目中地位下降，销路萎缩，此时那几个20%份额的小股东希望出让股份撤资。假使你是洁丽公司的负责人，你有哪些应对策略和方案？

中日合资洁丽日用化工公司案例课堂讨论提纲。

1. 有三种可能方案

（1）品牌重新定位。

（2）收购散户小股东的股份，使洁丽公司控股超过50%，然后找一流的厂商技术合作或代理一流产品。

（3）寻找机会脱售持股。

2. 方案的分析

方案1：

利：可利用原来已建立的销售渠道、服务人员及与经销商的良好关系、化妆品本身的价值、较难衡量的较高附加值，重新定位锁住目标市场。

弊：因为市场变化快，进口关税率逐渐降低，会使整个企业转型有较高的风险。

方案2：

利：可利用原有的销售渠道与服务人员，除可重新定位外，还可与其他知名品牌厂商合作，进入其他市场；控股权扩大，经营方式较有弹性。

弊：投资金额较大；日方态度不易掌握。

方案3：

利：避免激烈竞争，可将资金转做他用。

弊：原有的渠道和人员、队伍全部放弃相当可惜。

3. 建议

采用方案2，接受小股东的退股建议。

本题的关键点是：第一，想要放弃原有的市场或产品，而进入全新的陌生领域。第二，只想创造新产品，放弃原有产品改善的可能，可能使事业受到更大的损伤。

但是产品的创新或多角度化使用，也有可能为公司创造更好的将来，成败的关键在于信息的搜集是否齐全、利弊评估是否确实。

（二）学生案例分析实录

以下学生案例分析实录选自梅子惠主编的《现代企业管理案例分析教程》（武汉理工大学出版社，2006 年版），现转录于此供参考。

蔡×同学的案例分析

1. 实例选择统计表

学生姓名：蔡×　　　　指导教师：方××

实例命名	选能干的，还是选会说的
实例表述	C 集团是欧洲著名连锁超市集团，在某市筹建一家超市时，需要招聘超市工程部经理，在众多应聘者之中，有两位表现比较突出，如下所述。 马卫达，27 岁，已于机械制造专业大专毕业 4 年。大专毕业后进入某中法合资汽车厂设备动力部，任助理工程师，一直从事汽车制造设备配件的采购工作，在业余时间自学取得科技英语专业本科毕业证。英语口语流利。余海宏，33 岁，设备管理专业本科毕业，22 岁毕业后到武汉一家大型百货商场任中央空调操作班长、配电设备主管，已任工程部经理 3 年，熟悉大型百货商场的配电、照明、动力、通风空调等设备的运行维护管理，自己机械维修的动手能力也很强，但英语口语不行。 在由店长法国人罗伯特主持的面试中，马卫达直接用英语回答了罗伯特的提问，并用流利的英语陈述了超市工程部的工作设想。余海宏在面试时，由于超市的翻译不熟悉设备管理的专业词汇，他对面试问题的回答没能准确地翻译给罗伯特，罗伯特给他的分数远远低于给马卫达的。在店长的坚持下决定录用马卫达为工程部经理。三个月后，德国 M 集团也在该市开了一家超市，余海宏成功应聘上了工程部经理的职务。 一年后的 8 月份，由于中央空调操作工辞职，临时招聘不到操作工，马卫达自己亲自操作机器，由于他不熟悉操作规程，使中央空调超负荷运行，导致空调电机烧毁，给超市造成设备直接损失 10 万余元，这次事故使超市室内温度超过 36℃达一周之久，给超市营业收入和声誉带来重大的损失。 根据市商业管理委员会的统计，余海宏所在的 M 集团超市的各项设备经济技术指标如单位面积用电量、设备维护费等大大优于马卫达所在的超市。
选学和重温有关的资料和管理原理	1.《人力资源管理》； 2.《跨国公司的人力资源管理》

2. 案例分析

正确把握岗位能力要求，避免招聘失误

从案例中的情况来看，以下几点是C集团某市超市工程部经理招聘甄选失败的主要原因。

(1) 母公司的岗位能力要求不能照搬到子公司，虽然一个跨国公司旗下的连锁超市的经营方式、组织结构、职位设置几乎完全相同，但由于所在国政府法规、供应商特点、客户需求等内外经营环境不同，其设置的职务名称虽然一样，但其工作内容可能差异很大。同样是超市工程部经理，在法国店里手下只管两个人，主要工作是选择设备维修服务商、配件供应商，监督服务的质量、进度和工作安全等，不必自己动手操作设备。在中国，由于设备运行维修服务市场还不成熟，缺少优秀的设备管理服务公司为超市提供全方位的运行和维修服务，再加上中国劳动力便宜，设备服务外包的成本远远高于自己组建一支队伍进行自我服务。因此同样面积的超市，中国店的工程部人员比法国多得多，工程部经理的工作内容也因此相差很大。拿法国店工程部经理的甄选标准来招聘中国店的经理，显然是错误的。店长罗伯特以前在法国店当过工程部经理，以法国店的要求来衡量中国的应聘者，按这个要求马卫达是合格的。但中国的情况不一样，中国店的工程部经理不仅要善于跟供应商打交道，还要熟悉超市的各种设备的性能，基本掌握操作和维修技术，既要当好指挥员，必要的时候还要能亲自动手操作维修机器，当好战斗员。

外籍主试人应该克服语言障碍，客观地对应聘者进行评价。

在面试时语言的交流是否通畅影响到主试者的判断，壳牌石油公司的经验是："对沟通能力的评价已经降低。从理论上讲，沟通技巧是评价候选人的一项很好的指标，但实际上，如果应聘者的英语不流利，而面试人又不会说当地话，应聘者的得分肯定低于其应得分数。"因此当马卫达能不通过翻译用英语与罗伯特进行良好的沟通时，由于晕轮效应的影响，他参加工作时间不长，没有商场设备运行维修管理经验，机械专业的学历是大专，技术职称只是助理工程师等缺点就显得不那么重要了。但工程部经理这一职务对这些技能的要求是客观存在的，如果不具备这些技能，工作绩效肯定不高，从这一点来说，后来出现设备事故也是迟早的事。相反，余海宏由于英语口语能力不强，需要通过翻译回答罗伯特的问题，翻译词不达意，使具有决定权的罗伯特认为他不行，其实是他口语能力不强的缺点掩盖了他具有多年商场设备管理经验、本科毕业、专业对口、有工程师职称等与马卫达相比的优势。

(2) 不同的职位对外语能力的要求应该不一样，超市中各职位对外语能力的要求应该是不一样的。外企一般对不同级别的人外语水平要求不同，如对收银员外语要求肯定是比财务经理低，但同级别的中高层的管理人员对外语的要求也应该不同。需要经常与外籍经理和总部进行沟通的人外语要求高一些，如店长秘书、财务部经理等。不同职位对外语听、说、读、写能力要求的侧重点也应该不同。对店长秘书的英语口语能力的要求肯定比工程部经理要高。当然在案例中，如果余海宏是一个全才，英语水平与马卫达一样，罗伯特也会选他而不会选马卫达。但全才的工作选择余地大，对薪酬的要求高，雇用他们企业所付出的工资会比专业技能强、外语水平不高的人多得多，而且还不见得找得到这种人。因此，必须对每一个职务进行科学的工作分析，依据不同职位对外语能力、技术技能、组织指挥能力、学习创新能力的不同侧重要求，得出对各种能力要求层次不同的招聘甄选标准，依照这样的标准才不会选错人。

跨国公司管理人员本地化是一个大趋势，在这个进程中，我们必须按照人力资源管理的客观规律认真做好工作分析，制定科学的招聘甄选标准，努力克服语言交流造成的评价偏差，让本地人在招聘过程中拥有更多的决定权，只有这样才能顺利完成本地化的战略目标。

3. 案例分析见解口头表述评估

案例分析见解口头表述评估表见表 0-2。

表 0-2　案例分析见解口头表述评估表

考核项目＼档次	好（20 分）	中（15 分）	差（10 分）
案例是否清楚	清楚	较清楚	不清楚
	√		
研究角度是否正确	正确	较正确	不正确
		√	
分析是否新颖	新颖	较有新颖性	无新颖性
		√	
建议是否可行	可行	基本可行	不可行
		√	
表达能力鉴定	√		
定量分析合计/分	85		

4. 评语

本地化是许多跨国公司的重要战略。随着生产、研发、销售、采购本地化的推进，人力资源本地化变得越来越迫切。在执行层和管理层，本地人才完全能够达到职位要求，其本地化程度比决策层的高级管理职位高得多。招聘甄选这些员工的标准是与母公司所在国一样呢，还是应该根据子公司的实际情况，重新进行工作分析编写出新的职务说明书，按其要求招聘甄选？对员工外语能力的要求应该根据不同职务工作内容的不同而有所不同，不能用一个标准来要求。外籍主试人应该尽量克服语言障碍客观地对应聘者进行评价。派往子公司的高级管理人员中，能使用驻在国语言和熟悉其文化特征的人，可以更好地执行人力资源本地化的战略。

实例叙述得清楚、简洁、完整，这是正确展开案例分析的前提和基础，本实例分析的成

功之处在于，能从外资超市管理的实际事例中，发现跨国公司人力资源管理这一伴随着我国改革开放程度的提高出现的新问题，并对人力资源本土化中最关键的环节——招聘中出现的问题进行比较深入的分析。在分析中应用的理论依据正确，提出的建议具有可行性。

从上可以看出，该生能够运用所学管理理论知识分析和解决实际问题。

指导教师：方××

×××年×月×日

（三）哈佛商学院案例课堂讨论实录

下面是哈佛商学院的一次案例课堂讨论课的写实，内容是关于新日本制铁公司面临的人力资源管理问题。

戴着一副深度眼镜的乔克第一个被教授叫起来发言，他说：

“我不清楚这里的问题究竟是什么。看起来很明显是新日铁公司无力将员工的退休年龄从55岁延长到60岁，但这是日本政府已经宣布在全国企业中推行的，而且工会也要求公司这么做。”

以定量分析擅长的乔克在这次有关人力资源管理的案例课堂讨论中，说了这样一句话作为开场白。他接着说：

“根据我的计算，由于钢铁市场需求减少，这家公司已经有3 000名富余员工，这些人占了员工总数的10%。这种局面正在吞噬着企业的盈利。如果延长员工的退休年龄，那么，公司在今后五年时间内，还要承担7 000多名富余人员。”

刹那间，所有的人都沉默了。要是在往常，“开局者”总会受到许多人的围攻，他们都试图对其逻辑中的漏洞予以曝光。而领头发言的学生，常常畏畏缩缩地回到座位上等待着一场哄堂大笑。接着，教授请第三个学生起来，对这个问题增加一些定性的分析。

“我们应该回顾一下过去，在作出草率判断之前，应该先考察一下这种情况的动态变化过程。首先，我们要看一看当时作出这项决策的条件。国际市场对日本钢铁的需求一般很大，只是在过去的两年时间里才开始减少。在这种环境下，新日本制铁公司采取了降低劳动力成本的经营战略，所以使它成为世界钢铁生产的领先者。这个战略的具体实施办法就是，当旧的工作岗位被撤销后，公司把现有的工人调换到新工作岗位上去，这样就同时解决了辞退和新招工人的矛盾，而且没有花太大的代价。

另外，社会上普遍认为这家公司有一个开明的雇主。这种认识对行业的发展很重要。因为这是一个重群体甚于个体的社会。尽管日本政府现在开始减少干预，但在历史上，政府一直在资助这家公司和钢铁行业的发展。劳资关系一直很融洽，工人们没有进行过罢工，但却得到了较好的福利。日本银行也一直与这家公司密切合作，银行实际上给该公司的经营提供了100%的资金。现在的退休年龄虽说是55岁，但人的寿命在不断延长，工人们已经不能再接受这么早就退休的现实了。

我们再看看公司目前的人力资源政策。这些政策适用于钢铁行业的环境，并且相互之间妥当配合，与社会价值观保持一致。有许多利益群体牵涉进来，他们参与子公司的决策。管理人员希望与劳动者保持和平共处，同时也希望能减少劳动力规模，并且对钢铁行业中出现的衰退现象进行负责任的管理，以便维持在本行业中的领先地位和取得长期的利润。管理人员和工人们与工会紧密联手，共同建造对各方都有利的工作环境。管理人员总是将决策问题摆在员工面前，而且向他们提供所有有关的材料，决策过程还是相当透明的。

工会希望把退休的年龄延长到60岁，同时希望避免罢工和维持一个全面有效的人力资源计划。工会领导者还希望继续保持他们的中立立场，以便工人们既得到应有的福利，又不致发生罢工现象。

工人们通过自主管理小组，对企业中各项工作如何开展，具有相当程度的发言权。他们希望保持他们的工作，并有一个良好的工作条件，同时也希望延长退休年龄。

政府也希望延长退休年龄，这样做的好处是可以减少社会的福利保障。政府还认为，钢铁是日本工业发展的一大关键行业。

公司人力资源流动方面的政策和程序，到目前为止，也还适应环境条件的要求。比如说公司实行了员工终身雇佣制。这项对员工的投资，使得这家公司可以实行缓慢的晋升政策。这种缓慢的晋升与强有力的培训和发展机会相配合，才确保了在组织的各个层次中，有知识的人都能够轻易地在水平方向上移动。尤其是在工作堆积、需要加班的时候，员工的调动就更加普遍。公司对员工进行了投资，反过来，员工也对公司给予了相应的回报。

公司的奖酬系统很好地支持了人员流动政策，公司按资历计付报酬，这样也就为员工忠诚于公司提供了激励。而且外在的激励也不仅仅是公司提供的唯一奖酬。

这家日本公司的工作系统设计，反映出公司对工作的内在激励极为看重，比如，工作职责说明一直是灵活的、不那么正规的，只设置少数几个职务层级。决策总是在尽可能低的组织层次中做出。第三层次的管理人员负责开发和考评工人；第一层次和第二层次的管理人员则负责制定经营战略并与银行和政府部门打交道。

从案例中我们还可以看出，由于决策权的适当下放，蓝领工人组成的自主管理小组，能在几个小时之内，开发出一个程序来改进工作中的安全保障问题。

最后，我们再来看看这些管理政策到目前为止所产生的效果。公司由于实行了一整套人力资源政策，在降低成本、提高员工对公司的忠诚感等方面，取得了良好的效果。公司中有才干的员工数量正在增加，他们只要求中等水平的工资，并通过自主管理小组活动，使公司的年度成本开支节约了相当于雇佣成本20%的水平。公司的员工也获得了自尊和安全的感觉。对于整个社会来说，这样一种企业正在成为经济发展的一大推动力量。

依我看来，这里的管理者们正在进行一件有益的事。社会人文因素的变化，使得劳动力队伍和社会逐渐老年化，加之市场对钢铁需求的减少，这些因素都促使公司的人力资源政策必须做出相应的改变。的确，人员配备过多会造成成本上升，但鉴于该公司有银行提供财务

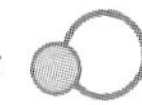

资助，所以利润并不那么紧要。如果公司与劳方发生对抗，可能对所有各方的利益都没有好处。

为了保持公司在世界范围内成本水平的领先地位，关键是要在维持生产率水平的同时，尽可能地减少劳动力成本。也许他们应该延长退休的年龄，忍受人员富余可能造成的成本增加，然后再努力寻找办法精简未来的员工。这样做是与公司的战略和行业传统的成功因素相吻合的。”

当这第二位发言者的长篇大论刚结束，坐在教室另一角的一位焦虑不安的女同学急忙抢着说：

“我原则上同意你的意见，尽管我到现在才终于搞清楚你的意见是什么。如果他们想赢得时间，产生创造性解决问题的方案，那么有一个现成的办法就是，先不要执行新的退休年龄计划，而应该等到一年以后。”

坐在她左边的一位男同学持反对意见。他说：

“你这个办法仍然不能解决这种长远性的问题，也就是对劳动力队伍的中期影响问题，它会使劳动力结构向老年化倾斜，而且在年功序列工资制下，还会使公司的工资支出增加。另外，减少招聘新员工，是不是就没什么新主意了？”

坐在教室中间的一位“高瞻远瞩者”认为，不管采用什么方案，都必须对利弊得失做出衡量。他补充说：

“所选定方案的执行方式，对于成功有着至关重要的影响。我认为，决策应该按他们传统的自下而上方式和惯用的程序来做出。然后，像往常一样，还要在所有有关情况都充分介绍的基础上，才能提出最终的决策。而劳资双方的密切合作，是一笔巨大的财富，不能轻易破坏。”

尽管已经进行了近100分钟热烈、激烈的课堂讨论，教授和同学们心里都很清楚，案例中仍有许多问题尚待解决，许多事实需要明确交代。下课时间快到了，教授在做了简短的总结后宣布这堂讨论课就此结束。同学们边离开教室边带着意犹未尽的劲头争论着。像其他案例讨论课一样，有些同学离开教室时仍然遗憾课堂的讨论没有取得更一致的意见，心中纳闷最好的解决方案是什么。另一些同学不以为然地反驳说：

“我们在这么短的讨论时间内就触及了这么多的问题，想到了这么多的好主意，该知足了吧？”

有人甚至引用教授前些日子曾说过的话来这样开导学友：

“现实中的管理问题本来就没有一个唯一正确的答案嘛！关键是把握分析问题的角度，学会怎样去分析问题和解决问题。过程是第一位的，结果是第二位的。教授不是说了嘛，技能的锻炼才是最重要的，问题的解决方案可能因时、因地甚至因人而异！”

（四）课堂案例教学实录

郑州大学升达经贸管理学院陈怡老师完成了一堂精彩的管理学案例教学课（一堂精彩的管理学案例教学课：联系实际生活，认清管理本质．管理观察，2008（10）），现录于此供大家参考。

1．案例背景

（1）时间。按照正常教学计划，在讲完第一章“人力资源管理概述”之后，安排一次案例讨论课，针对本章的重点、难点知识进行复习回顾，加深理解。

（2）地点。应使用多媒体教学手段，安排在多媒体教室内，学生的桌椅最好可以自由移动，方便进行下一步分组讨论。

（3）学生情况。课堂案例讨论课程，学生是重要的教学参与者，也是教学的主体。对于学生情况的分析和把握，决定此次课程的成败。所以，教师要提前做课堂以外的准备工作，为课堂教学的成功打下基础。

① 学生情况分析。此次案例讨论课是针对一年级的新生，第一次接触管理学知识，第一次参加案例讨论课这种课堂教学形式，主讲教师针对这两个“第一次”采取以下对策，见表0-3。

② 组建学习团队。大学阶段的学习，有时由“个体学习”上升为“团队学习”，在完成一个较为复杂的学习目标时，单靠个人的力量和智慧，十分有限。要通过“团队学习”充分发挥集体的智慧，顺利完成学习目标。同时也锻炼自身的组织、协调能力。分组原则：第一，每组最多不超过10人，否则难以控制；第二，注意男女生比例搭配，以利于不同思维模式的交流。

表0-3　学生情况分析表

年级	专业	班级人数	学生情况	优势	劣势	对策
07级	财务管理	58人	第一次接触管理学课程，相关背景知识较少，无基础	无思维定式，求知欲强烈	理论功底薄弱，分析和解决问题的能力欠缺	提前补充相关理论知识，加强启发引导
			第一次参加课堂案例讨论	好奇心强，参与意识浓厚	没有团队合作意识	提前划分学习小组，培养组织意识

③ 确定讨论程序。要事先将讨论的程序告知学生，避免出现混乱的课堂秩序，影响课堂效果。具体程序见图0-1。

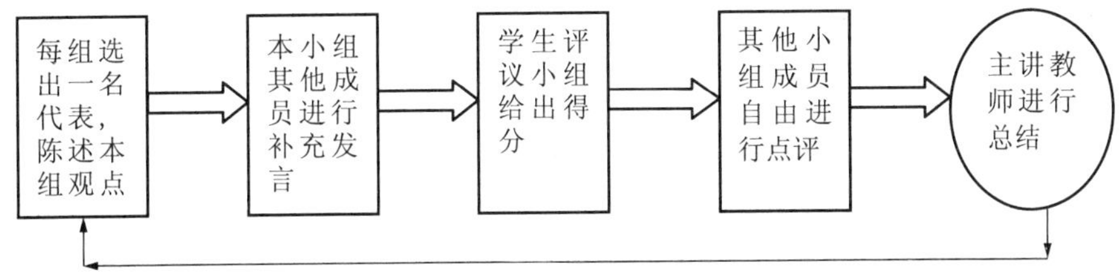

图 0-1　课堂案例讨论流程图

2. 案例主题

（1）主题确定。主题是案例讨论课的灵魂，它贯穿于整节课的全过程。案例主题的确定是重中之重。所有的教学形式和手段都要为案例主题服务。本节案例讨论课主题的确定，首先以学情分析、课前准备、教学程序设计等为铺垫，针对学生对于管理学的本质认识不明确，对于什么是管理的目的，什么是管理的手段，两者混淆不清的教学难题而确立。而对于初学管理的新生，基本概念、基本原理又是至关重要的，是必须掌握的内容。

（2）案例导入（用时 15 分钟）。运用多媒体 PPT 课件，将案例情景打在大屏幕上，并实现滚动放映效果，教师用画外音形式，进一步介绍案例情景。

谁来承担损失

田野是某大学的一位大学生，为了准备全国英语六级考试，在 A 书城购买了一本历年全国英语六级考试全真试题，没想到等到准备做试题时，却发现该书缺页达 40 页之多。无奈，他只好找出购书时电脑打印的列有所购书名的付款小票，准备去调换一本。

到了书城，田野直接到总服务台说明了情况，营业员甲接过书和付款小票看了看，说："没问题，可以调换。请您直接去 5 层找营业员调换。"随即，田野来到 5 层，找到相应专柜的营业员乙，营业员乙马上在书架上找，结果却发现该书一本都不剩了，于是对田野说，"这本书已卖完了，不知仓库里有没有，你去找总台问问。"此时，田野显得有些不耐烦了，问营业员乙为什么不能帮助顾客联系解决，而要顾客楼上楼下来回跑。营业员乙一边抱怨一边打电话给总台说，"书架上已没有该书，请你们处理吧。"田野一脸的无奈，只好再次跑下楼去找总台。

没想到总台营业员甲查完电脑记录后，田野却被告知，该书已脱销了，现在厂家也没有此书了。田野十分生气，本来只想调换一本，结果自己楼上楼下跑，跑的结果却是一本不剩，他要求退书。可是，营业员甲说："退书必须在购书 7 日之内，您所购的书是 8 天前买的，我们不能给您退。"田野此时已气愤至极，买了一本缺 40 余页的书本来已经够恼火的了，专门来调换却没有书可换。于是，他找到书城负责人理论说："我从你们书城买的书缺了 40 多页，我是来换书的，并不想来退书，可现在因为你们该书脱销不能给我换书我才退书的。"书城负责人不无遗憾地说："这是单位规定，超过 7 天不予退，只能换。"田野据理力争道："如果因为我个人的原因在 7 天之后要求退书，你们可以不退。但现在不是因为我的原因，而是你们该书脱销，而卖给我的书又少了40多页，你们没有理由不给退。”书城负责人说：“不是我们不给你换，是没有书可换，我也没有办法，超过7天我们不予退书，要退，你找出版厂商去。”此时，围观的人越来越多，人们纷纷谴责书城负责人的做法。

（3）提出问题（用时2分钟）。

① 从案例这一事件中，对该书城“超过7天不予退，只能换”的规定，书城负责人、营业员始终坚持遵照执行，他们的做法有错吗？为什么？

② 如果你是该书城的负责人，对田野的退书要求，你该怎样处理？

（4）自由讨论（用时15分钟）。

给学生充分讨论的时间，让不同的思想交流碰撞，只有通过深入的讨论，才能归纳总结出不同的论点，为下一步小组发言做铺垫。此时教师可以在各小组之间巡视，激发调动学生讨论的积极性，但要注意，此时教师扮演的是倾听者和推动者角色。暂时不要回答学生提出的关于案例的问题，以免先入为主，影响学生的不同思路，难以产生创新思维。

（5）小组发言（用时48分钟，每组发言平均5分钟，评分每组3分钟）。

请各小组代表，走上讲台陈述本组论点，此时帮助学生克服紧张心理，在规定时间内顺利完成任务，就显得尤为重要。要充分发挥教师的指导性和控制性的作用。此步骤需遵循的原则如下。① 尊重每位发言者的论点，鼓励不同观点的出现，无论此观点正确与否。② 尽可能不打断学生发言，让本人独立完成目标。③ 给予鼓励，调动积极性。为帮助发言学生克服紧张、胆怯的心理，教师要示意其他同学，在恰当的时机用掌声给予鼓励。调动课堂气氛，激励更多的学生积极参与。④ 适度控制。因为课堂时间有限，对时间进行控制是重要的一环，既要充分讨论，又不可发挥过度，延误时间。教师要提示发言者时间限制。⑤ 教师要随时观察并记录每位发言者的表现，及时给予简短的评价和引导，见表0-4。

表0-4 学生讨论发言记录表

组别	发言人姓名	重要论点	优点	不足	改进建议
第一组					
第二组					
第三组					
第四组					
第五组					
第六组					

（6）案例分析（用时40分钟）。

① 教学功能。本案例主要涉及管理本质。管理从本质上而言是人们为了实现一定的目标而采用的一种手段。如何对待规章制度，是本案例的焦点。是照章办事还是酌情处理？通

过本案例，学生们会真正体会到：良好管理效果的获得，取决于人们对管理的正确认识和管理手段的妥善运用。

案例分析关键词是规章制度、管理的定义、管理者角色。

• 规章制度：企业规章制度是指由企业权力部门制定的以书面形式表达的并以一定方式公示的非针对个别事务的处理的规范总称。首先，规章制度必须出自企业权力部门，或经其审查批准；其次，规章制度必须按照企业内部规定的程序制作，如果法律对企业规章制度的制定又规定了特定的程序，必须遵循该程序；再次，规章制度必须向劳动者公示；最后，规章制度是规范，是有关权利义务的设定，非针对个别人、个别事件。

• 管理的定义：管理（Management）是管理者在特定的环境条件下，对组织所拥有的资源进行有效的计划、组织、领导和控制，以便实现组织既定目标的过程。

• 管理者角色，见图 0-2。

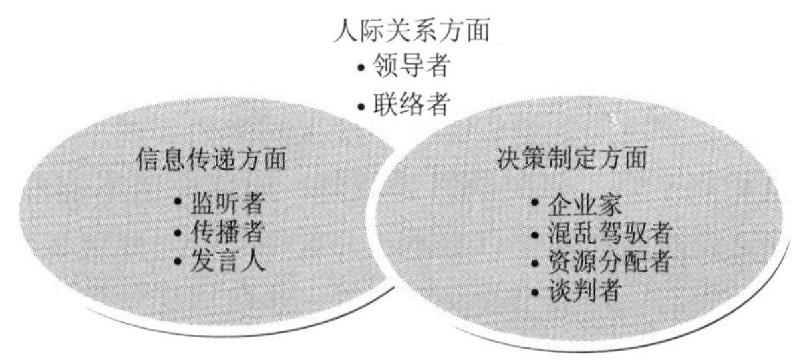

图 0-2 管理角色

② 知识点链接。如何对待规章制度？正确的态度应该是：在一般情况下，照章办事；在特殊情况下，酌情处理。正确对待规章制度的关键是正确界定特殊情况的范围和酌情处理的原则。特殊情况的范围主要包括违反规章的目的与确立规章的目的一致，或已有的规章制度已不能发挥其应有的作用。酌情处理的原则是对违反规章的有益行为，按目标有利原则处理并采取相应行为。

③ 参考答案。第一题：规章制度就其本质而言，是一种管理手段，任何组织为了实现共同的目标，都会制定一系列的规章制度以规范群体的行为。可以说，规章制度是一种有效的管理手段，任何组织都不可缺少。但与此同时，要明确规章制度只不过是一种手段，绝不能为了维护规章制度而置组织的目标于不顾。对于该书城“超过 7 天不予退，只能换”的规定，书城营业员、负责人在任何情况下都照章办事，是典型的教条主义，他们错把手段当成目的，因此其做法是错误的。

第二题：对于规章制度，正确的态度应该是：在一般情况下，照章办事；在特殊情况下，酌情处理。正确对待规章制度的关键是明确界定特殊情况的范围和酌情处理的原则。在本案例中，主人公田野所购书缺 40 页之多，因为该书脱销，在无法调换的情况下要求退书，他退书的目的和书城制定该规章的目的是一致的，即都是为了维护消费者的合法、合理利益。该情况属于违反规章的目的与确立规章的目的一致，在这种特殊情况下，书城负责人应按照目标有利原则进行处理，对田野的退书要求给予妥善解决。在此特殊情况下，规章制度可以破，但目标原则不能违背。同时，进一步完善书城退换书的相关规定，如可以考虑在规章制度中将所有可能出现的特殊情况列出来，以便指导员工妥善运用。

3. 案例反思

（1）选材目的。首先因为本案例文字较为浅显，内容单一，同时案例情景贴近学生现实生活，比较适合一年级初次学习管理的非专业学生。学生容易找出讨论的切入点，有话可说，有感可发，这是展开讨论的第一步。其次，本案例出现一定的矛盾冲突点，即严格遵守规章制度究竟是对还是错？各小组之间可能出现论点不一致的地方，有矛盾、有冲突才会进一步挖掘深层次的原因，利于讨论的深入展开。最后，此案例运用的背景知识是第一章的重点内容——管理学的概念、管理的本质、管理者的角色等相关知识。起到复习巩固基础知识的目的，这也是本节案例讨论课最重要的教学目标。

（2）学生反应。本节案例讨论课对学生的要求，就是恰当运用理论知识，解释日常管理现象。提高学生分析问题、解决问题的能力。本次课同学们表现出极高的热情和积极参与的意识。团队合作精神也相当不错。但欠缺之处就是，原理应用不够准确、分析问题不够深入、全面，陈述论点缺乏层次性。鉴于以上不足，教师又针对此次案例分析，布置了书面作业，让同学们整理自己的思路，形成书面文字，进一步巩固课堂效果。

（3）教学反思。教师最后的总结性分析，是本次课程的核心部分。教师既要全面总结评价各组学生的发言，又要充分说理，将案例层层剖析。因为低年级学生的发言条理性较差，作为主讲教师没有充分考虑到这一点，对于各组学生的点评，只能点到为止，无法详细深入指导。只能将普遍出现的问题指出，无法做到个别辅导。

第一章 人力资源管理概述

管理者的任务，在于运用每个人的才干，以一当十，以十当百，发生相乘的效果。

——彼得·德鲁克

企业或事业唯一真正的资源是人，管理就是充分开发人力资源以做好工作。

——托马斯·彼得斯

学习目标

- 明确人力资源的概念和特征；
- 把握人力资源管理的含义；
- 了解人力资源管理与传统人事管理的区别；
- 掌握人力资源管理的原则；
- 了解人力资源管理信息系统；
- 了解人力资源外包；
- 了解人力资源跨文化管理。

故事导入

猎人的“狗力资源管理”

猎人带着猎狗去森林中打猎，猎狗将兔子赶出了窝，一直追赶它，追了很久仍没有抓到。后来兔子一拐弯，不知道跑什么地方去了。猎人看到这种情景，讥笑猎狗说：“小的反而跑得快多了。”猎狗回答说：“你不知道我们两个的‘跑’是完全不同的！我仅仅为了一顿饭而跑，而他却为了性命而跑呀。”

猎人想，猎狗说得也对，我要想得到更多的猎物，就得想个好办法，让猎狗也为自己的生存奋斗。猎人思前想后，觉得有必要给猎狗引入竞争机制，在竞争中表现优秀的，会得到更多的奖赏。

于是，猎人在狗市场上相中了几条好猎狗，经过一段时期的强化培训后，准备上山打猎。并规定凡是能够在打猎中抓到兔子的，就可以得到5根骨头，抓不到兔子的，就没有饭吃。刚开始猎狗们很反感，但随着时间的推移，也逐渐适应了这种机制。这一招果然奏效，猎狗们纷纷努力去追兔子，因为谁也不愿意看见别人吃骨头，自己没有吃的。

过了一段时间，问题又出现了，猎人发现虽然每天都能捕到五六只兔子，但兔子个头却越来越小。原来有些善于观察的猎狗，发现大的兔子跑得快，逃跑的经验非常丰富，而小兔逃跑的速度比较慢，逃跑的经验也少。所以小兔子比大兔子好抓多了。而猎人对于猎狗的奖赏是根据其抓到兔子的数量计算的，不管兔子的大小。那些观察细致的猎狗最先发现了这个窍门，就专门去抓小兔子。慢慢地，大家都发现了这个窍门。

猎人对猎狗们说："最近你们抓的兔子越来越小了，为什么？"

猎狗说："反正大小对奖惩没有影响，为什么要去抓大的呢？"

猎人决定改革奖惩办法，按照兔子的重量来计算给猎狗的食物。这样改革后，猎狗们都尽量去抓大的兔子。这一招好像起到了很好的作用。

过了一段时间，猎人发现邻居家的猎狗和自己的一样多，可抓到的兔子却比自己多得多。猎人很奇怪，就去问邻居。邻居介绍说："我的猎狗中有能力强的，有能力差的。我就让能力强的去帮助能力差的，让它们之间互相学习。另外，我将猎狗编成几组，每一组猎狗分工配合，这样，抓到的兔子数量就明显上升了。"

猎人觉得这样的方法非常好。回家后也决定让自己的猎狗互相学习、互相配合，并将猎狗编成几个小组。实行一段时间后，猎人发现效果一点也不好，猎狗们根本就没有学习的积极性，每个小组抓到的兔子数量反而没有以前单干时抓到的多。是哪里出了问题呢？

让猎狗们互相学习，提高抓兔子的本领，这点肯定没错；将猎狗分成几组，分工配合，应该也没有错，因为猎人的邻居就是这样做的呀。猎人决定和猎狗们开会讨论，猎人对猎狗说道："我让你们互相学习，提高抓兔子的技能，你们为什么不愿意学习呢？另外，为什么配合起来还不如单干的时候成绩好呢？"

猎狗说："抓兔子已经很辛苦了，学习还要占用我们的时间，抓到的兔子当然少了，但骨头还是按照以前的分配方式，你让我们怎么愿意去学习呢？另外，你将我们编成几组，分骨头的时候却没有考虑到我们是怎样分配工作的，我们每个小组内部经常为分骨头而打架，你让我们怎么合作？"

猎人觉得猎狗说得也有道理，决定彻底改革分骨头的办法。不管猎狗每天能否抓到兔子，都给固定数量的骨头，抓到兔子以后，还有另外的奖赏。但是仔细一想，还有很多问题，因为现在是按照小组来工作的，小组中有的猎狗负责追赶兔子，有的负责包抄，有的负责在外围巡逻，防止兔子从包围圈中逃跑。每个小组按照抓到的兔子来领取奖赏，小组内部应该怎样分配呢？骨头数量是永远不变，还是过一段时间调整一次？分工不同的猎狗得到的固定骨头数是否该一样呢？猎狗会不会自己跑出去抓兔子，而不上缴呢？

于是猎人对所有猎狗抓到的兔子数量与重量进行汇总、分析，作出论功行赏的规定：如果抓到的兔子超过了一定的数量，年老时每顿饭都可以享受到相应数量的骨头。

猎狗们很高兴，大家都各自奋勇向前，努力去完成猎人规定的任务。一段时间后，有一些猎狗终于按猎人规定的数量达成了目标。

这时，其中有一条猎狗说："我们这么努力，只得到几根骨头，而我们捕捉的猎物远远超过了这几根骨头，我们为什么不能抓兔子给自己呢?"

于是，有些猎狗离开了猎人，自己另立门户抓兔子去了。

这个小故事给人的启示是多方面的，它涉及了人力资源管理的方方面面。作为人力资源管理者，无论是人力资源部工作人员还是一般管理工作人员，都应当向我们的"猎人"学习，及时了解员工的合理需求，作为制定政策的出发点；适当地考核、分配与激励，让员工得到合理的薪酬；做好职业生涯设计工作……

人力资源管理是一个动态过程，在人力资源管理理论的指导下，运用科学的方法，不断解决遇到的新问题才能取得理想的效果。

人力资源是构成企业核心竞争力的战略性资源。人力资源是指在一定区域内的人口总体所具有的劳动能力的总和，或者说是能够推动整个经济和社会发展的具有智力劳动和体力劳动能力的人的总和。与物质资源和其他生物资源相比，人力资源具有生物性、能动性、时效性、智力性、再生性、社会性等特点。

一、人力资源的概念和特征

（一）人力资源的概念

人，是企业最基本的生产要素。正如现代管理大师彼得·德鲁克所说："企业只有一种真正的资源：人。"人力资源是企业发展的动力，是企业可持续发展的根本保障。

人力资源（Human Resource）的概念是由管理大师彼得·德鲁克于1954年在其名著《管理实践》中首先提出并正式加以界定的。所谓人力资源是指一定范围内的人口中所具有智力和体力劳动能力的人的总和。它是包含在人体内的一种生产能力，并以劳动者的数量和质量来表示的资源。人力资源不同于人口资源、劳动力资源、人才资源。人口资源是指一个国家或地区的以人口总数来表示的资源，它是其他几种资源的基础。劳动力资源是指在一个国家或地区具有劳动能力并愿意从事劳动以换取劳动报酬，并且在法定劳动年龄范围之内的人力资源。人才资源是指在一个国家或地区劳动力资源中具有某种突出能力的、高智商、高素质、高技能的那部分人力资源。

（二）人力资源的特征

人力资源是存在于人体中的经济资源。它依附于员工个体存在，以员工的工作能力为内容，其作用的发挥体现在员工的工作业绩上。因此，人力资源与其他资源相比，具有特殊的规定性。

（1）能动性。这是人力资源的首要特征，是人力资源与其他一切资源最根本的区别所在。人力资源的能动性包括以下几方面。①人具有意识。人清楚活动的目的，可以有效地对自身做出选择，调整自身与外界环境的关系。②人在生产活动中处于主体地位。人是支配其他资源的主导因素。③人力资源具有自我开发性。再生产过程中，一方面是人自身的损耗，而更重要的一方面是通过合理的行为，得到补偿、更新和发展。④人力资源在活动过程中具有可激励性。通过提高人的工作能力和工作动机，可以提高工作效率，激发工作潜力。

（2）可变性。一方面是个体人力资源的可变性。人的生命周期一般可以分为成长期、成熟期和老年期。人力资源，会随着生命周期的不同发展阶段而发生变化。在实际工作过程中，个体表现出来的工作能力，往往只是其全部工作能力的一部分，相当部分的工作能力是潜在的，可以通过恰当的方法和措施加以开发利用，以提升个体自身的人力资源价值。另一方面是整体人力资源的可变性。任何一个社会组织的人力资源状况都不是静止不变的。随着社会组织的不断发展其人力资源的数量、质量、结构形式都会发生变化。一个社会的人力资源状况也会受社会的不同政治条件和经济因素的影响。

（3）双重性。人力资源同时具有生产性和消费性。人力资源的生产性是指人力资源是物质财富的创造者。人力资源的消费性是指人力资源保持与维持需要消耗一定的物质财富。生产性和消费性是相辅相成的。生产性能够创造物质财富，为人类或组织的生存和发展提供条件。消费性则能够保障人力资源的维持和发展，是人力资源本身的生产和再生产的条件。

（4）社会性。人是社会的人，不可避免地要受社会文化的影响，形成特有的价值观念和行为方式，具有复杂的心理和感情活动，这增强了人力资源管理的复杂性和难度。人的社会性还表现在人有感情、有思想的同时，也有爱心和责任心，这使人力资源比其他资源有更大的潜力，因为这种积极性、主动性被调动起来，就可以创造奇迹，创造难以估量的价值。

（5）再生性。人力资源在使用后通过体力恢复和培训，可以继续发挥效用，具有很强的再生性。人力资源是可以开发和再生的资源，人力资源的使用过程是人力资源的开发和再生的过程，是职业生涯设计、培训、积累、创造和提升的过程。还有劳动保护、安全健康措施等都是人力资源开发和再生的途径。

（6）时效性。人力资源的形成、开发、配置、使用和培训均与人的生命周期有关。首先，人的一生中都存在着人力资源的积累过程，但开发而被利用则仅是一生的中间阶段。其次，在这一阶段中，由于劳动者类型、层次不同，其发挥作用的最佳年龄段也不同。即使同为高级人才，社科类人才与技术类人才发挥作用的最佳时期也不同，更进一步即使同为技术型人才，IT行业人才与生物医学人才的最佳时期也不尽一致。再次，人力资源只有在使用中才能发挥其作用，它不能像物质财富那样储存起来。如果是体力型的人力资源，不能使用不仅会造成浪费，还会消耗其他资源来维持它。作为智力型的人力资源，如果长期得不到开发使用，不仅会造成浪费，还可能因跟不上时代步伐而贬值。此外，一个人在一天中的不同时段，其特点也不一样，因而要求我们合理使用，使人的不同阶段的潜能得到最大限度的发挥。最后，人力资源的时效性也与其他管理手段有关，有效的管理能够使人力资源长期发挥最佳功效，无效的管理则会导致人力资源的浪费和流失。就是对于同一个人，不同时期不同的激励方式也可能带来不同的效益。

二、人力资源管理的含义

对于最主要的资源——人力资源必须进行科学而且有意义的开发和管理，才可能最大限度地造福社会、造福人类。可以从以下两个方面理解人力资源管理。

（一）对人力资源外在要素——量的管理

凡社会化大生产都要求人力与物力按比例配置，在生产过程中人力与物力在价值量上的比例是客观存在的。

对人力资源进行量的管理，就是根据人力和物力及其变化，对人力进行恰当的培训、组织和协调，使二者经常保持最佳比例和有机的结合，使人和物都充分发挥出最佳效应。

（二）对人力资源内在要素——质的管理

质的管理指人的心理和行为的管理。就人的个体而言，主观能动性是积极性和创造性的基础，而人的思想、心理活动和行为都是人的主观能动性的表现。就人的群体而言，每一个个体的主观能动性，并不一定都能形成群体功能的最佳效应。因为这里有一个内耗问题（1+1<1，1+1=0。一个和尚挑水吃，两个和尚抬水吃，三个和尚没水吃）。只有群体在思想观念上一致，在感情上融洽，在行动上协作，才能使群体的功能等于或大于每一个个体功能的总和。对人力资源质的管理，就是指采用现代化的科学方法，对人的思想、心理和行为进行有效的管理（包括对个体和群体的思想、心理、行为的协调、控制与管理），充分发挥人的主观能动性，以达到组织目标。

人力资源管理，指运用现代化的科学方法，对与一定物力相结合的人力进行合理的培训、组织与调配，使人力经常保持最佳比例，同时对人的思想、心理和行为进行恰当的诱导、控制和协调，充分发挥人的主观能动性，使人尽其才，事得其人，人事相宜，以实现组织目标。

人力资源管理主要包括：组织设计与工作分析、人力资源规划、员工招聘录用、员工激励、员工培训、绩效管理、薪酬管理、跨文化人力资源管理、员工职业生涯规划、劳动关系管理等方面内容。

这些内容在以下的各章中都会有相关介绍。

三、人力资源管理与传统人事管理的区别

现代人力资源管理与传统人事管理的差别，不仅仅是名词的转变，二者在性质上已有了本质的差异。现代人力资源管理更具有战略性、整体性和未来性，它从被看做一种单纯的行政事务性管理活动的框架中脱离出来，根据组织的战略目标制定人力资源规划与战略，人力

资源管理部门直接参与企业战略决策，并成为组织生产效益的部门。现代人力资源管理与传统人事管理的区别可用表 1-1 说明。

表 1-1　现代人力资源管理与传统人事管理的区别

项　目	现代人力资源管理	传统人事管理
观念	视员工为有价值的重要资源	视员工为成本负担
目的	满足员工自我发展的需要，保障企业的长远利益实现	保障企业短期目标的实现
模式	以人为中心	以事为中心
性质	战略性	战术、业务性
深度	主动、注重开发	被动、注重管好
地位	决策层	执行层
工作方式	参与、透明	控制
与其他部门的关系	和谐、合作	对立、抵触
对待员工的态度	尊重、民主	命令、独裁
角色	挑战、变化	例行、记载
部门属性	生产与效益部门	非生产、非效益部门

四、人力资源管理的原则

（一）选人的基本原则

（1）严把选人关原则。人力资源管理的首要职能毫无疑问是确保组织及时得到需要的人。所以，选人从某种意义上可以说是人力资源管理的起点：选了人，才能用人；选好了人，才能育好人；选对了人，才能留住人。

（2）以工作和岗位需要为原则。选人要尽可能减少盲目性、主观性和随意性，必须首先做好岗位分析，定编、定岗，确定需要的人数、岗位、职能、要求。

（3）坚持匹配原则。选对人、用好人的一个重要标准是人尽其才，适才适用。要根据岗位的具体要求选择“最适合的人”，而不是一味盲目地追求高学历、高技能、高层次和“最优人才”，这样不仅是招人用人成本的浪费，也是才不适其用的浪费。

（4）广开才路原则。选人必须做到“不拘一格降人才”，虽然不求最优，只求最合适，但是选择面宽、应聘者众至少可以提供更多的选择，提高选好人的概率。但是，选人也要充分考虑各种渠道的可能性和优缺点，考虑选人用人的性价比。

(5) 客观公正原则。要尽可能避免招聘者个人主观偏好因素的干扰。招聘者既要有广纳贤才的胸襟，又要有识才、辨才的能力，还要有衡量、评价人才的知识和方法，以公平、公正、合理的标准去衡量和评价人。

(6) 用人部门参与原则。用人部门的参与一方面可以保证所选之人更加符合职位和岗位工作的要求，另一方面还有利于部门关系的融洽。

（二）用人的基本原则

(1) 量才使用原则。选人的目的是用人，人才只有被使用才能创造价值。社会分工越来越细，人也是术业有专攻、能力有大小、兴趣有差异，用好人就是要将人放到组织真正需要他且同时也适合他的位置上，让他承担适合他的责任，避免大材小用和小材大用甚至是误用。

(2) 挑战性工作原则。不仅枯燥、呆板和简单重复的工作会让人索然无味，消磨人的工作兴趣、工作积极性甚至意志，毫无挑战性的工作同样无法激起人们的斗志和热情，不能发挥人的创造力和潜能，不能使人体验到成功感和成就感。所以，工作设计、岗位轮换、工作丰富化、挑战性任务等都是非常必要的。

(3) 公平合理的报酬原则。历史已经证明绝对公平“大锅饭”这种“杀富济贫”的分配方式祸害无穷，它严重挫伤人们的工作积极性，其结果必然是生产率低下。这里强调的公平，是指效率优先的公平，是对才能、绩效的公平，能者多劳，但多劳者一定多得；这里强调的合理，也是指报酬应该基于绩效或者贡献。

(4) 精神激励与物质激励相结合原则。按照双因素理论，金钱主要起到保障的作用，要考虑公平和合理性，但真正能起到激励作用的是工作本身、认可、责任、提升、成就和个人成长与发展。用人并不是把人当做机器和实现目标的工具，人是社会人，人有心理和社会的需要，用好人必须关心人、尊重人，对工作的反馈尤其是肯定、表扬、称赞、提拔可以让人充分地感受到成就感和成功感。

（三）育人的基本原则

(1) 长期原则。人们掌握的知识在知识经济时代折旧甚至淘汰的速度在不断加快，不管是从工作的需要（如新机器、新设备、新技术、新工艺、新流程）还是从员工个人成长的需要来说，不断进行知识的更新都是必不可少的。

(2) 实用原则。企业育人既不是公益事业也不是素质教育，而是一项投资，投资回报是育人的动机和目的。所以企业育人必须是“出自我需”并“为我所用”，必须以工作需要为前提并强调学以致用。

(3) 因材施教原则。这是教育和培训共同的要求，因为每个人的个性、基础、经历、经验、接受能力、兴趣、爱好等都存在差异。因此，育人的方式、方法和途径都应该视具体对象的具体情况而定。

（4）学以致用原则。这里的学以致用是指学了要用。如果学了不用、不能用或用不上，就是浪费，就是投资失败。所以育人需要机制和文化的配合，要提供条件或创造条件让员工所学的知识有用武之地，鼓励、支持、配合和奖赏员工将所学的知识转化到工作实际中去。

（四）留人的基本原则

（1）感情留人原则。所谓“士为知己者死”就是强调人的有情有义，以情感人、以情动人、以情留人是人力资源管理的最高层次。

（2）事业留人原则。职业既是谋生的手段，更是实现人生追求和自我价值的事业。当一个人将职业当做自己的事业来追求，他就不会将目光盯在眼前的利益得失上，而是更关注事业发展的空间和机会。

（3）待遇留人原则。人不可能不食人间烟火，待遇既是保障基本生活需要和提高生活质量的前提和基础，又是个人价值和贡献被认可的一个标尺，待遇还代表企业对人才的关心、重视和爱护。因此，好的待遇永远是企业吸引人才、留住人才的一个重要法宝。

五、人力资源管理信息系统

随着企业竞争的日趋激烈，人们逐渐认识到了人力资源在企业发展中的重要作用，人力资源管理的效率高低决定了该企业的兴衰与成败。信息技术的应用为人力资源管理的发展带来了巨大的机遇，人力资源管理信息系统（Human Resource Management Information System，HRMIS）已成为现代成功企业不可或缺的内容。

（一）HRMIS的系统结构

目前HRMIS主要运用于人力资源管理的三个较大的职能领域之中：信息处理系统、决策支持系统和专家咨询系统。

（1）信息处理系统。HRMIS的这一系统模块能够将以前主要通过手工操作来记录和处理的、分散的、易发生偏差的事务信息创建并联合，保证信息的相容性，通过整合形成集中的信息中心，管理者能够任意取用、合并或分离需要的信息资料，信息系统也可以根据操作者的具体要求对各种信息作出统计分析并自动生成相关的报表。HRMIS除了信息整合用途外，还可进行数据的定量分析统计，完成企业部分薪资、福利和考勤的管理工作。

（2）决策支持系统。决策支持系统是用来帮助管理者解决实际问题的，它可以提高决策的正确性。这一系统可以帮助用户将各种信息数据集中起来进行分析，并按照要求形成各种图形和报表，当组织需要作出人事决策时就可以借助HRMIS提供的信息和分析结果来实践相应的管理活动，这就可以提高组织发现问题和解决问题的能力，缩短决策的时间，并提高可靠性。

（3）专家咨询系统。专家咨询系统实际上是组织创造出的知识系统，是用来回答问题的

软件包，它是把某一领域中具有专业知识和经验的人所遵循的工作规划进行整合而形成的信息系统。该系统能够根据使用者所提供的信息向他们提出行动建议，使员工和管理人员能够根据个人的需要随时获得相应的知识，而且使招募、培训等管理活动也变得更加容易。企业在向学习型组织转变的过程中，应用这一功能可以帮助管理人员确定各种项目的进度安排，帮助管理者进行甄选面试，为员工提供培训支持等。

（二）HRMIS 的特点

系统基于 C/S 架构，采用 Microsoft Visual Studio. NET 作为系统开发、应用的核心平台，SQL Server 作为数据库开发平台，具有以下特点。

（1）具有较强的针对性。系统结合近年来最新的人事管理制度及先进的管理思想，从企业的实际出发，以工作流程为基础，提高了软件的针对性和通用性，为企业的人力资源信息化、高效化提供了有力的保障。系统机构代码设置、管理的主要信息、处理流程、统计分析的内容格式、界面、操作习惯都可以充分考虑企业的具体情况。

（2）具有良好的开放性、灵活性和扩展性。系统基于组件化的设计思想，采用全方位一体化设计，避免信息孤岛，能够支持多种工业标准及多厂商软硬平台，为教育、财务、生产部门预留接口，构成开放式系统。

（3）具有较高的可靠性。在软件开发过程中，采取多项措施保证项目质量：严格遵循软件工程；合理配置人员；严格执行软件开发规范；重视测试；控制时间；做好服务。

（4）满足企业对安全保密性的特殊要求。系统采用多种安全技术，提供数据加密、数据访问权限设置、功能操作权限设置、日志管理、数据备份等功能，能够满足企业对信息管理的安全保密性的特殊要求。

（三）HRMIS 的功能模块

（1）交流园地。该模块主要提供人力资源政策法规及相关信息咨询服务，是人力资源信息服务网站，也是整个系统的首页，员工无须登录即可访问，主要包括：访客登录、企业文化、政策法规、公告栏、电子论坛。

（2）个人办公。本模块包含邮箱申请、系统登录（可进入数据查询、数据统计、报表管理、邮件系统、假期管理等功能模块），主要解决员工在系统内部的信息处理和相关工作流程在线处理及个人事务处理等工作，从而实现资源共享与信息化办公，提高个人办公效率。

（3）组织机构。组织机构是实现组织目标的载体，所以本模块为整个管理的基础性模块，该模块的设计在整个系统设计中是十分重要的。主要完成企业各部门信息的定制管理工作，完成机构的添加、删除和修改等功能。尤其在机构的删除和修改中要注意数据完整性的实施。

（4）岗位管理。岗位管理是建立现代企业制度的要求，也是打破传统的按身份管理和按行政职级管理的一种责权利一体化的人力资源管理新型机制，是企业人力资源管理的核心。

因此，岗位管理模块也是人力资源管理系统的核心模块之一，与其他模块形成强有力的逻辑关系，是整个系统的纽带。主要分为：岗位信息管理、岗位分析、岗位评价与劳动合同管理四个子功能模块。在该模块的设计中，数据完整性的实施也是十分重要的。

（5）员工管理。员工管理是人力资源管理的基础，员工信息是人力资源管理的基础数据，也是人力资源管理的工作平台和依据。员工管理模块实现对员工基本信息及招聘、调转等工作的日常管理功能。

（6）绩效管理。绩效考核是人力资源改革的重点，因此，绩效考核模块是本系统的关键。由于绩效考核流程的设计涉及大量的流程管理，该模块也是本系统的难点。绩效考核实现了根据一系列考核指标对单位、部门或员工进行考核，将考核指标分值量化，最后得到被考核对象的绩效分值，并将此结果提供给薪酬管理等其他功能模块。

（7）社会保险。本模块主要为员工提供信息查询服务。社会保险子系统分为：社保登记、基本养老保险、基本医疗保险、失业保险、工伤保险、生育保险、企业年金和综合管理八个子系统。

（8）招聘管理。招聘管理模块实现了严格的人力资源招聘管理流程，即：招聘申请→招聘计划审批→招聘信息发布→招聘考试→招聘录用。

（9）培训发展。本模块主要实现企业培训体系规划管理、培训调配、培训资源管理及管理安排和管理日程、课程、进度和结果等信息管理，进而评估效果，促进员工个人发展，保持与企业战略目标相一致。

（10）薪资管理。本模块的功能主要在于当企业员工发生增减和岗位变动时，通过系统操作很容易实现员工薪资的修改和删除功能，还可方便查询员工工资收入状况，并自动生成员工工资收入清单及相关报表，提供有关部门及员工查询。

（四）企业 HRMIS 应用策略

目前软件开发商所开发出来的 HRMIS 软件通常只是一个通用系统框架，适用于多种行业和企业的需要，实施中必须根据企业的实际情况，对这一框架进行进一步的细化。要成功实施 HRMIS，必须要注意以下几点。

（1）正确认识 HRMIS。构建 HRMIS 只是管理手段的一种改进，是一种辅助工具，它只能代替人们处理信息和部分分析工作，在人力资源管理实践中，有许多工作是系统无法代替的，如组织结构设计和职务体系构建、职位评估、人力资源需求分析、冗员分析等。而且 HRMIS 不是一劳永逸的，对数据库的及时更新与维护是保持其生命力的源泉，陈旧与错误的信息会对 HRMIS 造成致命的打击。因此，在先进的技术面前，企业应保持清醒的头脑，在实施 HRMIS 之前，首先要对自身做一个客观而充分的评估，然后才能确定将要实施的 HRMIS 系统的范围和边界，使 HRMIS 真正能够为企业人力资源管理层次的提升带来帮助。同时在引入 HRMIS 时，要避免贪大求全，追求时髦，尽可能做到量体裁衣，只有这样才能寻找到适合本企业的解决方案。

（2）企业决策层要理解和全力支持HRMIS的推行。人力资源管理信息系统的实施仅仅依靠人力资源管理部门或计算机部门是不够的，它需要企业决策层的大力支持。因为实施HRMIS需要输入大量的信息，而且采用人力资源管理软件需要在充分回顾企业政策的基础上，根据先进的人力资源管理观念，从程序到操作进行全面改进。所有这些工作，如没有企业决策层的参与是很难实现的。

（3）对人员进行培训。要想使人力资源管理信息系统真正地发挥应有的效用，必须通过培训转变人们的思维方式和行为方式。通过培训，让每位员工了解系统的功能，合理使用，提高员工自我管理的效果，这对改进员工的工作满意度将大有益处。

（4）组建精干高效的项目实施团队。项目实施团队至少应包括企业人力资源管理人员和计算机专业人员，他们将负责评估HRMIS使用者的需要，设计系统的功能和组成模块，选择系统供应商及对系统进行调试，整个项目的组织协调、进度控制、数据分析和数据有效性的检查，提供相关建议，培训其他人员，建立系统和检查各部门的运行程序。精干高效的项目实施团队将是企业运行人力资源管理信息系统的重要骨干和技术支持。

（5）选择合适的HRMIS方案。目前市场上的HRMIS软件很多，但这些软件往往只是考虑一般性的需要，而不同企业其人力资源管理的侧重点和管理方式是不同的，好的系统应是软件开发商在充分考虑企业需要的基础上量身定做的解决方案，人力资源管理信息化的实施，不是一个简单的软件买卖行为，而应作为一个项目来管理。

（6）保障系统的安全。现行的HRMIS大都基于网络技术，系统安全与否显得尤为重要。因此，企业要保证系统内的信息不被不具访问权限的人获取和篡改，这就要求企业一方面要对数据库进行加密，同时还要进行严格的访问权限管理，建立日志文件，跟踪记录用户对系统的每次操作的详细情况，并建立数据备份机制，使数据可以恢复。

如何更好地管理人力资源，充分发挥它在现代企业中的作用，已是一个不容忽视的问题，在完善人力资源开发及管理制度的同时，充分利用信息技术开发建设人力资源管理信息系统是非常必要的。人力资源管理信息系统是一种管理工具，它使人力资源管理趋于合理化、简单化和最优化，是企业信息化的重要方面。

六、人力资源外包

（一）人力资源外包的含义

外包是当今非常热门的话题，外包作为一种赢得竞争优势的有效途径正在被越来越多的企业所采用。在全球业务外包的洪流中，人力资源部，这个一向被视为企业内部不可分割的部分也出现了外包化的趋势。人力资源管理外包作为一股不可抵挡的浪潮，将成为未来许多企业所采纳的全新的管理策略。

人力资源外包是一种新型的人力资源管理模式。它是指本企业通过与外部其他企业（承包商）签订合同，将一些传统上由企业内部人员负责的非核心业务承包给比自身更专业、更高效的服务商经营的一种方式。通过外包使管理者集中精力于战略性人力资源管理及核心业务，使企业降低运营成本和风险、提升核心竞争力。如工资发放、员工培训、档案管理等都是常见的企业外包项目。

（二）人力资源外包的理论基础

（1）交易成本理论。根据科斯的观点，企业是取代市场、节约交易费用的一种有效形式，选择只存在于企业和市场二者之间。如果通过内部化无法实现规模经济，或者监督成本过高，长期合约可以替代企业纵向一体化，节约交易费用。从现在的外包实践来看，交易成本理论是其最为重要的理论基础。

（2）核心竞争能力理论。人力资源外包与核心竞争能力是密切相关的。核心竞争能力一般就是指与企业的战略定位相联系的，能为企业保持持续竞争优势的能力。外包就是要保留企业自身的核心竞争能力，而将不具有竞争优势的业务委托给比自己更具成本优势和专业优势的企业。

（3）劳动分工理论。人力资源活动的外包，可以由亚当·斯密的劳动分工理论进行解释。该理论认为劳动分工能够提高劳动者的熟练程度，节省工作转移时间，降低劳动的复杂性，继而提高企业的劳动生产率。从理论上讲，人力资源外包的实质就是劳动分工的进一步延伸，通过部分职能外包，降低了管理的复杂程度的同时，也有助于提高人力资源外包的专业化效率。

（三）人力资源外包的内容

对于企业来说，如何判别企业需要外包的业务非常重要。安全性是首要考虑的，要坚持不能把涉及企业机密或关系到企业核心发展能力的工作外包出去；诸如企业为了增强自身的核心竞争力而提高员工士气、解决员工的冲突和抱怨等特殊的人力资源管理活动，最好交由本企业的人力资源管理部门来实施。适合外包出去的是具有较强专业性的、程序较烦琐的或经常性的人力资源管理工作。在外包实践中，有以下几项具体的外包内容。

（1）招聘外包。劳动相关法律法规及外部环境的不断变化给企业的招聘政策、招聘工作带来了很大的风险和困难；同时企业员工的流动、弹性和可替代性也越来越强烈。因此很多企业都愿意将这部分业务外包，招聘外包的程度也越来越高。招聘外包有两种方式。一种是由外部人力资源管理机构在相关法律法规的规范内，根据企业需要人员的条件为企业提供较为合理的人力资源配置。另一种是通过网络发布职位空缺或者在自己的网站上开辟“职位空缺”栏目。目前，通过网上招聘人才的企业比率有上涨的趋势。

（2）培训外包。组织的发展对员工的素质、技能要求越来越高，这就要求员工自身要有较强的适应动态变化的学习能力。企业通过培训业务的外包，可以增强员工的培训力度。一种重要的培训外包方式是借用专业咨询公司的培训力量或者高等院校的教育资源。目前有许

多企业正是依赖专业咨询公司或高等院校开展培训业务。还有一种更为时尚的培训方式是利用网络进行培训，这也是培训外包的一种形式，这种方法以其高效便捷的特点逐渐为众多的企业所接受，通过网络方式对员工培训还可以降低企业外包的成本。

（3）工资发放外包。薪酬制度的设计与发放向来是人力资源管理部门的最基本业务，目前许多企业已将该项工作外包给专营企业去做。现今在美国，作为人力资源管理部门最基本业务的工资发放，由于一些企业将这方面的工作外包给企业以外的专营业主，而使得薪金支票发放效率大为提高。

（4）福利外包。外包趋势也发生在福利与津贴的管理上，我国多数机关、企事业单位都由银行代发工资，并且把退休员工养老金的发放推向社会。企业通过把类似的薪金、福利规划与管理交给专业咨询公司，一方面提高了双方的效率，享受因各自规模经济带来的好处，另一方面还会降低企业的经营的成本和风险。

（5）人力资源信息系统外包。随着信息技术的发展，人力资源管理信息系统的外包在改善工作方式、提高工作效率等方面发挥着举足轻重的作用。比如互联网的应用、数据库的应用、工作评价技术的开发和应用、人才测评工具的应用等，特别是集成式的人力资源管理应用软件的开发和应用，使人力资源管理的方式有了革命性的改变。对中小企业而言，如果信息产业不是自己的核心业务，开发信息管理系统很不经济。通过人力资源管理信息系统的外包，就可以获得专业的信息系统服务。

（四）人力资源外包的优势

（1）降低企业经营管理成本。随着我国劳工权利意识的提高、就业安全体系和劳动法令特别是新《劳动合同法》的颁布，人力资源相关的直接、间接费用及外围成本不断地攀升。如果企业对每项业务都自己来做的话，所需要的成本是很高的。而通过外包，从专业机构获取人力资源方面的信息和高质量的服务，远比企业自身拥有庞大繁杂的人力资源管理队伍更能节约成本。有研究表明，在国外，人力资源管理外包平均可以节省10%～20%的成本。

（2）提高企业的核心竞争力。随着电子商务时代的到来，人力资源已从一般的行政管理职能转变为战略性的经营规划职能。在激烈竞争的情势下企业没有过多的精力去关注于企业价值链的各个环节。而人力资源外包正好减少了分配在行政性、事务性、程序性人力资源活动上的专门的人力资源，摆脱了仅仅停留在事务处理层面被动、落后的局面，可以节省企业人力资源管理人员大部分的精力和时间，使他们可以有更多的时间用于战略性思考，提供高附加值的战略服务，用于落实和执行人力资源开发工作，并为高层决策提供建议。外包使企业集中资源和精力聚焦核心能力，大大提高企业的核心竞争力。

（3）改善人力资源服务质量。没有满意的员工，就没有满意的客户。越来越多的企业开始关注员工满意度的提升。然而，如果HR管理者成天超负荷工作，而企业又缺乏有效的e—HR系统支持，很难想象员工能获得满意的人力资源服务。而优秀的人力资源外包企业通常拥有人力资源管理各方面的专家，他们能够建立起一整套可以普遍适用于多家企业的综合性专业知识、技能和经验，为客户公司做更为有效的人力资源管理工作。这些外部工作者了解员工的需求，能够提高员工的综合待遇，从而增加员工满意度，降低员工流失率及留住优秀员工。

（4）迅速建立健全完善的管理体系。企业人力资源部门的时间、精力和能力都显得不足，对于建立科学有效的管理体系这一系统工程，很难实现。只有通过人力资源外包，才能为企业快速建立健全完善的管理体系，改善企业的组织结构，促进管理方式的变革和创新，促进企业实施流程再造和精简机构，使企业组织结构向柔性化、扁平化发展，增加灵活性和应变能力。同时管理体系建立的过程也是培训本企业员工的好机会，可以加速提高人力资源部员工的专业水平。

（五）人力资源外包劣势分析

人力资源外包劣势主要是企业信息泄露风险。外包企业将人力资源交由外包商来运行或开发，其商业秘密或所有权信息可能会泄露给竞争对手。由于外包商的人员素质、职业道德及管理水平等原因，可能存在多种泄密的机会和途径，导致企业的竞争对手获得这些信息，从而以高于本企业的优先条件争夺到某些稀缺的人力资源，致使本企业处于被动的状态。信息泄露风险可能是企业人力资源外包面临的最大挑战。另外，将人力资源职能外包出去，尤其是长期外包，现有部分人力资源工作人员可能失去工作。如果所选择的外包服务商质量存在问题，可能对内部员工的士气造成不良影响。

（六）人力资源外包的实施

（1）加强沟通，做好员工思想工作。人力资源实行外包化管理，打破了企业原有的平衡稳定的关系。作为一种对传统人力资源管理模式的深刻变革，意味着会发生各种利益的再分配，难免受到来自员工和人力资源部等各方面的阻力，因此，企业的高层领导必须高度关注，对人力资源管理外包给予充分的重视，妥善地解决企业内部所存在的问题，赢得员工的肯定和支持，为成功地实现人力资源管理外包做好充分的准备。在实施人力资源管理外包策略的初期，由于员工对此缺乏深刻的认识和了解，开始会有一定抵触情绪，导致企业人心涣散，员工的工作积极性下降。为此，领导必须事先对外包进行大规模的宣传，对员工循循善诱，进行开诚布公的沟通与交流，动之以情，晓之以理，解释外包的必要性和可行性。

（2）从企业实际出发，精心策划外包项目。企业必须从全局出发，分析内部人力资源管理的现状及外部人事服务市场的发展情况，结合人、财、物等因素，来决定哪些管理项目应该外包出去、哪些工作应该保留。从实际情况来看，目前许多知名的企业将部分不具有最高战略价值的事务性和传统性活动外包出去，比如福利管理、培训、社会保险的上缴、管理和招聘等。而涉及商业机密的工作（如薪酬管理）及高附加值的变革活动则保留在企业内部，由人力资源部亲自执行，使管理者集中精力致力于战略性人力资源管理。

（3）把握共同因素，成功选择外包服务商。外包服务商作为企业人力资源部的合作伙伴，对今后管理质量的好坏直接起着决定性的作用，所以企业必须高度重视“选择外包商”这一关键环节。美国有关管理学者经过大量实证研究，得出这样的结论：每一个伙伴关系都具有独特的成功因素，这跟企业独特的环境有关。但是，有三个共同因素，屡见于每个成功的伙伴关系中，即贡献、亲密与愿景。贡献是指成功的伙伴关系可以提高生产力和附加值，改善企业获利。协作双赢是形成每一个成功的外包伙伴关系最重要的因素。亲密是指成功的伙伴关系超过了交易关系而达到相当程度的亲密感，这种紧密的结合在旧式的“买方—卖方”模式中是难以想象的。愿景是指外包双方对人力资源管理所要达到的目标与如何达到的方法有生动的想象。贡献、亲密和愿景构成了伙伴关系成功的关键因素，当这三项都具备时，伙伴关系才可能无往不胜。如果丢失任何一个要素，都将造成不利的后果。

企业的外包服务商大致可以分为三类，各类外包服务商的情况如表 1-2 所示。

表 1-2　各类外包服务商的情况表

类型	普通中介咨询机构	专业人力资源服务机构	高等院校或科研院所
业务特点	业务广泛，但简单人力资源管理仅为其业务内容之一	专门从事人力资源管理实务及咨询，涉及人力资源管理各个方面，业务量大	专门从事人力资源管理理论研究，业务量不大，业务分析通常从理论入手
常见业务类型	可以完成一项或几项简单人力资源管理活动，如简单招聘、培训等	可以完成各类人力资源管理活动，包括战略人力资源管理活动等	主要完成培训工作，企业人力资源相关问题咨询、人力资源规划等
优势	服务价格低，外包服务商选择过程简单，信息不对称可能性较小	经验丰富，运作正规，专业性强，人员素质较高，硬件软件环境较好	服务针对性强，人员素质理论水平较高，容易建立信息沟通与反馈
劣势	专业化程度差，人力资源管理服务功能单一，不能满足个性化需求，服务不正规，保密性差	外包价格昂贵，信息不对称发生概率较大	实践经验不足，设计方案可操作性差，适用于企业的硬件一般较差
适用企业	小企业小规模人力资源管理活动	大中型发展良好的企业	各种类型企业
适用外包方式	非战略性外包	非战略性、战略性外包	非战略性、战略性外包
外包时间	时间较短	时间较长	时间较长
合作方式	一般为单纯服务和被服务模式	一般为合作伙伴关系，但密切程度较低	一般为合作伙伴关系，但关系密切程度较高

（资料来源：周占文，宗蕴璋．人力资源管理．北京：电子工业出版社，2009.）

当然，上述三类外包方式并不是绝对孤立的，实际操作中也可以根据需要，召集各类人员，组成一个智囊团，力求把工作做好。

(4) 认清外包风险，采取有效的规避措施。根据风险的不同属性，外包的风险可分为外部风险和内部风险两种类型。

外部风险主要有以下几种。① 信息不对称风险。企业在选择外包服务商时，双方的信息是不对称的。服务商往往对关键信息加以隐瞒或篡改、编造或夸大优点，以取得客户的青睐，使企业很难真正了解其社会信誉、业务能力和服务质量等。② 法律约束风险。发展初期的外包市场，政府还未形成完善的法律体系来规范其运作，使得市场上外包服务商鱼龙混杂、良莠不齐。一旦出现纠纷，客户难以维权。③ 商业机密风险。合作中，外包服务商掌握了企业大量信息，这些信息有可能牵扯到企业的商业机密，从而使企业受控于服务商，在得不到满意的外包服务时不能自由选择其他服务商。

内部风险是指实施外包后，企业内部可能出现的动荡。内部风险主要有以下几方面。① 员工反应风险。最大的员工反应风险可能来自于人力资源部，因为他们将直接面临裁员。而未被裁员的那部分员工也将被重新安排工作，可能会对未来职业发展产生忧虑。除了人力资源部的抵触，其他员工也可能因对外包缺少了解而产生不认同情绪，认为企业自主权变小。② 监控能力风险。企业在签署外包合同之后，除了提供给服务商所需的企业资料，对整个外包过程的控制是很有限的。③ 人力资源部署风险。人力资源管理的各个环节本来是一个连贯而相互作用的整体，实行外包后，部分职能被分割开来，可能对人力资源管理的一致性和连贯性造成破坏。④企业文化风险。外包服务商的介入势必对企业文化产生影响。服务商由于不熟悉企业文化，难免产生沟通障碍，阻碍外包顺利实施。针对以上外包风险，可以采取如下规避措施。

(1) 及时转换人力资源部的角色。在实施外包前，人力资源部就已做好思想和行动的双重准备。在思想上，明确自己在外包过程中是授权而非弃权；在行动上，努力提高自身管理的专业性，并集中主要力量于自身的核心业务。

(2) 加强内部的沟通协调。首先，人力资源部向外包服务商提供开展工作所需的全部资料，以良好的合作心态支持其工作，并主动帮助其了解企业文化，使两者达成一致愿景。此外，人力资源部还通过多种形式，如宣传专栏、外包讲座等普及相关知识，以解除员工的恐慌心理，使其理解并支持企业的外包行为。其次，对转岗员工进行培训，使他们尽快熟识新岗位；对于解聘员工，则通过经济补贴等方式帮助其再就业，最大限度地安抚冗余员工。

(3) 签订详细周密的外包协议。由于合作双方的非行政隶属关系，企业必须用具有法律效力的外包合同来约束承包商的行为，有效地降低外包的风险。外包合同是双方以后合作的基础，也是维持这种合作关系的可靠凭证，它直接关系到外包的成败。通过谈判所形成的详细周密的外包合同应该包括：外包的业务、外包的价格、双方的职责范围、合作的期限、工作的进度、各期所要达到的目标、评估指标、服务的级别和违规的处罚条款，等等。

(4) 审时度势修订外包合同。虽然实施外包之初，企业就与服务商签订了具有法律效力

的合同，但在实施过程中会出现许多难以预料的情况。在跟踪观察外包进展时，对不断出现的新障碍，通过与外包商的二次谈判对原有合同进行补充和完善，从而加大企业的主动权，并减小各类风险发生的概率。

(5) 实施有效的监控和激励。为了使信息不对称的风险降到最低，明确具体、可量化外包服务质量标准，并坚持定期报告制度，确保及时的信息反馈。同时对协议中未完成的预期目标进行分析，找出主客观原因，共同探讨解决办法。若是外包服务商的失职，则根据已制定的标准进行惩戒，并对高绩效的优质服务进行嘉奖，从而形成良好的激励氛围。

七、人力资源的跨文化管理

所谓人力资源的跨文化管理，就是如何对于来源于不同文化背景的人力资源进行整合和融合，所关注的问题就是一个带有文化特点的个体行为与另一种文化之间会发生的冲突，冲突的范围和影响，冲突的文化原因及如何减少冲突的对策等。

跨文化管理起源于国际间的商贸往来，而后经过商业时代、开发时代、政治化时代和国家化时代等多个发展阶段，特别是跨国公司的出现和发展使之成为日趋世界化的文化现象。当跨国公司在性质上越来越全球化时，要形成一种起支持作用的企业文化就比较困难。不同文化背景的人具有不同的价值取向、不同的思维方式和不同的行为表现。这些人同在一个企业中行事，必然产生文化的交叉碰撞，从而导致跨国公司内部的文化摩擦。成功的跨国公司往往是那些懂得如何将不同的民族特性、价值观念和文化传统与先进的管理方法有机地融为一体，并将之应用于经营管理各方面的公司。

从 20 世纪 70 年代后期开始，在美国逐步形成和发展了跨文化管理学。它研究的是在跨文化条件下如何克服异质文化的冲突，进行卓有成效的管理。其目的在于探索如何在不同形态的文化氛围中，设计出切实可行的组织结构和管理机制，最合理地配置企业资源，特别是最大限度地挖掘和利用企业人力资源的潜力和价值，从而最大限度地提高企业的综合效益。

（一）人力资源跨文化管理的内容

人力资源跨文化管理的内容相当丰富，具体包括以下几个方面：从管理的职能方面来说，可以分为跨文化沟通、跨文化激励、跨文化领导和跨文化决策；从企业经营的各方面来说，跨文化企业管理可以分为企业内部的跨文化管理、企业外部的跨文化管理。

企业内部的跨文化管理包括：人力资源开发中的跨文化管理；研发中的跨文化管理；生产中的跨文化管理；全面质量管理中的跨文化管理；企业文化建设中的跨文化管理。

企业外部的跨文化管理包括：市场营销中的跨文化管理；公共关系中的跨文化管理；广告中的跨文化管理。

（二）人力资源跨文化管理的要点

在跨文化进程中，成功实现文化融合一般要经历蜜月期、冲突期、适应期和融合期等四个阶段。

（1）蜜月期及其管理要点。在跨文化进程的初期，文化的差异对组织成员来说更多的是新鲜和好奇，相互之间对差异更多的是观察和回避。这个时期的人力资源管理主要是培育不同文化相互融合的经营理念、价值观念和行为准则，形成具有多文化特色的新企业文化，营造适合多元文化背景的工作氛围。

（2）冲突期及其管理要点。随着跨文化进程的深入，员工们对于不同文化的新鲜感开始减退，文化、行为习惯和信仰的差异不断引起摩擦和冲突，也就是进入冲突期。在这个时期，文化的冲突也相应地进入“多元化”：从思想、信仰、观念、理念到行为等各个方面。不同文化之间相互排斥，以文化背景为基础的非正式组织（小团体）盛行，工作绩效衡量标准多样化，语言引起的沟通障碍日益明显，工作协调困难……在这个时期，人力资源管理的重点是加强跨文化的培训，促进跨文化的融合，并采取有效措施防止矛盾激化，同时尽可能通过制度化建设减少摩擦和冲突，如量化各种考核指标等。跨文化管理人员的挑选和配置是成功度过冲突期的关键，尤其是高层管理人员。外派高层管理人员的跨文化意识、跨文化适应性和跨文化问题的处理能力，如对跨文化差异的认识、态度和容忍，跨文化沟通能力，对跨文化矛盾和冲突的处理能力等，还包括在海外业务运作过程中第三方资源的利用，尤其是与当地政府的沟通和协调，减少、缓和甚至消除不同文化给企业经营带来的障碍。跟多样化文化打交道的经理人经常要应对沟通问题和文化误解。由于每天都要跟世界各地的人们沟通，经常要到国外出差，以及在海外工作，经理人有遭受文化误解的危险，这会对他们的业务和职业生涯造成严重的冲击。海外任职要求经理人及其家属更多地了解不同文化，并掌握有效的沟通技能。无论经理人是在公司、地区还是国际范围内进行跨文化沟通，都必须了解文化差异，以避免犯下错误，丢掉订单、客户甚至自己的工作。因此，外派人员的选拔、培训、培养和支持是企业拓展海外业务的一项重要保证，是 21 世纪人力资源管理一项重要的任务。

（3）适应期及其管理要点。适应期又称为磨合期。在这个时期，不同文化背景的员工通过较长时间的合作共事，对不同文化的了解不断加深，对不同文化的理解和认同程度不断提高，进入相互适应的时期。在这个时期，人力资源管理的重点是巩固跨文化融合的成果，继续加强跨文化融合的各种努力，其中一个重要的举措就是不断完善跨文化培训体系，包括对文化及原公司文化的认识和了解的培训、文化敏感性的培训、跨文化沟通及冲突处理能力的培训等。

（4）融合期及其管理要点。融合期是跨文化充分融合后形成新的企业文化的时期。这个时期不同文化之间相互尊重，对文化差异求大同存小异，形成企业特有的、全体成员共享的价值观念和行为模式。这个时期的人力资源管理相对来说已经进入稳定和正常的时期，文化

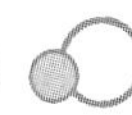

的差异仍然存在，文化之间的摩擦甚至冲突也还可能发生，但既不会像前几个时期覆盖面那么广，也不会像前几个时期冲突那么激烈，更重要的是对这些摩擦和冲突的处理也更加程式化。但是，只要跨文化的背景还存在，人力资源的跨文化管理就不能松懈。这种持续努力的一个体现就是巩固业已形成的文化融合基础上的企业文化，并将这种企业文化具体化，通过人力资源的管理活动强化这种文化。

案例1　华为的人力资源管理

一、案例介绍

华为，“她的崛起，是外国公司的灾难”。这是英国一份经济周刊对华为集团的评价。仅用10年时间就从跨国电信公司夺回50%的市场份额，“华为现象”一度被视为不可思议的奇迹。华为把人看做唯一可以依靠的资源，并要培养像狼一样的人才；强调人才资本的增值一定要大于财务资本的增值，认真负责和管理有效的员工是其最大的财富。正是这些独特的理念和具体的人才管理制度，才使华为保持了强有力的竞争优势。

成立于1988年的华为集团，是一家专门从事通信设备的高科技企业。华为在成立后的十几年里，和几家国内程控交换机生产厂家一起，硬是从跨国电信公司手中夺回了市场的半壁江山。1994年起，华为集团连续被评为深圳市开发高新技术企业利税排序、综合排序第一名，而且还是国家火炬计划重点产品试制鉴定计划项目承担企业和中国工商银行“AAA”级信用企业，并于1996年10月获得国际权威挪威DNV和中国SQCC两家ISO9001认证。

华为公司在坚持发挥自己员工的智慧的基础上，还广泛吸收世界电子信息领域的最新研究成果，虚心向国内外优秀企业学习，建立起一种良性的学习网络与规范。为了实现管理与国际企业接轨，公司与多家国外著名管理咨询公司合作，引进国外先进的管理方法和管理体系，使国外的成功管理模式融入华为的管理体制。

虽然成绩显赫，但华为集团的老总任正非却总是新闻界的神秘人物。在华为，他崇尚“权力智慧化，知识资本化”。在任正非看来，企业就是要发展一群狼，因为狼有三大特性：一是敏锐的嗅觉，二是奋不顾身、不屈不挠的进攻精神，三是群体奋斗。为此华为也形成了独特的狼性企业文化，并将其上升为核心竞争力，保持了企业持续快速增长。

有了狼性企业文化，华为这条中国通信业的土狼在激烈的市场厮杀中，才能够敏锐地察觉到对手的动向和市场的变化，抓住先机、把握主动，形成一种不可思议的力量，最终取得竞争的胜利；有了狼性企业文化，华为才能凭借顽强的生存能力，在进入通信领域短短20年，以其咄咄逼人之势迅速发展成了该领域的强者；有了狼性企业文化，华为才培养出一批像狼一样的人才，支撑着企业的发展，而这也是核心竞争力的关键因素。任正非说：“华为唯一可以依靠的是人，认真负责和管理有效的员工是华为最大的财富，员工在企业成长圈中处于重要的主动位置。”为此，任正非坚持人力资本的增值一定要大于财务资本的增值。

人力资本的增值大于财务资本的增值，这也是经济学上一个最基本的原理。如果一个员工创造10元的价值，给他1元报酬，公司净得9元；假如一个员工创造了1万元的价值，不应按同比例支付人力资本1 000元，而是3 000元，公司净得7 000元。这样会激励员工去创造1万元，而企业也得到更多，7 000元当然大于90元。如果企业领导人认为企业赢得9 000元，那么最终的结果可能是90元。任正非深知这个道理，因此他始终认为：“华为的发展离不开优秀的员工，认真负责和管理有效的员工是华为公司最大的财富。”华为每年会派大量管理人员、技术人员到国外考察、学习、交流。通过不断优化人力资源等领域的管理，为员工提供良好的工作环境和事业发展的空间，促进企业的持续发展。

作为核心竞争力的关键因素——人力资本具有收益递增的特征。即随着在人力资本上的投入增多，在经过一段特定的适应期后，获得的效益也随之增加。经济学家认为，人力资本在内外效应的双重作用下，生产过程中的技术系数将发生变化，社会的生产可能性边界将会以越来越快的速度向外扩展。因而华为在人力资本上同样做了大量的投入，这些投入促进了科研成果的迅速开发，使其在市场竞争中保持了较高的竞争力，并使其主要产品的市场份额稳步上升。

（一）青睐应届毕业生

每年3月，是高校分配的关键时刻，也是人才市场最活跃的季节，华为集团每次都会一如既往地推出人才招聘计划，不惜重金在北京、上海等地的主要媒体上大做广告，开辟招聘专场，数以千计地广招各路高手，如此大规模的声势，使华为成为近年来高校毕业生私下津津乐道的用人单位，而这种极具杀伤力的招聘规模，更使得一些大的跨国企业都不禁兴叹。

华为每年对大学应届毕业生的招收人数都占当年公司总招聘数量的30%左右。1999年，公司在北京地区招收了近300名应届毕业生，而2000年已超过300人，近年则更多。不仅如此，华为还在北大、清华等学校进行校园招聘，公开招聘有才华的应届大学毕业生。

招聘应届毕业生，最基本的条件是要专业对口。华为招聘的主要职位有研发、市场、管理、外语、法律、财务等六大类，只要有能力，研究生、本科生不限。他们每年在北京高校的招聘活动都搞得十分成功，特别是2000年11月下旬在北大举办的招聘会上，近千名北大及外校的应届毕业生将偌大的会议大厅挤得水泄不通，公司收到的简历有几大摞之多。

华为公司之所以这几年大力招收应届毕业生，是因为华为最看重应届毕业生主动学习的能力；应届毕业生是刚刚走向社会的人，容易融入企业，对企业来说是新鲜血液；同时具有别人不能比的冲劲。信息领域知识更新快，要随时学习、不断提高，这正好适合应届毕业生。

华为有完善的培训机制，刚刚毕业的学生一进公司，都要接受公司企业文化的“同化”培训，使他们得到有关企业价值观的知识，了解自己的角色和责任，使员工在实践中不断产生对企业价值体系的内化，形成与企业价值体系相同的价值观。华为公司的员工平均年龄只

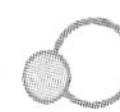

有 27 岁，且大都是刚从高等院校毕业的学士、硕士和博士。这样的背景使得公司在很多方面都非常像一所院校，比如有自己的球类协会和棋牌协会，绝大多数员工都仍是单身，这使得自觉加班或者自学成为一种公司的传统，每一个员工都会在规定的下班时间后继续工作、学习到晚上九、十点钟。这种在职的自我培训从一个侧面反映了华为员工的工作精神。

“知识经济时代是知识雇用资本，知识产权和技术诀窍的价值和支配力超过了资本，资本只有依附于知识，才能保值和增值”，这是任正非的理论，虽然求贤若渴，但他仍然认识到青年学生的最大弊病是理想太大，因此他制定了一项铁律：反对空洞理想，做好本职工作，没有基层经验不提拔。任正非说到做到，刚毕业的学生，进入华为学历便自动消失，凭个人的实践去获取机会，这样的人才升级制度也被称做“博士当工人”：“让他们真正理解什么叫商品，从对科研成果负责转变为对产品负责。”当过工人的博士仍然有机会获得与学历匹配的职位，但首先得通过任职资格评价。

华为请美国 HAY 公司做顾问，通过消化吸收，一点一点地改进，形成自己的任职资格评价体系，华为的工资分配也是实行基于能力主义的职能工资制。在华为，每个员工都可以成为接班人，接班人是广义的，不是高层领导下台产生接班人，而是每时、每刻、每件事、每个岗位、每条流程都发生这种交替行为，每个人的岗位身边都有人盯着，你不行，人家上，这叫“全员接班制”。任正非通过这样的做法，把危机意识和压力传递到每一个员工，通过无依赖的压力传递，使内部机制永远处于激活状态。华为不搞终身雇用制，自由雇用可以使每个员工成为自强、自立、自尊的强者。

在高科技领域里，知识更新非常迅速，稍一放松，就会落后。华为深知再学习的重要性，他们在人才培养上不惜投入大量资金，以保证长远发展，在公司内部建立了员工培训制度，员工每年有 7%的时间接受培训，年轻人被一批一批地派往美国、日本、欧洲去考察学习，又一批批走上企业领导的岗位，公司坚持向中国科技大学、华中理工大学、北京邮电大学等十多所著名大学提供奖教金、贷学金或特殊津贴，给优秀毕业生的推荐者以伯乐奖；每年为 100 名全国各高校优秀大学生举办科技夏令营，为他们提供从事实际科研工作、接触生产实践的条件和机会。1996 年，公司拿出了 3 000 万元，逐步在各院校设立教育和研究基金，加大对重点学科研究的资助。公司因此建立了长久的人才供应渠道。这些，都成为应届毕业生选择华为的重要原因。

（二）尊重人才，但不迁就人才

一个公司成长的主要牵引力是机会、人才、技术和产品，这四种力量之间存在着相互作用，机会牵引人才，人才牵引技术，技术牵引产品，产品牵引更多更大的机会，而员工在企业成长圈中处于重要的位置，因此，要重视对人的研究，让他在集体奋斗的大环境中，去充分释放潜能，更有力、有序地推动公司前进。

在华为公司七大核心价值观中第二条写道：“认真负责和管理有效的员工是华为最大的财富，尊重知识、尊重个性、集体奋斗和不迁就有功的员工，是我们的事业可持续成长的内在要求。”华为的核心价值观出自《华为公司基本法》，华为人认为，一个企业长治久安的关键，是它的核心价值观被接班人确认，接班人又具有自我批判的能力。

华为坚持人力资本的增值大于财务资本的增值，他们尊重知识、尊重人才，但不迁就人才。华为构筑的这种企业文化，注重人的素质、潜能、品格、学历和经验，推动着员工教育。按照双向选择的原则，在人才使用、培养与发展上，提供客观且对等的承诺。

在报酬与待遇上，华为的工资分配实行基于能力的职能工资制；奖金的分配与部门和个人的绩效改进挂钩；医疗保险按贡献大小，对高级管理和资深专业人员与一般员工实行差别待遇，高级管理和资深专业人员除享受医疗保险外，还享受医疗保健等健康待遇；安全退休金等福利分配，依据工作态度的考评结果而定。由此可以看出，华为在待遇上对优秀员工有明显的倾斜性。华为不搞终身雇用制，但这不等于不能终身在华为工作，华为主张自由雇用制，但不脱离中国的实际。

为避免过度裁员与人才流失，确保公司渡过难关，华为在经济不景气时期，以及事业成长暂时受挫阶段，根据事业发展需要，启用自动降薪制度，其实这种做法的真正目的在于，不断地向员工的太平意识宣战。在1996年通信市场大战爆发前，华为的市场体系有30%的员工下了岗，其中有曾经立下汗马功劳而又变为落后者的员工。这一次变革，让华为人认识到："在市场一线的人，不允许有思想上、技术上的沉淀。必须让最明白的人、最有能力的人来承担最大的责任。”从此，华为形成了干部没有任期的做法，那些居功自傲、故步自封的人，不得不在企业快速发展的压力下，不断提高个人素质，不断提高工作能力。

对中高级主管，华为实行职务轮换政策。没有基层工作经验的人，不能担任科以上干部；没有周边工作经验的人，不能担任部门主管。华为对基层主管、专业人员和操作人员实行岗位相对固定的政策，提倡爱一行，干一行；干一行，专一行。爱一行的基础是要通过录用考试，已上岗的员工继续爱一行的条件是要经受岗位考核的筛选。

在华为，每个员工通过努力工作，以及在工作中增长的才干，都可能获得职务或资格的晋升，与此相对应，保留职务上的公平竞争机制，坚决推行能上能下的干部制度。公司在尊重人才的同时，遵循人才成长规律，依据客观公正的考评结果，建立对流程负责的责任体系，让最有责任心的明白人担负重要的责任。华为不拘泥资历与级别，按公司组织目标与事业机会的要求，对有突出才干和突出贡献者实行破格晋升。

（三）兼顾效率与公平的人才激励机制

从表面看来，华为人才济济似乎是因为其提出了“员工待遇向外企看齐”如此诱人的条件。但实际上，其深层次的原因是华为奉行“效率优先、兼顾公平”的人力资源原则。在公司内部，华为鼓励每位员工在真诚合作与责任承诺基础上，展开竞争，并为员工的发展提供公平的机会与条件。

华为现有员工9 000多人，90%以上具有大学本科以上学历，其中硕士、博士达3 000多人。这些员工主要来自各专业院校，如北京邮电大学、南京邮电大学及清华大学等全国十

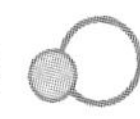

多所重点院校。从岗位分布上看，生产人员占10%，管理人员占12%，营销人员占35%，R&D人员占40%。从年龄结构看，员工平均年龄为27岁，且呈扁平密集分布。也就是说，员工年龄跨度极小，一般是在22岁至30岁之间。人员的分布在很大程度上反映了华为的经营战略思想，即一手抓研究开发，一手抓市场营销。研究开发的集中投入是由于行业的高科技特点，营销人员与研究开发人员的人数不相上下，则反映了异常激烈的市场竞争。华为的人才激励机制主要包括以下几方面。

(1) 高工资。华为被称为“三高”企业，指的是高效率、高压力和高工资。任正非坚信高工资是第一推动力，因而华为提供的是外企般的待遇，除了高工资，还有奖金与股票分红，内部职工的投资回报率每年都超过70%，有时甚至高达80%。经济利益是最直接最明显的激励方式，高收入是高付出的有效诱因。

(2) 建立内部劳动市场，引入多种形式的竞争与淘汰机制，允许和鼓励员工更换工作岗位，通过内部劳动力市场和外部劳动力市场的置换，实现内部竞争与选择，促进人才的有效配置，激活员工，最大限度地发现和开发员工潜能，对于一个空出或即将空出的职位，公司会发布内部招聘信息，并且召开竞聘大会，应聘者要做15分钟的演讲，接受评委和观众的提问，由高层领导和专家组成评审委员会，根据竞聘报告和现场表现，当场拍板任职人选。给了希望向上发展的员工机会，也为公司发现了人才，整个竞聘过程更是激发了全体员工奋发向上的精神。

在自由雇用制下，企业可以随时解雇不适应公司发展要求的员工，这是制度本身的内在属性，华为一方面通过外部劳动力市场调节人员流动量；另一方面又凭借内部建立的劳动力市场，运用内部公开竞聘、岗位调动、外派、下岗培训、辞退等灵活的竞争与淘汰机制，推动干部能上能下，促进优秀人才脱颖而出，实现人力资源的合理配置，铲除沉淀层，激活现有人力资源。

(3)“公平竞争，不唯学历，注重实际才干”，华为看重理论，更看重实际工作能力，大量起用高学历人才，也提拔读函大的高中生。在华为有年仅19岁的高级工程师，也有工作7天就提升为高级工程师的，不论资排辈，只重实际能力，华为大胆地启用年轻人，一位只有25岁的华中理工大学毕业生当上了带领500多人的中央研究部主任，这在其他企业是难以想象的，中国科技大学毕业的李一南到华为的第二天就被提升为工程师，两个星期后成为主任工程师，半年后任中研部副总经理，一年后升任中研部总经理，次年，23岁的李一南成为公司最年轻的副总裁。华为大胆的用人策略，让员工看到了希望，激发了员工的事业心，使大批年轻人成为公司的中坚力量。

(4) 客观公正的考评。考评工作有着严格的标准和程序，是对员工全方位的考评，考评的依据依次是：才能、责任、贡献、工作态度与风险承诺。对于绩效的考评是重点，宜细不宜粗；对于工作态度和工作能力看重长期表现，宜粗不宜细。客观公正的考评，是对人才工作绩效的正确评价，是实行激励方案的保证。根据斯金纳的强化理论，人的行为会受到外界正强化、负强化和消退强化的影响，而对员工采用的强化手段，要以考评结果为依据。

(5) 实行有差别的动态福利保险制度，解决好长期报酬政策与短期报酬政策之间的矛盾，防止企业所需要的优秀人才的流失及人员沉淀。在华为，安全退休金等福利的分配依据工作态度的考评结果；医疗保险按贡献大小，对高级管理和资深专业人员与一般员工实行差别待遇，高级管理和资深专业人员除享受医疗保险外，还享受医疗保健等健康待遇。

(6) 建立价值分配体系的核心，即倡导与考核评价体系相对应的基于能力的“职能工资制度”。华为以业界最佳的工资报酬水平的80%，吸纳一流人才，以过滤单纯追求利益的人，使有事业心、有抱负的优秀员工加盟。并在内部依据个人承担的责任、所具有的能力和作出的贡献，充分拉开工资收入差距。职能工资制的实行，使各类人员的工资待遇与其责任、能力和贡献挂钩，避免将所有员工都朝“官位”一条道上驱动的倾向。员工可以在不同领域根据自己的特点去选择其适合的发展方向，职能工资制还为公司内部人才流动提供了条件。这些有效的激励机制都为华为提高了企业核心竞争力、增加了人力资本的能动作用起到了积极的作用。

华为集团这种“效率优先、兼顾公平”的激励机制，在保证公司经济效益提高的前提下，激发了员工的积极性和创造性，使华为集团整个团队的水平和员工个人的素质有了提高。这也正体现了华为培养像狼一样的人才在公司的发展中起了决定性的作用，成为狼性文化的决定性力量，核心竞争力的主导因素。

(四) 培养和发展员工

作为民营高科技企业，华为公司很重视对员工的培训，具体来说，对于新员工来讲实行导师制。每个新员工进入企业，都有一名老员工担任他的导师，导师要帮新人解决各方面的问题，比如介绍工作流程、领取工作用品，还要照料生活，如租房子等。

过了试用期，新员工成为正式员工后，还要参加多种培训：各部门都有自己的培训时间，有高水平的培训教师和教材帮助员工在技术方面提高。为保障公司的技术跟上世界潮流，每年公司都派技术人员参加近200个国外举办的展览和研讨会，使科技人员开阔眼界、接触最新的产品。公司的管理学院还定期举办项目管理、企业管理、财务管理等方面的培训，以加快对管理、市场方面的开发，为了让员工了解国内外的市场情况，公司每周都举行讲座。

为帮助员工发展，公司制定了一套对员工的评价体系，包括：绩效、职位、心态、品质、潜力等五个方面。由部门的主管经理每季度对员工进行考核，积累一年后，公司给员工建立关键数据库，用以评价员工一年的工作。数据库中包括公司对员工的评价、部门主管对员工的综合评价等。这套评价体系透明度很高，因为所有的评价是直接与员工见面的，员工如果对上级的评价不满，可以越级申诉，公司经过调查后会据实调整数据库。因而既可评价员工，也可评价部门主管。

华为实行在职培训与脱产培训相结合，自我开发与教育开发相结合的开发方式，让员工素质适应企业的发展，同时充分让员工有机会得到个人能力的提高。华为以此提供持续的开发培训，并且每年都要派出大量的管理人员、技术人员到国外考察、学习、交流，优化了重

要领域的人员素质，为有进取精神的人才提供了优厚的提高知识和素质的机会，这个机会是当前高素质人才最看重的，有着很强的激励效果。

华为通过持续不断的人力资源教育培训系统，挖掘每个人的潜力，使每个人在工作实践中增长才干，优化知识结构，增强职业适应能力，通过个人职业生涯的设计，伴随公司的成长与发展，实现个人职业生涯的辉煌。

（五）坚持“知本主义”

所谓“知本主义”，是指以知识为“资本”的观点。在知识经济中，知识是资本的重要构成部分，20 世纪 80 年代中期发展起来的新增长理论认为，经济增长是经济体系内部力量的产物，知识和人力资本是“增长的发动机”，企业可以通过对知识的有效管理促成组织知识的增值。

1. 员工持股制度

华为最成功的，不是工资，也不是奖金，而是股金。《华为公司基本法》中明确指出公司实行员工持股制度，坚持“知本主义”，即“我们是用转化为资本这种形式，使劳动、知识及企业家的管理和风险的累积贡献得到体现和补偿，利用股权的安排，形成公司的中坚力量和保持对公司的有效控制及使公司可持续成长。公司实行员工持股制度，“一方面，结成公司与员工的利益共同体；另一方面，不断地使最有责任心和才能的人进入公司的中坚层”。

华为公司实行按劳分配和按资分配相结合的制度，公司的股权分配强调持续性贡献，主张向核心层和中间层倾斜。华为的基本做法是将价值评价结果转化为奖金，再将奖金转化为股权，然后利用这种剩余索取权，分享公司的利润。由于公司仍处于发展阶段，急需大量资金，但外部债务融资的成本又比较高，因此，公司采取了向内部员工融资的方法，这种方法使得大部分员工都将其除了工资之外的所得全部投入到公司中去，作为回报，员工可以得到相应数量的公司股份。

员工持股制度，是按知分配的，华为把员工的知识劳动应得的一部分回报转化为股权，即转化为资本，股金的分配又使得由股权转化来的资本的收益得到体现，通过股权和股金的分配来实现知识资本化。员工的股份是不可转让的，如果要退出公司，只能以初始出资价出售给公司，这样想离开公司的代价就会变得很高。越是公司重要的人员，持有的股份越多，离开的代价也越大，所以这是企业的一项长期激励方法，体现了知识的价值，保证了企业的稳定。换句话说，员工退出的“机会成本”是非常高的。由于越是高层员工，持有的股份越多，“机会成本”也越高，因而越不容易离开和“背叛”公司。正是这种高昂的“机会成本”使得公司能够有效地保持公司的稳定性和对员工的控制，提高了公司员工的长期激励。这种做法，用“金手铐”形容或许比“胡萝卜加大棒”更为贴切。还有组织权力，也按照知识的价值来分配，组织权力的分配形式是机会和职权，因而知识可以通过职权分配来表现。

然而，并不是每一个员工都能得到公司的股份。只有为公司服务一定时间以上的员工才有资格购买公司的股份，刚进公司不久的员工是没有这样的资格的。另一方面，华为的员工有很多都是新招的，特别是仅 1998 年就招了近 4 000 人，占公司总员工的一半。换句话说，至少有一半的员工未拥有公司的股份。当然，这一部分员工大都是公司最普通的员工，而管理人员，特别是有一定级别的管理人员，出于他们在公司的服务时间比较长，大都持有相当数量的公司股份，按管理层的级别来分配股权有两方面的作用：一是可以鼓励已得到股权的管理人员积极工作；另一方面又会对没有得到股权的新员工产生激励作用。

2. 知本主义的优势

华为集团的股份主要为内部员工持股，而且股份是不可转让的，它实际上是资本所有者与劳动所有者合为一体的集团。华为集团的股份安排在这一点上与其他股份公司有很大的区别。

按照 Martin Ricketts 的分类标准，华为集团是一种比较特殊的利润分成制集团，Martin Ricketts 将利润分成制企业分成经理所有型、职业合伙型、劳动资本合伙型、工人所有型、工人合作型及零售与批发合作型等六种利润分成企业，因为华为集团的股份大部分为经理等管理人员所有，同时有部分员工持有公司股份，但是股份又是不可转让的，资本的提供者是公司的内部成员而非外部成员，因而华为集团是经理所有型与工人合作型的混合型企业。这种结构意味着以前“用脚投票”为特征的公司治理结构不再适用，亦不会有效。华为集团的治理机制，主要是基于一种以“自我选择”和长期激励为基础的内部治理机制，它最主要的作用在于减少监督成本和增加长期激励。这种股份安排，至少有以下几个好处。

(1) 提高了员工监督的积极性。由于员工成为公司的双重“利益相关者”，因而更有积极性监督其他成员。

(2) 内部员工比外部成员对经理的监督更为有效。由于内部员工更了解公司的经营情况，参加集体决策的成本较低，同时又有较高的个人利益关系，因而其委托代理问题相对要小得多。

(3) 相比于资本所有者是外部成员时，员工对其（也就是利润分成或合作者）同时有更高的忠诚度。这种忠诚度减少了监督的需要。而像华为集团这种高科技企业，对员工进行监督的成本相对比较高，特别是公司研究开发部门，监督即使是可能的，其成本也是非常高昂的。

(4) 可以得到较多的外部债务融资。外部债权人如果意识到华为公司这种股份安排的上述几条好处，就可能会愿意向企业提供比正常情况下更多的债务投资，因为上述原因使得债务违约风险大大降低了，从实际情况看，华为公司的负债比率确实比较高，这与我们的分析是完全一致的。

(5) 提高了员工的工作积极性，极大地减少了员工的机会主义行为。员工持股不仅提高了其工作的积极性，更重要的在于，由于股份是不可转让的，即使转让成本也非常高，因此，员工在一定程度上已为公司锁定，在某种意义上已成为公司的专用性资产。员工意识到这一点，就可能会更加努力工作，注重长期收益，减少短期行为和机会主义。

(6) 降低了公司内部决策的协调成本。由于资本所有者同时又是劳动所有者，因而存在于其公司内的资本所有者与劳动所有者之间的利益冲突大为减少。另一方面，这种一致性还

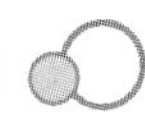

使得信息在不同成员之间的分布更为对称，从而减少了逆向选择问题。

一个有效的公司管理机制，应当能解决由于信息不对称和委托代理关系产生的激励和监督问题，特别是它应当根据不同公司的特点来设计不同的治理机制。华为集团的成功之处在于它根据公司的特点设计了一个比较合理而高效的制度。

作为一家高科技企业，华为集团的研究开发人员占到了公司总员工的40%，这部分员工不仅对公司的业绩影响最大，而且是最难监督的。因此，如何设计一个可行方案来激励他们就成为公司的首要课题。而员工持股制度恰恰能够解决两个最根本的问题：增加长期激励和降低监督成本，这是华为集团为什么能够取得成功的最主要原因。

华为集团成功最大的奥秘，就在于集团把人力资本列在第一位，他们的信条是：华为唯一可以依靠的是人，认真负责和管理有效的员工是华为最大的财富，人力资本的增值一定要大于财务资本的增值。的确，知识经济时代的重要特点是知识雇用资本，资本只有依附于知识，才能保值和增值，知识产权和技术诀窍的价值与支配力超过了资本。而拥有大量优秀人才的企业必然在知识竞争上取得优势，进而掌握研究、开发、跟踪市场的主动权。

以员工持股制度为特征的长期股权激励机制，一方面使员工“偷懒”的可能性大大减少，另一方面使其作为股东员工承担了“监督者”的角色。特别是由于公司高层管理人员持有的股份较多，因而其“监督”的积极性大大提高；另外，由于组织中的高层管理人员拥有相应的权威和信息，其“监督”的有效性也会大大提高。

这种“监督”能力与积极性的良好对应，使得权、责、利高度一致，从而大大提高了管理的效率，而且，内部监督比外部监督的成本大为减少。更为重要的是，公司高层管理人员作为公司的股东，由于其股份是不可转让的，因而其长期激励大大提高。另一方面，员工持股制度还使得员工成为公司的双重“利益相关者”，从而有效地减少了委托代理和道德风险问题。

一个成功的公司治理机制，应当解决两个问题，一是人才选择，二是长期激励。由于华为成功地解决了这两个问题，所以华为的企业核心竞争力像狼一样的凶猛，这一点对我们有着重大的启示作用。

（资料来源：胡志刚．中国企业核心竞争力：人力资源．北京：经济科学出版社，2003.）

二、思考·讨论·训练

1. 任正非在华为人力资源管理中坚持“人力资本的增值一定要大于财务资本的增值”这一思想对你有何启示？

2. 华为的哪些做法体现了它尊重人才，但不迁就人才的人力资源管理思想？这些做法发挥了怎样的作用？

3. 华为集团“效率优先，兼顾公平”激励机制是怎样建立起来的？其代表性制度有哪些？

4. 华为集团成功的人力资源管理给国有企业改革提供了哪些经验？对其他高新技术企业又有何借鉴意义？

案例2 宏通公司的人力资源管理

一、案例介绍

（一）公司的背景

1996年，宏通公司在广州成立，经过十年的发展，2006年已经成为全国最大规模和最具影响力的移动产品分销商之一，并逐步成为各个品牌手机的代理商，分公司和办事处遍布全国。它在2004年、2005年跻身中国企业500强，2006年进入广东省企业100强。公司不断完善营销网络、客户服务网络及电子商务系统，并且大力拓展全国性零售连锁网络；同时公司完成了收购上市，进入国内和国际资本市场，展开资本运作。

作为一家民营企业，为何短短十年间就取得如此大的成就呢？创新、健康的文化理念是成功的核心。它的愿景是：通过卓越服务成为中国服务业最优秀的企业之一，主动承担社会责任，树立服务营销新典范，推动商业文明进步，成为流通领域的领导者。其价值观是：恒守仁本、坚持诚信、服务客户、追求卓越。公司通过文化来凝聚广大员工，增强组织的凝聚力。

公司的人力资源是企业文化得以贯彻的重要途径。公司推行"以事业吸引人，以发展培养人，以培养提升人，以机制激励人，以激励留住人，以关怀温暖人"的人力资源战略，致力为员工创造学习的机会和职业发展通道，提升员工的竞争力和价值。公司认为，没有满意的员工就没有满意的客户，经营人才、经营客户是公司生存和发展的根本。公司的员工平均年龄30岁，而且85%的员工具有大专以上学历，依靠这个年轻富有活力的员工团队，公司不断超越，取得一个个成就，同时公司也为员工提供各种培训，优化员工成长的环境，创造沟通和合作的氛围，使得公司和员工共同发展。

（二）公平公正的绩效管理

1. 公平公正的考核体系

绩效管理是人力资源管理的核心部分，宏通公司将被考核人员分为三类：管理人员、营销人员和其他人员，因为不同职位的工作任务不同，所以公司针对不同被考核人员采用不同的考核方法，设置不同的考核指标。管理人员由公司的总经理进行考核。对营销人员的考核采用的是两次考核。一是考核小组的考核，由总经理、财务经理、营销主管、人力资源部主管及其他管理人员组成。二是直接主管的考核。直接主管对员工作初步打分评定，再由考核小组对员工作二次考核确定等级。考核小组与直接主管意见不一致时，考核小组与直接主管需要进行沟通，这样可以防止个人的主观偏见造成的不公平。

公司平时会对员工进行考核，每个季度作一次阶段性绩效考核，年终将四个季度考核的平均数作为年终的考核结果。多次考核可以保证对考核员工作出全面客观的评价，存在的问题通过沟通也能得到及时解决，考核过程的透明度比较高，对员工而言也比较公平和公正，也可以加强部门间和员工间相互沟通，相互了解。

每次考核完成后，人力资源部汇总每个员工的考核分数与等级，归档保管，在这个过程中都会很注重资料的保密性，这样对每个员工都是公平的。

2. 良好的沟通机制

公司重视与员工沟通。绩效考核完成后直接主管将考核结果反馈给员工，告诉他们打分的依据，从各个方面得来的反馈是怎样的，员工在工作中存在哪些问题需要改进。在与员工充分沟通后，人力资源部门会重新审视考核指标，调整不合理的指标设置和工作任务。公司的人力资源部门规定每个星期有一天是员工开放日，员工对考核结果有异议可以向上级和人力资源部门申诉，员工也可以通过书面形式向上级部门表达自己的意见，人力资源部门将小心谨慎对待处理。

3. 绩效管理与工作分析、薪酬管理紧密结合

宏通公司将绩效管理与工作分析紧密结合，从工作分析中提取绩效考核的指标，而且针对不同岗位设置不同的考核指标，细化这些考核指标的目的是增强考核的针对性和有效性。这些考核指标与公司的价值观念、远景、企业战略是紧密相关的，再将这些指标一级一级自上而下传递到每个部门，再到每个员工，这样就能确保员工的努力方向与企业发展战略高度一致，同时将战略转化为可操作的目标。

考核的结果采用强制分布法，考核等级为：A 约占总人数的 12%，B 占 80%，C 占 8%，根据每个人的考核分数及等级比例，确定每个员工的考核等级，并根据考核等级对应得出等级系数。等级为 A 的员工有机会晋升，薪酬也会随之上升。公司给等级为 C 的员工一段时间作改进，如果员工的业绩还是没有提高，公司将调整工作岗位或解聘他们。绩效与奖惩挂钩，会给员工一种无形的压力，促使他们认真对待工作。

（三）系统和全面的员工培训体系

公司有一套系统和全面的员工培训体系，包括培训理念、培训需求分析、培训课程、培训项目、培训管理制度、培训评估和相应的福利、薪酬激励机制。公司的培训理念：公司致力于员工的知识、技能和能力等多方面的培训，帮助员工规划职业生涯并不断提升与发展自己，保持公司与员工的高竞争力，以便更高效地回报社会。公司的培训具有针对性、差异性的特点，通过培训，不仅可以给员工提供职业发展空间，而且还可以激励和稳定优秀员工。

1. 重视培训需求分析

公司在进行培训之前，都会展开详细的培训需求分析。公司专门设置了一个培训部负责员工的培训，这个部门由各种培训师组成。年初给每个员工发放调查表，调查他们中哪些人需要培训，在哪些方面需要培训，对课程设置有什么要求。培训部和人力资源部根据公司的

年度规划和上年度员工的绩效考核结果，分析员工的行为与公司设置的指标的差距，判断通过培训是否能提高绩效。如果是外部因素影响员工的绩效，那就不是培训所能解决的。培训只能解决员工因缺乏某项技能和知识而影响绩效的状况。因此培训部必须从高层到普通员工一层层深入调查，发放问卷、面谈，才能了解问题所在，以便推出合适的培训方案。这项工作的工作量是很大的，但是为了找准培训的压力点，提高培训的有效性，公司每年都会进行一次大规模的需求分析，形成有针对性的年度培训工作计划，再将年度计划分解为每月、每季度培训计划，逐月实施培训计划。

2. 设置多种培训途径

公司对员工提供了一系列的培训课程，越优秀的员工就能得到越多的培训机会，培训部对新员工开设了入职培训、岗前培训的课程，对管理者设置了团队管理、业绩管理、战略规划的培训课程，对专业人员有专业化技能培训、业务培训等课程。每月还向全体员工提供"软技能"的培训，包括如何处理人际关系、如何增强心理素质、如何减轻压力等。公司在开设课程前会在公司网站上通知，员工根据自己的需求选择课程并在网站报名。此外，公司还开设了网络课程，使员工能随时在网上学习。公司设置了一个小型图书馆，周末对员工开放。公司将培训看成是对员工的一项投资，员工通过培训能不断学习，形成学习型组织。

3. 进行多方面培训考核和评估

培训完成后，培训部对员工进行三次评估。一级评估是在培训快结束时，通过考试检查员工对培训内容的理解及掌握程度，并将考核结果反馈给员工。二级评估是在培训刚结束时，发放调查问卷，让员工评价培训内容、讲师的授课情况和培训的课程对日后工作有没有帮助，写培训心得。三级评估是在培训一个月后，人力资源部和培训部对培训的质量和收益进行评估和效果跟踪，分别就工作业绩对员工和其上司进行访谈，记录访谈内容。培训部人员根据评估结果不断调整和修改计划，改进培训质量，并作书面总结。最后形成公司培训档案存档。

在年初根据企业的发展要求对培训讲师设置了公司年度工作目标，个人关键指标和个人目标，包括项目规划优良率、培训授课优良率、课程开发等多项可衡量的考核指标。年末考核培训讲师，这有利于提高他们对工作的责任感。对接受培训的员工也设定培训考核指标，对整个培训过程都会进行监督并且将培训考核的结果与激励挂钩，这样员工才会重视培训。对培训的学员和培训人员在培训期间也制定相应的行为规范，违规者将受处罚。

4. 为员工提供职业发展平台

公司给员工提供一个职业发展平台，帮助员工规划职业生涯。如果员工想在公司发展，公司可以提供销售类、技术类或其他发展方向。如果员工想往中高管理层发展，公司都会要求员工从基层管理做起。员工在获得一定经验，达到考核标准后，公司会根据各人的意愿提供相应的培训课程。培训完成后，员工就会晋升或者调任其他岗位。员工通过培训，提高了工作技能和能力，丰富了职业生涯，满足了自己发展的需要，更重要的是保证了公司综合能力的提升，增强了公司的竞争力。

（四）科学有效的薪酬体系

宏通公司实施的是职位薪酬体系，它的逻辑基础是公司根据职位的相对价值给员工支付报酬。它的优点是能够将企业的实际经营状况传递给员工，员工从自己的薪酬收入中切实感受到企业的市场胜利或失败，由此提高对企业经营状况的关注，增强对组织的责任感；能够确定合理的人工成本水平，并且在既定的薪酬总额基础之上对所有员工进行合理的价值分配；提高薪酬管理的灵活性和弹性。针对企业目前的经营状况或人力资源现状，它提供了一个可调的、灵活的框架体系，通过对这个框架体系的调整，在不同的形势下企业都能够得到合适的薪酬方案。

1. 制定科学的薪酬政策

公司在执行薪酬政策时，将建立职位薪酬体系放到企业战略中考虑，既考虑外部竞争性，又考虑内部公平性。一方面公司正在处于高速发展的阶段，员工大都比较年轻，所以要保持自己的薪酬水平在市场上有一定的竞争力，为此公司每年委托一个专业的咨询公司进行市场调查，以此来了解劳动力市场的宏观情形。另一方面是在公司内部进行工作分析和职位评价，系统地确定职位之间的相对价值。综合这些因素，人力资源部提出一个相对科学的薪酬政策，再根据市场和公司的状况不断进行调整。

2. 确定分层分类的薪酬结构

公司通过建立在职位基础上的薪酬结构，将薪酬与职位价值和绩效密切结合，增加了薪酬调整的科学性和灵活性，强化了薪酬的激励机制。薪酬体系由福利、工资、奖金三部分构成。福利包括了国家规定的福利和企业补充福利。奖金包括了年终奖和特别贡献奖。工资由固定工资和浮动工资组成。公司将员工按照职能的不同分为管理类、市场类、技术类、专业类。管理类和市场类固定工资在工资中比重小，浮动工资占的比重大，技术类和专业类则相反。这些都是由岗位的特点决定的。固定工资只是和出勤挂钩，浮动工资是根据公司的经营状况和员工的考核结果确定的。奖金由三部分系数组成：考核等级系数、岗位系数、出勤系数。系数与级别没有太大的关系，是由承担的工作内容决定的。岗位系数体现了岗位对公司的重要性，因为营销对公司的销售额至关重要，所以营销和市场的岗位系数相对同等部门比较高。公司在年终有利润的情况下，根据员工对企业的重要程度、工作绩效等因素分配相应额度的年终奖。企业补充式福利主要是自助式福利，员工根据企业提供的福利“菜单”自主选择所需要的福利。

（资料来源：姚裕群，文跃然．人力资源管理教学案例精选．上海：复旦大学出版社，2009.）

二、思考·讨论·训练

1. 宏通公司是如何依靠人力资源管理获得迅速发展的？

2. 宏通公司在人力资源管理各方面有哪些可取之处？

案例3 福临汽车配件股份有限公司的人事纷争

一、案例介绍

福临汽车配件股份有限公司位于珠江三角洲，是由董事长兼总经理乔国栋于××××年创办的，专门生产活塞、活塞环、气门之类产品，为华南的汽车制造与修理业服务。乔国栋今年53岁，他本来在北方一家国有大型汽车制造厂的销售部门工作，20世纪90年代初他毅然辞职南下，在一家中外合资汽车制造公司继续搞销售工作。干了近十年，觉得自己干销售得心应手，已建立了一个不小的用户联络网，并攒了一笔钱，觉得与其给洋老板打工，不如自己干。于是他拉了从北方一起南下的老同事傅立朝一起，辞去现职，办起了一家一共才10个人的福临汽车修配站。老傅懂技术，有手艺，乔自已管公关，干供销，生意红火，很快发展了起来。三年多后，又拉了一位会计出身的女强人关迪琼入伙办起来这家汽车配件股份有限公司，乔、傅、关各占股本的40%，30%和30%。乔自己是董事长兼总经理，但干营销是他最拿手的，所以他坚持兼营销副总，关迪琼任财务副总，傅立朝是生产副总，他手下还有位生产厂长，叫刘志仁，是老傅自己找来的。事实上，创业之初，厂区布局、车间设备、工艺、质量标准，直至四位车间主任人选，全由老傅包揽，第一批生产工人中不少人也是他招考进来的。老乔并未全力关注公司发展的全局和战略，至少四分之一的精力花在他爱干也擅长的营销、采购和公关上了。好在当时公司规模不大，市场也有利，这么干下来，效益相当不错。

从一开始，公司的做法就是大胆放权，各车间主任和科室负责人都各自包下自己单位的人事职能，对自己手下人，从招聘、委派、考核、升迁、奖惩都他们自己说了算，公司领导基本不过问。

七年发展，公司规模扩大到340来人，业务也复杂起来。乔总发现当初那种全公司是“一个和睦大家庭”的气氛没有了，近两年员工士气在不断下降。班子开会研究，一致决定，该专门设一个管人事职能的办公室了。但这办公室该设在哪一级，班子意见却是不一致的。争辩再三，才决定设在生产厂长之下，办公地点在生产厂进门左边一间小房间内。该办公室有主任一名，并配一名秘书。

公司财务科有位成本会计师，叫郭翰文。他六年前从北方一所大学工商管理专业毕业，经他的父亲，乔总的一位亲戚推荐，来公司财务科工作。那时公司还小，工作分工不细，他聪明能干，科长让他管成本控制，他不久就熟练了。他的工作使他跟生产与营销两方面的人都多有接触，人缘甚佳。乔总和傅总都觉得这小伙工作自觉，受到大家喜爱。但他常说，我并不喜欢干财会，我其实爱搞人事工作，跟人打交道，不爱跟数字打交道。他那天在食堂，正巧跟总经理秘书小周同桌吃饭，从小周处听到公司要设“人事办”的消息。于是他闻风而

动，马上交上书面申请，要求当“人事办”主任，又分头向乔、傅、关“三巨头”口头汇报，软磨硬缠，终于如愿以偿，当上了“人事办公室”主任。上任前，乔总关照他说：“你这人事办公室干得好坏，对全厂工作很重要。”

郭主任新官上任三把火，上任伊始，他就向各车间主任发出书面通知说：“为适应公司的扩展，公司领导决定对全厂员工的人事管理实行集权。为此成立本办公室。今后各车间一切人事方面的决定，未经本主任批准，一概不得擅自执行。”

通知发下后，各车间主任们对此政策变化的不满便接踵而至，都说“小郭这小子太狂了，一朝权在手，便把令来行，手太长了。”厂长开始听到主任们的抱怨，说：“工人们已经跟刚招来时不同，难管多了。”厂长有一回见到一位车间主任，问为什么生产下降了，主任答道：“我手脚给捆住了，还怎么能管得了工人。如今奖励、惩罚、招聘、辞退，我都没了权，叫我怎么控制得了他们？怎么让他们出活？”

有一天，有位女工闯进人事办公室气冲冲地说，她被车间主任无缘无故地辞退了。郭主任说：“别急，让我先搞清楚情况。”就给那车间主任挂了电话：“喂，三车间张主任吗？我是郭翰文。你们车间林达芬是怎么回事？”“我炒了她鱿鱼。”“这我知道，但为什么？”“很简单，我不喜欢她。”“你知道，没有人事办批准，你是不能随便辞退工人的。”“是吗？可是我已经辞退她了。”“老张，你不能这么办。你总得有个站得住的理由才……”“我不喜欢她——这就够了。”电话到此给挂断了。

郭主任把这事向刘厂长作了汇报。是刘厂长做了不少工作，并坚持让小林复职，这事才平息下来。但主任们关于招的工人质量差，自己没有人事权，管不了的抱怨却有增无减。主任们主张人事办应当管的事越少越好，这事终于闹到老傅那里去了，当时乔总出差去走访客户不在公司。刘厂长对傅总说，看来，现在这厂的规模还不算大，用不着设一个专门的人事职能部门。他建议还是用行之有效的老办法，去让各车间主任自己管本单位人事工作。郭主任还是回他财务科去做原来的成本会计为好。

老傅左思右想，觉得恐怕只能按刘厂长意见办了。但他说还是等几天，乔总回来后，请示了再定。

（资料来源：http://www.huadong.cn/html/news/201005/868.html）

二、思考·讨论·训练

1. 结合本案例，分析一下，福临汽车配件有限公司“人事办公室”为何设了又撤。
2. 福临公司把人事权下放给各车间主任，这种处理人事职能的办法恰当吗？为什么？
3. 就如何进行人力资源管理的角色定位谈谈你的看法。
4. 若你来担任人事办公室主任，你如何开展工作？
5. 福临公司实行的是传统人事管理还是现代人力资源管理？你从这次案例研讨中得到些什么教益？

案例4 思马特服装厂的人力资源管理

一、案例介绍

思马特服装厂（以下简称“思马特”）是一家中小型企业，主要以服装制造、加工为主。从事中高档拉链、纽扣、塑料衣架、绳扣、夹子等的生产经营，拥有30台平车，纽门、打扣、烫炉、坎车齐全。思马特拥有大约100名员工，主要包括车间、仓库、人事部等部门。

在未实行新的管理制度前，思马特的效益一直都搞不上去，员工的动力小，做事情怠惰，激情不足，人才外流现象严重，而且经常招不到合适的员工。为改变企业当前的不良状况，马经理决定重树适应企业发展的新方针，努力营造良好的企业文化氛围。

思马特的新经营理念是“优质、重信、守诺、感恩”，新经营方针为“强化管理，品质第一”。思马特的核心价值观为“团结敬业，塑造学习型、合作型作风朴实的企业”。随着服装业的蓬勃发展，竞争日益激烈，纵然思马特不是很大，但极需拥有一套完备的用人机制。马经理认为：“节约用人成本，管理好人力资源成本，这才是治理企业之本。”在发展中思马特确定了用人理念：感情留人、事业留人、待遇留人、合同留人，更将这些理念作为企业文化的一部分，给认同企业文化、干实事的人提供发展的空间。积极组建高素质的人力资源队伍，以保证企业快速、健康发展。

根据企业战略目标的需要，思马特确定了一定时期内人力资源开发和利用的总目标、预算和计划。思马特的人力资源整体规划包括招聘与引进计划、人员接替与晋升计划、教育与培训计划、绩效评估与激励计划、劳动关系计划及退休、解聘计划等。马经理说：“员工素质是增强思马特竞争力的决定因素，正确处理好激励制度对员工素质的提高又是一个不可忽视的问题。”

（一）思马特招聘人才的标准

对管理层而言，虽然文凭不是第一要素，但是具备一定的管理知识修养和管理经验却是必要的。对一般员工而言，思马特的用人原则是：把合适的人放到合适的位置。结合员工自身的特长与岗位要求来安排相应的人员，力争做到“爱一行，干一行，专一行”。思马特坚决反对“关系就是一切”、“任人唯亲”的做法，讲求的是实力，无论你的关系多强，没有实力的人思马特不会盲目招取。企业力求对外来人才进行公开招聘，以做到公开、公平、公正，避免裙带关系的影响。

（二）思马特的用人目标

思马特用人有三个层次的目标：对现有人才，实行优化组合，竞聘上岗；对上岗人员实行定期考评，以做到能者上、庸者下；相同或不相同岗位，人员可自由流动，以做到人力资源的最优配置。思马特高薪聘请并组建了一支技术力量雄厚的设计、开发队伍，在面料、款式、细节上多下工夫，使思马特的服装在质量与外观上都赶上潮流。

（三）思马特的激励机制

思马特制定了一套奖惩制度。思马特的存在就是为了赚取利润，为公司谋利益的员工定当受到奖赏，但并不是单凭业绩论英雄。在绩效评估的基础上，思马特形成了一个公平合理的具备高度激励作用的报酬体系，切实地实现对员工的报酬激励。思马特主要实行计件工资制，为了不影响产品的质量，还实行一定的质量要求与限制。当员工的速度达到一定要求，公司就会给予奖励。一般来说，工人工资最少的 700 元，最多的 1 500 元。

为了留住员工，避免因员工流动频繁造成的成本负担，思马特形成了一种员工参与企业管理的文化。充分重视核心员工的知识、技术、管理在企业中的作用，增强员工的归属感和认同感，实现对员工的情感激励。思马特坚持开展深入关爱员工的系列活动，尽力为员工创造良好的工作和生活环境。如思马特建造“夫妻房”，让将近 10 对员工夫妇告别分居生活，部分在厂外租房的员工因此而节省一笔不小的开支；思马特还对员工实行人性化的关怀，为员工购买保险，提供劳动保障，按时发放工资，按规定安排员工放假；此外，每年坚持对员工进行免费体检，以保证员工的身体健康，一方面使员工感受到企业的关怀，另一方面也能确保员工的工作效率。在节假日，思马特为员工加餐，改善伙食；还安排一些题材多样、内容丰富的故事片放映，以丰富员工的闲暇生活。

（四）思马特的规章制度

为进一步稳定员工队伍，首先，思马特根据长期的经验积累制定了《思马特服装厂员工规章手册》，规范员工行为；其次，通过签订合同，达成协议，利用法律对员工形成约束；第三，切实把握好员工的偏好，用利益吸引员工。不根据员工的职位高低评判其成绩，只要员工提出有建设性的意见，公司都会认真接纳并给予一定的奖励。

一个好的企业并不是只要规范员工行为就可以，管理者也是其中的关键要素。一个团队失去了领导者就等于失去了方向。马经理认为作为一个管理者应该做到以下两个方面。

1. 坚持“距离产生美”

很多人都认为要和员工走到一块去，但这样往往会令领导者失去威严，要发布命令时很难让员工接受。若强行要求员工执行，就会被认为“装神气”，容易造成紧张气氛。而跟员工保持一定的距离，不要过度的亲近，就可以起到“既亲近员工又不失领导者风范”的作用。

2. 管理者应听取员工意见并不断更新观念

在这个物质世界里，“金钱就是一切”被人普遍所认同。管理者容易用金钱衡量一切，认为让员工为企业加班是很正常的一件事，觉得谁付钱就应当为谁卖力，往往忽视了员工的真正愿望。金钱固然重要，但这个世界上的很多东西是金钱很难买到的。管理者不应将自己的价值观等价于员工的价值观，应该多听取员工的意见，尊重员工的选择，才能激发员工的斗志。

（资料来源：刘永安. 企业人力资源管理经典案例. 北京：清华大学出版社，2007.）

二、思考·讨论·训练

1. 请谈谈“以人为本”的管理思想在思马特公司是如何得以贯彻的?
2. 思马特公司在激励机制上还可做哪些完善以更好地推进企业的发展?
3. 如何理解斯马特公司马经理的“距离产生美”这一管理观点?

案例5 微软的人力资源管理E化

一、案例介绍

（一）微软：E化道路的“领航者”

“你的企业E化了吗?”这已成为时下许多人力资源经理关心的问题。在软件业中称霸一方的微软，启用现代化手段进行人力资源管理已有一段时间了，这种手段为企业节省了人力，提高了效率，并使人力资源部完完全全从传统的事务性工作中解脱出来。

微软凭借拥有一批优秀软件人才的优势，开发出了一套适用于内部人力资源管理的系统软件，从此，微软的人力资源部不再有繁杂的纸张、厚重的材料，员工的培训发展、福利休假、薪酬、业绩考核等事务全部由互联网及系统软件代替，全球员工查找信息，只要输入自己独有的密码，各种信息一览无余。

在这一领域，微软可谓是走E化道路的“领航者”，它正引领着一种新的潮流。

（二）微软的人力资源管理是如何E化的

1. 招聘员工网上找

在网上发布招聘信息并不是什么稀奇的事，不过微软的招聘信息不仅对外，同时也对内，并且是全球各个国家有哪个职位空缺，都发布在网上，微软的职位可以跨国申请。据了解，如果你对哪个国家的职位感兴趣，并愿意长期移居过去，可以发申请信，那个国家的人力资源部会对你的技能、业绩做一番调查，然后在网上进行测评，如果认为你可以胜任，那么你就很幸运地成为那个国家微软公司的员工了，你的一切关系（包括保险、薪酬、福利等）都会随着转过去。到目前为止，微软已有不少员工通过这种方式到自己向往的国家和职位去工作了。

2. 培训课程网上寻

员工的职业发展及技能提高可是大事，在微软的网站上，发布了各种培训课程，员工可

根据自己的需求，找寻相应的课程。同时网站成为员工与人力资源部之间的桥梁，消息的更新、员工的意见，都能及时地反映出来。

3. 休假、报销网上批

哪位员工想休假了，可到网上申请，系统上有每位员工已休天数、未休天数，获得批准后，数据就会自动更新。报销也省去了以往琐碎的票据，可直接到网上申请，省时省力。

4. 个人绩效网上评

微软的绩效考核半年进行一次，先由员工自己为这半年来的业绩做评估，打一个分数，然后放到网上，等待部门经理签字、打分，没有经过部门经理打分、评估的信息呈红色。经理打完分后，如果员工认为经理的评价比较符合事实，再进行最后的确认，确认后信息变为绿色。此外，部门经理打分的同时还要为每位员工制定下个半年的目标，这是业绩评估的整个过程。如果员工对经理的评价存有异议，可以拒绝确认，更高层经理及人力资源部的人员看到后，会与员工沟通，直至查到员工拒签的原因。

5. 个人信息网上查

每位员工只要输入自己所持有的密码，就可以查到全方位的信息，包括职位、录用信息、升迁及调动信息、薪资福利状况等。不仅可以看到自己的，还能看到别人的，当然这是有访问权限约束的，也就是说，你仅可以看到比自己级别低的员工的信息，部门经理可以看到自己部门所有员工的个人信息，这样有助于对本部门的管理。

（资料来源：http://www.doc88.com/p-38164527409.html）

二、思考·讨论·训练

1. 为什么说微软是E化道路的“领航者”？

2. 你认为人力资源管理E化是大势所趋吗？其实质何在？为什么？

3. 人力资源管理E化将会带来怎样的问题？应该如何避免E化技术对人力资源管理“人文”精神的异化？

会元公司的人力资源外包

一、案例介绍

会元公司，成立于1995年2月，是中国较早成立的专业人才公司。经过十年的时间，会元不断发展创新，迄今为止举办各种大型招聘会800多届。近年来，会元通过资本收购不断扩大市场规模，目前旗下已拥有四家人才市场，为数百万人提供人才服务，会元已经成为“中国最大的民营人才市场”。会元有其专业的人才服务网站，创建于1999年9月，是中国最早成立的人才网站之一。网站致力于为企业和求职者个人提供网上网下相结合的求职、招聘、培训、猎头、资讯等 HR 解决方案。经过六年的运营发展，已经成为国内顶尖的人才网站，影响辐射全国。迄今为止，网站注册企业用户 50 万家，注册人才简历 150 多万份，日访问 IP 逾 10 万，页面日访问量 120 万，系统可同时支持 100 000 人在线，每天新鲜职位达 10 万个，每年服务超过 20 万的企业会员，为企业和人才构建了强大的招聘平台。

随着公司业务与规模的不断扩大，公司人力资源管理面临的挑战与压力也越来越大。各业务部门总是抱怨人手不够，同时部分员工抱怨工作饱和度不够，薪资偏低，年终奖金分配不合理，随意性太大，公司经营者没有办法了解到人均产值，也很难考察到每个人是否尽力工作了。各业务部门经常大规模招聘，但是看不到业绩的大幅上升。尤其明显的一个现象是：与公司一起成长起来的“打江山”的大量老员工，常常以功臣自居，人浮于事、效率低下的现象慢慢浮出水面，这也是许多民营企业在发展过程中常常面临的问题。问题出现了，公司管理层经过认真分析，认为这种现象源于长期以来公司没有一套合理的绩效考核体系，薪资不能很好地与绩效挂钩。

会元公司的优势在于整合“网络＋传统招聘会＋移动通信＋平面媒体”等多种媒介资源，全力打造求职招聘互动的交流平台，为企业招聘与人才求职提供更多的解决之道。公司管理层经过分析认为，设计绩效考核体系不是自己的优势，由于自己设计成本高，决定实行外包。

在明确 HR 外包的项目后，接下来的工作就是选择合适的外包服务商。会元公司首先收集了若干家 HR 外包服务商的信息，包括公司历史、成功实践、长期合作伙伴等。结合自己要外包的 HR 项目，终于锁定了 3 家外包服务商。之后通过各种渠道（例如：通过工商局查询企业是否有不良的记录，对公司服务客户的电话拜访，实地拜访外包商等）对有意向的外包商的资信状况与服务能力进行翔实的调查。综合考虑各种因素后，通过对锁定公司的综合打分，会元认为把此项目外包给 A 公司性价比最高。A 公司，专注于为中小企业服务，比较了解民营企业的弊病，且有多次成功案例，业内口碑不错，最主要的是 A 公司自己在发展的过程中，曾出现过与会元公司相似的现象，且经营模式相似，只是经营业务领域不同。

决策作出后，A 公司工作人员进驻会元，针对各类岗位有代表性地进行信息的收集。一个月后，通过实地观察、访谈等手段，A 公司制定了会元各岗位的职位说明书，并在此基础上设计了会元公司的绩效考核体系。按照会元公司管理的计划，新的考核体系的出台，将意味着员工的薪资、奖励及年终奖等将与考核结果挂钩。结果，A 公司设计的绩效考核体系遭到了会元公司许多员工的反对，尤其是老员工的极大不满。不满主要来自两个方面：一是他们不认可 A 公司收集信息的真实性、准确性和全面性；二是新的考核体系是对公司许多原有制度的破坏与否定，他们难以接受。之后，A 公司对会元公司进行了第二轮的信息收集与职位描述，在此过程中，重点加强了与不满员工的沟通，了解他们的心声，从老员工的利益出发向他们解释新的考核体系的出发点、依据、优势等，让他们了解到绩效考核不是减工资，而是拿出更合适的工资，薪资计算方法透明化，尤其在业务部门，大家可以算出自己这个月拿多少钱，别人比自己多多少，少多少，为什么会出现这种差异。通过沟通，使老员工

认识到新的考核体系不是对他们原有利益的损害，因为外包服务商作为企业管理层与员工之外的第三方，他们的话更能使员工信服。新的绩效考核体系制定完成了，由于在绩效考核的过程中，涉及企业内部的许多商业信息与个人业绩的数据，所以绩效考核的具体实施经会元公司研究决定仍由自己来做。新的绩效体系运作以来，公司人浮于事的现象极大地减少了，制度的约束与激励作用是明显的，公司的办事效率较过去有了很大程度的提高，特别是老员工开始为适应新的业务要求，积极主动地学习。同时也有一小部分不能适应的员工选择了离开公司，一定程度上，正好为公司实现了减员计划。经历了变革后，会元公司得以稳步前进！

（资料来源：http://www.jdzj.com/gongcheng/article/2006-7-3/1461-1.htm）

二、思考·讨论·训练

1. A公司第一次拿出的绩效考核方案为什么遭到了会元公司许多员工的反对？
2. 会元公司的外包决策是否合理？
3. 企业应该怎样选择外包服务商？请评价一下会元公司对外包服务商的选择。

案例7　中日合资企业SNK的跨文化管理难题

一、案例介绍

2007年6月13日，S市的天气还不是很热，SNK制船公司总经理办公室已经开着空调，但总经理东文郎野先生仍然感觉到浑身燥热，他望着摆在他办公桌上的三份辞职信，心中万分焦急。在最近短短不到两个月时间内，有两位主要技术主管先后跳槽，三位部门经理递上了辞职信，其中还包括他最为欣赏的技术部经理高强。东文郎野想到再过几天，他就要回日本参加集团2007年上半年业绩工作汇报会议，而现在面对日益滑坡的公司业绩，他不知道应该如何向董事会解释，更不知道如何提出解决的方案。这两年公司的生产一直在低谷徘徊，他不知道该如何改变目前的现状。东文郎野先生知道，董事长对中国的这家合资企业有着极大的期望和信心，把它当做开拓中国市场的契机。因此，对于此种情形，他必须给董事长一个合情合理的解释。东文郎野给自己倒了一杯浓咖啡，仔细反思并试图找出解决的方案。

（一）公司背景介绍

中日合资SNK制船公司坐落于环渤海区域的一个港口城市S市，是由中国一家造船老企业N公司和日本造船公司K合资组建的，双方各出资50%，注册资金1.2亿美元，投资总额4.8亿美元。

SNK公司的建设和发展速度很快。1998年5月开始筹建，1999年3月开始施工奠基，2000年5月基建完成并开始第一号船的开工建造，2000年10月第一号船开始进船坞搭载，2001年11月第一号船交船。可以说，SNK公司在创建初期的速度和效率在同行中处于领先地位。

现在中国国内类似SNK规模的船厂大约有5家，其中SNK公司附近就有3家。这些船厂不仅在新造船市场和接单上与SNK进行着激烈的竞争，而且还与SNK公司展开了在造船人才方面的争夺。

——造船技术方面的竞争。从20世纪90年代后期开始，中国的造船能力得到了巨大的发展，尤其在超大型商船方面，国内各大造船企业竞争激烈，同时在技术上也有很大的提高。

——造船人才方面的争夺。随着中国造船业的发展，对造船专业人才的需求会更加强烈，造船人才的短缺，尤其是高素质造船人才短缺的现象会越加严重。这种现象已有初步的体现。某些船厂已对SNK公司设计部和制造部的人员伸出了橄榄枝，并开出了远超过于SNK公司待遇的条件。

（二）东文郎野的管理方式

SNK公司自2000年正式运作以来，一方面，对主要员工进行内部培训，在短短的两年时间里建立了企业内部的质量管理体系；另一方面，积极开拓国际市场，吸引海外订单。由于这是一个全新的公司，所有的部门经理对公司的前景充满了希望，每个员工的年龄都比较年轻而且有很大的工作热情，公司充满了活力。公司在投入初期，新船订单确实处于快速增长势头。然而，由于第一任合资企业总经理的健康原因，2004年1月更替了总经理人选，由日方技术总监东文郎野先生担任新一任总经理。

东文郎野先生是一位日本人，他的教育背景是船舶设计工程师。由于东文郎野在K公司的深厚资历，总公司让他同时负责日本本地的一家分公司和中国SNK公司的运营业务。尽管东文郎野先生具有丰富的工作经验，尤其在技术上是行业中数一数二的专家，但对于相隔两地的公司业务，他总感到有点儿力不从心。由于他的家在日本，所以他在日本所花的时间每年一般为9个月，而在中国SNK公司的工作时间每年只有3个月左右，每次到中国，最多也只待两个星期左右时间。平时的日常事务，全部由技术部经理高强和财务部经理王运豪负责，财务部经理王运豪同时担任副总经理一职。东文郎野先生不在中国的时候，通过电话、e-mail与王运豪联系，了解公司的情况，并指挥公司的运作。

东文郎野先生之前从来没有到过中国，他所有的经验都是建立在日本公司运作的模式之上。自从他接管中国公司的业务，他就将日本公司的模式完全搬到了中国。同时，公司推崇技术革新、团队合作和相互信任。东文郎野先生为人直率，喜欢直截了当地表达自己的想法，他无法理解在他的部门里，经理和员工们不愿意一针见血地说出问题。同时，他个性固执己见，不愿意轻易改变自己的决定，有时也不顾别人的感受。

为了适应扩大的订单需求，公司从日本又引进了一批设备。然而，对于这批设备和早期引进的一些设备，技术部经理高强很有意见，因为所有从日本各分公司调来的设备都已经使

用了十多年。由于设备陈旧，对培训新员工很不利。然而总经理东文郎野认为这没有什么，因为日本在马来西亚的分公司同样也是用旧设备在造船，只要加强技术革新就可以了。对此，高强和东文郎野先生有过很大的争论和意见分歧。高强认为马来西亚公司之所以还能用旧设备来生产，是因为其公司的员工有了十多年的工作经验，对设备十分了解，这正是中国员工所欠缺的。而公司一直没有派出中国员工到日本培训，也没有派出日本的工程师到中国公司里进行培训。生产任务经常因为员工操作技能和设备问题无法按期完成，但高强也不愿意去责备下属，他知道这不是员工自身的原因造成的。公司员工和所有的管理人员都十分沮丧。他们的业绩无法体现出来，并且还要受到总经理的责备，他们心中都十分委屈。

终于，在 2006 年的年中，有两位现场主管辞职，这两道工序无法运作，高强不得不去现场指挥，并且重新培训人员。到了 2006 年的秋天，总公司仍然没有解决人员培训和设备问题，各个部门经理对公司的运作和前景开始怀疑，他们猜测公司是否真正想在中国立足，竞争对手们已经加快了发展的步伐，而他们却仍然没有多大的起色。他们焦急万分，有的部门经理开始与猎头公司接触。对此，公司的人事部经理提醒东文郎野先生，但东文郎野没有理会，他也没有精力来关心中国公司的具体事务。渐渐地，人事部经理也不愿去向东文郎野汇报了，他也开始准备跳槽。

（三）中国员工的内心感受

在中国员工眼里，东文郎野先生确实也是位兢兢业业的总经理。在中国工作的时间里，他每天总是和员工们一起坐班车上班，而晚上总是加班到很晚才回去。在公司里，东文郎野先生每天会到车间里巡视，他对所有的技术细节都很精通，并且对质量管理十分苛刻，他绝对不会放过任何有一点问题的环节。东文郎野对所有的技术问题都很着迷，在管理会议上，每当谈到技术问题的时候，他会花上一个小时和高强论证方案。而其他部门经理只能坐在会议室里接受他们的“技术培训”，这在 SNK 公司是一个普遍的现象。

SNK 公司的部门经理们都很年轻，一般都拥有硕士学位，有的管理人员还是在读的 MBA，除了财务部经理王运豪是研究生毕业后直接加入公司外，其他所有的部门经理都具有本行业五年以上的工作经验，而高强更是一位有着 8 年工作经验的造船专业的硕士。公司成立之初，他们确实都注入了很大的热情和干劲。但是，由于总经理东文郎野根本不了解中国的企业文化，东文郎野总是用他在日本处理问题的经验来衡量中国的问题，这使所有的部门经理都很不适应。有时候，他们尽了力去做一件事情，但是由于环境限制，没有达到理想的结果，东文郎野就会很不高兴，他只看做事的结果，不看过程。每当遇到一些中国政府的官僚问题，东文郎野更是大发脾气，有时候更是当着部门经理们大骂某些中国机关的腐败和低效。这使经理们很不高兴，因为虽然他们也憎恨这种现象，但是他们不希望一个外国人说自己国家的不是。

在 SNK 公司，给人感觉总是技术是第一位的，除了总经理和副总经理，技术经理的地位是最高的，他有一些特别的资源和待遇。高强拥有笔记本电脑，可以报销手机费用，而其他所有部门的经理只有公司的台式电脑，也不能报销手机费用。高强还有很多的培训机会，而其他部门经理就相对少了。虽然在组织结构图上，所有的部门经理是处在同一个级别的，但是事实上技术部经理有更多的权力，这已经是SNK公司人人皆知的事实。其他部门的人员都避免指出技术部的差错，因为他们知道，即便指出来，也不会有太多用处。

随着工厂的建立，人事部经理赵明提出要在企业文化、培养和吸引人才方面加强力度，并向东文郎野提出了很多建议。但是，东文郎野认为公司目前没有必要做这些投入。而赵明却认为，如果没有留住人才的机制，公司是不会有好的发展的，应该从长远的角度看待这些问题，必要的初期投入是应该的。但是，经过多次辩论，东文郎野仍然坚持自己的观点。所以，公司基本上没有任何企业文化可言，更没有什么长期的人才培养和发展计划。渐渐地，东文郎野开始和其他的经理们疏远了，所有的事情都通过王运豪来传达和指挥，大家也认识到了和东文郎野反映问题是没有用的，而他到中国的两个星期内，又没有时间和其他部门经理接触，只是听取王运豪的汇报。最近，有两位部门经理考取了MBA，但是，东文郎野并没有很大的反应，同时还很不高兴，他认为这样的话，会影响到经理们的日常工作，而且会占用他们的精力。因此，并没有给予任何资金和时间上的支持。到了2006年12月20日，当三位部门经理集体辞职的时候，东文郎野感到十分吃惊，他甚至认为经理们是为了更高的薪水而离开。为此，留下来的部门经理们和东文郎野深谈了一次，他们谈到了文化的差异和中国员工的想法，并且指出了东文郎野完全照搬日本模式来中国运作企业是不合适的。当经理们谈到自己在这个企业的发展前途时，每个人似乎都很困惑。东文郎野在听取了经理们的意见后非常吃惊，他第一次认识到做管理不比搞技术容易，尤其是涉及人的问题。

（四）东文郎野的难题

再过几天，就到该进行上半年业绩汇报的时间了。公司的财务报告显示，过去一年中公司的业绩出现了严重的滑坡，东文郎野即将回国向总部高层汇报中国公司的情况。而面对三份辞呈，他知道他是没有办法再挽回这三位部门经理了。面对这种局面，他必须作出决定，不然SNK公司将陷入困境。

他在想，到底应该怎么做？是否需要对现有的公司从各方面都进行一次彻底的改变？增加在职人员的薪水？增加团队活动，组织员工活动以增强凝聚力？派出中国员工到日本接受培训？引进新的设备，并派国外的工程师到中国公司进行培训？东文郎野知道，这将使他很难堪，这是对自己原来工作方法的否定。

要么还是辞职回日本继续干自己的老本行——搞技术工作，脱离这些恼人的烦心事？

还是……

……

他必须作出改变了，是改变自己，适应中国市场和国情，还是继续自己的作风，或者干脆一走了之。

（资料来源：周贺来. 人力资源管理实用教程. 北京：机械工业出版社，2010.）

二、思考·讨论·训练

1. 公司关键部门的技术、管理人员不断辞职的原因是什么？

2. 东文郎野如何解决面临的难题呢？你有什么好的建议？

报数

一、所需时间：30～60分钟，由团队人数的多少和培训者打算用多少时间做此练习决定。

二、小组人数：越多越好。

三、所需物品：秒表。

四、游戏概述：一个关于促进团队效率的游戏。

五、目的。

（1）使团队通过竞争提高他们的效率。

（2）使队员看到团队的责任心。

六、步骤。

（1）将所有参加的人，在两分钟之内平均分成两组。

（2）挑选男女队长各一名，组织团队进行比赛（队长不参加比赛）。

（3）教练要求队长宣誓，问三个问题："有没有信心战胜对手"、"如果失败，敢不敢于面对队员的指责"、"如果失败，愿不愿意承担由此所带来的一切责任"。

（4）教练宣布比赛规则。

① 全队学员进行报数，速度越快越好。

② 分别进行8轮比赛，每轮比赛间隔休息3分钟、2分钟（2次）、1分半钟2次、1分钟（2次）。

③ 每轮比赛进行奖惩。输者，由队长率领队员向对方表示诚服，并对对方队员说："愿赌服输，恭喜你们！"，并让男女队长做俯卧撑10次，如果以后再输，俯卧撑的次数将会成倍递增。赢者，将全队哈哈大笑，以示胜利。

（5）将每轮比赛的结果记录在白板上。

（6）游戏结束，播放抒情音乐（熄灯），诵读一篇散文（记叙文，并在最后一轮失败的人做俯卧撑的时候，让学员深深感受到责任是一种非常重要的人生）。

（7）诵读结束，教练引导大家讨论。

七、讨论题目。

（1）每个人都同意所有的意见吗？如果不是，为什么？

（2）谈谈你对责任心的体会。

（资料来源：JDB营销管理学院，http://wenku.baidu.com/view/e717296baf1ffc4ffe47ac2a.html）

课后练习题

一、实训题：企业人力资源管理调研。

实训目的：加强对企业人力资源管理工作的认识，把握企业人力资源管理状况，对企业人力资源管理工作有初步了解。

实训内容：选择本地区一家有代表性的企业，对其人力资源管理方面的工作进行调研。

实训步骤：将学生分成若干组，每组4～6人。每组同学合力通过网络等渠道进行前期调研，收集和整理有关资料，了解企业人力资源部的构成、企业绩效考核、培训开发、薪酬福利制度、企业文化状况等方面的信息。深入企业内部，进行实地考察。分组完成调研报告，并对企业人力资源管理工作提出建议。

实训考评：每组选一人在全班汇报考察情况（建议制作课件汇报）。

二、测试：你是否具备人力资源管理潜能？

（1）买东西喜欢讨价还价吗？

（2）曾在某些集会中担任过主持人吗？

（3）在就餐或买东西时是否曾指责过服务员服务不佳？

（4）曾经率先发动组织集会，或团体活动吗？

（5）曾使兴趣索然的场合变得生气勃勃吗？

（6）在大众面前讲话感到困难吗？

（7）与陌生人说话感到困难吗？

（8）第一次做某件事时会觉得很紧张吗？

（9）常常因犹豫不决而坐失良机吗？

（10）参加集会时常常告诫自己不要出头露面吗？

（11）热衷于有创造性的工作时，即使没有朋友支持也能独立进行吗？

（12）让你在跳舞和演戏中选择，你是选择跳舞吗？

（13）你认为与其共同负责，还不如个人负责更好吗？

（14）受到打击时，宁愿自己个人承受吗？

（15）做事时更喜欢一个人去完成吗？

（16）写信时需要重新誊写吗？

（17）和多数人相比，一个人独处更愉快吗？

（18）虽然是正当的事却遭到嘲笑，你会觉得没趣吗？

（19）遇到令人烦恼的事，希望有他人在你身边吗？

（20）更喜欢运动而不太喜欢看书吗？

（21）很少注意他人的脸色吗？

(22) 你已买下的东西过后常会去退换吗?
(23) 是否很少担心将来的事?
(24) 你充满自信吗?
(25) 做没有兴趣的工作时，需要别人鼓励吗?
(26) 事事都有决断力吗?
(27) 被人嘲笑时，自己也笑得出来吗?
(28) 即使受他人反对，也会坚持己见吗?
(29) 发生意外事件时，你会立即行动出力协助吗?
(30) 你非常喜欢与众人交往吗?
(31) 有过羞愧到无地自容的经历吗?
(32) 是否经常在积蓄财产?
(33) 你会经常反思自己的过错吗?
(34) 因为迷惑常常变更正在进行的事情吗?
(35) 与上司相处会觉得拘束吗?
(36) 事情受到挫折会很快泄气吗?
(37) 你是一个十分敏感的人吗?
(38) 工作时有旁观者会觉得不安吗?
(39) 在开会时常会言不达意、言不由衷或有言不发吗?
(40) 会因为小事受挫而意志消沉吗?
(41) 大家聚集一堂你会感到快乐吗?
(42) 你讲话时别人会用心听吗?
(43) 你愿意承认自己的错误吗?
(44) 朋友们会来征求你的意见吗?
(45) 是否常常不原谅他人的过错?
(46) 常常设法提起他人感兴趣的话题吗?
(47) 对大部分事情，可以按自己的想法表达出来吗?
(48) 大家讨论问题时，能站在团体的立场上，听取各人的意见吗?
(49) 在决策家庭事务或工作问题之前，是否先设法了解大家的意见?
(50) 你认为所谓意见主要是由经验造成的吗?
(51) 假若你改变了观点，旁人会认为你是弱者吗?
(52) 受到别人批评时会感到不自在吗?
(53) 与他人交谈时，你会不注意对方说话吗?
(54) 他人不同意你的意见，你会不高兴吗?
(55) 你是否限制交朋友的圈子?
(56) 寄出信后常会后悔吗?

(57) 常常说一些不便让本人知道的话吗?

(58) 对一些需要对质的问题不希望当面回答，怕别人指责你的错误吗?

(59) 在商量时，常常与人争论，或发出命令式口气吗?

(60) 你能承认你的辩论对手也有道理吗?

答案

第1～5，11～15，21～30，41～50题各题答“是”者得2分，答“否”者得0分。

第6～10，16～20，31～40，51～60题，各题答“否”者得2分，答“是”者得0分。

各题未答者均得1分。

满分120分，最低分0分。

反映管理潜能：

100分以上：较优；90～99分：良好；80～89分：一般；70～79分：较差；69分以下：缺乏。

第1～10题中：满分20分。反映指挥他人能力：

15分以上：较强；11～14分：一般；10分以下：较差。

第11～20题中：满分20分。反映独立性：

15分以上：较强；11～14分：一般；10分以下：较差。

第21～40题中：满分40分。反映性格内向或外向：

30分以上：外向；21～29分：中性倾向；20分以下；内向。

第41～60题中：满分40分。反映社会性反应：

34分以上：极强；30～33分：较强；26～29分：一般；22～25分：较弱；21分以下：极弱。

（资料来源：郑晓明. 人力资源管理导论. 北京：机械工业出版社. 2005.）

三、调查你所在高校的员工数量，并根据行政管理人员、专业技术人员和后勤服务人员进行分类统计，设计一份人员状况结构图，并分析你校人员结构状况的合理性。

四、有人说：“人力资源管理的主要任务是有效控制企业的员工。”你认为这种说法对吗？为什么？

五、在收集有关资料的基础上，分析一下当前人力资源管理的发展趋势。

六、人才是公司最宝贵的资产吗？为什么？

七、谈一谈你对我国企业人力资源管理的认识。

八、有人说，人力资源管理信息系统就是过去的人事档案资料。你对这个问题有何看法？

九、走访2～3个不同类型的企业，了解其人力资源管理信息系统建立和应用情况。

十、通过网络等渠道了解当前我国人力资源管理软件都有哪些品牌，各有何特点。自己

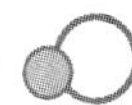

想办法找一个人力资源管理信息系统软件（HRMIS），通过操作掌握其主要功能。

十一、走访一个已经对外发包人力资源管理工作的企业，了解其人力资源管理外包工作开展的情况，总结外包成功经验，或吸取外包失败教训，写出调查报告。

十二、通过相关渠道，搜集一些不同文化之间的冲突实例，然后在同学之间进行交流。

十三、请查阅相关资料，撰写一篇论述“企业人力资源管理作用”的小论文，字数不少于 3 000 字。

第二章 人力资源规划

管理就是把复杂的问题简单化，混乱的事情规范化。

——杰克·韦尔奇

管理就是让大家知道你的规划，理解你的规划，理解你的实施计划和要求，同时让利益联系你我他。

——引自《牛津管理评论》

学习目标

- 明确人力资源规划的含义和内容；
- 把握人力资源规划的原则；
- 熟悉人力资源规划的程序；
- 能够进行人力资源预测。

故事导入

弥陀佛与韦陀

去过庙里的人都知道，一进庙门，首先是弥陀佛，笑脸迎客，而在他的北面，则是黑口黑脸的韦陀。

但相传在很久以前，他们并不在同一座庙里，而是分别掌管不同的庙。弥陀佛热情快乐，所以来的人非常多，但他什么都不在乎，丢三落四，没有好好地管理账务，所以依然入不敷出。而韦陀虽然管账是一把好手，但成天阴着个脸，太严肃，搞得来人越来越少，最后香火断绝。

佛祖在查香火的时候发现了这个问题，就将他们俩放在同一座庙里，由弥陀佛负责公关，笑迎八方客，于是香火大旺；而韦陀铁面无私，锱铢必较，则让他负责财务，严格把关。在两人的分工合作中，庙里一派欣欣向荣景象。

从现代人力资源管理的视角来看，佛祖是颇谙“人力资源规划”之道的！

 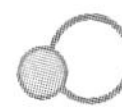

一、人力资源规划的含义

人力资源规划是指根据企业的发展战略、企业目标及企业内外环境的变化，科学地分析和预测未来的企业对人力资源的需求和供给状况，并据此制定或调整相应的政策和实施方案，以确保企业在恰当的时间、在不同的职位获得恰当的人选的动态过程。人力资源规划是企业发展战略的重要组成部分，也是企业人力资源管理各项活动的起点和依据。企业人力资源规划要和企业整体规划，如企业发展战略、企业经营计划、企业年度计划等相互配合和支持，同时要和人力资源管理的各项活动，如工作分析、员工招聘、员工培训与开发、员工绩效评估和薪酬管理等相互协调。

人力资源规划，又称人力资源计划（Human Resource Planning，HRP）。它是指企业为了确保在适当的时候为适当的职位配备适当数量和类型的工作人员，通过对企业未来的人力资源需求和供给状况进行分析和估计，对职务编制、人员配置、教育培训、人力资源管理政策、招聘和选择等内容进行职能性计划的一个过程。人力资源规划主要有以下三层含义。

① 人力资源规划就是要分析组织的变化中人力资源需求状况并制定必要的政策和措施，以满足这些要求。

② 人力资源规划就是要在组织和员工的目标达到最大一致的情况下，使人力资源的供给和需求达到最佳平衡。

③ 人力资源规划就是要确保组织在需要的时间和需要的岗位上获得各种所需要的人才（包括数量和质量两个指标），人力资源规划就是要使组织和个人得到长期的利益。

人力资源规划有利于企业发展战略及基础战略目标的制定和实现，有利于人力资源合理配置和人力资源动态平衡，可以有力地控制人工成本，提高人力资源管理的效益，满足企业员工的需求，任何企业必须高度重视人力资源规划工作。

二、人力资源规划的内容

人力资源规划分为两方面内容，即人力资源总体规划和人力资源业务规划。人力资源总体规划是指对计划期内人力资源管理的总目标、总政策、实施步骤和总预算的安排。人力资源业务规划是指具体项目的计划，包括人员补充计划、人员分配计划、人员提升计划、人员培训计划、人员薪酬计划、社会保险计划、劳动关系计划、人员解聘计划、人员退休计划等。这些业务是总体规划的展开和具体化，每一项业务都由目标、政策、步骤和预算等部分构成。这些业务计划的执行结果应能保证人力资源总体规划目标的实现。

人力资源规划的具体内容见表 2-1。

表 2-1 人力资源规划内容一览表

计划类别	目　标	政　策	步　骤	预　算
总规划	总目标：（绩效、收缩、保持稳定）	基本政策：（扩大、收缩、保持稳定）	总步骤（按年安排，如完善人力信息系统）	总预算：××万元
人员补充计划	类型、数量、层次、对人力素质结构及绩效的改善	人员素质标准、人员来源范围、起点待遇	拟定补充标准，广告吸引、考试、面试、笔试、录用、教育上岗	招聘挑选费用：××万元
人员分配计划	部门编制、人力结构优化及绩效改善、人力资源人岗匹配，职务轮换幅度	任职条件，职位轮换范围及时间	略	按使用规模、差别及人员状况决定的工资、福利预算
人员接替和提升计划	后备人员数量保持，提高人才结构及绩效目标	全面竞争，择优晋升，选拔标准，提升比例，未提升人员的安置	略	职务变动引起的工资变动
教育培训计划	素质及绩效改善、培训数量类型，提供新人力，转变态度及作风	培训时间的保证、培训效果的保证（如待遇、考核、使用）	略	教育培训总投入产出、脱产培训损失
工资激励计划	人才流失减少，士气水平，绩效改进	工资政策，激励政策，激励重点	略	增加工资奖金额预算
劳动关系计划	降低非期望离职率、干群关系改进、减少投诉和不满	参与管理，加强沟通	略	法律诉讼费
退休解聘计划	编制、劳务成本降低及生产率提高	退休政策及解聘程序	略	安置费、人员重置费

（资料来源：关淑润．人力资源管理．北京：对外经济贸易大学出版社，2001.）

三、人力资源规划的原则

（一）充分考虑内部、外部环境的变化

人力资源规划只有充分考虑了内外部环境的变化，才能适应需要，真正做到为企业发展的目标服务。内部变化主要是指销售的变化、开发的变化或者说企业发展战略的变化，还有公司员工的流动变化等；外部变化是指社会消费市场的变化、政府有关人力资源政策的变

化、人才市场的变化等。为了更好地适应这些变化，在人力资源规划中，应该对可能出现的情况作出预测，最好能有面对风险的应对策略。

（二）企业的人力资源保障

企业的人力资源保障是人力资源规划中应该解决的核心问题，包括人员的流入预测、流出预测、人员的内部流动预测、社会人力资源供给状况分析、人员流动的损益分析等。只有有效地保证了对企业的人力资源供给，才可能去进行更深层次的人力资源管理与开发。

（三）使企业和员工都得到长期利益

人力资源规划不仅是面向企业的计划，也是面向员工的计划。企业的发展和员工的发展是相互依托、相互促进的关系。如果只考虑企业的发展需要，而忽视了员工的发展，则有损企业发展目标的达到。优秀的人力资源规划一定是能够使企业员工达到长期利益的计划，一定是能够使企业和员工共同发展的计划。

（四）与企业战略目标相适应

人力资源规划是企业整个发展规划的重要组成部分，其首要前提是服从企业整体经济效益的需要。人力资源规划涉及的范围很广，可以运用于整个企业，也可局限于某个部门或某个工作集体；可系统地制定，也可单独制定。在制定人力资源规划时，不管哪种规划，都必须与企业战略目标相适应，只有这样才能保证企业目标与企业资源的协调，保证人力资源规划的准确性和有效性。

（五）系统性

企业拥有同样数量的人，用不同的组织网络连接起来，形成不同的权责结构和协作关系，可以取得完全不同的效果。有效的人力资源规划能使不同的人才结合起来，形成一个有机的整体，有效地发挥整体功能大于个体功能之和的优势。这称为系统功能原理。当企业的人员结构不合理时，易产生内部人员的力量相互抵消，不能形成合力，这就是常说的“1＋1＜2”的现象，这是因为组织结构不合理而破坏了系统功能；当企业人员结构合理，企业内部人员的力量实现功能互补时，会产生“1＋1＞2”的现象，这是因为合理的人力资源结构，既使个人可以充分发挥自身潜力，又使组织发挥了系统功能的作用。人力资源规划要反映出人力资源的结构，让各类不同的人才恰当地结合起来，优势互补，实现组织的系统功能。

（六）适度流动

企业的经营活动免不了人员的流动，好的人力资源队伍是与适度的人才流动联系在一起的，企业员工的流动率过低或过高，都是不正常现象。流动率过低，员工会厌倦过长时间的岗位，而不利于发挥他们的积极性和创造性；流动率过高，说明企业管理中存在问题，使企业花费较多成本培训员工而取得回报的时间较短。保持适度的人员流动率，可使人才充分发挥自身潜力，使企业人力资源得到有效的利用。

四、人力资源规划的程序

人力资源规划，作为企业人力资源管理的一项基础工作，其核心部分包括人力资源需求预测、人力资源供应预测和人力资源供需综合平衡三项工作。人力资源规划程序如图 2-1 所示。

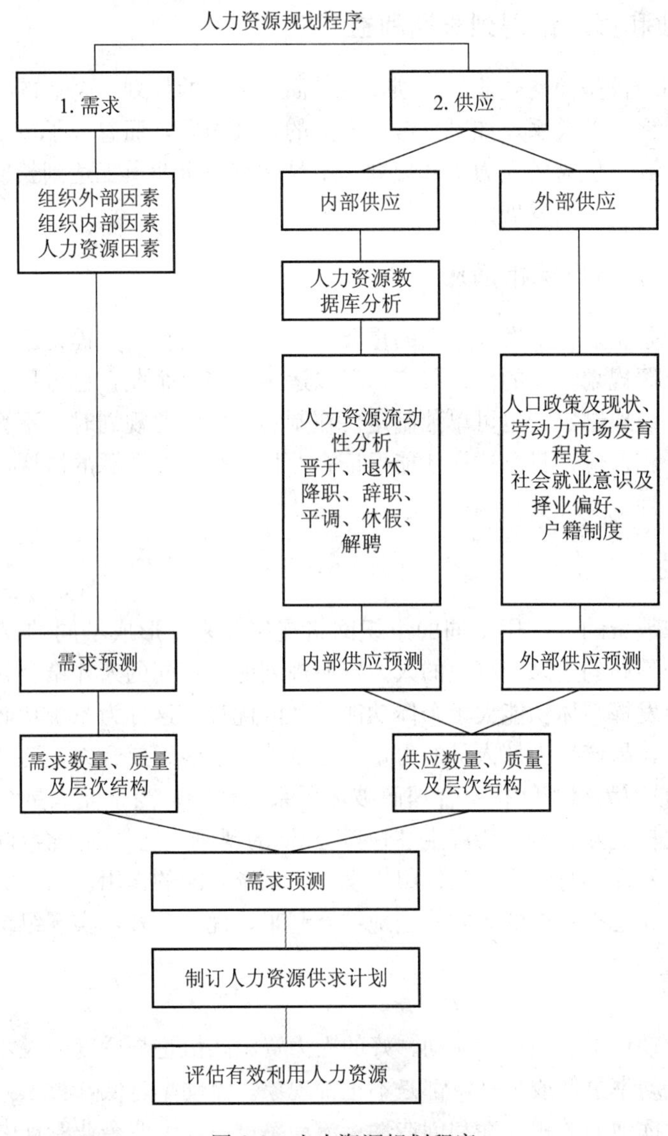

图 2-1 人力资源规划程序

从图 2-1 中可以看出，人力资源规划的过程大致分为以下几个步骤。

（一）调查、收集和整理相关信息

影响企业经营管理的因素很多，比如，产品结构、市场占有率、生产和销售方式、技术装备的先进程度及企业经营环境，包括社会的政治、经济、法律环境等，这些因素是企业制定规划的硬约束，任何企业的人力资源规划都必须考虑这些因素。

（二）核查组织现有人力资源

核查组织现有人力资源就是通过弄清现有人员的数量、质量、结构及人员分布情况，为将来制定人力资源规划作准备。它要求组织建立完善的人力资源管理信息系统，即借助现代管理手段和设备，详细记录企业员工各方面的资料，包括员工的自然情况、录用资料、工资、工作执行情况、职务和离职记录、工作态度和绩效表现。只有这样，才能全面了解企业人员情况，才能准确地进行企业人力资源规划。

（三）预测组织人力资源需求

预测组织人力资源需求可以与人力资源核查同时进行，它主要是根据组织战略规划和组织的内外条件，选择预测技术，然后对人力需求结构和数量进行预测。了解企业对各类人力资源的需求情况，以及可以满足上述需求的内部和外部的人力资源的供给情况，并对其中的缺点进行分析，这是一项技术性较强的工作，其准确程度直接决定了规划的效果和成败，它是整个人力资源规划中最困难，同时也是最关键的工作。

（四）制定人员供求平衡规划政策

根据供求关系及人员净需求量，制定出相应的规划和政策，以确保组织发展在各时间点上人力资源供给和需求的平衡。也就是制定各种具体的规划，保证各时间点上人员供求的一致，主要包括晋升规划、补充规划、培训发展规划、员工职业生涯规划等。人力资源供求达到协调平衡是人力资源规划活动的落脚点和归宿。人力资源供需预测是为这一活动服务的。

（五）对人力资源规划工作进行控制和评价

人力资源规划的基础是人力资源预测，但预测与现实毕竟有差异，因此，制定出来的人力资源规划在执行过程中必须加以调整和控制，使之与实际情况相适应。因此，执行反馈是人力资源规划工作的重要环节，也是对整个规划工作的执行控制过程。

（六）评估人力资源规划

评估人力资源规划是人力资源规划过程中的最后一步。人力资源规划不是一成不变的，它是一个动态的开放系统，对其过程及结果必须进行监督、评估，并重视信息反馈，不断调整，使其更加切合实际，更好地促进企业目标的实现。人力资源规划的审核和评估工作，应该在明确审核必要性的基础上，制定相应的标准。同时，在对人力资源规划进行审核与评估的过程中，还要注意组织的保证和选用正确的方法。

五、人力资源预测

（一）人力资源需求预测

人力资源需求预测就是估计企业未来需要多少员工，需要什么类型的员工。因此，人力资源的需求预测应该以企业的战略目标为基础，既要考虑现行的组织结构、生产力水平等因素，又要预见未来由于企业战略目标调整而导致的一系列变化。

(1) 人力资源需求预测的步骤。

第一，预测现实人力资源需求。① 根据工作分析的结果，来确定职务编制和人员配置。② 进行人力资源统计，统计出人员的缺编、超编及是否符合职务资格要求。③ 将上述统计结论与直线管理者进行讨论，修正统计。

第二，预测未来流失人力资源。① 对预测期内退休的人员进行统计。② 根据历史数据，对未来可能发生的离职情况进行预测。③ 将预测期内退休与离职情况的统计和预测结果进行汇总，得出未来流失人力资源。

第三，预测未来人力资源需求。① 根据企业发展规划，确定需增减的部门和各部门的工作量。② 根据工作量的增长情况，确定各部门还需要增加的工作岗位及人数，并进行汇总统计。③ 该统计结论为未来增加的人力资源需求。

第四，企业整体人力资源需求预测。将现实人力资源需求、未来流失人力资源和未来人力资源需求汇总，即对企业整体人力资源需求进行预测。

进行人力资源需求预测一定要做好上述工作，这样才能增加预测结果的可靠性。

(2) 人力资源需求预测方法。要做好员工甄选聘用的准备工作，就必须进行人力资源需求预测，以确定员工甄选聘用的工作目标。进行人力资源需求预测，可以充分利用以下方法。

① 德尔菲法。不记名投寄，征询意见，并且参与预测咨询的专家互不通气，从而消除心理因素的影响。

统计归纳。收集各位专家的意见，然后对这个问题进行定量统计归纳。通常用回答的中位数反映专家的集体意见。

沟通反馈意见。将统计归纳后的结果再反馈给专家，每个专家根据统计归纳的结果，慎重地考虑其他专家意见。由于全部过程保密，所以各位专家提出的意见就比较客观。然后，把收回的意见进行统计归纳，再反馈给专家。如此多次反复，一般经过 3～4 轮，就可以取得比较一致的意见。这种方法适用于长期的、对技术员工的预测。从时间和费用来看，这种

方法不适用于短期的或对一般人力资源需求的预测。

② 比率分析法。比率分析法是人力资源需求预测中的常用方法，利用员工数量与一些已知要素的固定比例关系进行需求预测，操作比较简单，其具体操作步骤如下。

首先，确定原因性因素。根据平时的管理经验，或部门负责提供的信息，通过预测找到与员工需求量呈固定比率的原因性因素，而且保持这两者的比率关系，可保证组织效率达到稳定和合理。如销售人员数量对应销售额。

其次，确定预测目标数量。将选定的原因性因素同员工需求数量建立比率关系，如果两者之间的比率关系较明显、单一，直接计算即可；如果两者之间有双重比率关系，则应该合理建立比率预测模型。

以上面两种因素为依据，通过其与所要预测的比率关系进行预测。

最后，及时调整比率。比率分析法一般用于一定时期内职位状况没有发生本质变化的情况，如果职位性质或关系发生了变化，应该及时调整比率，以保证预测准确。比率分析法在中小企业比较常用。

③ 回归分析法。回归分析法是指利用数学回归原理建立变量间的函数模型，根据过去企业各个部门员工的变动趋势推测未来的人力需求，具体操作过程如下。

首先，根据部门负责人的工作经验或过去该部门的人员变动统计信息，确定与组织中劳动力的数量和构成关系最大的一种或几种因素，如服务业务量和产量。

其次，研究在过去组织中的员工人数随着这种因素变化而变化的规律，得到业务规模的变化趋势和劳动生产率的变化趋势，分析两者之间是否存在相关性。

最后，根据前面得到的信息，建立回归分析方程式，根据变化趋势确定未来人力资源需求量。

（二）人力资源供给预测

人力资源供给预测是企业为满足未来一段时间内的人力资源需求，对企业可以获得的人力资源状况进行的预测。

（1）人力资源供给预测。进行人力资源供给预测应包括以下内容。

第一，分析影响企业内部人力资源供给的因素。① 对企业现有的人力资源进行统计，了解企业员工现有的数量和配置。② 分析企业的职位调整政策和历年员工调整数据，统计出员工调整的比例。③ 向各部门的人事决策者了解可能出现的人事调整情况，例如人员的自然流失（伤残、死亡、退休）和内部流失（降职、升迁）等。④将企业员工调整的比例及各部门人事调整的情况汇总，得出企业内部人力资源供给预测。

第二，分析影响外部人力资源供给的地域性因素。① 企业所在地的人力资源整体现状。② 企业所在地的有效人力资源的供求现状。③ 企业所在地对人才的吸引程度。④ 企业薪酬福利对企业所在地人才的吸引程度。⑤ 企业品牌本身对人才的吸引程度。

第三，分析影响外部人力资源供给的全国性因素。① 全国相关专业的大学生毕业人数及分配情况。② 国家在就业方面的法规和政策。③ 该行业全国范围的人才供需状况。④ 全国范围从业人员的薪酬水平和差异。

第四，外部人力资源供给预测。根据对地域人力资源与全国人力资源供给的分析，得出企业外部人力资源供给预测。

第五，人力资源供给预测汇总。将企业内部人力资源供给预测和企业外部人力资源供给预测汇总，得出企业人力资源供给预测。

总之，只有综合考虑各个方面的供给因素，人力资源经理才能得到准确的人力资源供给数量。

（2）人力资源供给预测方法。要保证人力资源供给预测的准确性，方法的选择十分重要，应根据自身情况灵活使用预测方法。

首先要掌握内部人力资源供给预测方法。

① 运用现状核查法。通过对组织的工作职位进行分类，划分其级别，然后确定每一职位每一级别的人数，经数据统计后掌握组织现有人力资源情况，为人力资源决策提供依据。② 建立人力资源档案。从员工进入企业开始，就应该建立内部的人力资源档案。预测未来需求的第一步就是评估现有人才，将其与需要的技能进行对比，可以提供未来的职位需求信息。人力资源档案内容涉及每个员工的技能、学历、潜力、资格、智力和培训信息，管理者可以随时了解这些信息，为晋升决策的制定提供很大帮助。③ 完善人力接替计划。根据工作分析的信息明确工作岗位对员工的具体要求；确定有资格的候选人人数；分析各个候选人条件，确定进行接替的先后顺序。

其次，要利用外部人力资源供给预测方法。

① 查阅现有的资料。这是了解人才市场信息的一个好办法。国家和地区的统计部门、人事和劳动部门都会定期发布一些统计数据。这里最主要的是企业所在行业的经济增长情况，如果预计行业经济增长率将增高，那么其他相关企业对相关人力资源的需求将增加，企业的相关人力资源供给减少。

② 直接调查有关信息。企业自己可以就所关注的人力资源状况进行调查。对高校提供的毕业生源的调查就是一种比较有效的方法。有的企业与几个提供生源的关键院校保持长期的合作关系，他们会密切跟踪目标生源的情况，及时了解可能为企业提供的目标人才状况。

③ 了解企业所在地和企业自身对人才的吸引程度。一是了解企业所在地的地域文化对各类人才是否具有包容性，居住环境如何；二是了解企业提供的薪酬福利对人才有多大的吸引力，及员工发展前景如何。

一般来说，企业对内、外部人力资源供给都进行预测，会达到较好的效果。

人事部经理的困惑

一、案例介绍

A公司是一家20世纪60年代建厂，年产120万吨钢材，拥有3万名职工的老国有大型企业。在市场经济的冲击下，A公司也进行了公司制度改革，初步建立了现代企业制度，公司生产、经营业绩显著提高，职工收入明显增加。但随着中国加入WTO，公司面临着降低成本的巨大压力，公司高层根据分析论证认为：产品成本高的主要原因在于公司闲杂人员太多，人未尽其事。因此，公司给人事处下达了2001年的工作任务：在引进高层次人才的同时将企业总职工人数降至2.5万人。面对5 000人的减员计划，公司人事处制定了一系列的考核政策，采取下岗分流、内退、工龄买断、提前退休等措施。

经过第一季度的政策实施，在季度工作总结中发现公司减员成绩显著，仅钢铁生产部就减员300人，加上其他部门，第一季度总共减员1 500人，人事处上下对这一成绩感到振奋，认为5 000人的裁员目标指日可待。但是在季度生产工作总结会上，人事处长却受到了各生产部门经理的责难。会上公司总经理认为第一季度钢材产量和质量都不如从前，要求各部门经理找出原因。

生产部经理说：第一季度从我部门离职的员工有300人，其中有刚毕业不久的大学生，有5～10年以上工作经验的工程师。刚毕业不久的大学生都是主动要求下岗离去，而有工作经验的工程师大多是通过买断工龄或提前退休离去。年轻大学生申请离职时都反映：从大学里出来，本来以为可以有一个很好的环境去发挥自己所学知识，没想到自己卖力工作拿的工资与整天闲聊的技校生没区别，真没劲。离职的工程师说：我为企业工作了十几年，小孩都快上小学了，一家人还挤在一间屋子里。高素质的技术人员都走光了，产品质量能上得去吗？该走的没有走，不该走的全走了。我手里现在还有几个大学生的辞职报告，你说我批还是不批？

技术部经理也反映说自己部里大学生流失严重，高级技术人员抱怨得不到再学习的机会，对前途没有信心，对工作不投入，技术革新缓慢，更谈不上开发适应市场需求的新产品，要求人事部对此负责。

市场部经理抱怨：市场部业务员无论业绩多好工资也得不到提升，仍然拿固定工资，奖金微薄，市场部业务员工作没有积极性。

对此，公司总经理要求人事部门经理作出书面解释，并制定出有效的措施。

（资料来源：窦胜功，卢纪华，周玉良. 人力资源开发与管理. 北京：清华大学出版社，2008.）

二、思考·讨论·训练

1. 如果你是人事部经理，你会作出何种书面解释？

2. A公司应采取哪些措施解决面临的问题？

案例2 某公司的年度人力资源规划

一、案例介绍

（一）目标

以人力资源体系为支撑，通过公司内外因素的分析，利用多种方式招聘、培养适合公司发展的各种人才，建立人才梯队，培育企业稳定的骨干人员队伍，提高现有人员的综合素质，为公司持续、稳定发展提供可靠的人力资源保障。

（二）现状分析

1. 公司人员状况

公司现有员工 1 550 人，大专以上员工 685 名，初中学历员工 865 名，多集中在后勤服务岗位、生产一线及品质管理 FQC。3 年的时间，公司培养出了大部分基本满足岗位要求的员工，相对以前，员工技能有较大提升，生产一线的大部分管理人员都是公司自己培养出来的，外聘的比例并不高。

（1）高层。目前，高层人员共计 7 名，均从事过企业管理，对企业运作和分管业务都比较熟悉，基本具有指导下属的能力，但水平存在一定的差距，在管理技巧、系统理论及指导下属的有效方法上还有待加强，且需保持良好、冷静的心态。要引进竞争淘汰机制，建立人才梯度，加速高层管理人员提升的速度，增强业务可操作性和对下属工作方向的引导性。

（2）中层。目前共计 11 个部门，部门经理 12 名，敬业意识较强，提升愿望较强烈，但水平参差不齐，部分人员进步较快，具备相应的行业技能和相当的管理经验，基本满足目前岗位要求；部分人员与公司战略发展的目标还有差距，需增强中层管理人员的管理素质，快速提升专业技能，才能与公司快速扩张和发展相适应。

（3）科长级。公司的基层管理岗位，以专业技能为主，主要用于解决实际中的技术问题，目前现有的科长级员工均具备一定的专业技能，在综合管理上有待加强。

（4）基层员工具备一定的技能，基本满足公司发展的需要，但需加强专业技能培训，提高质量意识和成本意识。

（5）存在的威胁。

① 关键岗位人才的流失及引进人才的不适应性。

② 内部管理不善造成人才的流失。

2. 内部供求分析

（1）需求预测（略）。

（2）供给预测（略）。

（3）结果分析。综合以上需求、供给分析，公司的人力资源状况是供小于求，人才的质量和数量均有欠缺，人才的使用以内部培养为主，外部招聘为辅。对关键的技术岗位，对外招聘，但同时积极培养后备力量，形成技术骨干梯队和管理骨干梯队；对工作量不饱和但又必不可缺的岗位，培养人员一专多能的技巧，满足公司人员的需求，降低人力成本。

3. 行业人员状况分析

（1）竞争对手一。由于企业的高度市场化竞争意识、严格的管理模式及其优越的地理位置，其企业员工的综合素质较高，质量意识较强。但由于该企业成熟技术人员的相对稳定性高，其助手、副手上升空间受到限制，成为导致其人员流动的一个因素。

（2）竞争对手二。在行业内的管理水平堪称第一，其人才以内部培养提拔为主。多数员工居安思危，意识到没有进步就意味着没有机遇，没有竞争实力，就没有个人发展前景。公司技术、管理人员同时也成为同行厂家猎取的对象，故而也面临着人员流失的状况，但其关键岗位的人才稳定，且其人才梯队建设较好。公司管理人员专业知识的欠缺，亦构成其未来发展的瓶颈。

（3）竞争对手三。其地处省会城市，虽然地理位置比不上沿海地区和南方地区，但公司仍占有一定优势，设备先进，人员竞争意识强，公司有与其他公司竞争的机会与空间。

4. 市场状况分析

（1）优势。行业发展较快，人才已成熟，行业所需的工艺开发、产品设计、工艺技术、机台操作工都已初具规模，为企业的发展形成了较好的支撑。

（2）劣势。

① 目前行业专业技术人才呈紧俏趋势，大中专院校的就业形势较好，本科院校学生一般可以接到 2～3 个单位的接收函，学生挑选余地较大，签约和留职的稳定性不强，给学生招聘、培养工作带来一定的困难。正因如此，学生目前对工资、福利的期望值较高，在一定程度上增加了人力资源成本。

② 行业内专业技术人员的流动性较大，但多为普通技术人员，且多为缺少晋升空间或在原单位表现欠佳的人员；真正专业技术含量高、技能强的人员因其待遇较高，稳定性较好，是各公司挖掘的对象。

③ 公司地处中西部地区，而印刷行业的强势企业主要集中在沿海、南方，人才亦集中在以上地区，加之行业的工作特点和工资状况，导致行业人员工资较高，增加了公司的招聘难度和用工成本。

（3）机遇。用较高的待遇去物色公司所需的各类人才，让企业在短时间内能够形成一个较强的竞争群体，迅速参与市场竞争，同时补充公司相关岗位拟培养的人，缩短“空降兵”角色的周期，快速培养公司内部人员，从而达到人才引进与企业发展两不误。

（4）威胁。

① 较高的待遇留不住引进的关键岗位人员和内部培养的人员，让企业形成的暂不稳定

的核心竞争力瓦解，企业发展受限。

② 企业人力资源成本增大，短期的人力资源成本的增加与公司效益的增长不成比例。

（三）人员招聘计划

1. 招聘需求（略）

2. 招聘方式

（1）普通岗位以网络招聘和人才市场、劳动力市场招聘为主。

（2）关键、重点岗位在网络招聘进行的同时，引进猎头公司服务、委托招聘、跟踪招聘等方式。

（3）通过公司在业内的人缘关系招聘相关的专业技术人员。

3. 招聘策略

（1）以相对较低的成本和较短的周期招聘到公司所需的人才。

（2）配合公司战略发展需要，进行前瞻性的人才储备。

4. 招聘人事政策

按照公司招聘管理办法执行。

5. 风险预测

（1）公司所需要的人才成本高于市场成本。

（2）招聘周期过长。

（3）招聘人员的稳定性。

（4）因某岗位特点，市场人才稀缺，较难招聘到适合岗位要求的人才。

（四）人员晋升计划

根据公司的需要及现有人力资源的现状，以知人善用、能者即任为原则，以调动员工的积极性，提升人力资源利用率为目的，以筹建人力资源人才库为基础，最大限度地降低人员流动的风险。

1. 人员晋升条件

（1）工作态度认真，工作勤勉，认同公司文化；

（2）完全胜任本岗位工作；

（3）有学习欲望和发展潜力；

（4）对拟晋升岗位有充分的认识和了解，并在短期内能基本胜任；

（5）拟晋升人员的岗位有人员接替。

2. 人员晋升测评

（1）对用人部门及人力资源部推荐人选的前期工作状况进行考核；

（2）运用相关测评软件对该人选进行测评。

3. 人员晋升方案

(1) 用人部门提出人员晋升计划；

(2) 人力资源部对人员进行测评；

(3) 晋升人员的工资按公司薪酬管理制度执行；

(4) 拟晋升人员提出晋升后的工作计划和实施方案；

(5) 用人部门对晋升人员提出明确要求和考核办法；

(6) 用人部门对晋升人员进行指导、跟踪、考核；

(7) 考核合格予以正式任用。

4. 实施控制

(1) 用人部门和人力资源部需要共同关注晋升人员的发展；

(2) 对晋升人员在工作中遇到的问题要正确分析：属态度问题的，纠正态度；属技能问题的，设计具体培训提升计划；

(3) 用人部门应积极配合晋升人员的工作，不得设置障碍；

(4) 对用人失误的情况要及时调整，并与相关人员充分沟通。

（资料来源：卿涛. 人力资源管理概论. 北京：北京交通大学出版社，2006. 有改动。）

二、思考·讨论·训练

1. 该公司是如何对人力资源现状进行分析的？
2. 请评价该公司的人员招聘计划和人员晋升计划。
3. 人力资源规划包括哪些内容？请分析该公司人力资源规划的可取之处和不足之处。
4. 请为你所在的公司制定一份人力资源规划书。

案例3　绿色化工公司的人力资源规划

一、案例介绍

白士镝3天前才调到人力资源部当主力，虽然他进入这家专门从事垃圾再生业务的企业已经3年了，但是，面对桌上那一大堆文件、报表，他还是有点晕头转向：我哪知道我干的是这种事。原来副总经理李勤直接委派他在10天内拟出一份本公司5年的人力资源计划。

其实白士镝已经把这项任务书仔细看过好几遍了。他觉得要编制好这份计划书，必须考虑以下各项关键因素。

(1) 公司现状。公司共有生产与维修工人825人，行政和文秘等白领职员143人，基层与中层管理干部79人，工程技术人员38人，销售人员23人。

(2) 据统计，近5年来员工的平均离职率为4%，且不会有什么改变。不过，不同类的员工的离职率并不一样，生产工人离职率高达8%，而技术和管理干部则只有3%。

(3) 按照既定的扩产计划，白领职员和销售员要增加10%～15%，工程技术人员要增加5%～6%，中、基层干部不增也不减，生产与维修的蓝领工人要增加5%。还有一个特殊情况要考虑：最近本地政府颁发了一项政策，要求当地企业招收新员工时，要优先照顾妇女和下岗职工。公司一直未曾有意地排斥妇女或下岗职工，只要他们来申请，就会按照同一种标准进行选拔，并无歧视，但也未特殊照顾。目前的现状是，只有一位女销售员，中、基层管理干部有两人是女性，工程师里只有三人是女性，蓝领工人中约有11%是女性或下岗职工，而且都集中在最底层的劳动岗位上。

白士镝还有7天就要交出计划书，其中得包括各类干部和员工的人数，要从外界招收的各类人员的人数及如何贯彻政府关于照顾妇女与下岗人员政策的计划。

此外，绿色化工公司刚开发出几种有吸引力的新品，所以预计公司销售额5年内会翻一番，他还得提出一项应变计划以便应付这种快速增长。

（资料来源：武汉科技大学人力资源管理精品课程：http://jpkc.wust.edu.cn/ec/C172/Course/Index.htm）

二、思考·讨论·训练

1. 白士镝在编制这项计划书时要考虑哪些情况和要素？
2. 他该制定一项什么样的招工方案？
3. 在预测公司人力资源需求时，他能采用哪些计算技术？

案例4 让人才为企业守候的天成公司

一、案例介绍

天成公司如今已是东北地区一家规模较大的民营房地产企业，而在1996年天成创建的时候仅有50万元资金和5个员工。8年的摸爬滚打，天成形成了一定规模，目前资产规模达一亿多元。但随着企业的“长大”，问题越来越多，内部的人力资源管理、外部的市场、业务等，伍先生作为总经理开始觉得自己对公司的管理、驾驭越来越吃力。

提到创业时刚起步的天成公司，伍先生掩饰不住自豪。8年前，原在机关任职的伍先生凭着敏锐的商业意识，毅然离开机关，东拼西凑筹集了50万元，带领几个亲戚朋友成立了天成公司，经营房地产项目。几个公司成员分别负责公司的财务、项目前期、工程管理、行政等事务。其中财务的负责人刘女士是伍先生的小姨，仅有基础的会计常识。负责项目前期开拓的江先生是他多年的好友，曾经是一餐馆的老板，仅接受过初中教育。

天成的飞跃式发展在1998年，当时，伍先生凭着对市场的敏感性果断决定投资征地，

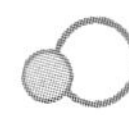

而那时天成所在的地区房地产才刚刚起步。准确的判断、广阔的市场、成功的运作给天成公司带来了较高的回报和巨大的动力，他开始加大力度进行商品房的开发。随后的几年，伍先生开发的几个楼盘项目都取得了较好的销售业绩。

随着公司规模的迅速扩大，过去原有的五个部门也增加为十个部门，人员也由过去的几个人发展到现在的150多人。随着人员的增加，诸多的管理问题也频频出现。伍先生觉察到，虽然公司提出了明确的战略规划，但却总不能落实，追究责任的时候，好像大家都有责任，每次都是大伙一块自我批评一通后，下次的规划依然不能落实。回忆公司初创的那两年，他感到大家特别团结，事实上，天成在发展初期的很多困难就是依靠员工的团结和凝聚力克服的。但是现在，员工内部已经出现小利益团体，各部门甚至同部门的管理人员都经常各自为政，意见不一。让他颇感郁闷的还有，一方面公司觉得员工的整体素质较低，一方面员工对薪酬不满，抱怨没有公平的考核体系。

伍先生觉得“公司在若干资源中最为稀缺的是人力资源。他所在的市仅有两所普通高校，较高素质的人力资源相对匮乏，外部人力资源的提供是一个困难。”他也意识到，不解决人力资源的问题，公司的发展必然受阻。

近几年来，随着该地区房地产市场化运作的加速，万科、香港汇达等数十家实力雄厚的企业纷纷进入该地区。与这些公司相比，天成公司的竞争优势在于低成本的土地开发，但是在管理、销售及人力资源方面都存在着明显的缺陷。另外，随着竞争对手的进入，该市的房地产开发迅速升温，众多的楼盘都在较短的时间内推出，销售价格也在逐渐降低，这直接影响到天成公司固守的价格优势防线。

目前天成公司手中仍有120万平方米面积的待开发土地，伍先生犯难的是，别人当家愁的是无米下锅，而他愁的是要不要下锅，怎么下锅？企业目前的状况已经让他忙得焦头烂额。

欠缺的人力资源能力、出现越来越多的管理问题等，都在考验着伍先生和他的天成房地产公司。

人力资源咨询顾问在对天成公司进行战略和组织方面的诊断后，进行了人力资源管理的诊断。

在组织结构方面，天成公司由于缺少横向连接的组织和部门，各单位组织基本是各自为政，遇到交叉的问题也都直接反映到总经理那里，造成“互不交往，压力上传”的局面。基于这种情况，咨询顾问根据房地产企业本身的资金、项目的特性进行了以下组织结构调整的建议。

将原有职能部门划分为三个职能中心：财务中心、人力资源中心、企管监督中心，并由三个副总经理分管；机构压缩，减少指挥管理幅度，降低管理成本。过去天成公司有诸多管理层级，部门下设科级、科级下还有不同的分工，造成层级过多，指挥过长。经过精简后取消科一级机构设置，全部压缩到部门一级。原科级下的机构，专业化相对较强的成立独立的部门；将管理职能与业务职能分开，使管理职能及业务职能都形成专业化。

对战略及组织的诊断结束后，顾问随后进行人力资源管理的诊断。通过发放的调研问卷的反馈显示，大多数员工对于公司的人力资源工作不满，主要表现在几个方面：首先是人力资源规划功能的缺失。缺少基于战略的前提下对于现有人员的分析、预测、调整的动态规划。造成公司“用人找不到，找到了用不好，想换动不了”的情况。

其次是公司薪酬结构的不合理。天成公司在创业初期人员的薪酬都是由伍总经理定，因此，薪酬没有明确的标准，总经理只是根据讨价还价的结果来决定薪酬的多少，人治行为严重。随着部门的增加，岗位的增多，薪酬的发放变得越发混乱，薪酬结构只有基本工资和奖金，基本工资标准不一致，无法体现公平性，而奖金更是由老总说了算，造成奖金“发也众多人不满，不发更多人不满”的现象。

再次，公司缺乏考核体系。天成公司在创业初期没有任何考核依据，依靠家族成员的自觉性工作，然而随着企业人员的增加，管理变得复杂，工作性质也变得难以界定。对于不同人员进行多角度的考察，通过考评来择优汰劣就成了必不可少的工作。

基于这些问题，咨询顾问在充分了解事实的基础上，提出若干咨询建议，包括人力资源制度的建立、招聘与使用中人员的测评、集团人员的培训等，这里主要介绍一下人力资源规划方面的建议。

人力资源规划的任务是预测企业发展中人力资源的供给与需求状况，并采取相应措施，确保企业在需要的时间和岗位获得所需人选，以实现企业人力资源的最佳配置，并从一定程度上降低人力资源的成本。天成公司在多年的发展经营中，对于管理，尤其是人力资源管理相对漠视，在企业产生众多相关问题之后，企业高层才逐渐认识到人力资源管理的重要性，在建立合理的人力资源管理体系前进行人力资源规划是必要的步骤。

在对天成公司进行人力资源规划时，咨询顾问结合公司资料及发放问卷的反馈结果，设计规划流程，基本分为四个步骤：第一步是摆出现有人员的结构数据，初步认识问题；第二步是对于企业的人员需求进行预测分析；第三步是对于内外部供给进行预测分析；第四步是经过综合平衡后制定措施和计划。

整个人力资源规划的过程始终是回答和解决问题的过程。需要制定者回答下面问题：我们现在的人员结构是什么样？我们未来的人员结构是什么样？我们最需要哪些人？我们怎么找到这些人？我们怎样才能让这些人发挥才能？怎样才能使人员为企业创造最大效益等。

因此，规划的第一步，要对现有人员结构进行分析。

根据资料显示，从人员分布上看，天成公司现有 157 人，高层管理人员 8 人，占全员的 5%；中层管理干部及管理人员有 74 人，占全员的 47%；其他技术工人 75 人，占全员的 47%。从人员分布的结构上看，中层管理机构相对过大，其形成的原因是在公司对于人员的引进没有控制前，公司各领导安排了许多自己的亲戚、熟人等，多数都没有完全发挥出作用，又碍于情面不能辞退。而根据统计惯例和工作分析，按一个中层管理可以领导和控制 15～20 名员工计算，有 10 名左右的中层足够，再出于企业特性和工作的不熟练等因素考虑，人员增加一倍，中层管理人员数量在 20 人左右就基本合适。

从学历教育看，天成公司没有硕士及以上人员，本科学历 10 人，占全员的 6%；大、中专学历 40 人，占全员的 25%，其他为中学学历，占全员的 68%。而在公司高层中只有 4 人接受过高等教育，在中层管理干部中有 35 人接受过大中专教育，占中层管理干部的 47%。人员素质相对偏低是影响天成公司将来发展的一大障碍。提高全员的素质，尤其是管理干部素质，是提高管理水平的重要内容。

从年龄结构上看天成公司，30 岁及以下人员 98 人，占全员的 62%；31～38 岁人员 46 人，占全员的 29%；39～48 岁人员 9 人，占全员的 6%；49 岁及以上人员 4 人，占全员的 3%。交叉分析，中高层领导的平均年龄在 31 岁。从年龄结构看，人员年龄较轻，对于组织的稳定性有一定的影响，但同时有一定可培养、可挖掘的潜力。

第二步，对企业人员需求进行预测。天成公司在未来 2～3 年内，在实现企业战略的基础上，总人数将由现在的 157 人减少至 90～100 人。其中中层管理人员将由现在的 74 人减少至 34 人。管理部室将由原来的 5 个增加为 8 个，需要增加 5 个中高层领导。需要剥离一个分工厂，技术人员维持不变。整体素质要求达到 50%以上的人接受过大、中专同等以上教育，总体看来集团的需求状况是发展的同时，精简、替换人员。

第三步，对人员的供给进行预测分析。对于人员供给有直接影响的有企业内、外部的环境，影响外部人员供给的主要因素有行业因素和地区性因素。正常情况下影响企业内部供给主要是人员的病休、升迁、解聘、主动离职等因素。天成公司所处的区域只有为数不多的几所高校，外部人才供给相对匮乏，因此人才需求主要依靠企业内部解决。内部人员供给预测主要使用方法有员工调查法、人员接替法和马尔可夫法等。而马尔可夫法在员工流动基本固定不变的情况下使用效果较好，对于变化性较大的企业有一定的局限性。因此较适合采取实用性较强的人员接替法。

人员接替法是通过建立人员接替图表，对重要人员建立基本档案，其中注明该员工的主要职位及基本业绩，并注明其可升迁、调任的相关职位。这样可以清楚地看到后备人员的接替，并清晰地了解到人员的供给状况。另外，可制成人员接替表，在人力资源部进行存档，这在今后的人力资源管理中具有较强的实用价值。

结果显示，天成公司在未来 2～3 年内在完成企业战略目标的基础上，有人力资源总监、财务总监、人力资源中心、企管监督中心、财务中心、置业部、物业管理部、项目策划部等 8 个部门 12 个重要职位，主要为中高级的管理人员、中高级的技术人员，难以供给，因此需要通过外部引进，但主要依靠内部的培养。

第四步，经过综合平衡后制定措施和计划。在对天成公司的人员进行了供求分析后，咨询顾问需要对分析结果进行综合的平衡。综合平衡的目的是检查分析与实际之间的距离和矛盾，特殊情况可以在事实基础上柔性处理。

最后一步，咨询顾问根据上面的分析，形成人力资源规划方案。该方案重点内容包含现有人力资源状况的分析和在战略目标下对未来人力资源状况的预测分析，还有具体规划内容。规划内容具有明确的计划性，包括具体的时间、负责人、检查人及基本预算等，这可以使得该规划具有一定的可执行性。

（资料来源：http://www.gfar.com）

二、思考·讨论·训练

1. 天成公司在人力资源管理上究竟遇到了什么问题？导致这些问题的原因是什么？
2. 天成公司是怎样进行人力资源规划的？他们的做法对企业有何借鉴意义？

案例5 李宁公司的人力资源战略

一、案例介绍

李宁牌创建于1990年，十余年，李宁公司由最初生产单一的运动服装发展到拥有运动服装、运动鞋、运动器材等多个产品系列的专业化体育用品公司。目前，“李宁”产品结构日趋完善，“李宁”在中国体育用品行业中已位居领先地位。公司创始人李宁先生一直梦想做一个中国的体育品牌，希望中国的奥运及其他赛事的冠军们穿着中国的运动服走上领奖台。在公司发展到第十三个年头时，李宁提出来要做世界的体育品牌。基于这样的想法，公司整个高层团队达成一个共识，探索未来的愿景和使命。李宁心中的梦想也代表了公司的梦想。

2002年年底，李宁公司作出了战略选择，确立了公司走体育专业化的战略发展道路。要实现体育专业化的发展战略，首先需要的资源便是企业的人力资源。而体育用品行业是一个快速发展的新兴行业，缺少大量的专业管理人才。行业的人才大环境，成为制约李宁公司人才引进的“瓶颈”。公司从长远出发，决定在企业内部快速培养人才，通过解决问题的根本来保障企业战略的长久实现。2004年1月，李宁公司成立了“学习与发展中心”(Learning&Development Center，LDC)，通过组织保障，把“在企业内部快速培养人才”这一中心提到公司的重要位置，来为企业战略实现做后勤保障。

在李宁公司，LDC把自己作为一个组织来看待，LDC的使命是系统提高公司核心能力，培育出体育用品行业的国际化专业团队，它将公司全体人员都作为LDC的客户，为每一位员工提供技能提升和发展服务是LDC的主要任务之一。LDC通过以下五个方面，帮助员工学习：从公司的角度，持续提升公司核心能力，支持公司战略目标的实现；从团队的角度，选拔和培养核心人才，培育国际化的经营管理团队；从文化的角度，创建持续创新的组织文化氛围；从员工的角度，持续提升和发展员工能力，不断增值，拓宽职业发展空间；从行业的角度，成为中国体育用品行业管理的标杆，促进行业发展。其中，提拔和培养核心人才，培养国际化的经营团队是LDC工作的重中之重。

（一）两大胜任力模型

李宁公司对员工和对经理的要求都集中体现在胜任力模型上，此模型是基于四个维度推导产生出来的。一是公司三年的战略和未来愿景的分析。二是公司的核心价值观，公司所倡导的文化。三是根据公司内部优秀经理和关键岗位优秀人员的行为特质表现，通过与他们的访谈提炼出来的。四是瞄准国际标杆公司，看他们在员工行为和领导行为方面有什么样的特质。从这四个维度总结出了李宁公司的十二项资质，也就是分别针对全体员工和领导层的要求，并由此建立了李宁公司的胜任力模型。

第一项核心资质模型，是公司全体员工必须具备的个人素质和综合能力特征，要求李宁公司的每一位员工都应该具备。核心资源共享与体育精神密切联系，包括职业诚信、应变能力、追求卓越、团队合作与沟通的能力。

第二项领导力资质模型，是公司领导必须具备的个人素质和综合能力特征。包括战略思考、商业意识、创新能力、结果导向、发展员工、决策能力和影响力七项。

（二）有效的人才测评体系

在核心能力确立后，要有效地发现和培养有潜力员工，还需要通过各种方法了解员工的能力状况。

针对领导层，李宁公司采用了360°反馈和PDP人才测评方法。根据领导力资质模型中的要求，集中采用了360°问卷的方式了解管理人员的能力和管理风格，以作为制订改善计划、个人未来职业生涯及能力发展的参考。另一角度就是运用人才评测的PDP工具。PDP工具最大的好处就是使被测评人员一方面可以更好地、生动地了解自己是什么样的行为风格、特质；另一方面可以快速地了解他的同事、伙伴、团队，整体上的特质是什么样的。PDP测评同时会有建议的参考数据，比如对高速发展的团队，哪个特质要占主导？人员配比要占百分之多少？李宁公司在2005年就开始大规模使用PDP工具，对公司所有的管理者都采用此工具进行测评，连续、长期地测评每个时间节点。这样，通过不同的数据，一个经理，他会看到他在组织发展过程中自己风格特质的变化。

针对全体员工，李宁公司则采取了人才盘点的方法，每年的四五月份，人力资源部根据公司所有员工与他们直接所属经理访谈之后的结果，将他们划分为三个区间。对前20%的员工，根据二八原则，他们就是核心员工。对核心员工，公司有特殊的培养计划，他们是公司后备人才培养计划的对象，薪酬福利更多地向他们倾斜。最后5%～10%的员工，一方面公司会人性化地给他们一个观察期，告知他们并给他们一个改善的时间，在此期间如果他们能够调整他的业绩、行为、技能、态度等，结果还符合这个岗位要求的话，公司会在下一个年度续签他们的劳动合同。如果还不能符合岗位要求，就要求其离开公司。对中间这一区间的员工，进行正常的劳动合同续签、薪酬调整。

（三）针对性的人才培养计划

在胜任力模型和人才测评的基础上，李宁公司设立了人才梯队培养计划，为公司的长远发展做好人才储备。

李宁公司有这样几方面的角色：员工、专业经理、部门经理、总监，再往上就是 CEO 等。他们分别承担着管理自己、管理他人、管理功能、管理多功能的系统、管理国际化生意等不同的职责。

在经理人员培养上，李宁公司确立了领导力培养的三年构想：2006 年关注培养李宁公司出色的经理人；2007 年关注培养行业标杆的经理人；2008 年更多地关注培养国际化的经理人。为达成 2006 年培养出色的经理人的目标，培训的重点内容一方面是掌握全面的管理知识，另一方面就是管理人员行为层面的转变。2006 年在公司内实施的课程，绝大部分是由公司内部的高级管理者、内部的讲师来实施的。课程的特色是在课堂上面有很多练习和模拟，研究真实案例，以此促动管理层的行为从课堂上就开始转变。2007 年行业标杆经理人的培养主要有两方面：成为行业竞争性的人才；适应挑战和变革。2008 年的国际化经理人主要从管理国际化团队、管理国际化生意这两个方向来培养。

对于核心人才的培养，李宁公司提出“TOP2008”人才发展流程。“TOP2008”人才发展流程，是基于选择人、培养人、评估人、用人、保留及衡量等一系列的流程展开的。基于对人才资质的要求来规划课程体系，对不同的人才规划不同的课程体系。课程的实施方式是 TOPDOWN 的形式，也就是一线经理和中层经理，他们所学习的内容是高级管理人员同样需要掌握的，这就为李宁公司塑造一个管理团队有统一的声音、一致性的语言创造了条件。

对于范围更大的全体员工，则采用 IDP 即个人发展计划，这是从两个维度推导出来的：一个是员工的 KPI 绩效考核；另一个是 KDI 考核，也就是对于员工发展的考核。基于这两个考核得出来的数据，绩效怎样？经过一段时期他的行为有没有改进？根据这些数据来确立个人发展计划。这个计划的产生是根据每个人的需要，经理与他的员工面谈产生的。IDP 计划在实施中，与 360°反馈相结合，与资质相结合，经理与员工沟通的内容和阐述更加具体，更有操作性。

（四）人才培养计划的实施

在李宁公司，员工培训更多的是由内部管理者和内部讲师来授课，并且尽量让更多管理者参与到人才培养的过程中，成为人才培养的主角。

为确保高层管理者更多地走向讲台，更多地参与到人才培养的过程中，人力资源部采取了许多措施。一是为高层管理者安排 TTT 课程，让他们掌握专业的讲师培养技能。二是早做规划，早确定时间。三是有意义，给高层管理者安排内容需要讲清目的、意义及前后逻辑。四是有信心，提前帮助高管准备好充分的素材，争取当面沟通，沟通课程的重点和脉络，获得反馈意见后尽快修改并回应。五是有动力，课程中注重调动其他管理者参与的积极性，让他们感觉

到整个团队都在参与人才培养的工作。六是有成就感，评选阶段及年度的最佳讲师，运用年会的舞台来展示，运用内刊及内网来进行有效分享，会将他们的优秀案例照片，通过他们撰写的文章等平台去分享。七是有专业的评估，整理课程评估结果，分析后给予反馈。

总的来说，李宁公司领导层的培养和内部人才的培养大致可以分为五个步骤：①人才评估；②确立培养计划；③开始实际实施培养计划；④在培养过程中要有跟进、有分析。⑤要有专业的评估。下一个年度人才培养评估要基于这个评估，所以这是一个循环往复的过程。

（资料来源：http://www.zjpx.org/html/msg/2098.html）

二、思考·讨论·训练

1. 李宁公司的人力资源管理战略有何特点？
2. 企业应该如何将人力资源管理战略予以贯彻实施？

飞船竞赛

一、游戏目的：使学员在游戏过程中体会计划的重要性，工作创新的重要性。

二、游戏程序。

（1）分组。

（2）培训师宣布游戏开始和结束的时间。

（3）学员根据提供的材料设计制造他们的飞船，以及一面标志飞船着陆地点的旗帜。

（4）当学员完成前一步骤后，进入发射现场。

（5）所有的小组成员将用力使他们载着鸡蛋的飞船在空中“航行”。

（6）航行最远并鸡蛋未破者获胜，并给予一定奖励。

（7）每个团队将用30分钟进行反思、讨论并作出反馈意见和改进建议。

三、游戏规则。

（1）用给定的材料造一艘“飞船”，然后用力把它投出去。越远越好，而且鸡蛋不能破，记着只能用给定的材料制造“飞船”，而且只能用手扔。

（2）如果飞船在航行过程中或落地时鸡蛋破了，则被淘汰，不能参加评分。

（3）飞船中的鸡蛋必须可以被清楚地看到，以便确定其中的鸡蛋是否破了。

（4）学员不可以与团队之外的任何人交流本团队的飞船制造计划，包括本团队的辅导员。

（5）学员必须设计一面旗子以标明飞船的落地地点，有创意的设计将得到奖赏。

（6）在设计制造过程的前10分钟内，学员可以向辅导员提问有关材料和过程的事宜，但辅导员不得就如何制造飞船提出任何建议。

四、游戏准备。

硬卡纸、生鸡蛋等各种利于学员组合的辅助材料。

五、注意事项。

(1) 学员应在允许的时间内，正式开始后利用几分钟时间仔细审查各自的材料，并就如何安排使用这 90 分钟制订一个计划。

(2) 任命一个协调者并设计几个角色分别由小组成员承担。

(3) 要有创意精神，并使过程充满乐趣。

(资料来源：JDB 营销管理学院，http://wenku.baidu.com/view/e717296baf1ffc4ffe47ac2a.html)

课后练习题

一、变化而且是快速的变化是当今时代的一个重要特征，企业也不得不处于不断的变革之中。面对外部环境的不断变化，企业的人力资源管理规划（尤其是中长期规划）对人力资源管理的实践还有没有实际的指导意义?

二、实训题：进行某企业人力资源规划。

实训目的：通过对本地区某企业的调研，尝试对该企业进行人力资源的规划。

实训内容：选择本地区一家有代表性的企业，对其各方面进行分析和考察，如产业环境分析、组织战略分析、内部状况分析等。进行该企业人力资源需求分析及预测。进行该企业人力资源供给分析及预测。

实训步骤：

将学生分成若干组，每组 4～6 人。

每组同学合力调查、收集和整理设计企业战略决策和经营环境的各种内外部信息，进行人力资源需求预测，预测将来该企业需要的人力资源。

对现有人力资源进行评价，进行该企业内部人力资源的供给预测，评价现有的人力资源。

对该企业内部人力资源的供给缺口进行分析，对外部人力资源的供给进行预测。

进行供需平衡分析，制定该企业的人力资源总体规划，形成每组未来人力资源需要的行动方案。

各组完成人力资源规划书。

实训考评：每组选一人在全班汇报本实训项目的实施和完成情况（建议制作课件汇报）。

三、当企业出现劳动力短缺问题时应如何解决?

四、某洗衣机生产企业在 2010 年的年产量为 10 000 台，基层生产员工为 200 人，在 2011 年计划增产 5 000 台，估计生产率的增长为 0.2，假设该企业的福利良好，基层人员不流失，那么，在 2011 年该企业至少应招聘多少名基层生产人员?

五、某公司是一家中型企业，其产品在国内市场上销售量占 30%以上。公司多年的实践证明，公司的销售额与公司的员工总人数之间有着高度相关的正比例关系，2010 年，公司的销售额和员工情况如表 2-2 所示。根据以前的销售额和初步的预测，公司估计 2011 年的销售额为 6 300 万元。

表 2-2 某公司的销售情况统计表

年度	销售额/万元	员工人数/人
2010	5 600	1 200
2011（预测）	6 300	

公司各类人员的比例从2005年至今变化不大，而且，根据预测，在未来十年中基本上保持这一比例不变。表2-3所显示的是从事各岗位工作的员工人数。

表 2-3 2010年公司各类员工分布情况统计表

人员分类	高层管理人员	中层管理人员	主管人员	生产人员	总数
数量/人	100	200	300	600	1 200

问题：根据以上信息计算2011年该公司全员及各类人员的需求量。

六、某高新技术企业按业务的分类，成立了三个针对不同产品的事业部，各事业部下设销售团队、技术支持团队和研发团队。各部门的业务收入和成本都是独立核算的，但需要平摊后勤部门（行政部、人力资源部、财务部）所产生的成本。目前，公司共有员工134人，其中三个事业部共有员工104人，后勤部门员工30人。由于成立时间不到三年，客户资源还不够稳定，所承接的业务量波动较大。因此，在繁忙时员工（尤其是开发和技术人员）会抱怨压力过大，各事业部经理也会抱怨合格人手太少，招聘来的人不能立刻适应项目的工作需要。但在开发任务相对清淡的时期，经理们又会抱怨本部门的固定人力成本太高，导致利润率下降。

该公司在人员供需状况上遇到了什么问题？请为该公司提供解决问题的建议。

七、一个企业目前有总经理级员工5名，部门经理级员工14名，其他员工120名。一年后，总经理级员工退休1名，辞职1名；部门经理级员工退休2名，辞职3名；其他员工退休10名，辞职5名。如果该企业规模不变，你将如何来编制人力资源计划？

八、运用马尔柯夫分析法对某公司业务人员明年供给情况进行预测，根据表2-4内各种人员现有人数和每年平均变动率，计算和填写出各种人员的变动数和需补充的人数。

表 2-4 练习题八中的表

职务	现有人数	人员变动概率/%			
		经理	科长	业务员	离职
经理	10	0.8	0.0	0.0	0.2
科长	20	0.1	0.8	0.05	0.05
业务员	60	0.0	0.05	0.8	0.15
总人数	90				
需补充的人数	/				

第三章 工作分析

对于一个人苦干的最高奖赏不在于他得到了什么，而在于他成为了什么人。

——约翰·拉斯丁

工作分析是人力资源管理的起点，是所有人力资源管理的依据和参考，是整个企业实现科学管理的一个重要环节。离开了工作分析，一切管理工作都是感性的行为，毫无科学依据可言。

——作者

学习目标

- 明确工作分析的含义和作用；
- 明确工作分析的程序；
- 掌握工作分析的方法；
- 能够进行工作分析并且撰写工作分析报告。

故事导入

猴子取食

美国加利福尼亚大学的学者做了一个实验：把 6 只猴子分别关在空房间里，每间两只，房子里分别放着一定数量的食物，但放的高度不一样。第一间房子的食物就放在地上，第二间房子食物分别从易到难挂在不同高度的适当位置上，第三间房子的食物悬挂在房顶。数日后，他们发现第一间房子的两只猴子一死一伤，伤得缺了耳朵断了腿，奄奄一息。第三间房子的两只猴子也死了。只有第二间房子的两只猴子活得好好的。

究其原因，第一间房子的两只猴子一进房子就发现了放在地上的食物，于是，为了争夺唾手可得的食物而大动干戈，结果死的死伤的伤。第三间房子的猴子虽然做了努力，但因食物太高，难度过大，够不着被活活饿死了。第二间房子的猴子先是凭着自己的本能蹦跳着取食物，然后在房间跑对角线增加助跑距离跳跃取食，最后，随着房间食物的高度的增加，难

度增大，两只猴子只有通过协作才能取得食物，于是，一只猴子托起另一只猴子共同取食。这样，每天就能取得够吃的食物，很好地活了下来。

做的虽然是猴子取食的实验，但在一定程度上也说明了人才与岗位的关系。岗位难度过低，人人能干，就体现不出能力与水平，选拔不出人才，反倒成了内耗式的位子争斗，甚至残杀，其结果有如第一间房子里的两只猴子。

岗位的难度太大，虽努力而不能及，往往也体现不出能力与水平，甚至埋没、抹杀了人才，犹如第三间房子里的两只猴子的命运。

岗位的难度适当，循序渐进，如同第二间房子的食物。这样，才能真正体现出能力与水平，发挥人的能动性和智慧。同时，相互间的依存关系使人才相互协作，共渡难关。

寓言告诉我们，在择人而用的问题上，要进行科学的工作分析，明确岗位需求，岗位需要什么样的人才就配备什么样的人才，做到量才施用。

一、工作分析的含义和作用

工作分析是人力资源管理最基本的环节，是整个人力资源管理的基础。要做好人力资源管理，一个重要的前提就是要了解各种职务的特点及能胜任各种职务的人员特点；否则，管理工作就会无的放矢，失去科学的依据。

工作分析实质是对某特定的职务作出明确规定，并确定完成这一职务需要有什么样的行为的过程。也就是说，它是全面了解一个职务的管理过程，是对该职务的工作内容和工作规范（任职资格）的描述和研究过程，即制定职务说明和职务规范的系统过程。

具体地说，工作分析就是全面收集某一职务的有关信息，对该职务的工作从6个方面开展调查研究：工作内容（What）、责任者（Who）、工作岗位（Where）、工作时间（When）、怎样操作（How）、为什么要这样做（Why）等，然后再将该职务的任务要求进行书面描述、整理成文的过程。工作分析的作用重要体现在以下几个方面。

（一）有利于合理使用员工

通过工作分析，可详细了解为履行某个职务的工作职责，员工应具备的基本条件，在使用员工时就可以根据人的能力的大小、个性特点作出合理的安排，从而把人放在最适合的岗位上去，避免员工使用过程中的盲目性。

（二）有利于避免人力资源浪费和提高生产效率

提高生产效率的关键是简化工作程序，改进生产工艺，明确工作标准和要求，让每个人从事他最适合的工作，以达到工作的最佳效果。另一方面，现代生产过程越来越复杂，分工越来越细，要科学地配置与协调不同劳动者的工作，就需要对生产过程中分解后的基本单位——工作岗位，进行科学的分析。通过职务的分析，使每个人的职责分明，提高个人和部门的工作效率与和谐性，从而避免工作重叠、劳动重复等浪费现象。

（三）有利于员工培训

工作分析可提供工作内容和任职人员条件等完备的信息资料，使组织可据此制订培训计划，开展培训工作。

（四）有利于科学评价员工的工作实绩

通过工作分析，每一种职位的内容都有明确界定。员工应该做什么、不应该做什么，应该达到什么要求，都十分清楚，为考评工作实绩提供了客观的标准，从而可以使考评比较合理和公正，达到科学评价员工工作实绩的目的。

（五）有利于设计出合理的工资、奖酬、福利制度

通过工作分析可以明确各个工作岗位在企业中所处的地位，该职务的员工所承担的责任、工作数量和质量要求，任职者的能力和知识等，从而为制定合理的报酬制度提供重要依据。

（六）有利于制定科学的人力资源规划

通过工作分析，使企业的各项工作和任务落实到基层，避免出现工作交叉或空置的状况，做到人与事很好地结合，也使人力资源规划趋向合理和科学。

二、工作分析的程序

工作分析是对工作做一个全面的评价过程，这个过程可以分为准备阶段、调查阶段、分析阶段和总结及完成阶段四个阶段。

（一）准备阶段

准备阶段的任务是了解有关情况，建立与各种信息渠道的联系，设计全盘的调查方案，确定调查的范围、对象与方法。

（1）确定工作分析的意义、目的、方法与步骤。

（2）组成由工作分析专家、岗位在职人员、上级主管参加的工作小组，以精简、高效为原则。

（3）确定调查和分析对象的样本，同时考虑样本的代表性。

（4）根据工作分析的任务、程序，将工作分析分解成若干工作单元和环节，以便逐项完成。

（5）做好其他必要的准备工作。在进行工作分析之前，应由管理者向有关人员介绍并解

释，以便有关人员对分析人员消除不必要的误解和恐惧心理，帮助两者建立起相互信任的关系。

（二）调查阶段

调查阶段是工作分析的第二阶段。主要工作是对整个工作过程、工作环境、工作内容和工作人员等主要方面做一个全面的调查。具体工作如下。

（1）编制各种调查问卷和提纲。

（2）在调查中，灵活运用面谈法、问卷法、观察法、参与法、实验法、关键事件法等不同的调查方法。

（3）根据工作分析的目的，有针对性地收集有关工作的特征及所需要的各种数据。

（4）重点收集工作人员必需的信息。

（5）要求被调查人员对各种工作特征和人员特征的问题发生频率和重要性作出等级评定。

（三）分析阶段

分析阶段是对调查阶段所获得的信息进行分类、分析、整理和综合的过程，也是整个分析活动的核心阶段。具体工作如下。

（1）整理分析资料。将有关工作性质与功能调查所得资料，进行加工整理分析，分门别类，编入工作说明书与工作规范的项目内。

（2）创造性地分析、揭示各职位的主要成分和关键因素。

（3）归纳、总结出工作分析的必需材料和要素等。

（四）总结及完成阶段

总结及完成阶段是工作分析的最后阶段。这一阶段的主要任务是：在深入分析和总结的基础上，编制工作说明书和工作规范。

（1）将信息处理结果写成职务说明书，并对其内容进行检验。

（2）召开工作说明书和工作规范的检验会时，将工作说明书和工作规范初稿复印，分发给到会的每位人员。

（3）将草拟的“职务描述书”与“任职说明书”与实际工作对比，以决定是否需要进行再次调查。

（4）修正“职务描述书”与“任职说明书”，对特别重要的岗位，还应按前面的要求进行再修订。

（5）将“职务描述书”与“任职说明书”应用于实际工作中，并注意收集应用的反馈信息，不断完善这两份文件。

（6）对工作分析工作进行总结评估，并以文件形式将“职务说明书”确定下来并归档保存，为今后的工作分析提供经验与信息基础。

工作职务说明书要定期进行评审，看看是否符合实际的工作变化，同时要让员工参与到工作分析的每个过程。一起探讨每个阶段的结果，共同分析原因，遇到需要调整时，也要员工加入调整工作。只有亲身体验才能加强员工对工作分析的充分认识和认同，从而在实践中被有效实施。

三、工作分析的方法

根据组织的需要和进行工作分析所需资源的不同，工作分析以各种不同的方式进行。具体方法的选择依据是使用信息的方式（工作评估、报酬提高、开发等）及该方法对组织是否最为可行。下面简要介绍 6 种常用的工作分析方法。

（一）资料分析法

为了降低工作分析的成本，应尽量利用现有资料。一些企业曾对工作进行过分析，那么，原有的职务说明书就是当前工作分析的重要基础材料。即使企业没有职务说明书等资料，也会有或多或少与工作任务及岗位规范等内容有关的资料，如岗位责任制文件、聘用合同、作业统计、人事档案等，可以提供与工作有关的各方面信息。在进行工作分析时，仅凭资料分析是不够的，但充分利用现有资料的确可以大大减少工作分析的工作量，缩短工作时间，提高工作效率。

（二）观察法

观察法是指工作分析人员在工作场所通过感觉器官或其他工具，观察员工的工作过程、行为、内容、特点、性质、工具、环境等，并用文字等形式记录下来，然后进行分析与归纳总结。这种方法主要用来收集强调员工技能的那些工作信息，如机器操作工的工作。它也可以帮助工作分析人员确定体力与脑力任务之间的相互关系。但是，在进行工作分析时，仅采用观察法通常是不够的，特别是在工作中脑力技能占主导地位时更是如此。例如，仅观察一名财务分析人员的工作并不能全面揭示这项工作的要求。

（三）问卷调查法

设计良好的工作分析问卷可以帮助工作分析人员获得大量信息，既快捷又经济。工作分析人员可以把结构化问卷发给员工，要求他们对各种工作行为、工作特征和工作人员特征进行描述、选择，或打分评级，然后对回收问卷进行统计与分析。问卷可以分为工作定向问卷和人员定向问卷。前者强调工作本身的条件和结果，后者则集中于了解员工本人的工作行为。问卷调查法在使用中也存在一定局限。例如，有时候会因为员工缺乏表达能力，使得这种方法效果不是很好；一些员工可能会夸大其任务的重要性和自己的贡献。

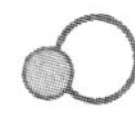

（四）面谈法

面谈法是一种通过工作分析专家与员工，特别是管理岗位员工的面谈，以获得更为详细且精确的信息，并进而对某一岗位，特别是管理岗位的工作进行分析的方法。面谈法是工作分析中大量运用的一种方法，尽管它不如问卷调查法那样具有完善的结构，但由于它是面对面的双向沟通，可以对员工的工作动机、工作态度、工作满意度等有更深入的了解。通常，工作分析人员首先与员工就工作目标、工作内容、工作性质与范围、工作责任等内容进行面谈，帮助员工描述出他们履行的职责；然后再与其管理者接触，获得其他的信息，以检验从员工那里获得信息的准确性，并弄清某些问题。

（五）员工记录法

在某些情况下，工作分析信息可通过让员工以工作日记或工作笔记的形式记录其日常工作活动获得。这种方法如果运用得当，可以获得更为准确的、大量的信息。但是从员工的工作记录中获得的信息一般比较凌乱，难以组织；也需要克服员工有意夸大其工作重要性与自身贡献的倾向。而且，这种方法会加重员工的工作负担。因此，在企业的实际管理中，这种方法运用得很少。

（六）关键事件记录法

关键事件是指使工作成功或失败的关键行为特征或事件。关键事件记录法要求管理人员、员工记录工作中的关键事件，主要记录以下几个方面的内容：导致事件发生的原因和背景；员工特别有效的行为、多余的行为；关键行为的后果；员工自己能否支配或控制上述因素。在大量收集上述信息之后，再对其进行分类与归纳，总结出与某项工作有关的关键特征和行为要求。关键事件记录法既能获得有关工作的静态信息，也能获得有关工作的动态信息，但不能获得有关工作的完整信息。

通常，一位工作分析人员并不仅仅使用一种方法，而会结合多种方法来进行工作分析，以获得更好的使用效果。例如，在分析事务性工作和管理工作时，工作分析人员可能会采用问卷调查法并辅之以面谈和有限的观察。在研究生产性工作时，可能采用面谈和广泛的工作观察法来获得必要的信息。基本上，工作分析人员都是把几种分析方法结合起来进行有效的工作分析。

从事工作分析的人员主要是收集与执行某项工作有关的资料。参加工作分析的人至少应该包括员工及其直接领导。规模大的组织可以有一个以上的工作分析人员；但在规模小的组织里，可能就由基层主管负责工作分析。缺乏专门人才的组织，还经常利用外部的顾问来从事工作分析工作。

案例1 乌金煤炭公司的工作分析

一、案例介绍

（一）工作分析的背景

1. 乌金煤炭公司简介

乌金煤炭公司是某大型国有煤炭贸易集团（以下简称集团公司）的全资子公司，成立于1992年，建立之初的主要业务是煤炭进出口贸易。从1995年开始，我国煤炭市场价格全面放开，买方市场日渐形成；同时，1995年出台的《煤炭法》和煤炭工业部颁布的“九五”纲要都鼓励减少煤炭经营的中间环节，煤炭用户和煤炭销售区的煤炭经营企业有权直接从煤矿企业购进煤炭。

正是在这种形势下，为避免煤炭贸易企业因受到煤炭供应、运输和销售三方制约而带来的脆弱性，从1998年开始，该煤炭公司开始了从贸易公司向煤炭业务一体化经营的探索和实践，主要采取了如下三项措施：①分别与主要客户（电厂）共同投资组建合资公司，通过形成利益共同体来稳固和发展长期合作关系；②为保证货源的质量和数量，先后投资控股三个洗煤厂；③为了保证运输的及时性，又与某国有铁路局合资成立储运公司。

自1998年以来，该煤炭公司发展业绩良好，销售收入年均增长率达到30%以上，成为集团公司人均利润最高的二级子公司。逐渐形成了以煤炭的进口、出口和国内销售为主业，以几个非煤高风险产品为辅业的业务格局。

2. 工作分析的背景

但是，2002年以来，该煤炭公司面临的外部环境进一步严峻。2002年年初，国务院公布了《电力体制改革方案》，要求电力行业实行厂网分开，竞价上网。此次电力体制改革对煤炭公司产生了巨大的影响：一方面已形成稳定关系的电厂将通过兼并重组形成新的经营实体，这意味着原有的合作关系不再稳定；另一方面，竞价上网将引发电厂对成本的严格控制。在我国，煤炭成本占煤电成本的70%以上，降低成本的压力会在很大程度上转移到煤炭采购上，这意味着电厂将对煤炭的价格、质量和供货的及时性提出更高的要求。

从××煤炭公司的业务运作来看，由于缺乏煤炭一体化产业链运作的经验，公司转型的过程并非一帆风顺。2002年3月，刚刚重组的南方某发电厂因为硫分超标拒收煤炭公司生产厂自产的整批货物，给煤炭公司造成了价值500万元的损失。“三月事件”加上2002年上半年销售利润的大幅滑坡，使煤炭公司更加深刻地意识到：政策的变化给曾经牢固的客户关系带来的巨大影响，公司对煤炭的生产质量、运输过程管理方面控制力度变得薄弱。

从煤炭公司的内部管理来看，2001年1月至2002年3月短短15个月，先后有四五位公

司的业务骨干提出辞职，主要原因集中在岗位职责不清、工作缺乏挑战性等方面。另外，公司现有员工基本由集团公司人力资源部调配调剂形成，员工结构和素质能力现状不能满足公司运营和长期战略目标实现的需要。

2002年5月，集团公司实行新的人事政策，将逐渐下放副总经理以下人员的人事权力，二级公司和员工自主签订劳动合同。

在这种背景下，该煤炭公司认为提高对煤炭供应链的控制的关键是提高内部管理水平和改进人力资源质量。于是，决定聘请咨询公司进行人力资源管理诊断与设计，在工作分析的基础上，明确岗位责任，确定岗位的工作描述和工作规范，从而为关键岗位配备胜任的员工。

（二）组织层次的工作分析——组织结构的调整

从图3-1可以看出公司原有组织结构存在的主要问题如下。

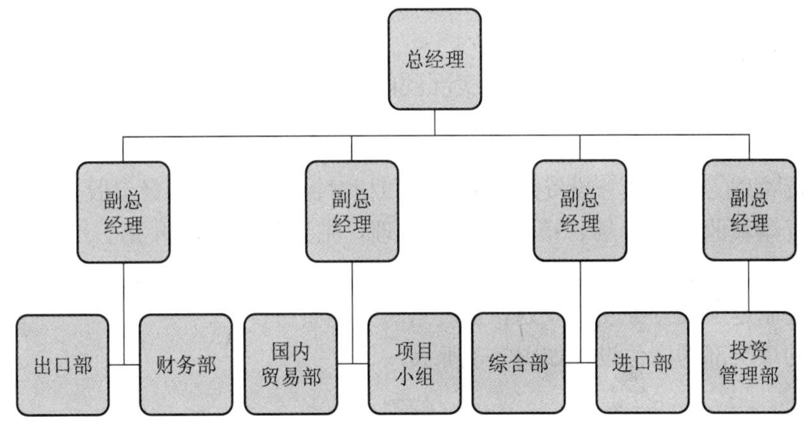

图3-1 原有组织结构图

(1) 公司总部只有50人，但是却有5个企业管理层级（总经理—副总经理—部门经理—主管—助理），管理层次过多，跨度过小，导致每个层级的人都在做比自己职位层次低的工作，反应速度慢。

(2) 有两个副总经理对业务部门和职能部门进行混合管理，由于业务部门的业绩更容易识别，不可避免地会出现重业务轻管理、职能部门弱化的情况。

(3) 将煤炭业务分割成三个部门，增大了部门协作成本，严重影响对煤炭产业链的控制。

(4) 将三种业务特点类似的非煤产品（为充分利用公司的财务优势而经营的产品，成功的关键在于财务风险控制）分割成两个部门运作，不利于专业化和资源共享，难以增强公司的风险控制能力。

调整后的组织结构从强化内部管理，提高业务流程运作效率的角度来设立部门。调整后的公司组织结构如图 3-2 所示。

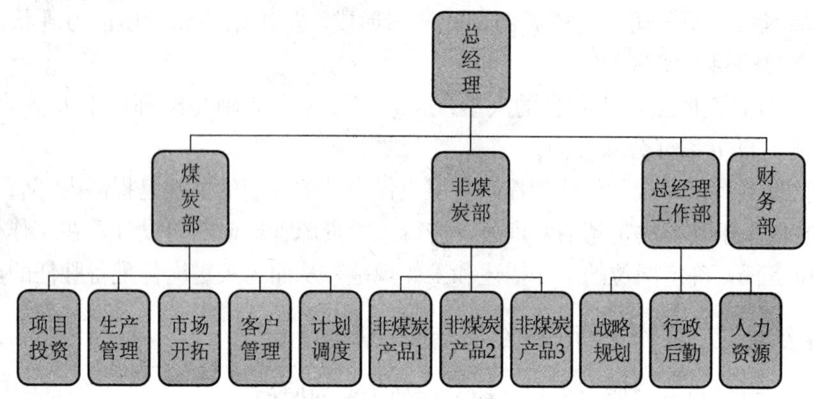

图 3-2　调整后的组织结构图

（三）部门层次的工作分析——煤炭部部门职责

组织结构调整后，煤炭部的部门职责包括以下几方面。

（1）负责管理为煤炭业务投资建立的控股和相对控股企业，监督参股企业。

（2）负责煤炭业务的市场、销售和物流管理，主要包括市场开拓、产品研发、生产组织、运输、销售、售后服务等工作。

（3）负责制定煤炭业务发展规划，负责组织实施项目投资。

新建立的煤炭部的岗位设置如图 3-3 所示。

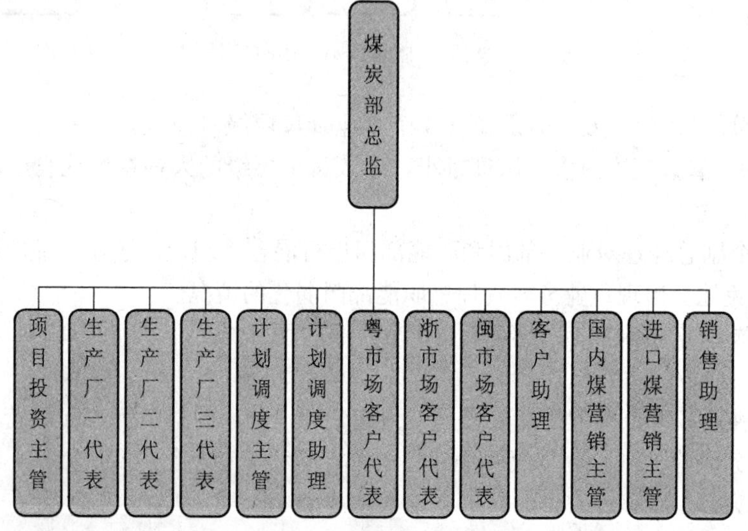

图 3-3　煤炭部的岗位设置

（四）岗位层次的工作分析——以计划调度主管为例

计划调度岗位是加强对煤炭业务链控制的关键岗位。在此以计划调度主管为例进行工作分析的介绍。

1. 工作分析方法

（1）公司内部资料分析。

（2）本岗位和相关岗位的深度访谈和业务流程分析。

（3）职位说明书问卷调查。

2. 原岗位的工作分析诊断

（1）汇报关系。

① 直接上级：项目小组经理。

② 直接下级：无。

问题：该岗位人员在实际工作中主要向主管国内贸易和主管投资的两位副总经理汇报，经常出现多头指挥的现象。

（2）工作职责。

① 收集和汇总生产、运输和销售的报表。

② 协调召开公司生产经营调度会议和编写会议纪要；

③ 煤炭调度相关信息的上传下达。

问题：履行职责的层次远低于企业的实际需要。具体表现为对煤炭业务流程节点的审核监督、信息分析和建议职能发挥不足，只起到了信息汇总和传递的作用。这是公司对于煤炭业务链各个环节的控制作用发挥不足的一个重要原因。

（3）协调关系。

① 内部协调关系：国内贸易部、投资部、项目小组。

② 外部协调关系：三个生产厂、储运公司。

问题：履行职责的层次远低于企业的实际需要。尚未统一信息流的进口和出口，尚未使信息在企业内部合理共享，供应链信息管理和共享职能发挥不足。

（4）任职人员信息。

① 岗位定员：3 人。

② 学历：2 人本科，1 人专科。

③ 专业：1 人贸易，1 人英语，1 人管理。

④经验：平均具备两年煤炭进出口贸易经验。

问题：原岗位任职人员的专业结构不符合岗位要求，普遍缺乏供应链管理和计划调度的相关技能和经验。

3. 调整后的岗位的工作说明书

在原有岗位工作分析和诊断的基础上，进行工作描述，编写工作规范，改进的着眼点如下。

（1）增强对煤炭业务流程节点的审核和监督职能。

（2）增强对产供销的计划控制职能。

（3）增强供应链信息管理和共享职能。

（4）区分需要较高和较低经验技能的工作，以此区分主管和助理的工作职责，使主管这一关键岗位工作丰富化。

形成的职位说明书如表 3-1 所示。

表 3-1　计划调度主管职位说明书

岗位名称	计划调度主管	岗位编号	19
所在部门	煤炭部	岗位定员	3 人
直接上级	煤炭部总监	工作等级	
直接下级	计划调度助理	薪酬类型	
所辖人员	3 人	岗位分析日期	2002 年 10 月

职责概述：负责监督调度制度的建设和落实；负责汇总和平衡生产、采购和销售计划、编制煤炭业务月度经营计划、组织煤炭业务月度经营分析会议；负责组织召开周调度例会；负责日常调度工作、协调铁路运输和港口作业；负责煤炭业务自产煤采购的商务执行工作；负责审核装船方案；负责供应链信息的收集、分析、整理、转递工作；完成上级交办的其他任务。

<table>
<tr><th colspan="5">工作描述</th></tr>
<tr><td rowspan="5">职责一</td><td colspan="2">职责表述：负责监督调度制度的建设和落实</td><td>工作结果</td><td>分送单位</td></tr>
<tr><td rowspan="4">工作任务</td><td>监督、规范下属生产企业和储运公司制度建设、修改和完善工作</td><td>煤炭业务调度制度</td><td>煤炭部总监</td></tr>
<tr><td>落实下属生产企业和储运公司调度信息规范化的建设工作，包括规范表格的填写、信息传递时间等</td><td></td><td></td></tr>
<tr><td>对调度制度的适应性进行评价，并提出改进建议</td><td>调度制度适应性评价报告</td><td>煤炭部总监</td></tr>
<tr><td>组织落实调度制度的改善工作</td><td></td><td></td></tr>
</table>

续表

岗位名称		计划调度主管	岗位编号		19
职责二	职责表述：负责汇总和平衡生产、采购和销售计划、编制煤炭业务月度经营计划、组织煤炭业务月度经营分析会议			工作结果	分送单位
	工作任务	收集、汇总各环节上月经营计划执行情况			
		收集各个环节的生产、采购、销售计划			
		经平衡后编制煤炭业务月度经营计划		煤炭业务月度经营计划	煤炭部总监
		组织煤炭业务月度经营分析会议			煤炭部总监
		下发煤炭业务月度经营计划			
职责三	职责表述：负责监督调度制度的建设和落实			工作结果	分送单位
	工作任务	召集与会人员参加周调度例会			
		说明调度例会内容，负责会议记录工作		调度会会议记录	本岗位留存
		编撰调度例会会议纪要，经领导批示后下发		会议纪要	煤炭事业部总监
		下达调度会会议决议指令		调度通知	下属生产企业和储运公司
		协调、监督调度会决议的执行			
职责四	职责表述：负责日常调度工作、协调铁路运输和港口作业			工作结果	分送单位
	工作任务	参加公司月度经营计划会议，按计划负责处理权限内日常调度问题，值班领导处理权限外日常调度问题		调度通知	下属生产企业和储运公司
		负责下达调度指令，协调铁路运输和港口作业		调度通知	下属生产企业和储运公司
		向生产企业和储运公司索要指令执行情况反馈		反馈信息	煤炭部总监
		跟踪调度指令的执行情况，向直接上级反馈执行结果		反馈信息	煤炭部总监

续表

<table>
<tr><td>岗位名称</td><td colspan="2">计划调度主管</td><td>岗位编号</td><td>19</td></tr>
<tr><td rowspan="4">职责五</td><td colspan="2">职责表述：负责煤炭业务自产煤采购的商务执行工作</td><td>工作结果</td><td>分送单位</td></tr>
<tr><td rowspan="3">工作任务</td><td>负责自产煤炭的合同签订</td><td>煤炭采购合同</td><td>煤炭部总监</td></tr>
<tr><td>负责煤炭供应过程的执行监督</td><td></td><td></td></tr>
<tr><td>负责自产煤炭采购的结算</td><td></td><td></td></tr>
<tr><td rowspan="4">职责六</td><td colspan="2">职责表述：负责审核装船方案</td><td>工作结果</td><td>分送单位</td></tr>
<tr><td rowspan="3">工作任务</td><td>接受储运公司传真过来的装船方案</td><td></td><td></td></tr>
<tr><td>计算装船质量指标，审核装船方案的可行性，签署审核意见，呈报装船方案给煤炭事业部总监审批</td><td>装船方案审核意见</td><td>煤炭部总监</td></tr>
<tr><td>下达审批后的装船方案</td><td>审批后的装船方案</td><td>煤炭部总监</td></tr>
<tr><td rowspan="7">职责七</td><td colspan="2">职责表述：负责供应链信息的收集、分析、整理、转递工作</td><td>工作结果</td><td>分送单位</td></tr>
<tr><td rowspan="6">工作任务</td><td>负责接收各部门传来的业务信息，包括船期信息、装船信息等</td><td></td><td></td></tr>
<tr><td>负责收集煤炭业务供应链运作信息，包括日调度表等</td><td></td><td></td></tr>
<tr><td>负责转递煤炭业务供应链运作信息给供应链相关部门、单位</td><td>调度通知</td><td>煤炭部门下属生产企业和储运公司</td></tr>
<tr><td>整理归类日常运作问题，填写日调度问题汇总表</td><td>煤炭生产经营问题汇总表</td><td>煤炭部总监</td></tr>
<tr><td>分析处理供应链信息、填写月调度信息分析报告</td><td>月调度信息分析报告</td><td>煤炭部总监</td></tr>
<tr><td>整理归档供应链信息，建立调度信息文档</td><td>调度信息文档</td><td>本岗位留存</td></tr>
</table>

续表

<table>
<tr><td colspan="2">岗位名称</td><td colspan="2">计划调度主管</td><td colspan="2">岗位编号</td><td>19</td></tr>
<tr><td>职责八</td><td>工作任务</td><td colspan="3">职责描述：完成上级交办的其他任务</td><td></td><td></td></tr>
<tr><td colspan="2">人事权</td><td colspan="5">对直接下属的奖惩、培训有提名和建议权，有一定的考核评价权</td></tr>
<tr><td colspan="2">财务权</td><td colspan="5">无</td></tr>
<tr><td colspan="2">业务权</td><td colspan="5">业务执行权（调度制度执行情况的监督权、调度信息收集权、调度指令执行检查权、日调度会议的组织权、装船方案的审核权、铁路运输和港口作业的协调权）</td></tr>
<tr><td colspan="2">工作协作关系</td><td colspan="5">略</td></tr>
<tr><td colspan="2">外部协调关系</td><td colspan="5">煤炭业务下属控股子公司、储运公司等</td></tr>
<tr><td colspan="2">工作规范</td><td colspan="5">略</td></tr>
<tr><td colspan="2">教育水平</td><td colspan="5">大学本科以上</td></tr>
<tr><td colspan="2">专业</td><td colspan="5">煤炭、物资流通等相关专业</td></tr>
<tr><td colspan="2" rowspan="3">培训经历</td><td>培训内容</td><td>导训时间</td><td colspan="2">培训内容</td><td>导训时间</td></tr>
<tr><td>煤炭专业知识培训</td><td>两周以上</td><td colspan="2">计算机应用培训</td><td>两周以上</td></tr>
<tr><td>供应链管理培训</td><td>两周以上</td><td colspan="2">外语</td><td></td></tr>
<tr><td colspan="2">经验</td><td colspan="5">2 年以上相关工作经验</td></tr>
<tr><td colspan="2">个人素质</td><td colspan="5">较高的工作热情和工作主动性；
较高的职业道德水平；
较强的人际交往能力、沟通能力、判断和决策能力；很强的计划和执行能力</td></tr>
<tr><td colspan="2">知识</td><td colspan="5">掌握供应链管理知识和煤炭品质知识；具有煤炭一般知识和煤炭生产管理知识</td></tr>
<tr><td colspan="2">技能技巧</td><td colspan="5">较强的外语阅读能力、熟练使用计算机办公软件</td></tr>
<tr><td colspan="2">备注</td><td colspan="5"></td></tr>
</table>

（资料来源：http://www.tomx.com/Resources/1534.htm）

二、思考·讨论·训练

1. 案例中的乌金煤炭公司为什么要进行工作分析?
2. 乌金煤炭公司针对自身的情况是怎样开展工作分析的?
3. 工作分析在企业人力资源管理中具有怎样的作用?
4. 结合乌金煤炭公司的计划调度主管职位说明书，谈谈职位说明书应如何拟定。

A公司的工作分析

一、案例介绍

A公司是我国中部省份的一家房地产开发公司。近年来，随着当地经济的迅速增长，房产需求强劲，公司有了飞速的发展，规模持续扩大，逐步发展为一家中型房地产开发公司。随着公司的发展和壮大，员工人数大量增加，众多的组织和人力资源管理问题逐步凸显出来。

公司现有的组织机构，是基于创业时的公司规划，随着业务扩张的需要逐渐扩充而形成的，在运行的过程中，组织与业务上的矛盾已经逐步凸显出来。部门之间、职位之间的职责与权限缺乏明确的界定，扯皮、推诿的现象不断发生；有的部门抱怨事情太多，人手不够，任务不能按时、按质、按量完成；有的部门又觉得人员冗杂，人浮于事，效率低下。

公司在人员招聘方面，用人部门给出的招聘标准往往含糊，招聘主管往往无法准确地加以理解，使得招来的人大多不尽如人意。同时目前的许多岗位往往不能做到人事匹配，员工的能力不能得以充分发挥，严重挫伤了士气，并影响了工作的效果。公司员工的晋升以前由总经理直接决定。现在公司规模大了，总经理几乎已经没有时间来与基层员工和部门主管打交道，基层员工和部门主管的晋升只能根据部门经理的意见来决定。而在晋升中，上级和下属之间的私人感情成为了决定性的因素，有才干的人往往并不能获得提升。因此，许多优秀的员工由于看不到自己的前途，而另寻高就。在激励机制方面，公司缺乏科学的绩效考核和薪酬制度，考核中的主观性和随意性非常严重，员工的报酬不能体现其价值与能力，人力资源部经常可以听到大家对薪酬的抱怨和不满，这也是人才流失的重要原因。

面对这样严峻的形势，人力资源部开始着手进行人力资源管理的变革，变革首先从进行职位分析、确定职位价值开始，职位分析、职位评价究竟如何开展、如何抓住职位分析、职位评价过程中的关键点，为公司本次组织变革提供有效的信息支持和基础保证，是摆在A公司面前的重要问题。

首先，他们开始寻找进行职位分析的工具与技术。在阅读了国内目前流行的基本职位分析书籍之后，他们从其中选取了一份职位分析问卷，来作为收集职位信息的工具。然后，人

力资源部将问卷发放到了各个部门经理手中，同时他们还在公司的内部网上发了一份关于开展问卷调查的通知，要求各部门配合人力资源部的问卷调查。

据反映，问卷在下发到各部门之后，却一直搁置在各部门经理手中，没有发下去。很多部门是直到人力资源部开始催收时才把问卷发放到每个员工手中。同时，由于大家都很忙，很多人在拿到问卷之后，都没有时间仔细思考，草草填写完事。还有很多人在外地出差，或者任务缠身，自己无法填写，而由同事代笔，此外，据一些较为重视这次调查的员工反映，大家都不了解这次问卷调查的意图，也不理解问卷中那些陌生的管理术语，何为职责，何为工作目的，许多人对此并不理解。很多人想就疑难问题向人力资源部进行询问，可是也不知道具体该找谁。因此，在回答问卷时只能凭借自己的理解来进行填写，无法把握填写的规范和标准。

一个星期之后，人力资源部收回了问卷。但他们发现，问卷填写的效果不太理想，有一部分问卷填写不全，一部分问卷答非所问，还有一部分问卷根本没有收上来。辛苦调查的结果却没有发挥它应有的作用。

与此同时，人力资源部也着手选取一些职位进行访谈。但在试着谈了几个职位之后，发现访谈的效果并不好。因为，在人力资源部，能够对部门经理访谈的人只有人力资源部经理一人，主管和一般员工都无法与其他部门经理进行沟通。同时，由于经理们都很忙，能够把双方的时间凑在一块，实在不容易。因此，两个星期时间过去之后，只访谈了两个部门经理。

人力资源部的几位主管负责对经理级以下的人员进行访谈，但在访谈中，出现的情况却出乎意料。大部分时间都是被访谈的人在发牢骚，指责公司的管理问题，抱怨自己的待遇不公等。而在谈到与职位分析相关的内容时，被访谈人往往又言辞闪烁，顾左右而言他，似乎对人力资源部这次访谈不太信任。访谈结束之后，访谈人都反映对该职位的认识还是停留在模糊的阶段。这样持续了两个星期，访谈了大概 1/3 的职位。王经理认为时间不能拖延下去了，因此决定开始进入项目的下一个阶段——撰写职位说明书。

可这时，各职位的信息收集却还不完全。怎么办呢？人力资源部在无奈之下，不得不另觅他途。于是，他们通过各种途径从其他公司收集了许多职位说明书，试图以此作为参照，结合问卷和访谈收集到一些信息来撰写职位说明书。

在撰写阶段，人力资源部还成立了几个小组、每个小组专门负责起草某一部门的职位说明，并且还要求各组在两个星期内完成任务。在起草职位说明书的过程中，人力资源部的员工都颇感为难，一方面不了解别的部门的工作，问卷和访谈提供的信息又不准确；另一方面，大家又缺乏写职位说明书的经验，因此，写起来都感觉很费劲。规定的时间快到了，很多人为了交稿，不得不急急忙忙，东拼西凑了一些材料，再结合自己的判断，最后成稿。

最后，职位说明书终于出台了。然后，人力资源部将成稿的职位说明书下发到了各部门，同时，还下发了一份文件，要求各部门按照新的职位说明书来界定工作范围，并按照其中规定的任职条件来进行人员的招聘、选拔和任用。但这却引起了其他部门的强烈反对，很多一线部门的管理人员甚至公开指责人力资源部，说人力资源部的职位说明书是一堆垃圾文件，完全不符合实际情况。

于是，人力资源部专门与相关部门召开了一次会议来推动职位说明书的应用。人力资源部经理本来想通过这次会议来说服各部门支持这次项目。但结果却恰恰相反，在会上，人力资源部遭到了各部门的一致批评。同时，人力资源部由于对其他部门不了解，对于其他部门所提的很多问题，也无法进行解释和反驳。因此，会议的最终结论是，让人力资源部重新编写职位说明书。后来，经过多次重写与修改，职位说明书始终无法令人满意。最后，职位分析项目不了了之。

人力资源部的员工在经历了这次失败的项目后，对职位分析彻底丧失了信心。他们开始认为，职位分析只不过是“雾里看花，水中望月”的东西，说起来挺好，实际上却没有什么大用，而且认为职位分析只能针对西方国家那些管理先进的大公司，拿到中国的企业来，根本就行不通。原来雄心勃勃的人力资源部经理也变得灰心丧气，但他却一直对这次失败耿耿于怀，对项目失败的原因也是百思不得其解。

那么，职位分析真的是他们认为的“雾里看花，水中望月”吗？该公司的职位分析项目为什么会失败呢？

（资料来源：彭剑峰. 人力资源概论. 上海：复旦大学出版社，2008.）

二、思考·讨论·训练

1. 试分析该公司为什么决定从职位分析入手来实施变革，这样的决定正确吗？为什么？
2. 分析在职位分析项目的整个组织与实施过程中，该公司存在着哪些问题？
3. 该公司所采用的职位分析工具和方法主要存在着哪些问题？

新联信息公司的职位说明

一、案例介绍

新联信息公司成立于1999年，是一家高新技术企业。目前公司有16个部门，超过250名员工。各个部门的经理主要是通过外部招聘，或是内部重组时的人员调配而来，管理经验丰富。员工的年龄也比较年轻，知识层次比较高。

由于企业目前正处于高速发展期，在各方面也暴露出不少问题。

（1）人员紧张。由于公司业务的不断扩张，使得人员非常紧张，各部门存在一人兼多职现象。

（2）部门间职责不清。作为一个新企业，仅2001年上半年公司组织结构就调整过3次。因时间仓促，导致部门之间职责划分不清，工作互有重叠，不时出现互相推诿的现象。

（3）工资制度也不规范。高新技术行业以前是高工资领域，近来工资也略有调整，以适

应竞争。公司拟通过规范工资制度，进一步调动员工积极性。

针对上述问题，公司领导决定通过咨询有关专家，明确各个部门的职责。专家小组通过走访大量的员工，对公司的各种文献资料进行详细分析。最后，专家认为，上述弊端的根源在于缺乏完备的工作分析。通过与公司高层的沟通，决定采用工作日志、职位分析问卷和现场观测的形式，制定职位说明书。即首先明确每一个岗位的职责、任职资格、工作性质和范围、岗位目标。

为此，专家和各个部门经理一起探讨部门的岗位设置，力求科学合理。在确定岗位后，开始发动全体员工对确定的岗位进行描述，在专家指导下制定职位说明书。通过职位说明书，明确了部门中每位员工的职责权限及所需资格条件。

以下是营销部经理职务说明书。它主要包括以下部分：职位基本信息，职位设置的目的，在组织中的位置，工作职责及衡量标准，任职资格要求，工作特征等。

新联信息公司营销部经理职务说明书

1. 职位基本信息

职位编号：200139

职位名称：营销部经理

直接主管上级：公司副总裁

直接领导下属人数：5

工作分析员：刘磊

分析时间：2001.6.13

2. 职位设置目的

合理有效地利用公司各方面的资源，制定营销战略、新产品开发战略、目标市场战略，促进公司总目标的实现。

3. 该职位在组织中的位置

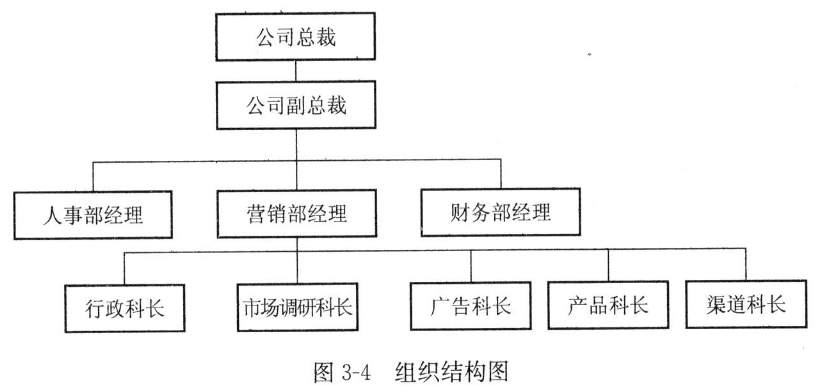

图 3-4　组织结构图

4. 岗位职责及评价标准（见表3-2）

表3-2　岗位职责及评价标准

<table>
<tr><th>岗　位　职　责</th><th>评价标准</th></tr>
<tr><td>开展市场调研，及时向公司决策层提供简明扼要、有价值的市场信息和应对市场变化的策略建议</td><td>新产品开发数量
建议采纳的数量</td></tr>
<tr><td>根据调研信息和公司整体发展战略，协同公司制定细致周密的市场营销战略、新产品开发战略、目标市场战略</td><td rowspan="2">产品销量
产品的市场占有率
顾客满意度</td></tr>
<tr><td>通过技术交流、推广活动、广告策划宣传等活动，迅速提高公司产品的知名度和美誉度，促进公司产品销售和市场拓展</td></tr>
<tr><td>安排、协调、指导和监督部门成员的工作，激励员工工作积极性</td><td>员工满意度</td></tr>
<tr><td>协调公司各部门的关系</td><td></td></tr>
<tr><td>协调公司同外部有关单位的关系，如行业主管部门、媒体、广告公司、行业协会、代理商等</td><td></td></tr>
</table>

5. 任职资格要求（见表3-3）

表3-3　任职资格要求

所学专业	企业管理、MBA、市场营销等相关专业
学　历	至少大学本科毕业
经　验	相关工作经验两年，在外企或国有大中型企业工作过的优先
计算机水平	熟练操作常用办公软件，熟悉专业软件SPSS
外语水平	口语流利，能读懂专业文献
写作能力	具有较强的文字表达能力
职位培训	每年3月定期培训一次，时间15天，培训内容主要有市场调研方法、品牌管理方法、产品知识、广告知识、促销知识等
其他要求	具有较强的学习能力、创新能力、协调和沟通能力，极强的分析判断能力，较强的进取心、责任心，团队工作意识，身体健康

6. 工作特征（见表3-4）

表3-4　工作特征

工作均衡性	经常有忙闲不均现象，并且没有明显的规律性
工作地点	需要经常外出，外出时间约占工作总时间的40%
紧张程度	工作节奏比较快，强度比较高

任职者签名：　　　　　　日期：　　　　　　年　　月　　日

直接主管签名：　　　　　日期：　　　　　　年　　月　　日

公司总裁签名：　　　　　日期：　　　　　　年　　月　　日

令专家和公司管理层惊讶的是，在职位说明书拟就后，工资、考核制度尚未制定和实施，管理层和员工的积极性和工作的顺畅程度就有了很大的提高。

通过这次改革，首先明确了各部门、各岗位职责，有效地解决了部门职责重叠现象，当然也包括互相推诿的现象，同时也为公司的未来发展奠定了坚实基础。该公司目前比较大的问题就是人员紧张，而这次咨询得到的职位说明书为企业未来招聘奠定了基础，设立了科学的任职资格，方便了人力资源部的招聘工作。

在整个过程中，员工参与咨询，管理层高度重视，加上规范和专业化的操作，职位说明书现在已成为员工守则的一部分，员工戏称为工作的“基本法”。

（资料来源：李小勇．100个成功的人力资源管理．北京：机械工业出版社，2004.）

二、思考·讨论·训练

1. 为什么要制定职位说明书？职位说明在企业人力资源管理中有何作用？

2. 新联信息公司营销经理职务说明书的成功之处体现在哪些方面？

3. 参照新联信息公司的营销经理职位说明书，为你所在企业的某一职务制定一份职位说明书。

清扫工作该由谁来做

一、案例介绍

宏伟公司于1998年10月正式成立，开发与生产电子产品，该公司原来是一家国有研究机构，公司现任总经理刘家祥是原研究机构的高级工程师，它在技术领域和学术造诣上堪称泰斗，对于现代企业管理却不甚精通。为了配合刘家祥的工作，公司为他配备了两名总裁助理，他们都是近年从高校招聘的本科毕业生，了解企业管理知识。公司设立财务、人力资源、营销和生产四个职能部门，部门经理分别为杨斌、张杰、王阳和李静。杨斌、张杰和王阳都是原来研究机构的技术骨干，李静是总经理的一个朋友，以前从事私营企业经营。在四个职能部门当中，李静主管的生产部实际上处于中心位置。在生产部门之下，依次设有各车间、班组。

公司满怀信心地投入了运营，各路人马按部就班，各司其职。然而，开业尚不足两个月，公司在内部员工职责权限划分上接连出现了问题。

先是组装车间，一个包装工不小心将大量液体洒在操作台周围的地板上。正在一旁的包装组长见状立即走上前要求这名工人打扫干净。不料这名工人一口回绝道："我的职责是包装产品，您应该让勤杂工处理这样的工作。况且，我的工作职责中没有要求我打扫卫生。"组长无奈，只好去找勤杂工，而勤杂工不在。因为，勤杂工要在正班工人下班后才开始清理车间。于是，包装组长只好自己动手，将地板打扫干净。

第二天，包装组长向车间主任请求处分包装工，得到了同意。谁料人力资源部门却不予支持，反而警告车间主任越权。车间主任感到不解，并向李静反映了这一情况，请求得到支持。包装组长更是满腹委屈，他反问道："难道我就该什么都负责？我的职责中也没要求我做清扫工作呀。"

李静觉得自己的车间主任受了委屈，就向总经理反映了这一问题，要求刘总警告人力资源部不要过多地干涉车间内部事务，否则生产运作会受到不利的影响。但刘总却说："我只管战略性的重大事务，内部的分工与沟通，你们自己去协商。"

李静尽管感到很吃惊，但还是表示理解总经理的指示，并且与人力资源部经理张杰进行协商。张杰的态度也很积极，马上让秘书拿来工作说明书一起分析。包装工的工作说明书规定：包装工以产品包装工作为中心职责，负责保持工作平台及周围设备处于可操作状态。勤杂工的工作说明书规定：勤杂工负责打扫车间，整理物品，保持车间内外的整洁有序。为了保证不影响生产，工作时间为生产休息时间。包装组长的工作说明书规定：包装组长负责使班组的生产有序、高效，并协调内部工作关系。车间主任的工作说明书规定：车间主任负责本车间生产任务的完成，并且可以采取相应的措施对员工加以激励。人力资源部门的职责主要包括员工的招聘、选拔、培训、考评、辞退、奖惩、工资福利等。

因为员工奖惩权归人力资源部门，因此人力资源部坚持认为生产部门对员工进行处分是越权的。生产部门则认为，对员工的奖惩应由自己决定，否则难以对员工进行有效管理，包装组长更是感到委屈，并声称要辞职。协商陷入了僵局。

（资料来源：于秀芝. 人力资源管理. 4版. 北京：中国社会科学出版社，2009.）

二、思考·讨论·训练

1. 宏伟公司在人力资源管理上目前面临的主要问题是什么？
2. 就妥善解决宏伟公司的人力资源管理的问题，提出你的建议。

什么样的软件工程师最合适

一、案例介绍

2002年冬季，计算机和通信专业毕业生的人才争夺战拉开帷幕。总裁们马不停蹄，奔走于全国各大高校之间，或演讲，或座谈，宣传自己的企业，吸引优秀人才加盟。

A公司也不例外，从10月份就开始行动了。人力资源部深知这一年招聘软件工程师的难度，计算机和通信专业的毕业生有很多选择机会，薪资水平只是吸引他们的一个方面，受到重视、能够发挥自己的潜能才是吸引他们的根本因素。

那么，如何识别出适合自己企业个性和技术方向的人才呢？技术把关应该不是问题，各项目经理有足够的水平来做好这项工作，但实践证明，人才发展不理想往往不是因为技术背景不行，更多的原因是个性等综合素质不适合自己企业的研发工作。

在这样的背景下，A公司决定加重“综合素质”测评工作的分量。经过仔细研究设计，整体测评工作安排如下。

第一步，通过工作分析确定测评的重点维度。这一步至关重要，甚至比测评过程本身还重要。这次招聘总的来说是针对一类职位：软件工程师。人力资源部进行了深入的工作分析，主要采用深度访谈法，对象是项目经理。通过访谈，最后得出了需要评价的三个主要维度：学习能力、创新能力、合作能力。IT业很多技术需要自己跟上世界发展潮流，很多知识是在课堂上学不到的，因此需要具备很强的学习能力。企业间竞争越来越激烈，能够不断开发出适合市场需求的新产品和新的服务，才是企业竞争制胜的关键，创新能力当然成为对研发人员测评的重点。另外，企业做软件研发工作，靠一个人单打独斗很难快速开发出新产品，团队精神、合作能力就成了另外一个关注的重点。现代企业里，强调的是以人为本，自我激励，那些需要别人督促的人显然会落后于竞争对手的速度和创造能力，所以这次测评特别提出了自我驱动这个维度的评价。

第二步，选择和开发能够测评以上维度的工具。A公司主要运用了三类测评工具：心理测验、半结构化面试、情景模拟测验，每一类工具针对不同的测评维度。学习能力的测评相对简单，A公司采用了国际上通用的非文字逻辑推理能力测验来测评。合作能力测评主要运用情景模拟测验来做，请4～8个人组成一个小组来共同解决一个问题，从中观察应聘人员的合作能力和综合素质。创新能力的测评历来是个难题。目前测评创造力的工具效度和信度普遍偏低，A公司只好采取综合的方法来解决问题。创新能力的高低和很多素质有直接关系，如对新事物的开放性思维、直觉思维、独立性、灵活性等。A公司就选用了能够测评这些素质的工具，并在面试和情景模拟测验中专门设计用来考察创新能力的问题。

第三步，实施测评。在招聘测评过程中，首先由技术专家（一般是项目经理）进行技术面试，过关者由A公司进行综合能力测评。在测评过程中，很多应聘学生对这种测评方法感到很新颖，很有兴趣，反馈很积极。有的说：“A公司虽然不是跨国公司，但在招聘人才方面比跨国公司做得还细致、还专业。”有的说：“经历过3个小时的测评，我感觉A公司这种做法是重视评价人的潜能和团队精神，我对来这样的企业之后的个人前途充满希望!”很多学生都有这样的想法。在具体实施过程中，创造良好的评价环境很重要，很多学生从外地赶到北京，很辛苦，如果测评环境不好，就会影响到他们水平的稳定发挥。综合能力测评结束后3～4天，项目经理拿到公司提交的应聘人测评报告。报告主要内容是定性、定量描述应聘人和软件工程师这个岗位的匹配程度，包括合作能力、学习能力、创新能力等个性方面综合能力的评价描述。各项目经理根据技术面试结果和测评报告作出录用决策。

项目经理一开始并没有特别在意这份6000多字的测评报告，但当读完报告之后，他们觉得这份报告很实用。当两个学生技术背景相差很小的情况下到底用谁，测评报告给出了答案，因为它关注的是非技术素质，这就为用人经理提供了很好的参考。到后来，项目经理面试后，都迫切等待着拿到综合素质测评报告，以便更准确、更快地决策。

另外，这份测评报告还有一个很重要的用途，就是指导新员工尽快适应工作岗位，报告对应聘人的个性特点和工作风格分析得比较透彻、准确，可以作为设计职业生涯、指导开展工作的参考。

第四步，跟踪研究。为了更好地改进招聘工作，A公司还对上岗人员的工作表现进行跟踪研究。同时获取这次测评的预测效度数据，为改进测评方法奠定基础。由于追踪研究的最佳时间为上岗后一年，目前，他们的这项工作还没有进行完毕。

［资料来源：牛雄鹰．员工任用（一）：工作分析与员工招聘．北京：对外经济贸易大学出版社，2004.］

二、思考·讨论·训练

1. A公司的工作分析是如何为招聘工作服务的?

2. 借鉴本案例A公司的做法，完成某一职位的“综合素质”测评工作。

信任背摔

一、目的：在团队成员之间建立信任关系。

二、参加人数：随意。

三、学员练习时间：随意。

四、讲师向各学员说明。

（1）学员围成一个圈，有一个学员站在中间。

（2）中间的学员询问周边的学员是否准备好了。

（3）周边的学员准备好后，中间的学员可以笔直地倒向任何方向，不能移动脚步。

（4）周围的学员要接住中间的学员，并轻轻地转向其他方向。

（5）每一个学员都可以做中间的学员。

五、参考：

这个游戏可以用在团队合作中，可以帮助队员练习建立信任关系。

10个队员轮流做一遍，约需要15分钟。

（资料来源：JDB营销管理学院，http://wenku.baidu.com/view/e717296baf1ffc4ffe47ac2a.html）

课后练习题

一、了解一下《职务分析面谈问题样本》，并完成此次访谈。

职务分析面谈问题样本（一）

(1) 请问你的姓名、职务名称、职务编号是什么？

(2) 请问你在哪个部门工作？请问你的部门经理是谁？你的直接上级是谁？

(3) 请问你的主要职务是什么？可以举一些实例。

(4) 请你尽可能详细地讲讲你昨天一天的工作内容。

(5) 请问你对哪些事情有决策权？哪些事情没有决策权？

(6) 请讲讲你在工作中需要接触到哪些人。

(7) 请问你需要哪些设备和工具来开展你的职务？其中哪些是常用的？哪些只是偶尔使用？你对目前的设备状况满意吗？

(8) 请问你在人事审批权和财务审批权方面有哪些职责？可以举些实例。

(9) 请问你做好这项职务需要什么样的文化水平？需要哪些知识？需要什么样的心理素质？

(10) 如果对一个大专学历层次的新员工进行培训，你认为需要培训多长时间才能正式上岗？

(11) 你觉得目前的工作环境如何？是否还需要更好的环境？你希望哪些方面得到改善？

(12) 你觉得该工作的价值和意义有多大？

(13) 你认为怎样才能更好地完成工作？

(14) 你还有什么要补充的？

(15) 你确保你回答的内容都是真实的吗？

职务分析面谈问题样本（二）

(1) 岗位的目标是什么？

- 这个岗位最终要取得怎样的结果？
- 从公司角度来看，这个岗位具有哪些重要意义？
- 为何设置这一岗位？
- 为这项工作投入经费会有何收益？

(2) 工作的意义何在？

- 计算用于这个岗位一年的经费，比如：经营预算、销售额、用于员工本身的开销。
- 此岗位主管能否为部门或机构节省大笔开支，且能否年年如此？
- 岗位主管能否为公司创造不菲的收益，且能否保持业绩？

（3）岗位在机构中的位置如何？

· 他直接为谁效力？

· 哪些职位与他同属一个部门？

· 他最频繁的对内对外联系有哪些？

· 他在哪个委员会供职？

· 他出差吗？去何处？因何故？

（4）他一般有哪些助手？

· 他主管哪些工作？

· 简要说明每位下属的工作范畴：规模、范围及存在的原因。

· 他的下属是何种类型的员工：是否称职、是否经验丰富，等等？

· 他如何管理下属？

· 使用何种信息管理系统？

· 经常与哪些下属直接接触？

· 他是否需要具备和下属同样丰富的专业或技术知识？因何如此？

（5）需要具备何种技术、管理及人际关系的协调能力？

· 岗位的基本要求是什么？

· 岗位主管（他）的工作环境如在技术、专业及经济方面的状况如何？

· 需要哪些专业技术，按重要程度列出。按事件发生的先后顺序，请他举出工作中的实例来说明。

· 如何掌握技术知识，脱产培训还是在职培训？

· 公司是否有其他渠道提供类似的技术知识？他能否有机会接触这些知识？

· 他对下属工作士气的影响如何？

· 下属是否拥护他的管理和指导，是否需要他的配合？

· 他在说服别人——级别相同抑或更高的人——接受他对本领域或其他领域的意见时，是否要颇费口舌？

· 他可向谁寻求帮助？

· 他的自主权限有多大？

· 他向哪级主管负责？

· 他大部分时间在做什么？

· 日常工作中，与技术知识相比，处理人际关系的技巧重要程度如何？

（6）管理工作中需要解决的关键问题是什么？涉及哪些方面？

· 他认为工作中最大的挑战是什么？

· 最满意和最不满意的地方是什么？

· 工作中最关切或最谨慎的问题是什么？

· 在处理这些棘手或重要问题时，以什么为依据？

- 其上司以何种方式进行指导?
- 他是否经常请求上司的帮助；或者上司是否经常检查或指导他的工作?
- 他对哪类问题有自主权?
- 哪类问题他需要提交上级处理?
- 解决问题时，他如何依据政策或先例?
- 问题是否各不相同? 具体有哪些不同?
- 问题的结果在多大程度上是可预测的?
- 处理问题时有无指导或先例可参照?
- 以先例为依据和对先例进行分析解释，是不是解决问题的唯一途径?
- 他能否有机会采取全新的方法解决问题?
- 他是否能解决交给他的问题，或者说他是否知道该如何解决这些问题?
- 着手解决问题之前需对问题做的分析工作是由他本人还是他的上司来完成?
- 要求他举例说明问题是谁以何种方式解决的?

(7) 他的行为或决策受何种控制?

- 他依据怎样的原则、规章制度、先例和人士制度办事?
- 他是否经常会见上司?
- 他与上司讨论什么问题?
- 他能否改变自己部门的结构?
- 要求他举例说明曾作出的重大决定或举措。
- 在以下几方面他有何种权力：

  A. 雇用和解雇员工

  B. 动用资金

  C. 决定近期开支

  D. 确定价格

  E. 改变方法

  F. 改变岗位设计、政策和薪金。

(8) 管理工作最终要取得什么重要成果?

- 除能圆满解决问题之外，他还直接负责什么工作?
- 他是具体负责处理某事还是负责监督别人来处理此事?
- 用何种标准衡量事情的结果?
- 是由他来确定任务还是由他来组织完成任务?
- 他对事情的成败是否有决定性作用?

(资料来源：http://www.ask123.net/info/news-center.shtml? id=200802211336060278&i Index=8&p=detail)

请到当地一家企业选择一位工作人员作为职务分析访谈对象，采用以上职务分析面谈问题样本对其工作进行调查分析，并模拟编写一份工作说明书。

二、了解你所在高校的院长办公室主任的工作职能，编制一份院长办公室主任的工作说明书。

三、某公司因为业务发展需要，准备增设一个招聘专员岗位，请问在增设此岗位时应该注意哪些问题？

四、如果你是一个企业的人力资源部经理，你将如何组织对销售部经理岗位的工作分析？

五、走访3～5个企业，了解各类岗位调查方法和岗位评价方法在企业人力资源管理中的应用情况，写出调查报告。

第四章　员工招聘

事实上，不管他们来自何方，通用电气公司总是致力于发现和造就了不起的人。我强调过很多观点，但我尤为注意把人作为通用电气公司的核心竞争力。在这一点上，我倾注了比任何其他事务都多的热情。

——杰克·韦尔奇

世上有伯乐，然后有千里马。千里马常有，而伯乐不常有。

——韩　愈

学习目标

- 明确员工招聘的概念和意义；
- 把握员工招聘的原则；
- 熟悉员工招聘的流程；
- 了解各类招聘方式的特点；
- 能够制订员工招聘计划并开展此项工作。

故事导入

松下幸之助的招聘

有一次，日本的松下公司招聘一批推销人员，考试是笔试和面试相结合。这次招聘的人总共就有十名，可是报考的达到几百人，竞争非常激烈。经过一个星期的筛选工作，松下公司从这几百人中选择了十名优胜者。

松下幸之助亲自过目了一下这些入选者的名字，令他感到意外的是，面试时给他留下深刻印象的神田三郎并不在其中。于是，松下幸之助马上吩咐下属去复查考试分数的统计情况。

经过复查，下属发现神田三郎的综合成绩相当不错，在几百人中名列第二。由于计算机出了毛病，把分数和名称排错了，才使神田三郎的成绩没有进入前十名。松下幸之助听了，立即让下属改正错误，尽快给神田三郎发录取通知书。

第二天，负责办理这件事情的下属向松下幸之助报告了一个令人吃惊的消息：由于没有接到松下公司的录取通知书，神田三郎竟然跳楼自杀了，当录取通知书送到的时候，他已经死了。这位下属还自言自语地说："太可惜了，这位有才华的年轻人，我们没有录取他。"

松下幸之助听了，摇摇头说："不！幸亏我们公司没有录取他，这样的人是成不了大事的。一个没有勇气面对失败的人又如何去做销售！"

员工招聘是企业获得符合需要的人力资源的重要手段，是企业提高人力资源管理效益的重要起点和基础，是企业提高声誉和知名度的重要手段，是企业增添新活力的重要途径，企业必须对其予以高度重视。

一、员工招聘的概念和意义

所谓人力资源招聘，就是通过各种信息途径，寻找和确定工作候选人，以充足的数量和质量来满足组织的人力资源需求的过程。员工招聘是企业人力资源管理中非常重要的一个环节，为了满足企业发展的需要，根据人力资源规划和工作说明书的要求，需要从企业外部吸收人力资源；也需要通过内部招聘，优化配置企业现有的员工。员工招聘的目的就是确保企业对人力资源需求的充分满足，并高效配置和优化企业人力资源。

招聘包括两个主要方面：一是向应聘人员说明"工作是什么"；二是选择"什么人适合这份工作"。西方有句俗话：你可以训练火鸡爬树，但不如直接雇用一只松鼠。因此，第一个策略，是定义出贵公司的工作：爬树；第二个策略是找到合适的员工：松鼠。如果贵公司的目标是创新，就需要找头脑灵活、敢于冒险与尝试的人；如果贵公司的目标是严守操作流程，那就要找守规矩的人。

在知识经济条件下，留住最好和最明智的人是至关重要的。思科系统公司为了求得人才，在每个工程技术员工身上花费了50万美元至好几百万美元。在市场经济下，人们越来越认识到，没有什么比招聘到最合适的人更为重要的了。因此，公司一定要对招聘工作给予高度的重视。

（一）招聘工作在组织的人力资源管理中占有首要地位

如果把人力资源看成是一个系统中的输入与输出转换机制，那么，招聘工作就位于人力资源系统的输入环节。也就是说，招聘工作的质量直接影响组织人才输入的质量，这是人力资源管理的第一关口。招聘的最大挑战不在于聘到人才，而在于聘到合适的人才，而且要合适地去招聘人才。从这个意义上说，招聘工作实际上决定着组织今后的成长与发展。人才是企业发展的第一要素，而招聘的结果决定了企业是否获得所需要的优秀人才。人才竞争是现代社会竞争的制高点，企业只有拥有高素质的人才，才能繁荣昌盛，在竞争中立于不败之地。

（二）招聘工作是一项树立企业形象的对外公关活动

招聘，尤其是外部招聘，从一开始就要准备招聘材料，这些材料中包括企业发展的基本情况介绍、发展方向、政策方针等。同时，通过各种广告形式，将这些内容扩散出去，一方面使企业获得所需要的人才；另一方面，可以起到宣传企业形象，扩大企业知名度的作用。例如，深圳华为公司通过经常性的招聘活动，不但吸收了大量的优秀人才，而且也提高了自身的知名度。

（三）招聘工作是激发人才活力的最佳战略

招聘工作会给现有职工带来一种压力。一是新进员工会带来新的竞争，可以为组织注入新的管理思想，可能给组织带来技术上的重大革新，为组织增添新的活力；二是招聘岗位为员工带来了新的挑战，这对发挥员工的潜能是十分重要的。招聘是一种促进“才得其用，职得其才”的有效可行的方法。

（四）招聘工作直接影响着人事管理费用

有效的招聘工作，既能节省组织招聘活动的费用，又能招收到符合组织需要的优秀人才，而且因为招收的人员适合组织工作，会减少组织在培训和能力开发方面的支出，节省费用。

（五）招聘工作有利于劳动力的合理流动

目前，员工离职现象越来越普遍，因而也使得员工招聘工作更加日常化和重要化了。

二、员工招聘的原则

（一）双向选择，公开、公平竞争原则

企业根据需要自主选择所需的员工，应聘者根据自身条件自由选择职业。这是劳动力市场上资源优化配置的基本原则。遵循这一原则有利于企业提高招聘效果，改善自身形象，增强吸引力；同时也有利于应聘者实现个人发展目标，有利于激励他们不断完善自身素质，通过竞争取胜，也有利于优秀员工脱颖而出。

为此，要把招聘的职位、种类、数量，应聘的资格、条件，考核、筛选的科目、方法和时间，都让公众周知，公开进行。一方面尽可能吸引更多的求职者来应聘；另一方面要有严格考核与测评的程序和手段，对所有应聘者一视同仁，为所有有志之士提供公平竞争的机会，通过公开、公平竞争，鉴别、选拔和录用各方面的优秀人才，达到广纳贤才的目的。

（二）全面、择优、能级原则

对所有应聘者要从品行、知识、能力、智力、心理、生理、过去工作的经验和绩效等方面进行全面考核、测评和考察。因为一个人能否胜任某项工作或者是否具有发展前途，是由多方面因素决定的，特别是非智力因素有时起着决定性的作用。

要依据企业的人力资源需求和任职要求，采用科学的程序、方法和手段，为企业的各个职位选择最合适的员工。人的知识有高低，能力有大小，工作有难易，要求有区别，择优招聘员工，不是都要最优秀的，而应量才录用，做到人尽其力、用其所长、职得其人，把适当的人配置到适当的职位上，避免大材小用和小材大用。这样才能持久、高效地发挥企业人力资源的作用。

（三）少而精、宁缺毋滥原则

当某一职位暂时招不到合适人选时宁可暂时空缺，也不要让不合适的人占据。为了避免空缺的时间过长给企业带来损失，这就要求人力资源部门在制订招聘计划时要有一个提前期。企业机构臃肿、人浮于事会大大降低效率；同时把员工招聘进来后再辞退也会给企业带来重大损失。因此，在可招可不招时尽量不招，可少招可多招时尽量少招。

三、员工招聘的流程

招聘流程是指从组织内出现空缺到候选人正式进入组织工作的整个过程。这是一个系统而连续的程序化操作过程，同时涉及人力资源部门及企业内部各个用人部门及相关环节。为了使人员招聘工作科学化、规范化，应当严格按一定程序组织招聘工作，这对招聘人数较多或招聘任务较重的企业尤其重要。

从广义上讲，人员招聘包括招聘准备、招聘实施和招聘评估 3 个阶段。狭义的招聘即指招聘的实施阶段，其间主要包括招募、选择、录用 3 个步骤。

（一）准备阶段

准备阶段的主要任务包括确定招聘需求，明确招聘工作特征和要求，制订招聘计划和招聘策略等。

确定招聘需求工作就是要准确地把握有关部门对各类人员的需求信息，确定人员招聘的种类和数量。具体步骤为：首先，由公司的人力资源部或由各部门根据长期或短期的实际工作需要提出人力需求。然后，由人力资源部门填写“人员需求表”。每个企业可根据具体情况的不同编制不同的人员需求表，但必须依据工作描述或工作说明书制定。一般说来，人员需求表可包括以下内容：

（1）所需人员的部门、职位；

（2）工作内容、责任、权限；

（3）所需人数及何种录用方式；

（4）人员基本情况（年龄、性别等）；

（5）要求的学历、经验；

（6）希望的技能、专长；

（7）其他需要说明的内容。

最后，由人力资源部审核，对人力需求及资料进行审定和综合平衡，对有关费用进行评估，提出是否受理的具体建议，报送主管部门审批。

经批准确定后，要求人力资源部制订招聘工作计划。制订人员招聘录用计划为组织人力资源管理提供了一个基本的框架，尤其为人员招聘录用工作提供了客观的依据、科学的规范和使用的方法，能够避免人员招聘录用过程的盲目性和随意性的发生。有效的招聘计划，离不开对招聘环境实施分析，包括对企业外部环境因素的分析，如对经济环境、劳动力市场及法律、法规等的研究，还包括对企业内部环境的分析，如企业的战略规划和发展计划、财务预算、组织文化、管理风格等。招聘计划一般包括：人员需求清单、招聘信息发布的时间和渠道、招聘人选、招聘者的选择方案、招聘的截止日期、新员工的上岗时间、招聘费用预算、招聘工作时间表等。

招聘策略是招聘计划的具体体现，是为实现招聘计划而采取的具体措施。在招聘过程中，必须结合本组织的实际情况和招聘对象的特点，给招聘计划注入有活力的东西，这就是招聘策略。招聘策略包括：招聘地点策略、招聘时间策略、招聘渠道策略及招聘中的组织宣传策略等。

（二）实施阶段

招聘工作的实施是整个招聘活动的核心，也是最关键的一环，先后经历招募、选择、录用三个步骤。

（1）招募阶段。根据招聘计划确定的策略及单位需求所确定的用人条件和标准进行决策，采用适宜的招聘渠道和相应的招聘方法，吸引合格的应聘者，以达到适当的效果。一般来说，每一类人员均有自己习惯的生活空间、喜欢的传播媒介，单位想要吸引符合标准的人员，就必须选择该类人员喜欢的招聘途径。

（2）选择阶段。选择是指组织从人、事两个方面出发，使用恰当的方法，从众多的候选人中挑选出最适合职位的人员的过程。在人员比较、选择的过程中，不能仅仅进行定性比较，应尽量以工作岗位职责为依据，以科学、具体、定量的客观指标为准绳。常用的人员选拔方法有：初步筛选、笔试、面试、心理测验、评价中心等。需要强调的是，这些方法之间经常相互交织在一起并且相互结合使用。

（3）录用阶段。录用是依据选择的结果作出录用决策并进行安置的活动，主要包括录用决策、发录用通知、办理录用手续、员工的初始安置、试用、正式录用等内容。在这个阶段，招聘者和求职者都要作出自己的决策，以便达成个人和工作的最终匹配。一旦有求职者接受了组织的聘用条件，劳动关系就算正式建立起来了。

（三）评估阶段

对招聘活动的评估主要包括两个方面：一是对照招聘计划对实际招聘录用的结果（数量和质量两个方面）进行评价总结；二是对招聘工作的效率进行评估，主要是对时间效率和经济效益（招聘费用）进行招聘评估，以便及时发现问题，分析原因，寻找解决的对策，及时调整有关计划，并为下次招聘总结经验教训。

四、招聘方式比较

专业中介服务机构的发展，信息技术手段特别是网络的运用，为人们求职提供了招聘会、网上求职、委托中介、猎头服务等更多形式的选择。但是，毕业于同一学校同一专业，各个方面情况相差不大的几个学生，由于求职方法和求职策略不同，能顺利找到工作的结果却相差很大。哪种求职方式最有效呢？表 4-1 对此做了比较。

表 4-1　几种主要招聘方式比较

方式	适用范围	特点	成功/失败率	提示
创意求职法	有特长、有专业，对应聘职位感兴趣，有独到的见地	实践表明，那些很少招聘人的公司，竞争对手也少，如得到认可，对方可能会给你打造一个职位	成功率为 80%	设法拜见公司的决策人，以求得到雇主的垂青
直接找公司的负责人	谈吐不凡，才华卓尔不群	这种方法有较大难度，因为你很难找到与那些大公司老板见面的机会	成功率为 70%	尽量找熟人创造与老总见面机会，不怕拉下面子，要锲而不舍
朋友亲戚介绍	情商较高，诚信较高，人缘较好的求职者	亲戚朋友对自己各方面情况比较了解，易取得单位的信任	成功率为 60%	培养好性格，成为品学兼优的学生
招聘会	通用性专业、职位（如会计、文秘、行政、销售人员等）所需的一般层次人才	招聘信息时效性较强，向招聘单位直接投简历，费用较低，主观性强	失败率为 80%	给招聘者留下好印象最重要，应聘前需精心准备

续表

方式	适用范围	特点	成功/失败率	提示
网上求职	适用于多种行业，公司和招聘职位，面向多层次人才	及时获取定制招聘信息，简历制作、投递便捷，目的性强，省去奔波周遭之苦，免费或费用较低。但面试前电子化交流、标准化模式，个性特征不突出，信息可信度不便确认	失败率为 75%	电子化的简历是关键因素
委托中介	自主求职缺少经验、时间、条件或对职位有特殊要求的人才	信誉好的专业中介机构能够提供完善、持续、个性化的服务，成为真正的职业顾问。中介机构运作情况良莠不齐，有的机构收费与服务不成正比	失败率为 50%～85%	注意选择值得信赖的中介机构
靠招聘广告	想进入人才市场但不知如何应聘的人	信息发布广但针对性不强、费用高	失败率为 80%～90%	简历要新颖，能引人注目

（资料来源：现代教育报，2003 年 6 月 15 日）

案例1　宝洁公司的标准化面试

一、案例介绍

宝洁公司的面试分两轮。第一轮为初试，一位面试经理对一个求职者进行面试，一般都用中文进行。面试人通常是有一定经验并受过专门面试技能培训的企业部门高级经理。一般这个经理是被面试者所报部门的经理，面试时间大概在 30～45 分钟。

通过第一轮面试的应聘者，宝洁公司将出资请其到广州宝洁中国企业总部参加第二轮面试，也是最后一轮面试。为了表示宝洁对应聘者的诚意，除免费往返机票外，面试全过程在广州最好的酒店或宝洁中国总部进行。第二轮面试大约需要 60 分钟，面试官至少是 3 人，为确保招聘到的人才真正是用人单位（部门）所需要和经过亲自审核的，复试都是由各部门高层经理来亲自面试。如果面试官是外方经理，宝洁还会提供翻译。

1. 宝洁的面试过程

第一，相互介绍并创造轻松交流气氛，为面试的实质阶段进行铺垫。

第二，交流信息。这是面试中的核心部分。一般面试人会按照既定的 8 个问题提问，要求每一位应试者能够对他们所提出的问题作出一个实例的分析，而实例必须是其在过去亲自经历过的。这 8 个问题由宝洁企业的高级人力资源专家设计，无论你如实或编造回答，都能反映您某一方面的能力。宝洁希望得到每个问题回答的细节，高度的细节要求让个别应聘者感到不能适应，没有丰富实践经验的应聘者很难很好地回答这些问题。

第三，讨论的问题逐步减少或合适的时间一到，面试就引向结尾。这时面试官会给应聘者一定时间，由应聘者向主考人员提几个自己关心的问题。

第四，面试评价。面试结束后，面试人立即整理记录，根据求职者回答问题的情况及总体印象作评定。

2. 宝洁的面试评价体系

宝洁公司在中国高校招聘采用的面试评价测试方法主要是经历背景面谈法，即根据一些既定考察方面和问题来收集应聘者所提供的事例，从而来考核该应聘者的综合素质和能力。

宝洁的面试由 8 个核心问题组成。

第一，请你举一个具体的例子，说明你是如何设定一个目标然后达到它。

第二，请举例说明你在一项团队活动中如何采取主动，并且起到领导者的作用，最终获得你所希望的结果。

第三，请你描述一种情形，在这种情形中你必须去寻找相关的信息，发现关键的问题并且自己决定依照一些步骤来获得期望的结果。

第四，请你举一个例子说明你是怎样通过事实来履行你对他人的承诺的。

第五，请你举一个例子，说明在完成一项重要任务时，你是怎样和他人进行有效合作的。

第六，请你举一个例子，说明你的一个有创意的建议曾经对一项计划的成功起到了重要的作用。

第七，请你举一个具体的例子，说明你是怎样对你所处的环境进行评估，并且能将注意力集中于最重要的事情上以便获得你所期望的结果。

第八，请你举一个具体的例子，说明你是怎样学习一门技术并且怎样将它用于实际工作中。

根据以上几个问题，面试时每一位面试官当场在各自的“面试评估表”上打分：分数分为三等：1～2 分（能力不足，不符合职位要求；缺乏技巧、能力及知识），3～5 分（普通至超过一般水准；符合职位要求；技巧、能力及知识水平良好），6～8 分（杰出应聘者，超过职位要求；技巧、能力及知识水平出众）。具体项目评分包括说服力/毅力评分、组织/计划能力评分、群体合作能力评分等项目评分。在“面试评估表”的最后一页有一项“是否推荐栏”，有三个结论供面试官选择：拒绝、待选、接纳。在宝洁企业的招聘体制下，聘用一个人，须经所有面试经理一致通过方可。若是几位面试经理一起面试应聘人，在集体讨论之后，最后的评估多采取一票否决制。任何一位面试官选择了“拒绝”，该应聘者都将从面试程序中被淘汰。

3. 招聘的后续工作

发放录取通知后，人力资源部还要确认应聘人被录用与否，并开始办理有关入职手续。除此以外，招聘的后续工作还包括以下内容。

（1）招聘后期的沟通。宝洁认为在物质待遇大致相当的情况下，“感情投资”便是竞争重点了。一旦成为宝洁决定录用的毕业生，人力资源部会专门派一名人力资源部的员工去跟踪服务，定期与录用人保持沟通和联系，把他当成自己的同事来关怀照顾。

（2）建立人才库。宝洁公司有时会碰到这样一种情况：遇到一些非常优秀的人才，但是暂时还没有适合他们的位置，人力资源部会有一个自己的“红名单”，记录这些暂时没机会进入宝洁的优秀人才，他们会与“红名单”上的人建立联系，这是他们的一种习惯：建立自己的“人才小金库”，往往能在少量人才变动时及时补上。

（3）招聘效果考核。宝洁公司招聘结束后，公司也会对整个招聘过程进行一些可量化的考核和评估，考核的主要指标包括：是否按要求招聘一定数量的优秀人才；招聘时间是否及时或录用人是否准时上岗；招聘人员素质是否符合标准，即通过所有招聘程序并达到标准；因招聘录用新员工而支付的费用，即每位新员工人均因招聘而引起的费用分摊是否在原计划之内。

（资料来源：http://www.8020rc.com/news/21/20067.html）

二、思考·讨论·训练

1. 宝洁公司的人才选拔工作有什么优点？
2. 宝洁公司的招聘后续工作对人才选拔有何作用？

案例2　无人才可招的总经理

一、案例介绍

（一）背景

东方科技有限公司成立于2000年，是一家生产高新科技产品的制造型企业，其前身是东方电子器件厂。在公司成立的6年当中，公司上下团结一致，努力工作，再加上良好的外部市场环境和正确的内部决策，公司取得了一系列令人瞩目的成绩。随着公司规模的不断扩大，员工的人数也从2000年年初的106人增加到现在的300人。

董事长丁志刚毕业于西安电子科技大学。毕业后，他回到家乡创办了东方电子器件厂，专门生产各种小型的电子器件。跟许多其他白手起家的创业者一样，丁董事长经历了很多磨难和挫折，但他最终坚持下来，并将工厂一步一步地做大，成为今天的东方科技有限公司。

公司的日常经营由总经理负责。总经理下面并列着6个部门，人力资源部是其中之一，其经理丁天宇是老董事长的独子，但其自身能力是大家有目共睹的，在公司里属于响当当的人物，做事雷厉风行，敢说敢做。因此，他在公司中相对于其他部门的经理有着更高的威信。

然而近期，丁经理的日子却不怎么好过。原来由于公司的快速发展，人力资源部的各项工作都面临着严峻的考验，特别是招聘，被动招聘的局面日趋严重。在刚刚举行过的年终会议上，又有几个部门的经理提出由于人员配备不足而影响到了其部门的绩效。总经理也询问为什么招聘速度那么慢，以至于不能及时补充人员。丁经理为此很烦恼，也感到责任重大。会后，丁经理马上开始调查本部门的招聘工作进展情况，并打算尽快找时间跟招聘组负责人小王谈谈。

（二）招聘部的烦恼

元旦假期过后的第一天，丁经理就迫不及待地找到人才招聘部的负责人小王了解情况。谈话是在丁经理的办公室进行的。

丁经理："小王，快坐下来。最近，公司的事很多，很久没有时间跟你好好地坐下来聊一聊了。公司正值发展壮大的时期，对人员需求量比较大，你那边的工作应该很辛苦吧！有没有什么难处，尽管提出来。"

小王："总经理，最近是挺忙，手头上的事压了一大堆，我那组的人每天在网上搜索简历熬得两眼通红，这三个月来我们已经放弃了6个节假日去参加各种招聘会，但效果不是很理想。"

丁经理："你们工作很辛苦这我是看在眼里的，也要适当休息嘛，身体是本钱。至于招聘效果不理想，有没有考虑过原因?"

小王："总经理，其实我也听说了在年终会议上的事。太气人了。我早就想跟您诉诉苦了，只是看您一直在忙，不好意思。干脆今天全说了吧。其实，用人需求多，时间紧都不是问题，我们加班就可以解决。关键还在于其他部门的人不配合，可他们却抱怨我们工作不努力影响了他们。"

丁经理："啊？怎么讲?"

小王："公司扩张中有一些岗位都是新设立的，还没有岗位描述（备注：岗位描述由部门经理负责起草，人力资源部的绩效专员负责定稿，按照人力资源部规定在招聘新岗位前应完成招聘岗位的岗位描述，而目前存在着严重的滞后现象，其主要原因就在于部门经理的拖延)，您看看其他部门交上来的这几张用人需求，对人员资格描述那么含糊，根本不能算是岗位描述。我没法做招聘广告。就算勉强招了人，由于他们不说清楚，我根本就不知道他们想要什么样的人，他们也看不中。我真怀疑他们自己心里都没个谱，觉得缺人，就填个单子了。"

丁经理："那你多去催催部门经理，让他们及时补上岗位描述，告诉他们没有这些基础

资料，你无法正常进行招聘工作，会影响到招聘速度的。”

小王：“唉，我都催了好几次了，可他们口头上都答应得好好的，转过身就忘了，他们总有比这事更重要的事情。”

丁经理：“小王，你提得很好，这件事我会在公司的会议上提出来。今后有什么问题都要及时提出，这样才能及时解决。你们最近工作很辛苦，等过了这一阵儿，一定给你们好好安排一个假期，让你们也好好放松放松。”

小王：“谢谢，经理。”

与小王谈过话后，丁经理心里有了底，但为了对事情进行全面了解，丁经理认为不能只听小王一面之词，他准备亲自到招聘会现场看看。

（三）经理的体验

星期六，丁经理乔装打扮，去公司设在人才市场的摊点应聘。这家人才市场规模不小，每周末前来参加求职的人日均 50 000 人以上，据说是全国最大的人才市场。丁经理使出吃奶的力气，终于来到自己公司的摊位前。为了避免被人认出，他低着头，戴着帽子，站在公司招聘摊位前的人群中仔细观察着招聘流程。

公司今天招聘的职位很多。上至副总经理，下至普通员工，累计有二十几个职位。丁经理瞄了一下其中一则招聘广告，上面的内容如下：

您的就业机会——东方科技有限公司！
招聘职位：市场推广人员
人　　数：10 人
人员要求：不限
工作内容：产品推广
希望大家抓住机会，不要错过！

就这则招聘广告来看，确实存在岗位描述不清的问题。仔细一看，其他招聘普通员工的广告似乎都存在这一问题。然而，招聘高层管理者的广告却字数很多，似乎很是详细。丁经理正想仔细看一下，这时，一位年纪较大的人坐到了招聘人员面前，递上了自己的简历，说：“我想应聘你们公司的副总经理。”丁经理仔细听起来。

招聘小姐瞄了一眼简历，带着戒备说：“难道你不看招聘要求吗？”

“什么招聘要求？”那个人问道。

“年龄 35 岁以上 40 岁以下，此乃第一条，你不符合要求。”

“硕士及以上学历，你能拥有吗？”

“要求精通两门以上外语，你知道什么叫 ABC 吗？”

“要求从事企业总经理或副总经理五年以上同职工作岗位经验，你做过吗？”

招聘小姐一连问了几十个“吗”，让那位头发有些花白的人连连摇头。

丁经理听到这儿，心里很不是滋味。

又有一个人坐了下来，应聘人事主管。

招聘小姐又发问了：

“你是本科或以上学历吗？”

“你从事过人力资源管理工作五年以上吗？”

“你有人力资源管理师资格证吗？”

“你接受过陈安之、林伟贤等大师培训吗？”

“你能编写培训教材且上台授课吗？”

“若你的上司比你年轻许多，你会服从管理吗？”

一连又是几十个“吗”，问得应聘者又是连连摇头。

丁经理心里凉了半截，心想：这些岗位应当不存在岗位描述不清的问题，何止是不清，而是太清了，已经到了苛求的地步了。

又待了一会儿，丁经理怀着沉重的心情离开了招聘现场。

晚上，他在工作日志上写出了白天的所见所闻：“优秀还是作秀？办企业需要找的是能够做事的人，而不是找花瓶作秀。如果把各个岗位的招聘要求定得太死，是人才也被扼杀了。人才未必什么都优秀，把握其身上的一两个闪光点，他的价值就表现出来了，其实质就是优秀的。”

（四）“家”里的声音

真是“一波未平，一波又起”。丁经理对招聘的事还没有完全解决好，公司又出了另外一件事：生产运营部的10名技术人员要集体辞职。事态严重，丁经理马上召集这些人进行谈话。

丁经理：“听说你们要集体辞职，能把你们的想法告诉我吗？”

会场上一片沉默。

丁经理：“这段时间来，公司业务发展很快，平时我忙于处理事务性工作，一直没有抽出时间来关心你们，很抱歉。今年能从我所向往的名牌大学招收到你们，你们愿意来我们公司，我非常高兴，也非常重视你们，不希望你们离开。”

还是一片沉默。

丁经理：“今天我真心诚意地来听取你们的想法和意见，有什么话大家尽管说出来。我尊重大家的各种想法，会认真考虑的。”

大家互相看了看，开始有了一些反响。

甲开口：“今年5月份贵公司到我们学校招聘，出于毕业后有所作为的想法，我们慕名来到这里。但是，公司的管理令我们感到很失望。从进公司的第一天起，我们只是接受任务，一天到晚埋头干活，干得不明不白的，无从了解我们工作是为了什么。”

乙接下去说：“招聘的时候，丁主管说月工资是1600元。8月24日，我们来报到了，报到后方知试用期工资仅850元/月。月底拿到的第一次工资是按天计算的，8天总计是213元，这无疑给我们泼了一盆凉水。第二个月的工资，扣掉办理有关的人事手续费50元，午、晚餐伙食费350元，再扣掉住宿费用150元，到手的仅有250元。工资的高低并不是最重要的，但这种计算报酬的方法是对我们的轻视，也是对我们母校的公开蔑视，我们会告诉母校以后不再推荐同学来这里工作了。”

丙也开口了：“你们这么斤斤计较，按天给我们付酬，我们也只好按小时来计算工作。以往我们为了完成项目，考虑工作的连续性，经常自愿加班到夜晚12点。我们愿意这么做，也从工作中找到不少乐趣。但我们学乖了，不必那么卖力，到了下班时间，该下班就下班。我们清楚手上的项目要在10月10日前完成，现在明确告诉你，就是到了12月10日也交不了差的。”

甲又说：“不过，我们已经商量好了，现在暂且不辞职。等学到本领后，再离开这里。”

听到这里，丁经理说：“谢谢你们都讲了真心话。公司的薪酬管理和员工的激励存在这样大的问题是我所没有想到的。今天你们提出了这个问题，使我感到了事态的严重，也意识到我的工作存在很大问题。我可以向大家保证，我会处理好这件事情，让大家都满意。也请大家相信我，相信公司。你们先回去安心工作。”

技术人员离开后，丁经理陷入了沉思。他意识到虽然公司一直重视人力资源管理问题，但很显然人力资源管理的现状不容乐观，很多理念和方式都停留在过去，跟不上发展。老员工或许不会有很大的意见，但新员工接受的是新事物、新思想，其必然会对过去的事情有看法。看来，人力资源部门是时候进行一次大的改革了。

（资料来源：姚裕群，文跃然．人力资源管理教学案例精选．上海：复旦大学出版社，2009.）

二、思考·讨论·训练

1. 东方科技有限公司在招聘管理中存在的主要问题是什么？应当如何解决？

2. 分析丁经理与小王的谈话，好在哪里？不足在哪里？

3. 从丁经理和辞职人员的谈话中可以得出，造成员工集体辞职的原因是什么？这些说明东方科技有限公司在人力资源管理方面存在哪些问题？

4. 结合本案例分析一下人员招聘在人力资源管理中处于何种地位？它对公司发展有何影响？

案例3 夕阳好网站的招聘策略

一、案例介绍

夕阳好网站成立于2004年6月。它是由一家香港风险投资基金投资成立的网站，主要的上网人群是老年人。网站的创始人欧阳，早年曾留学美国。在硅谷的一家公司担任高级管理人员。回到上海后，他发现作为一个人口老龄化程度已经很高的城市，上海竟然没有一个专门为老年人开设的网站。他决定抓住这个机会。

经过一番艰苦的筹备工作，夕阳好网站终于成立了。目前管理层中，除总经理欧阳以外，还有两个副总经理张小姐和李先生，以及技术总监汪先生。汪先生曾担任某大型国企的信息部主管，技术经验非常丰富。李先生来自政府部门，在政界有很多社会关系，张小姐过去的职业背景是某外企的人力资源部主管。从总体上来说，公司的领导层能力强，经验丰富，而且非常年轻。

目前夕阳好网站急需的人才有三类：系统部，主要任务是建设网站平台；软件部，主要任务是开发网站的特色产品；网页部，主要任务是做网页。其中前两个部门是网站的重要部门，将来会形成网站的核心竞争能力，因此对这些部门的员工素质要求很高。网页部对人才的网页制作和美工功底的要求比较高。张小姐为公司制订的人力资源计划是：到2004年8月份，员工人数达到30人左右，其中系统部5人，软件部5人，网页部10人，到2004年年底，员工人数要达到40人，其中系统部8人，软件部10人，人员扩大主要集中在系统部和软件部。到2005年第二季度，估计员工人数将达到100人左右。

在竞争异常激烈的互联网产业中，拥有足够的高素质人才是商业网站生存的基础。没有强大的技术力量支持的网站生存空间很小，更不用说成为同类网站中的佼佼者了。在上海IT人才市场，资金雄厚的网站已经凭借高薪收罗了大量人才。刚刚成立的夕阳好网站显然不具备这方面的优势。夕阳好网站目前的资金大概可以维持网站运营两年。所以，总经理欧阳一再强调要把钱花在刀刃上，精打细算，细水长流，员工的薪资水平将采取保守策略。但是，较低的薪资水平可能带来较高的人员流动，因此，必须采取积极的措施来防止这种情况的发生。另外，欧阳相信对网站来说，时间就是生命，因此他绝不允许在人才招聘上花费太多的时间。

总之，作为公司人力资源部主管的副总经理张小姐认为，夕阳好网站的招聘工作有一定难度：保守的薪资给招聘工作带来很大压力，同时招聘的周期短又成了招聘工作的主要障碍。经过仔细考虑，她认为在开展招聘工作以前，必须首先确定影响企业招聘工作的因素，即目前人才市场上IT人才数量和质量的多少；公司目前的薪资水平，及其在同行中的竞争力如何；公司在培训和员工业务发展方面提供什么样的承诺；公司提供的福利能否满足不同

工种的员工工作和生活的需要；公司的领导层是否年轻有为，经验丰富，有很强的团队合作精神；公司的企业形象如何；公司是否能够提供令人感兴趣并且具有挑战性的工作。

张小姐对以上因素逐一分析后，发现网站对上海本地高素质的人才缺乏吸引力。但是对外地的人才和应届大学毕业生有较强的吸引力。一是因为上海、北京、深圳等城市的互联网发展迅速，集中了国内很多实力雄厚的网站，这些地方的高素质人才基本上被吸引到这些网站内，实力一般的网站很难在吸引人才上和它们竞争。但中国广大内地地区的互联网发展速度远不如这些大城市，对 IT 人才的需求量不如上述城市，相对来说，内地的此类人才数量比较充裕，因此，瞄准内地人才，可以解决人才来源问题。二是中国内地的薪资水平和上海相比，比较低，夕阳好网站的薪酬对上海人才缺乏竞争力，但是对内地人才来说却有相当的吸引力。同样，对于没有工作经验的应届大学毕业生来说，网站开出的薪酬也是有吸引力的。应该说，吸引非名牌大学毕业生不成问题。三是公司发展潜力大，发展迅速。员工个人发展的空间也很大，这正是很多应届大学毕业生追求的。而且夕阳好正处于创业期，员工可以不受束缚，最大限度地发挥自己的创造性。同时。创业期的公司人际关系比较融洽，相互合作比较多，人才容易从中学到很多知识。四是夕阳好作为一个专业网站，技术工作富有鼓舞性和挑战性。优秀人才一般都喜欢挑战，喜欢不断更新技术。让他们去掌握新出现的技术能有效地激发他们的工作热情，满足人才充实自己、完善自己、不断进取和提高的愿望。五是公司将为外地人员提供住宿、免费洗衣等福利。

当然，张小姐也考虑过招聘这两类人才所带来的局限性，比如招聘较多的应届毕业生会造成公司总体技术水平的下降。但是张小姐认为，他们有干劲和冲劲，敢作敢为，这些可贵的品质正是那些年长的、经验丰富的人所欠缺的。至于这些不足之处，可以通过传帮带的方式解决，也就是说，由一些有经验的员工带他们。另外，系统部和软件部的工作压力很大，年轻人比较适合这些职位。

如此一分析，张小姐决定针对这两类人实施招聘工作。接下来要考虑的问题是具体实施的手段。由于在全国范围内招聘人才，所以网站必须在全国发布招聘广告。但是考虑在传统媒体上发布广告，不仅费用大，而且周期长，这个招募渠道不可取。而在互联网上发布招聘广告是最佳的选择，它有以下优点：一是信息发布迅速，覆盖范围广。互联网上的信息影响范围广，不仅国内的人能看到，而且国外的人也能看到。二是针对性强。夕阳好网站招聘的对象是 IT 人才，这部分人经常上网，常浏览招聘网站。三是反馈快，应聘人员多。应聘人员看到招聘广告后，可以马上发电子邮件应聘，反馈迅速，公司马上就可以选择候选人，安排面试。四是费用少。和传统媒体相比，要达到同样的覆盖范围，互联网的费用是非常少的。

基于上述考虑，张小姐选择了国内几家知名的招聘网站，发布了招聘信息，同时定期更新。另外，考虑到招聘工作还包括筛选和等待录用者报道等步骤，为尽量缩短招聘周期，张小姐采取了以下方法。一是对于外地应聘者，采用电话面试的方式，需要复试的应聘者才安排他们到上海面试。二是在面试期间，对于合适的人选，当场签发录用通知书，以缩短面试商榷的时间。

最后，为了让已经录用的员工尽快为网站工作，公司还在他们来上海之前，先替他们租赁好住房，省去外地员工在不熟悉的上海找住房的时间。

张小姐的招聘策略能成功吗？

（资料来源：董临萍. 人力资源管理本土案例解析. 上海：立信会计出版社，2005.）

二、思考·讨论·训练

1. 夕阳好网站在人力资源招聘上遇到了什么问题？为什么会遇到这些问题？
2. 夕阳好网站是怎样解决招聘问题的？
3. 本案例给了我们哪些启示？

欧莱雅创造性招聘之道

一、案例介绍

作为全球第一大化妆品公司，欧莱雅公司无疑是与消费者进行沟通的高手。世界任何地方的消费者希望在购买之前，先充分了解欧莱雅生产的某款产品是否适合自己，都能很方便地在当地的百货公司得到专业的咨询服务，到欧莱雅网站上查询更多使用信息，或者从时尚杂志中得到夹带的试用装——这些“售前沟通”对于希望购买涂抹在脸上的产品的消费者，是非常必要的，特别是其中一些产品还价格不菲。

但对于另一种更需要谨慎对待的“交易”——招聘新员工，欧莱雅却和很多具有独特企业文化的大公司一样，在相当长时间内都必须依赖传统招聘方式，并要接受这种招聘方式天生附带的风险。

欧莱雅是一家源于法国的国际化企业，它不仅拥有欧洲企业文化独特的风格，也具有国际视野带来的宽容、开放的特点。作为快速消费品公司，开放的心态、不羁的想象力、创新的思维模式都是其企业文化中非常重要的组成部分。

因此，欧莱雅对团队成员的要求也很特别：他们要有一种被称为“诗人与农夫的结合体”的人格。在欧莱雅已经有20年从业经历的中国区人力资源部副总裁乐雅（Beatrice Lazat）对此的解释是：“我们需要员工兼具理性的分析能力和创造性的思维理念。形象地说，就是脚要落在地面上，要对价格和成本意识等有足够的意识和敏感性；同时，头要穿透在云层上，让想象力和创造性展翅腾飞。简而言之，就是既要脚踏实地、一丝不苟，又要敢于突破、不断尝试新的方法。”

所有欧莱雅的成员都必须认同欧莱雅的企业文化。至于专业技能、教育背景和工作经验，反而不会被认为是关键性的选择标准。

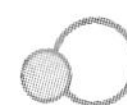

如同其他企业文化色彩浓厚的大公司一样，一个在其他业内公司工作过多年、但已经失去创造力的经验人士，与一个和自己“气质”相似、但没有工作经验的社会新鲜人士之间，欧莱雅更喜欢后者。

在全球，欧莱雅与129所学校建立了合作，对这些学校的学生进行有针对性的培训。从公司的总部到各地的分支机构，一年一度的校园招聘活动都受到了高度关注。除了当地的人力资源部总监和区域总裁，就连全球副总裁和全球战略招聘总监都会轮流亲自出席各地的校园招聘会。

但这种选才标准也为欧莱雅的人力资源部门提出了一项挑战，要想从刚刚走出校园的毕业生中间搜寻未经雕琢的璞玉，在没有工作经验、履历的情况下，如何尽可能地了解他们是否能适应欧莱雅的文化？而且作为一家以市场为导向的公司，新成员对市场的敏锐触觉和竞争潜能如何测试与挖掘？

或者说，如何在一张白纸上看出门道，证明这张白纸比那张白纸更加适合欧莱雅？

（一）游戏招聘的创意诞生

2005年6月的一个傍晚，本应浪漫炫目的巴黎时尚舞台上，却站着4支由年轻学生组成的队伍，他们来自马来西亚、瑞士、南非和澳大利亚的4所大学，任务是在10分钟内清晰而有说服力地将自己的商业方案推销给一侧坐着的企业高层和管理专家；而在白天的小组比赛中，名列亚洲第二的中国队，虽未能跻身当晚的决赛，队员们也在台下为各国的场上队员加油。

这是欧莱雅校园市场策划大赛的年度全球总决赛，这项诞生于1993年的校园大赛，已经成为一项全球性的赛事，至今已有11 000名学生参加了这项赛事，他们都是大学三、四年级的经济或商业类的学生。

比赛3人一组，利用自己学习到的知识，尝试以一个国际品牌经理的身份来运作一个欧莱雅公司的品牌，设计一套崭新的营销策略，包括产品组合、包装和传播策略。然后与全球各大高校的竞争对手进行比赛。进入半决赛阶段的队伍，要提交一份完整的具有“商业品质”的计划书，进入决赛的队伍能够向由欧莱雅全球总裁、两位全球副总裁和第三方专家学者团组成的评审团当面陈述自己的策划案。

对于希望加入欧莱雅的年轻人来说，拥有一个机会能够直接面对全球总裁展示自己的能力，是在惯常的应聘活动中不可能实现的。即使对那些原本无意加入欧莱雅的学子而言，能够与全球的未来策划精英同场较量，体验仿真的商业市场竞争，并得到一家全球顶尖企业的评价与指导，都是很宝贵的经验。

乐雅说，这也是校园市场策划大赛创建的初衷：“希望为学生们提供一次真正商业的体验，建立一个双向交流的过程。我们可以在这个过程中来考察和观察他们，了解参赛者的潜在能力，同时也是一个帮助他们了解欧莱雅的企业文化、行为准则的机会。”

她认为，在欧莱雅的一系列校园大赛当中，校园市场策划大赛是最有创意性的。“因为一开始，一组的3个学生拿到的只是一张白纸。还有我们提供的一些素材——包装材料、纸张、细粉元素及这个品牌的背景。但经过2～3个月的比赛之后，通过请教学校的教授，跟第三方的广告公司或者设计公司合作，他们能够真正地设计出一个相当完整、立体的样品来。在我个人看来，是最需要他们展示创造性的。”

这一赛事如今已经成了欧莱雅在全球范围内发现和培养品牌管理和营销人才的一个重要战略招聘手段。通过这种方式，欧莱雅与潜在的“人力资源市场”——在校大学生们建立了一种非常开放、自然而又有效的沟通方式，潜移默化地将自己的“雇主品牌”传播到目标受众群当中，从一场应用的游戏中接受某种理念传达，应该理解更深，而且回忆良久。

这种方式从可能的未来员工身上获得的有效信息，比很多雇主在试用期内所能得到的还丰富。当人们参加一场比赛，所展现出来的素质不仅可能比真实工作中更全面，而且也更真实，毕竟很少有人会在一场激烈的游戏中着力掩饰自己。

虽然这项赛事并非一次真正的商业经历，但是一名学生从中得到的体验几乎可以等同于在真实工作中的经历，还可以骄傲地把成绩写进履历表。而且，虽然参赛者并非都将加入欧莱雅，但是通过这项赛事，的确很多学生对这家公司有了更丰富的认识，而且决定加入。中国赛区的一位参赛者就是因为其设计的一份杰出的便携式防晒产品方案，杀入了总决赛，而被欧莱雅的专业美发部点名录取，到现在已经为欧莱雅工作了将近4年。

（二）移植新市场

校园市场策划大赛的成功，为欧莱雅提供了一条全新的途径，而欧莱雅的另一项创新之举，是将人力资源市场进行了“市场细分”，然后将这种方式移植到其他“细分市场”。

这就是，在2000年推出的全球在线商业策略竞赛和2001年由欧莱雅（中国）创建的欧莱雅工业设计大赛。

全球在线商业策略竞赛的目的是为了拓宽“校园大赛”这种招聘工具的适用范围，向学生们传达：欧莱雅不仅需要擅长市场策划的人，也需要所有对商业感兴趣的人，只要你具备商业思维、商业常识，那么就可以在这个新平台上展示自己。

与前一项比赛不同，全球在线商业策略竞赛要求选手必须具有更全球化的视野，因为所有的团队将在一个互联网上的虚拟游戏中，直接与来自全球100多个国家的数万名选手进行竞争。

游戏的设置是由欧莱雅的各个事业部门管理者和管理学专家精心设计的，力求模拟新经济环境下国际化妆品市场的现状，结合商业竞争的各主要要素。每个参赛组在网上运营一个虚拟的化妆品公司，与网上虚拟的其他公司进行角逐，最后以软件自动生成的公司股票价格的高低来排定名次。选手需要作出决策的包括产品研发、预算、生产、定价、销售、品牌定位和广告投入等。

在MSN提供的专属空间里，所有选手可以看到竞争者的照片、自我介绍，还有每个人的虚拟经营业绩，每个“财季”——真实时间大约10天，大家都能看到自己的股票市值，还有排名情况。

对于参赛者而言，一个重要的收获就是通过比赛可以见证不同的决策所产生的不同结

果，而附带的额外收获是在数万名全球未来商业精英的竞争中位列榜首。

比起前项赛事，这项比赛的另一个特点是能够帮助欧莱雅找到他们所需要的“具有真正创业精神的人”。这是所有希望能够保持创新活力的大企业的难题，但是欧莱雅想出的方法可以说最具可行性。

在接触期间，我们希望了解欧莱雅通过游戏设置筛选出来的精英们，更多是依靠逻辑分析能力取胜，还是靠知识擅长，但是乐雅的答案令我们非常意外：“根据这些年比赛的结果来看，更容易获胜的队往往是那些非常执著的人，他们有比较连贯的商业策略，作出一个决定之后，就会一直坚持，而不是朝令夕改。这也是我们最看重的素质，除了要对化妆品行业有兴趣，最重要的就是希望我们的新成员具有企业家精神，愿意面对挑战，承担风险，不是墨守成规的人。”

（三）工业也疯狂

欧莱雅中国创建的欧莱雅工业大赛一开始就具有很明确的目的性，由于欧莱雅在人们心目中通常是一个以市场为导向的时尚类消费品公司，因此，来应聘的学生大多是些商业类的文科专业学生。其实，工业部门是欧莱雅的重要组成部分，全球的 42 家工厂，为消费者生产护肤、防晒、护发、染发、彩妆、香水、卫浴、药房专销化妆品等大量产品。其中在中国，就有 3 家工厂。

但是在中国高校的理工科专业中，这块原本算是欧莱雅人力资源的“薄弱市场”，雇主品牌认知度不高。很少有工科学生会特意关注一个化妆品公司的动态，更不要说其中不少人连欧莱雅的产品都几乎没有使用过。

因此，欧莱雅中国的人力资源部门想出了将校园大赛搬到理工类院校举行的主意，基本形式雷同，但游戏内容变为了一个工厂或供应链，甚至小到一个产品包装盒的全套设计方案和可行性报告。2006 欧莱雅工业大赛已经成为了 6 个国家间的国际比赛，比赛案例是：为大众化妆品部设计一个年产能为 2.8 亿件的工厂及其供应链管理，产品包括唇膏、睫毛膏、指甲油和洗发水，该工厂拟于 2006 年始建，2008 年启用，将为 15 个不同国家类型的市场（大、中、小）供货。

欧莱雅的一位策划者说，这项比赛提出的工业设计概念在中国几乎很少有成型的知识训练。比赛要求选手必须考虑如供应链的组织建构、供应链和生产车间的设计、长期规划及未来发展、操作流程、人力资源组织等各种因素，这对于习惯只专注于自己专业领域的理工科学生提出了很大挑战。

但是，选手们给了欧莱雅很多惊喜，他们在游戏中体现了优秀的学习和综合能力。他们也非常喜欢这项赛事，因为这项比赛使工业变得更有趣，也更有创造性。胜出的选手能够选择在国外的欧莱雅工厂实习半年，2005 年度的 3 位冠军团队选手在完成了他们巴黎近半年的实习后，都选择了加入欧莱雅公司。

在全球，欧莱雅有超过 100 人的团队为这些创造性的招聘活动工作。传统的招聘方式对招聘方式进行了细分，从而使企业能够针对不同职位的需求选择不同的招聘方式。但是欧莱雅的创造性招聘方式提供了另一种思路，对不同的“目标受众人群”进行了划分，并按照他们喜欢和习惯的方式进行卓有成效的前期沟通，促进彼此的了解，使得校园招聘的风险大大降低。

（资料来源：http://www.chinahed.net）

二、思考·讨论·训练

1. 欧莱雅通过全球在线商业策略竞赛招聘新员工的方式与传统招聘渠道有什么区别？创新之处在哪里？

2. 你认为欧莱雅采用该招聘渠道的原因是什么？

3. 欧莱雅成功举行全球在线商业策略竞赛并获得新员工，需要哪些方面的支持？

4. 校园招聘有哪些不足？欧莱雅是如何克服这些不足的？

选拔总经理的情景面试

一、案例介绍

某企业集团为其下属百货公司选拔一名总经理。经过初试、复试，最后企业决定对这一路过关的4位候选者使用情景面试的方法。即被安排同时观看一段录像，内容如下。

画面呈现一座小城市，画外音告知这是一个中等发达程度的小县城。镜头聚焦于一家百货商场，时间显示当时是上午9时30分。这时，商场的正门入口处出现了一位身高1.80米左右、穿皮夹克的年轻小伙子。他走进商场，径直走向日用品柜台。柜台里是一位30岁出头的女售货员。小伙子向女售货员要了一只中华牌牙膏，价钱是3.8元。小伙子掏出钱包，取出一张100元的人民币，女售货员找给他96.2元。小伙子将钱和牙膏收好，走出了商场。

画面重新回到了百货商场正门，时间显示是上午10时整。这时，一位身高1.65米左右、穿笔挺西装的小伙子出现在门口，并径直向日用品柜台走去。这位小伙子要了一支牙刷，价钱是2.8元。小伙子掏出钱包，取出一张10元的人民币递给了女售货员。女售货员给小伙子一只牙刷并找回7.2元。然而，小伙子突然说：“同志，你找错钱了，我给你的是100元。”“你给我的明明是10元呀！”女售货员吃惊地说道。“我给你的就是100元，赶快给我找钱，我还有事情要做！”小伙子提高了嗓门，语气也相当严厉。女售货员急了，声音也提高了八度：“你这人怎么不讲理呢？你明明给的是10元，为什么偏要说是100元呢？你想坑人啊？”这时，日用品柜台边已经聚拢了十几位买东西的顾客看热闹。这位小伙子似乎实在难以容忍了，向人群说道：“大伙都瞧瞧，这是什么服务态度！你们经理呢？我要找你

们经理。”

说来也巧，百货商场的总经理正好从楼上下来，看到这边有人围观，便走了过来。总经理来了，像来了救兵一样，女售货员马上委屈地向总经理告状。总经理看上去是一位二十八九岁的年轻人。“怎么回事?”总经理问道。女售货员说：“经理，这个人太不讲理了，他明明给我的是10元，硬说是100元。”经理见她着急的样子，立即安慰她说：“张姐，别着急，慢慢讲，他买了什么？你有没有收100元一张的人民币?”这位被总经理称为“张姐”的女售货员心情似乎平静了些。“他买的是牙刷，啊……不，他买的是牙膏。对了，我想起来了，今天，我刚收了一张100元的人民币，有一位高个儿给了我100元，他买的是牙膏。这个人给我的就是10元。”总经理听了张姐的话，眉头有些舒展，转身走向人群中那位身高1.65米左右的小伙子，很有礼貌地说道：“很不好意思出现了这种事情。您能告诉我事情的真实情况吗?”小伙子也似乎恢复了平静，同样有礼貌地坚持自己付给女售货员的是100元，是女售货员将钱找错了。这时总经理环视了一下人群，然后将视线定格在这位小伙子身上，继续有礼貌地说：“这位先生，根据我对这位销售员的了解，她不是说谎和不负责任的人，但是我同样相信您也不是那种找茬的人。所以为了更好地将事情弄清楚，我可否问您一个问题?”“什么问题?”小伙子问道。“您说您拿的是100元，请问您有证据吗?”总经理问道。小伙子的眼睛一亮，马上提高了嗓门说：“证据？还要什么证据？不过我想起来了，昨天我算账的时候，顺手在这张钱的主席像一面的右上角用圆珠笔写了2 888四个数字，你们可以找一下。”总经理立即吩咐张姐在收银柜中寻找，果然找到了一张主席像一面用圆珠笔写2 888的100元纸币。这时，小伙子来了精神，冲着人群高喊：“那就是我刚才给的100元，那个2 888就是我写的。不信，可以验笔迹。”

人群开始骚动，顾客们明显表示出对商场的不满。镜头在人群、小伙子、张姐和总经理之间切换，最后定格在总经理身上。

这时录像结束，并在屏幕上弹出一个问题：假如您是该百货商场的总经理，您将如何应付当时的局面?

四位候选者被要求准备10分钟，然后分别向专家组陈述自己的答案，时间不超过5分钟。

（资料来源：李晓勇．100个成功的人力资源管理案例．北京：机械工业出版社，2004.）

二、思考·讨论·训练

1. 如果你本人就是这次招聘活动的应聘者，你应该如何来回答这个问题?

2. 在目前的人力资源管理学界，普遍认为情景模拟实施起来困难比较大。你认为这是为什么?

3. 请对该百货公司的这次面试程序进行一个评价。

案例6 强盛公司员工的招聘失误

一、案例介绍

强盛公司是一家跨国公司在中国的子公司，以研制、生产、销售药品为主。随着生产业务的扩大，为了对生产部门的人力资源进行更为有效的管理，公司决定在生产部设立一个新职位，主要负责生产部与人力资源部之间的协调工作。生产部许晓初经理提出从外部招聘合适的人员。人力资源部决定马上发布招聘信息，在发布招聘广告的渠道上有两种选择：一是在本行业的专业杂志上，费用为 3 000 元；二是在本地区发行量最大的报纸上，费用为9 000元。人力资源部把两种方案向公司主管领导作了汇报，反馈的意见是选择第二个方案，因为，公司在中国处于发展初期，知名度不高，应抓住发布招聘广告的机会扩大公司的影响。

在接下来的 7 天里，人力资源部收到了 800 多份简历，他们先从中挑出 70 份候选简历，然后再次筛选，最后确定了 5 名应聘者。人力资源部宋信平经理把候选人名单交给了生产部，许晓初经理从中挑选了两人：朱强和忻平，并决定和人力资源部经理一起对他们进行面试，根据面试结果决定最终人选。在面试过程中，发现两人的基本条件相当，两位经理对两位候选人都比较满意，尽管忻平以前曾在两个单位工作过，但没有最近工作过的单位的主管的评价材料。面试结束后，告知两人在一周后等待通知。在此期间，朱强在静候通知；而忻平打过两次电话给人力资源部经理，第一次表示感谢，第二次表示渴望这份工作。

面试后，生产部经理和人力资源部经理商量何人可录用。生产部许经理说："两位候选人看来都不错，你认为哪一位更合适呢?"人力资源部宋经理说："两位候选人都合格，只是忻平的第二位主管给的资料太少，但是，这也不能说明他有什么不好的背景，你的意见呢?"许经理回答："很好，宋经理，显然你我对忻平都有很好的印象，他尽管有点圆滑，但我相信是可以管理好的。""既然他将与你共事，当然由你作出决定，明天就通知他来工作。"宋经理说。

忻平进入公司工作 6 个月了，公司发现，他的工作不如预期的那样好，指定的工作经常不能按时完成，有时甚至表现出不胜任工作的行为，这引起了管理层的不满。而忻平也觉得委屈，因为他发现公司的环境、薪酬福利、工作性质等与招聘时的描述有出入。

(资料来源：http://www.docin.com/p-44307923.html)

二、思考·讨论·训练

1. 强盛公司的招聘过程有哪些值得借鉴的地方?
2. 强盛公司的选拔过程出现了什么失误?为什么会出现这种失误?
3. 请你为强盛公司设计一个选拔程序。

了解你的词典

一、目的：向团队说明，对于某些类型的问题，通过集体努力往往更容易获得答案。

二、所需材料：无。但事先要准备好发给个人和小组的问卷及有答案的幻灯片或挂图。

三、步骤：向大家说明，英文词典含有成千上万的词条，包含着意思相差悬殊、以字母表中的字母开头的各种单词。这次游戏的任务是，选出 10 个比较常用于单词开头的字母或 10 个不常用于单词开头的字母。

让团队中一半人分成若干个四五人的小组，来完成任务。让团队中另一半人独自完成这项任务。他们所要做的都是将下列 10 个字母从 1～10 进行排序：O、X、M、S、Z、P、J、T、Q、W。将其中常用在单词开头的字母放在第一位，较常用的放在第二位，依此类推。那些组成小组的人应当集体完成这个任务，而那些独自进行的人不能寻求任务帮助。给他们的时间是 5 分钟。

在时间结束后，宣布正确的答案，或是向团队成员展示正确的答案（正确的排列顺序如下面所示）告诉团队成员可以通过如下方法给自己打分：把自己答案中的每一个字母所排序号与正确答案中这个字母所排序号之间的差值（不考虑正负号）相加就是得分。

四、答案：了解你的词典

1＝S

2＝P

3＝T

4＝M

5＝W

6＝O

7＝J

8＝Q

9＝Z

10＝X

让独自完成任务的成员给出他们的得分（绝对值），把这些分数贴在挂图上，然后计算平均值。

让每个小组给出他们小组的得分，也张贴在挂图上，并计算平均值。

引导团队成员就个人和小组得分的差异及可能的原因展开讨论。

五、讨论题。

（1）每个小组中，哪些具体的行为或行动使小组表现良好或表现不佳？

（2）在从事哪一类任务时，团队的表现优于个人的表现？

六、如果还有时间，指导团队分两个阶段进行游戏。

首先，让每个人独自将下列 10 个字母进行排序：O、X、M、S、Z、P、J、T、Q、W。将最常用在单词开头的字母放在第一位，较常用的放在第二位，依此类推。

在每个人都做完后，让他们组成三至五人的小组。运用他们所在小组集体的智慧，给同样的 10 个字母排序。接下来，让他们比较他们独立完成游戏所得的分数和他们的小组完成游戏所得的分数。计算他们的排序号与标准答案中相应字母所排序号的差值（取绝对值），这 10 个值的总和就是他们的得分。在讨论题中补充如下的问题：他们当中有多少人在小组中取得的分数比个人独立完成取得的分数好？

整个游戏过程大概需要 30～40 分钟，讨论的时间另计。

七、小提示。

如果小组的表现更加出色，要探明其中的原因。提醒团队成员注意，这个结果不仅仅是因为有更多的头脑，而且也是由于其中有些成员愿意和大家分享自己的知识并能有说明力地把自己的想法告诉给别人。

（资料来源：JDB 营销管理学院，http://wenku.baidu.com/view/e717296baf1ffc4ffe47ac2a.html）

课后练习题

一、实训题：进行招聘面试模拟训练。

实训目的：熟悉面试招聘流程，掌握面试方法。

实训内容：选择本地区 2～4 家企业的若干个招聘岗位进行招聘面试模拟训练，具体内容包括制作招聘海报、设计面试评审表和对应聘人员进行面试等。

实训步骤：

将全班同学分为招聘组和应聘组。招聘组共有 4 组，每组 3 位成员，分别代表 4 家公司的人力资源部。

每个招聘组面试 4～5 位应聘人员。可以预先设计一定的各类面试题以便在面试过程中使用。

应聘组比赛的每位成员要制作个人简历、进行自我介绍，穿正装、注意面试礼仪和自选一家公司并接受招聘组的面试。

实训考评：每位学员根据参加模拟招聘会的体会，撰写一篇实训总结报告。

二、由老师组织学员参加一次招聘会，学员首先熟悉整个招聘会的基本情况，其次学员要作为应聘者参加到招聘会中去。学员根据所考察的招聘会情况，写出招聘会印象及体会。

三、以个人或小组的形式，参观当地职业介绍所。回来后再全班讨论以下问题：

（1）你最有可能找到哪些工作？

（2）对于专业人员、技术人员或管理人员，这家介绍所从哪些方面来说将是一个不错的来源？

（3）在该介绍所处理申请前，申请人需要完成哪些文书工作？

（4）你还有什么其他想法？

四、请为自己设计一份求职简历。

五、面试中如何甄别求职者简历中的虚假信息？

六、现代跨国公司的揽才手段与我国企业的揽才手段有哪些不同？我国企业在人才招聘方面，应该向跨国公司学习哪些技巧？

七、以下是“微软”的具有代表性的各类面试题的汇总，请体会这些面试题都重点考察了求职者哪些基本素质和能力。

微软面试题汇总

一、最基本题型（说明：此类题型比较简单）

1. 烧一根不均匀的绳，从头烧到尾总共需要 1 个小时。现在有若干条材质相同的绳子，问如何用烧绳的方法来计时 1 个小时 15 分钟呢？

2. 你有一桶果冻，其中有黄色、绿色、红色 3 种，闭上眼睛抓取同种颜色的 2 个。抓取多少个就可以确定你肯定有 2 个同一颜色的果冻？（5 秒至 1 分钟）

3. 如果你有无穷多的水，一个 3 公升的提桶，一个 5 公升的提桶，两只提桶形状上下都不均匀，问你如何才能准确称出 4 公升的水？（40 秒至 3 分钟）

4. 一个岔路口分别通向诚实国和说谎国。来了两个人，已知一个是诚实国的，另一个是说谎国的。诚实国永远说实话，说谎国永远说谎话。现在你要去说谎国，但不知道应该走哪条路，需要问这两个人。请问应该怎么问？（20 秒至 2 分钟）

5. 有 12 个球和一个天平，现知道只有一个和其他的重量不同，问怎样称才能用 3 次就找到那个球。13 个球呢？（注意此题并未说明那个球的重量是轻是重，所以需要仔细考虑）（5 分钟至 1 小时）

6. 在 9 个点上画 10 条直线，要求每条直线上至少有 3 个点？（3 分钟至 20 分钟）

7. 在一天的 24 小时之中，时钟的时针、分针和秒针完全重合在一起的时候有几次？都分别是什么时间？你怎样算出来的？

二、没有答案型（说明：这些题显然不是考你智力。而考的是你的反应能力。这种题大多数没有答案，但是要看你的反应喽！）

1. 为什么下水道的盖子是圆的？

2. 中国有多少辆汽车？

3. 将汽车钥匙插入车门，向哪个方向旋转就可以打开车锁？

4. 如果你要去掉中国的 34 个省（含自治区、直辖市和港澳特区及台湾省）中的任何一个，你会去掉哪一个，为什么？

5. 多少个加油站才能满足中国的所有汽车？

6. 想象你站在镜子前，请问，为什么镜子中的影像可以颠倒左右，却不能颠倒上下？

7. 为什么在任何旅馆里，你打开热水，热水都会瞬间倾泻而出？

8. 你怎样将 Excel 的用法解释给你的奶奶听？

9. 你怎样重新改进和设计一个 ATM 银行自动取款机？

10. 如果你不得不重新学习一种新的计算机语言，你打算怎样着手来开始？

11. 如果你的生涯规划中打算在 5 年内受到奖励，那获取该项奖励的动机是什么？观众是谁？

12. 如果微软告诉你，我们打算投资 500 万美元来启动你的投资计划，你将开始什么样的商业计划？为什么？

13. 如果你能够将全世界的电脑厂商集合在一个办公室里，然后告诉他们将被强迫做一件事，那件事将是什么？

三、难题（说明：这类题有一定难度，如果得不到答案，也不能说明什么。如果你想到了解题思路，那么答案马上就能出来。如果想不到思路，那么就别想解出来了。）

1. 你让工人为你工作 7 天，回报是一根金条，这个金条平分成相连的 7 段，你必须在每天结束的时候给他们一段金条。如果只允许你两次把金条弄断，你如何给你的工人付费？

2. 有一辆火车以每小时 15 公里的速度离开北京直奔广州，同时另一辆火车以每小时 20 公里的速度从广州开往北京。如果有一只鸟，以每小时 30 公里的速度和两辆火车同时启动，从北京出发，碰到另一辆车后就向相反的方向返回去飞，就这样依次在两辆火车之间来回地飞，直到两辆火车相遇。请问，这只鸟共飞行了多长的距离？

3. 你有 4 个装药丸的罐子，每个药丸都有一定的重量，被污染的药丸是没被污染的药丸的重量＋1。只称量 1 次，如何判断哪个罐子的药被污染了？

4. 门外 3 个开关分别对应室内 3 盏灯，线路良好，在门外控制开关的时候不能看到室内灯的情况，现在只允许进门 1 次，请确定开关和灯的对应关系？

5. 人民币为什么只有 1、2、5、10 的面值？

6. 你有两个罐子及 50 个红色弹球和 50 个蓝色弹球，随机选出 1 个罐子，随机选出 1 个弹球放入罐子，怎么给出红色弹球最大的选中机会？在你的计划里，得到红球的概率是多少？

四、超难题（说明：如果你是第一次看到这种题，并且以前从来没有见过类似的题型，并且能够在半个小时之内给出答案。只能说明你的智力超常……）

1. 5 个海盗抢到 100 颗宝石，每一颗都一样大小和价值连城。他们决定这么分：

抽签决定自己的号码（1、2、3、4、5）。

首先，由 1 号提出分配方案，然后大家表决，当且仅当超过半数的人同意时，按照他的方案进行分配，否则他将被扔进大海喂鲨鱼。

1 号死后，再由 2 号提出分配方案，然后由剩下的 4 人进行表决，当且仅当超过半数的人同意时，按照他的方案进行分配，否则他将被扔进大海喂鲨鱼，依此类推。

条件：每个海盗都是很聪明的人，都能很理智地作出判断，从而作出选择。

问题：第一个海盗提出怎样的分配方案才能使自己的收益最大？

2. 一道关于飞机加油的问题，已知：每架飞机只有一个油箱，飞机之间可以相互加油（注意是相互，没有加油机）一箱油可供一架飞机绕地球飞半圈。

问题：为使至少一架飞机绕地球一圈回到起飞时的飞机场，至少需要出动几架飞机？（所有飞机从同一机场起飞，而且必须安全返回机场，不允许中途降落，中间没有飞机场）

五、主观题（说明：在以后的工作过程中，我们肯定会犯这样那样的错误。既然错误已经酿成，损失在所难免，我们只能想办法把损失减少到最小。如果能巧妙地回答出这些问题，在发生错误的情况下，能让客户有最少的抱怨，公司有最少的损失。）

1. 某手机厂家由于设计失误，有可能造成电池寿命比原来设计的寿命短一半（不是充放电时间），解决方案就是免费更换电池或者给 50 元购买该厂家新手机的折换券。请给所有已购买的用户写信告诉他们解决方案。

2. 一高层领导在参观某博物馆时，向博物馆馆员小王要了一块明代的城砖作为纪念，按国家规定，任何人不得将博物馆收藏品变为私有。博物馆馆长需要如何写信给这位领导，将城砖取回。

3. 营业员小姐由于工作失误，将 2 万元的笔记本电脑以 1.2 万元错卖给李先生，王小姐的经理怎么写信给李先生试图将钱要回来？

六、算法题（说明：这些题就不是什么花样了，考的是你的基础知识怎么样。再聪明而没有实学的人都将会被这些题所淘汰。）

1. 链表和数组的区别在哪里？

2. 编写实现链表排序的一种算法。说明为什么你会选择用这样的方法？

3. 编写实现数组排序的一种算法。说明为什么你会选择用这样的方法？

4. 请编写能直接实现 strstr () 函数功能的代码。

5. 编写反转字符串的程序，要求优化速度、优化空间。

6. 在链表里如何发现循环链接？

7. 给出洗牌的一个算法，并将洗好的牌存储在一个整形数组里。

8. 写一个函数，检查字符是否是整数，如果是，返回其整数值。（或者：怎样只用 4 行代码编写出一个从字符串到长整形的函数？）

9. 给出一个函数来输出一个字符串的所有排列。

10. 请编写实现 malloc () 内存分配函数功能一样的代码。

11. 给出一个函数来复制两个字符串 a 和 b。字符串 a 的后几个字节和字符串 b 的前几个字节重叠。

12. 怎样编写一个程序，把一个有序整数数组放到二叉树中？

13. 怎样从顶部开始逐层打印二叉树结点数据？请编程。

14. 怎样把一个链表调个顺序？（也就是反序，注意链表的边界条件并考虑空链表）

（资料来源：http://www.yjbys.com/Qiuzhizhinan/show.asp?id=58054&Page=1）

第五章 人力资源测评

你不能衡量它，就不能管理它。

——彼得·德鲁克

建立素质模型的基本原理是辨别绩效优秀者和一般者在知识、技能、性格、态度、内驱力等方面的差异，并将发现的数据整合、量化，从而形成可以对照判断素质及相应的可操作性的体系。

（资料来源：杨序国. 咨询手记：人力资源战略制定实战. 长沙：湖南科学技术出版社，2005.）

学习目标

- 了解人力资源测评的功能；
- 把握人力资源测评的程序；
- 掌握人力资源测评的方法；
- 能够开展人力资源测评工作。

故事导入

司机面试

某大公司准备以高薪雇用一名小车司机，经过层层筛选之后，只剩下 3 名技术最优良的竞争者。主考官问他们："悬崖边有块金子，让你们开着车去拿，你们觉得距离悬崖边多近而又不至于掉落呢?"

"2 米"第一位说。

"半米。"第二位很有把握地说。

第三位说："我尽量远离悬崖，愈远愈好。"

结果这家公司录取了第三位。

素质是指由先天的遗传条件及后天的经验所决定和产生的身心倾向的总称。其中智力为知的素质，气质为情的素质，性格为意的素质。人员素质测评是指测评者采用科学的方法，收集被测评者在主要活动领域中的表征信息，针对人员素质测评标准体系作出量值或价值判断的过程，或者从表征信息中引发与推断某些素质特征的过程。是先测量后评定的工作过程。

一、人力资源测评的功能

在人力资源管理中，素质测评是个十分重要的中间环节和基础性工作，起着承上启下的作用。其主要作用表现如下。

（一）自我了解、自我设计与自我开发

员工素质测评是通过一定的技术设计，使其对自己的素质认识科学化与标准化，通过创设一定的情境让一个人的潜能得到充分的展现，从而达到自我了解、自我设计、自我开发与成才的目的。

（二）人力资源科学配置的有效工具

通过对新员工的素质测评，了解其基本素质，以安排最适合他的职位，达到人与事的最佳匹配，同时提高了招聘效率。

（三）人力资源开发与员工培训的依据

对员工素质进行测评，发现其欠缺的素质方面，进行培训，使培训具有针对性；同时发现其某方面潜能，给予肯定和晋升。

（四）员工激励的有效手段

员工素质测评不只是简单地对人员的素质状况作一个测评，其测评行为结果还与人员的物质利益有密切联系。在这种物质利益的驱动下，员工便希望能在测评过程中有突出的表现，因而便会不满足于自己现有的知识、技能和能力，从而在学习和工作中更加勤勉努力，充分挖掘自己的潜能，在工作中更能自觉、主动地奉献自己的潜能。

二、人力资源测评的程序

（一）准备阶段

准备阶段要收集必要的资料，选择测评人员、测评人员的培训和测评方案的设计。

（二）实施阶段

测评的实施阶段是测评小组对被测评对象进行测评以获取个体素质数据的过程。它是整个测评过程的核心。

测评的实施阶段包括测评前的动员、测评时间和环境的选择及测评的具体操作。重点在操作程序上，测评操作程序包括从测评指导到实际测评，直至回收测评数据的整个过程。

（三）评价阶段

经过了测评的具体操作得到被测人员的素质测评数据后，接下来就要对此数据进行分析、评价，得出测评结果，以供有关部门使用。具体包括：测评结果的效度与信度分析及测评结果的描述。测评结果的描述有两种形式：数字描述和文字描述。

三、人力资源测评的方法

人力资源测评的主要工作是通过各种方法对被试者加以了解，从而为企业的人力资源管理决策提供参考和依据。经过长期的发展和适应不同情况的需要，形成了多种人事测评方法，下面就当前常用的几种测评方法作一介绍①。

（一）履历分析

个人履历档案分析是根据履历或档案中记载的事实，了解一个人的成长历程和工作业绩，从而对其人格背景有一定的了解。近年来这一方式越来越受到人力资源管理部门的重视，被广泛地用于人员选拔等人力资源管理活动中。使用个人履历资料，既可以用于初审个人简历，迅速排除明显不合格的人员，也可以根据与工作要求相关性的高低，事先确定履历中各项内容的权重，把申请人各项得分相加得总分，根据总分确定选择决策。

研究结果表明，履历分析对申请人今后的工作表现有一定的预测效果，个体的过去总是能从某种程度上表明他的未来。这种方法用于人员测评的特点是较为客观，而且成本低，但也存在几个方面的问题，比如，履历填写的真实性问题；履历分析的预测效度随着时间的推进会越来越低；履历项目分数的设计是纯实证性的，除了统计数字外，缺乏合乎逻辑的解释。

（二）纸笔考试

纸笔考试主要用于测量人的基本知识、专业知识、管理知识、相关知识及综合分析能力、文字表达能力等素质及能力要素。它是一种最古老而又最基本的人员测评方法，至今仍

---

① 佟天佑：实用人力资源测评方法，http://www.21manager.com/html/2006/3—14/101004278.html.

是企业组织经常采用的选拔人才的重要方法。

纸笔考试在测定知识面和思维分析能力方面效度较高，而且成本低，可以大规模地进行施测，成绩评定比较客观，往往作为人员选拔录用程序中的初期筛选工具。

（三）心理测验

心理测验是通过观察人的具有代表性的行为，对于贯穿在人的行为活动中的心理特征，依据确定的原则进行推论和数量化分析的一种科学手段。心理测验是对胜任职务所需要的个性特点能够最好地描述并测量的工具，被广泛用于人事测评工作中。

（1）标准化心理测验。标准化心理测验一般有事前确定好的测验题目和答卷、详细的答题说明、客观的计分系统、解释系统、良好的常模及测验的信度、效度和项目分析数据等相关的资料。通常用于人事测评的心理测验主要包括下面几类：

① 智力测验；

② 能力倾向测验；

③ 人格测验；

④ 其他心理素质测验，如兴趣测验、价值观测验、态度测评等。

标准化心理测验同样具有使用方便、经济、客观等特点。

（2）投射测验。投射测验主要用于对人格、动机等内容的测量，它要求被测试者对一些模棱两可或模糊不清、结构不明确的刺激作出描述或反应，通过对这些反应的分析来推断被试者的内在心理特点。它基于这样一种假设：人们对外在事物的看法实际上反映出其内在的真实状态或特征。

投射技术可以使被试者不愿表现的个性特征、内在冲突和态度更容易地表达出来，因而在对人格结构、内容的深度分析上有独特的功能。但投射测验在计分和解释上相对缺乏客观标准，对测验结果的评价带有浓重的主观色彩，对主试和评分者的要求很高，一般的人事管理人员无法直接使用。

（四）面试

面试是通过测试者与被试者双方面对面的观察、交谈，收集有关信息，从而了解被试者的素质状况、能力特征及动机的一种人事测量方法。可以说，面试是人事管理领域应用最普遍的一种测量形式，企业组织在招聘中几乎都会用到面试。面试按其形式的不同可以分为结构化面试和非结构化面试。

（1）结构化面试。所谓结构化面试就是首先根据对职位的分析，确定面试的测评要素，在每一个测评的维度上预先编制好面试题目并制定相应的评分标准，对被试者的表现进行量化分析。不同的测试者使用相同的评价尺度，对应聘同一岗位的不同被试者使用相同的题目、提问方式、计分和评价标准，以保证评价的公平合理性。

（2）非结构化面试。非结构化面试则没有固定的面谈程序，评价者提问的内容和顺序都

取决于测试者的兴趣和现场被试者的回答，不同的被试者所回答的问题可能不同。

面试的特点是灵活，获得的信息丰富、完整和深入，但是同时也具有主观性强、成本高、效率低等弱点。

（五）情景模拟

情景模拟是通过设置一种逼真的管理系统或工作场景，让被试者参与其中，按测试者提出的要求，完成一个或一系列任务。在这个过程中，测试者根据被试者的表现或通过模拟提交的报告、总结材料为其打分，以此来预测被试者在拟聘岗位上的实际工作能力和水平。情景模拟测验主要适用于管理人员和某些专业人员。常用的情景模拟测验包括以下几种。

（1）文件筐作业。将实际工作中可能会碰到的各类信件、便笺、指令等放在一个文件筐中，要求被试者在一定时间内处理这些文件，相应地作出决定、撰写回信和报告、制订计划、组织和安排工作。考察被试者的敏感性、工作独立性、组织与规划能力、合作精神、控制能力、分析能力、判断力和决策能力等。

（2）无领导小组讨论。安排一组互不相识的被试者（通常为 6～8 人）组成一个临时任务小组，并不指定任务负责人，请大家就给定的任务进行自由讨论，并拿出小组决策意见。测试者对每个被试者在讨论中的表现进行观察，考察其在自信心、口头表达、组织协调、洞察力、说服力、责任心、灵活性、情绪控制、处理人际关系、团队精神等方面的能力和特点。

（3）管理游戏。以游戏或共同完成某种任务的方式，考察小组内每个被试者的管理技巧、合作能力、团队精神等方面的素质。

（4）角色扮演。测试者设置一系列尖锐的人际矛盾和人际冲突，要求被试者扮演某一角色，模拟实际工作情景中的一些活动，去处理各种问题和矛盾。

情景模拟测验能够获得关于被试者更加全面的信息，对将来的工作表现有更好的预测效果，但其缺点是对于被试者的观察和评价比较困难，且费时。

（六）评价中心技术

评价中心技术在第二次世界大战后迅速发展起来，它是现代人事测评的一种主要形式，被认为是一种针对高级管理人员的最有效的测评方法。完成一次完整的评价中心通常需要两三天的时间，对个人的评价是在团体中进行的。被试者组成一个小组，由一组测试人员（通常测试人员与被试者的数量为 1∶2）对其进行包括心理测验、面试、多项情景模拟测验在内的一系列测评，测评结果是在多个测试者系统观察的基础上，综合得到的。

严格来讲，评价中心是一种程序而不是一种具体的方法；是组织选拔管理人员的一项人事评价过程，不是空间场所、地点。它由多个评价人员，针对特定的目的与标准，使用多种主客观人事评价方法，对被试者的各种能力进行评价，为组织选拔、提升、鉴别、发展和训练个人服务。评价中心的最大特点是注重情景模拟，在一次评价中心中包含多个情景模拟测验，可以说评价中心既源于情景模拟，但又不同于简单情景模拟，是多种测评方法的有机结合。

评价中心具有较高的信度和效度，得出的结论质量较高，但与其他测评方法比较，评价中心需投入很大的人力、物力，且时间较长，操作难度大，对测试者的要求很高。

案例1 人员素质测评：借你一双慧眼

一、案例介绍

刘总静静地坐在办公桌后，略显疲态。他没有想到确定股份公司总经理的人选在高层管理人员中分歧会如此之大，这令叱咤商场多年，一向以刚毅、果断著称的他不得不放缓了节奏。

这次人选问题的焦点集中在小陈和小林身上，他们都是刘总着力培养的接班人选，他们在6年前几乎同时进入公司，两年前又因同样出色的业绩被提升为事业部经理，其各自部门的业绩也难分伯仲。他们都是才干过人的领军人物，小陈的思路新奇、超前，做事干脆、利落，对新事物总能忘我地投入；小林处事周全、务实，思维缜密，处理突发事件举重若轻。人选在刘总脑海中已逐渐清晰，但随着年龄的增长，他的每一次决策都更加慎重，正是在这种背景下，他想到了客观的第三方评价——素质测评，如他所说"要借一双慧眼"。

刘总的思绪回到了10天前，某一咨询公司的4位心理专家与他进行的4个小时的谈话，从企业艰辛的创业史到企业目前进行的战略转型，从公司业务的调整到成立股份公司的初衷，当然更多的是关于小陈和小林两位年轻人的发展。不过，多年商场摸爬滚打的经历使他隐藏了对人选的倾向性。咨询专家则是在分析资料之后进行的这次沟通，重点放在股份公司总经理职位的胜任力方面，对方所提供的控制力、人际沟通能力、自我驱动力等重点评价维度也使刘总重新进行了思考。会谈之后的第二天，对小陈和小林进行了长达6小时的封闭测评，今天咨询公司将提交测评报告。

作为当事人之一的小陈，这两天一直在回味测评的过程，他主管的技术中心在招聘毕业生时，已经开始使用素质测评的方式，但他没有预料到自己也这么快地亲身体验了这种方法：两个半小时的心理测验自己没有意识到时间的流逝，仿佛在信手间便选中了答案；一个小时的谈话涉及的领域比较多，但更像是朋友之间的交流，几乎使自己忘记了是在进行测试；自己最难以琢磨的是一系列案例资料的分析，画面中所呈现的内容有许多可以在工作中找到类似的情景，重在解决问题的能力，其中有些场景自己似乎难以抑制地追求第一反应，会不会有些草率……

刘总已经仔细地读过两遍测评报告了，他选择了一个更为舒适的姿势开始听取咨询专家的反馈，"陈先生思路敏捷，追求运用直觉能力判断，对事物发展变化的趋势具有良好的把

握……他对挫折的承受能力有待提高，在出现失误时需要有力的心理支撑……陈先生适合于新业务开拓的领导工作"，"林先生分析问题重视客观存在的依据，总是努力寻找最经济的方法解决问题……他在决策过程中表现出较强的排他性，今后应注意长远性与现实性的结合……从股份公司的定位分析，林先生是比较合适的人选"。反馈结束了，刘总起身道："借你们一双慧眼，使我们从另一个角度更完整地看清了一个人。"看得出，他已经胸有成竹。

（资料来源：谌新民. 新人力资源管理. 北京：中央编译出版社，2002.）

二、思考·讨论·训练

1. 案例中人员素质测评的作用是什么？
2. 咨询公司得出"林先生更适合股份公司总经理职位"结论的理论依据是什么？

案例2 S企业营销人员的综合素质测评

一、案例介绍

S企业是一个制造汽车的中型国有企业，在我国经济体制改革初期，原企业销售人员直转，营销人员是没经过甄选、测评上岗的，人员素质参差不齐。为了适应激烈市场竞争的需要，提高营销队伍的工作绩效和销售业绩，将适合的人放在适合的岗位，对不适合岗位的人员进行培训和开发，因此，通过素质测评为S企业营销队伍配置合格的人员。

（一）营销人员素质测评的指标确定

根据营销人员的工作要求确定其测评的指标要素，并分解出可评价因素，如图5-1所示。

（二）营销人员素质测评方法

S企业对营销人员素质测评采用深度访谈法。深度访谈就是测评者与被测评者直接交谈，了解被测评者素质状况、专业知识、工作能力与个性特征等情况，从而完成对被测评者适应职位的可能性和发展潜力的评价方法。这种方法的信度和效度较高，基本能反映被测人员的素质状况。

1. 根据营销岗位的工作要求，确定其深度访谈问题类型

深度访谈问题类型如图5-2所示。

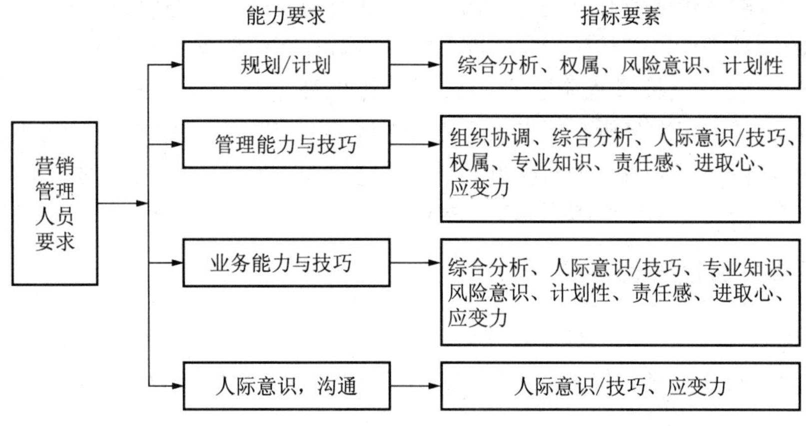

图 5-1　营销管理职位的可评价因素

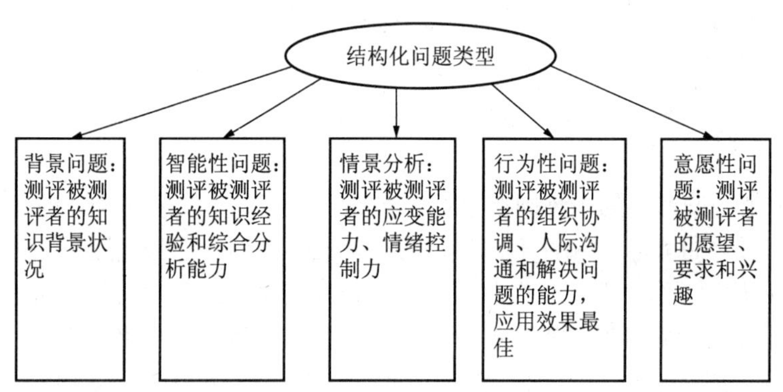

图 5-2　深度访谈问题类型

2. 深度访谈结构化问卷

(1) 请简单介绍你本人的经历（你在S公司工作多久了？都从事过什么工作？来S公司以前做过什么？）

测评要点：基本经历；知识背景；综合分析（逻辑思维）；估计时间：5 分钟

(2) 请介绍一下你所在分公司/区域的业绩、销售和市场情况，你近期的销售业绩下降是什么原因造成的？上升是怎么做的？

测评要点：专业知识、责任感、进取心、组织协调；估计时间：15 分钟

(3) 你所在地区今年的市场开发是怎样进行的？明年有什么打算？

测评要点：专业知识、计划性、权属感；估计时间：10 分钟

(4) 你觉得要提高销售业绩，可以采取哪些方法？（如果投入费用做促销、广告，没有这笔钱怎么办？如果总部一定要求完成指标你将如何做？）

测评要点：专业知识、进取心、责任感、组织协调；估计时间：10 分钟

(5) 估计明年的市场份额，最好的情况能达到多少，为什么？需要什么努力？

测评要点：计划性、组织协调、综合分析；估计时间：5 分钟

(6) 在你的大客户出现销售异常时，你会采取什么样的措施？

测评要点：风险意识、应变力、责任感；估计时间：5 分钟

(7) 如果全国汽车的市场份额在好转，你所在地区反而在下降，你该怎么办？

测评要点：专业知识、进取心、组织协调、责任感、应变力；估计时间：5 分钟

(8) 你手下有多少业务人员？你怎么鼓励他们做好销售，完成销售指标？

测评要点：组织协调、人际交往；估计时间：5 分钟

(9) 如果 S 公司陷入了困境，你认为该怎么办？

测评要点：计划性、综合分析、风险意识；估计时间：8 分钟

(10) 中国加入 WTO 后，你认为对中国的汽车行业有什么影响，对 S 公司有什么影响？

测评要点：综合分析能力、专业知识；估计时间：8 分钟

(11) 国外的一个汽车厂家所产汽车原定的售价是 6 000 美元一辆，实际销售时只卖到 4 000美元，为什么？

测评要点：综合分析能力、专业知识；估计时间：5 分钟

(12) 如果你所在地区的汽车在降价促销，而 S 公司总部要求保持其市场定位，你又要完成指标，你该怎么办？

测评要点：权属观念、专业知识、计划性；估计时间：5 分钟

3. 深度访谈评分表

深度访谈结束后，测评者填写评分表，如表 5-1 所示。

表 5-1　深度访谈评分表

姓名：

综合分析能力			
人际技巧/意识			
权属观念			
责任感			
进取心			
专业知识/技巧			
风险意识			
计划性			
总　分			
总评分析			

4. 深度访谈总结

（1）访谈历时两周半，51 名被测人分为 9 个小组，前两周为每周 3 组，每组 6 人，每半天测试 2 人（测试时间为每周一、三、五全天和二、四、六上午），最后 3 组为每组 5 人，从第三周开始，周一至周三每天上午测试 2 人，下午测试 3 人。

（2）访谈进行顺利，被测人员绝大多数都能较积极地配合回答问题，和主试人进行较好的双向交流。对极少数配合不太积极者，主试人通过各种类型问题的交互提问，考察了所要测评的因素。

总结：深度访谈进行顺利，测评者在评价中剔除年龄、经历、经验影响，对被测评者各项因素进行独立客观的评判，测评的结果是可信的。

（三）营销人员素质测评权重分配方法

对 S 企业营销人员进行深度访谈测评时，主要是从管理素质和业务素质两方面进行的，管理素质和业务素质都包括 10 种要素，即组织协调能力、综合分析能力、人际技巧/意识、权属观念、专业知识、风险意识、计划性、责任感、进取心、应变能力，只是它们各自的权重不同。为避免相关性的影响，管理素质和业务素质只对权重大的前 6 个要素进行计算。具体计算方法如表 5-2、表 5-3、表 5-4 所示。

表 5-2　管理素质测评要素权重

管理素质要素	重要性	（重要性）数×10/（重要性）总数	权重数
组织协调能力	3	3×10/20	1.5
综合分析能力	3	3×10/20	1.5
人际技巧/意识	1	1×10/20	0.5
权属观念	2	2×10/20	1
专业知识	1	1×10/20	0.5
风险意识	1	1×10/20	0.5
计划性	2	2×10/20	1
责任感	3	3×10/20	1.5
进取心	3	3×10/20	1.5
应变能力	1	1×10/20	0.5
总　分	20	20×10/20	10

表 5-3 业务素质测评要素权重

业务素质要素	重要性	（重要性）数×10/（重要性）总数	权重数
组织协调能力	1	1×10/20	0.5
综合分析能力	1	1×10/20	0.5
人际技巧/意识	2	2×10/20	1
权属观念	1	1×10/20	0.5
专业知识	3	3×10/20	1.5
风险意识	2	2×10/20	1
计划性	1	1×10/20	0.5
责任感	3	3×10/20	1.5
进取心	3	3×10/20	1.5
应变能力	3	3×10/20	1.5
总　分	20	20×10/20	10

表 5-4 管理素质、业务素质权重调整表

<table>
<tr><th colspan="3">调整前</th><th>调整</th><th colspan="3">调整后</th></tr>
<tr><th></th><th>管理权重</th><th>业务权重</th><th rowspan="11">根据10位专家的评定结果计算出来的权重结果，在管理权重、业务权重中分别选取重要性在前面的6个要素进行计算，然后再分别针对管理（业务）权重的6个要素比较，根据各自的相对重要性来计算各自的权重</th><th></th><th>管理权重</th><th>业务权重</th></tr>
<tr><td>组织协调能力</td><td>1.5</td><td>0.5</td><td>组织协调能力</td><td>2</td><td></td></tr>
<tr><td>综合分析能力</td><td>1.5</td><td>0.5</td><td>综合分析能力</td><td>1.7</td><td></td></tr>
<tr><td>人际技巧/意识</td><td>0.5</td><td>1</td><td>人际技巧/意识</td><td></td><td>1.5</td></tr>
<tr><td>权属观念</td><td>1</td><td>0.5</td><td>权属观念</td><td>1.3</td><td></td></tr>
<tr><td>专业知识</td><td>0.5</td><td>1.5</td><td>专业知识</td><td></td><td>2</td></tr>
<tr><td>风险意识</td><td>0.5</td><td>1</td><td>风险意识</td><td></td><td>1.2</td></tr>
<tr><td>计划性</td><td>1</td><td>0.5</td><td>计划性</td><td>1.4</td><td></td></tr>
<tr><td>责任感</td><td>1.5</td><td>1.5</td><td>责任感</td><td>2</td><td>1.7</td></tr>
<tr><td>进取心</td><td>1.5</td><td>1.5</td><td>进取心</td><td>1.6</td><td>2.1</td></tr>
<tr><td>应变能力</td><td>0.5</td><td>1.5</td><td>应变能力</td><td></td><td>1.5</td></tr>
</table>

（四）营销人员素质测评结论

通过对S企业营销人员素质测评综合分析得出如下结论。

（1）对S企业营销人员进行素质测评，了解本企业营销人员的综合素质状况，进行合理的职位安排，把合适的人放在合适的岗位上，可以提高企业的市场竞争能力。

（2）由于营销人员素质测评要花费一定的时间和费用，企业在测评之前要进行充分的准备，安排好营销人员的时间，以保证测评工作的正常进行。

（3）根据营销人员不同职位的工作要求，设计不同的指标要素，并根据指标要素设计不同权重，有利于提高素质测评的科学性。

（4）企业营销人员素质测评深度访谈法分别测试营销人员素质的不同层面，综合计算分析测评人员素质，其信度和效度很高。

（5）深度访谈测评方法技术性较强，测评者在进行测评之前，一定要进行专业的测试技术培训，否则，很难保证其测评结果的科学性和准确性。

（6）深度访谈结构化问卷的设计应包含访谈内容的 11 个基本要素，其访谈结论的正确性和客观性是与问卷的构成是否科学直接相关的，因此，问卷的设计十分重要。

（7）深度访谈测评方法权重设计的合理性，其关键取决于各部分指标权重的大小，因此，随着企业对营销人员素质要求的变化及市场竞争的加剧，要及时调整指标设置，重新划定指标权重，形成动态的指标权重体系。

（资料来源：www.365u.com.cn；www.mf08.com.cn）

二、思考·讨论·训练

1. 案例中营销人员素质测评指标的确定依据是什么？
2. 深度访谈方法在此次人力资源素质测评中有哪些利弊？
3. 你认为本次营销人员的素质测评是否需要改进？

美岛公司的人力资源测评方案

一、案例介绍

创建于 1991 年的湖北美岛服装有限公司，是一家中日合资企业。公司地处湖北东部的黄石市，现有员工 4 000 多人，总资产达 1.2 亿元，是国家级的中型服装企业。严谨的管理、精良的产品质量、一流的商业信誉使美岛公司经营业绩不断上升，并被日本《纤研新闻》称为“女装王国的万能工厂”。面对激烈的市场竞争，美岛公司加快了向经营型企业转变的步伐，并制定了稳住日本市场，大力拓展国内市场和欧美市场的企业发展战略。公司管理层从企业发展战略出发，敏锐地认识到要实现这一目标，人才是关键。为了发现人才、用好人才并为人才的成长创造一个好的环境，美岛公司决定建立一套规范合理的绩效考核体系，并对公司所有非计件员工进行一次测评，以综合考察公司现有的人力资源状况。

美岛公司以生产高档女装为主，其业务长期以来集中在对日贸易方面，对内贸易、欧美贸易近年来也有所发展；与这种业务性质相适应，美岛公司的组织结构由人力资源部、财务

部、公关部、生产技术部、外经贸部、信息部、内贸部、设备部和生产厂组成。美岛公司的非计件员工有80多人，主要分布在辅助生产部门及生产部门的管理岗位，与生产一线的计件工不同，这些员工学历相对较高，岗位绩效无法定量，能力表现也多样化，是公司人力资源开发的重点。美岛公司管理层希望通过本次测评达到以下几个目的。① 希望通过科学的测评，对每个人的能力进行一次全面公正的评价，以便在实践中更好地配置人力资源。② 希望能够发现一些具有发展潜力的人才，以便公司重点培养和加以重用。③ 希望员工通过测评能够更好地认识自己，以便在以后的工作中改进工作绩效。美岛公司人员测评方案的设计与实施如下。

1. 人员测评指标体系的建立

能力是内在于人体之中的体力和智力的总和，每个人的能力都是由各种素质要素综合而成的综合体，因而衡量人与人之间的能力差异首先要建立一套表示人员素质及其功能行为的各个方面相互联系、相互制约的要素体系，只有在此基础上，才能通过测量个体在各个素质要素上表现出来的差异来全面衡量人的能力。一般说来，人的能力由心理素质、身体素质、文化素质和工作技能等几个要素组成，其中心理素质包括智力、人格和价值观等要素；身体素质包括健康状况与体力状况两个方面；文化素质由知识素质与工作经验素质构成；而工作技能包括专业知识与专门技能。能力要素体系涵盖了个体能力表现的总和，然而，在企业实施人员测评不可能针对每一个要素都进行测量，因此合理选择与工作绩效密切相关的要素进行测评往往成为人员测评成功的关键。美岛公司人员测评指标体系的建立，实质上就是根据美岛公司实际情况筛选出绩效相关要素并据以设计测评指标的过程。

美岛公司人员测评指标体系的设计大致分两步进行：首先，通过对美岛公司员工的学历、工作年限、工作性质等项目的总体调查，发现参与测评的员工以事务性工作为主，较少参与体力劳动，因而剔除了身体素质要素；接着便与美岛公司各部门员工代表进行访谈，并依据访谈结果确定绩效相关要素，最后设计测评指标体系。

2. 人员测评方法体系的设计

明确了测评指标，接下来就需要确定用什么方法进行测评才能让个体能力在各项指标上表现出差异。常用的测评方法有心理测验法、笔试法、面试法、情景模拟测验法、评价中心法和评定法等几种。美岛公司此次测评综合使用了多种方法，在现代企业管理实践中，笔试被广泛运用于人员招聘、选拔和培训开发。在此次测评中，笔试主要用于测评员工的工作技能。为了提高测评的效度，将情景模拟测验法引入笔试，让被测者直接针对实际的或模拟的工作内容和需要解决的问题进行分析；与此同时，为了增强试卷的区分度，试题的难度也依次有所变化。试题最后一项内容为结合本职工作写一篇建议书，它综合考核了被测者的工作能力。

学历是一个人综合智力的反映，而工作经历则是对工作经验的一个综合评价。面试法有结构化面试与非结构化面试两种，综合考虑两种方法的优缺点，美岛公司此次测评采用了以结构化面试为主、非结构化面试为辅的面谈方式。具体说来，就是事先确定面试的题目、顺序和分项评分标准，而在实际面试过程中，针对每个人的实际情况，部分运用非结构化面谈方式了解必要信息。美岛公司此次人员测评对象主要是企业的在岗员工，其中在美岛工作5年以上的就有65人，占总人数的81%，因而，基于岗位职责对员工绩效进行考评与分析将为人员测评提供充分的信息，从而大大提高人员测评的信度和效度。事实上，用于人员配置的科学的测评体系是建立在科学、合理的绩效考评体系的基础之上的。实践证明，运用目标考核与过程考核相结合的方法可以较好地评价员工的工作绩效，其中目标考核是在明确岗位职责的基础上，运用5个左右的关键绩效指标考核员工的工作量、工作质量、工作效率、工作能力和差错率；而过程考核主要考核员工的工作态度、服务质量等。

群体评议是我国常用的人事管理工具，俗话说“群众的眼睛是雪亮的”，谁干得好，谁干得不好，每个人心里都有一杆秤，所以，这种方法用于人员测评具有一定的可靠性，比如测评员工的人际交往能力。如果采用案例分析试题测评这些能力，要么不真实，要么显得比较单薄，显然用群体评议对这些能力进行测评更合理些。

上述5个测评项目各有侧重，因而此次测评依据各个项目测评的指标的重要程度确定了各个项目测评结果对测评总得分的影响程度，也即权重。

3. 人员测评方案的实施

美岛公司人员测评方案的实施可以分为两个部分，一是测定法的实施，主要包括笔试与面试两个方面；二是评定法的实施，主要包括绩效考核与群体评议；至于学历与工作经历的评定主要参考已有的员工档案信息，比较容易开展。

笔试与面试的实施过程比较简单，只需要依据上一步设计好的笔试试题与面试步骤按部就班就行了，不过需要注意的是确定一个合理的测定标准。比如，笔试试题最后一部分是一份建议书，由于这是主观试题，即使面对同一份试卷，不同阅卷人的评定也不会相同，这时就需要确定一个标准，这个标准包括测定项目，如对本职工作了解的深入程度、创新精神、建议可行性等，以及测定等级，如有重大创新得10分，具有一定的创新精神得5分等。

绩效考评的实施分以下几步进行：① 分发问卷并进行工作分析，确定每个岗位的职责；② 依据岗位职责确定关键绩效指标；③ 根据年初目标分解到各个岗位的各项指标，确定目标值；④ 根据实际完成情况考核各指标完成情况，得出目标考核成绩；⑤ 根据过程考核指标进行问卷调查，得出过程考核成绩。

群体评议的实施需要注意以下两点。① 评议人员的选择。通常群体评议是在一个评定单位（如一个部门）内进行，因为这个范围内的员工工作联系较多，互相之间比较了解，然而，具体到每一个人，还需要确定与其岗位职责密切联系的其他人参与评定，这些人包括上级、下级、其他部门员工或者是客户，只有这样评议结果才能全面。② 等级评定法与排队法相结合。一般说来，在进行评议时，主要是将评定指标按照程度的不同分为ABCDE五档，然后由评议人选择；但是，假如评议人认为在一个评定单位（如一个部门）内，评议对象之间的差别不大，这时候，就需要运用排队法对等级评定结果进行修正。

4. 人员测评信息处理与反馈

在实施人员测评的过程中，施测方会获得各种各样的数据和主观印象；所谓人员测评信息处理就是将这些信息汇集成有用的测评信息。由于每种测评方法都是针对相应的测评指标进行的，所以信息处理的第一步就是将各项测评指标得分进行归集得出分项得分；对于用不同方法测评同一指标的情况则需要根据测评方法的可靠性确定权重得出加权分。获得了单项指标得分后，就可以按照预定的权重计算得出总得分。需要注意的是，实施过程中获得的测评信息不是百分之百的准确，而且常常会出现不同测评方法获得的信息相互矛盾的情况，这时就需要在信息处理过程中进行适当修正。比如，某一会计人员在测评财务专业知识时得分很低，而其工作绩效表现良好，这时就需要对其本人进行求证，如果是由于其他原因影响了知识测试成绩，那么，就需要对该员工重新测试，修正原来的测试成绩。

所有信息处理完成以后，最后将所有的信息反馈给被测方和被测个人。在此次测评中，美岛公司每个员工的单项测评成绩及总得分一方面反馈到管理层，作为其进行人力资源配置及开发的依据；另一方面反馈给员工个人，作为员工全面认识、评价自己的工具，为员工绩效改进提供依据。除了数据信息的反馈，信息分析与专家意见也是反馈的一个重要组成部分。比如，某员工测评结果反映学历高、学习能力较强，但是人际交往和管理能力较弱，施测方就会对管理层提出任用建议：该员工不适合提拔到管理岗位，而应该放到专业技术岗位；而对员工本人则提出改进建议：如果对管理岗位感兴趣，最好参加一些管理技巧和人际交往技巧的培训等。

［资料来源：胡道美. 美岛公司的人力资源测评方案. 人力资源开发，2008（6）.］

二、思考·讨论·训练

1. 基于绩效考评的人员测评与选聘中的人员测评有哪些异同点？
2. 美岛公司是如何使用测评结果的，是否达到了测评目的？

纸游戏

一、目的：让学员练习如何不断培养团队精神。

二、参加人数：总人数随意，分组，每组5～6人。

三、学员练习时间：3分钟。

四、工具：各小组一张A1大纸。

五、讲师向各学员说明：

（1）小组中的所有成员都要站在纸上；

（2）纸的面积越小越好；

（3）3分钟后各小组在其他小组面前演示；

(4) 演示时要坚持10秒钟以上；

(5) 纸的面积小的小组为胜出。

六、参考：

(1) 可以请一位学员作为裁判；

(2) 可以提醒学员把袜子脱掉。

七、讨论：输的小组会试图找出胜出小组的过错或违反规定。

(资料来源：JDB营销管理学院，http://wenku.baidu.com/view/e717296baf1ffc4ffe47ac2a.html)

一、设计一套针对企业秘书招聘的素质测评体系。

二、进行素质测评可以选用多种技术，阐述不同条件下应选择哪些工具更合适？

三、如何避免人力资源测评工作流于形式？

第六章 员工激励

人并非只是为钱工作，要激励员工，金钱并不是最有效的工具。要激励员工，必须使他们加入企业家庭，并尊重他们。

——土光敏夫

方法很重要，技巧也很重要，但是激励却更重要。

——本杰明·N. 卡多佐

学习目标

- 了解员工激励的含义和特点；
- 明确员工激励的作用；
- 把握员工激励的原则。

故事导入

鸭子只有一条腿

某城市有个著名的厨师，他的拿手菜是烤鸭，这道菜深受顾客的喜爱，特别是他的老板，更是十分满意。不过这个老板从来没有给予过厨师任何鼓励，使得厨师整天闷闷不乐。

有一天，老板有客从远方来，在家设宴招待贵宾，点了数道菜，其中一道是老板最喜爱吃的烤鸭。厨师奉命行事，然而，当老板夹了一条鸭腿给客人时，却找不到另一条鸭腿，他便问身后的厨师说：

“另一条腿到哪里去了？”

厨师说：“老板，我们家里养的鸭子都只有一条腿！”老板感到诧异，但碍于客人在场，不便问个究竟。

饭后，老板便跟着厨师到鸭笼去查个究竟。时值夜晚，鸭子正在睡觉，每只鸭子都只露出一条腿。

厨师指着鸭子说：“老板，你看，我们家的鸭子不全都是只有一条腿吗？”

老板听后，便大声拍手，吵醒鸭子。

老板说："鸭子不全是两条腿吗?"

厨师说："对！对！不过，只有鼓掌拍手，鸭子才会有两条腿呀!"

不鼓掌鸭子只呈现一条腿，鼓了掌鸭子才能有两条腿。由此可见，激励员工是非常重要的!

人力资源管理的目标就是充分调动人的积极性，从而最大限度地开发人的潜在能力，因此，以激发人的积极性为主旨的激励是人力资源管理的重要手段。

一、员工激励的含义和特点

从心理行为过程看，激励主要是指通过各种外部因素的刺激，激发人的动机，使人产生一种内在的驱动力，达到一种兴奋的状态，从而把外部的刺激内化为个人自觉的行动。人的行为来源于人的动机，人的动机产生于人的需要。需要是人的积极性的基础和根源。动机推动人去从事某项活动，是推动行为的直接原因，同时又是人的需要直接推动的。一般人都会有一种不满足于现状的心理状态，任何人都愿意创造条件去提高和满足自己的需要，否则，激励将不会产生作用。

员工激励是指通过各种有效的手段，对员工和各种需要予以不同程度的满足或者限制，以激发员工的需要、动机、欲望，从而使员工形成某一特定目标并在追求这一目标的过程中保持高昂的情绪和持续的积极状态，充分挖掘潜力，全力达到预期目标的过程。

激励是对员工潜能的开发，它完全不同于自然资源和资本资源的开发，无法用精确的计算来进行预测、计划和控制。员工激励具有如下特点。

（一）激励的结果不能事先感知

激励是以人的心理作为激励的出发点，激励的过程是人的心理活动的过程，而人的心理活动不可能凭直观感知，只能通过其导致的行为表现来感知。

（二）激励产生的动机行为是动态变化的

从认识的角度看，激励产生的动机行为不是固定不变的，受多种主客观因素的制约，不同的条件下，其表现不同。因此，必须以动态的观点认识这一问题。

（三）激励手段是因人而异的

从激励的对象来看，由于激励的对象是有差异的，所以人的需要也千差万别，从而决定了不同的人对激励满足程度和心理承受能力也各不相同。要求对不同的人采取不同的激励手段。

（四）激励的作用是有限度的

从激励的程度来看，激励不能超过人的生理和能力的限度，应该讲究适度的原则。激励的目的是使人的潜力得到最大限度的发挥。但是，人的潜力不是无限的，受到生理因素和自身条件的限制，所以，不同的人发挥的能力是不同的。

二、员工激励的作用

（一）有利于形成员工的凝聚力

组织的特点，是把不同的人统一在共同的组织目标之下，使之为实现目标而努力。因此，组织的成长和壮大，依赖于组织成员的凝聚力。激励则是形成凝聚力的一种基本方式。通过激励，可以使人们理解和接受组织目标，认同和追求组织目标，使组织目标成为组织成员的信念，进而转化为组织成员的动机，并推动员工为实现组织目标而努力。

（二）有利于提高员工的自觉性和主动性

人的行为不可避免地带有个人利益动机，利益是调节员工行为的重要因素。通过激励，可以使员工认识到，在实现组织最大效益的同时，也可以为自己带来利益，从而可以将员工的个人目标与组织目标统一起来。二者统一的程度越高，员工的工作自觉性就越强，其工作的主动性和创造性也越能得到发挥。

（三）有利于员工开发潜力和保持积极状态

在客观条件基本相同的前提下，员工的工作绩效与员工的能力和激励水平有关。通过激励，可以使员工充分挖掘潜力，利用各种机会提高自己的工作能力，这是提高和保持高水平绩效的重要条件。另外，通过激励，还可以激发员工持之以恒的工作热情。

三、员工激励的原则

没有规矩，不成方圆。规矩可称为原则，它是某种规律性东西的外在表现。实施激励也一样，必须遵循适当的原则，才能充分发挥激励的作用。

（一）企业目标与个人目标相结合的原则

在建立企业激励机制的过程中，设置目标是一个关键性的环节。对员工的激励从目标开始，是指以确立行为目标的方式所进行的激励。人们选择了什么样的目标，就会有什么样的行为动机，因此，目标的确立十分重要。目标设置必须体现企业总目标的要求，否则激励将偏离实现企业总目标的方向。目标设置还必须能满足员工个人的需要，否则，就无法提高员工的积极性，达不到满意的激励强度。因此，帮助员工制定合理的行为目标，并帮助员工认识到这种目标的合理性，就可以激发员工相应的行为动机，调动员工的积极性。

（二）物质利益与精神激励相结合

在生产力发展水平总体上仍很低的情况下，人还是经济的人、利益的人这样的特点，决定了物质利益激励的基础地位，它比精神激励更具基础性。在现阶段，还不能把我们事业、企业发展的希望寄托在个人的良心发现和觉悟提高上，关键需要制度约束，其中一个方面是激励制度的约束。人们需要精神激励，但是，更要采取各种措施实行物质激励，并使其同强有力的约束有机结合起来。从我国的实际看，目前，人们的物质生活水平普遍还不高。因此，物质激励在员工激励中还占主要地位，是构成激励的主要内容。值得一提的是，物质激励和精神激励应与员工的需要和企业发展的实际水平结合起来应用，以避免走向极端。

（三）公平原则

公平性是员工管理中一个很重要的原则，员工感到的任何不公的待遇都会影响他的工作效率和工作情绪，并且影响激励效果。

古人云：不患寡，患不均。根据亚当斯的公平理论，每个人在取得成绩并获得报酬以后，会不自觉地拿自己付出的劳动和所得的报酬与他人付出的劳动和所得的报酬进行横向比较。当他感到自己所获得报酬与投入的比值和他人所获得报酬与投入的比值相等时，就认为是公平的、合理的，就能心平气和，心情舒畅，努力工作。相反，当他发现这种比值不相等时，自己所得报酬与投入之比大于他人的这种比值时，并不一定会受到激励，反而容易滋生投机取巧的想法，时间一长，工作积极性就会逐渐衰退。当他发现自己所得报酬与投入之比小于他人的这种比值时，就会产生强烈的不公平感，就会苦恼和不安，产生满腔怨气，就有可能采取各种措施来消除苦恼和不安的紧张心理，从而给企业带来消极影响。

要实现公平原则，一是机会要均等；二是激励机制必须公开、透明；三是激励机制必须具有可操作性；四是要求激励机制还必须符合责权利相一致原则；五是要求激励机制有章可循，有制可依。

激励本身和激励的社会功能都是对人们行为的一种估价和评判。当一个人感到他所获得的激励与他投入的努力、所作的贡献或与他的不良行为造成的损害比值相等时，就有了公平感，从而产生积极作用或约束作用，否则，就难达到激励的目的。

（四）时效性原则

激励要把握好时机。激励在不同的时间进行，其作用和效果是不同的。人们在作出努力并取得成就以后，都有渴望得到社会承认的心理。因此，激励越及时，就越能促进人们积极性的发挥，使积极的行为得到不断的强化，使积极性保持长久。激励及时的核心是一个

"快"字。古人提倡"赏不逾时","罚不迁列"(《司马迁·天子之义》)。意思是说,奖赏不能错过时机,惩罚不能等到士兵离开队伍的行列后去执行。所以,及时、准确地把握激励时机进行激励至关重要。

(五)个性化原则

在构建激励机制时,企业必须充分考虑激励的个性化特点,使激励机制具有一定的灵活性,以便将来对特殊的人才及企业的核心员工采取有针对性的个性激励方式。索尼公司一般根据员工的不同特点采取不同的激励方法。比如,有些员工是管理型人才,公司会考虑为他们安排管理方面的专业培训,帮助他们实现职位提升。有些员工属于专家型人才,但是,不太擅长管理人,公司就会考虑在薪资上对他们的工作表示肯定,让他们从管理中抽出身来,有更多的时间去研究开发。例如,对20~30岁的年轻人来说,有效的培训,职业生涯的规划、薪资的提升等对于他们来说将是最好的激励。对35~49岁的员工来说,适当把管理岗位向他们倾斜,并适时地关心他们的生活和家庭,将会有意想不到的效果。对50~60岁的员工,关注他们的身体或精神上的鼓励可能对于他们更合适。

案例1 发生在玩具厂的故事

一、案例介绍

童友玩具厂是一家与香港合资的小型企业,主要生产简单的木制玩具。但产品质量甚佳,成本低廉,不久前开始出口,订单有猛增之势。据此,老板决定增加投资,对生产"瓶颈"——喷漆工段进行工作设计,请当地一家设计院的林工程师来,拿出了改造方案。

喷漆工段其实只相当于一个小班组,由8名清一色的女工组成,归一名工段长领导,原来全部由手工操作:玩具先在前一道木工车间下料,抛光,然后进行部分组装,再经过浸涂假漆工序,最后送来喷漆车间上漆。

如今作了流程改造,待漆的玩具放在每位女工右手边的托盘里,她们取来,放在模板下,把彩漆按照设计的图案喷到玩具上没被模板挡住的部位。喷完后,取出来挂到上前方经过的吊钩上,自动进炉烘干。吊钩的移动速度是设计工程师作过时间动作研究,并经过计算后设置的。

女工们的奖金使用小组集体计奖制。由于对新工艺还不熟练,在半年实习期内,她们还达不到新定额,所以发给一笔"学习津贴",但逐月减少1/6,半年后全部取消。那时就只有靠全组超过定额方能得一笔集体奖金了。当然超额越多,奖金也越多。

半年实习期头一个月,生产率还马马虎虎;第二个月则显著停滞,进步极慢。工段长问女工怎样才能加速,女工中被称为"大姐"的一位年长女工列举了新流程的一大堆问题:吊钩太快；奖金计算偏低；环境温度太高，等等。

工段长请示了主任，马上买来3台大风扇，以解决工作环境温度过高的问题。女工们对这样解决似乎很满意，对工段长的对立情绪也消退很多。工段长也很高兴，决定开几次会，彻底解决工作环境问题。

会议上，女工们主要提出了吊钩速度问题。王主任和林工也在座。女工们对林工说吊钩飞快，跟不上。有位女工问林工：能不能把吊钩速度搞成快、中、慢三挡，换挡开关装在"大姐"手边，由我们来调节控制？王主任和工段长交换眼色后，说研究后再答复。

会后，王主任和工段长仔细讨论了很久，推敲再三，决定按女工们的主意先试一试。林工很快把变速装置装好，换挡开关设在"大姐"工作台。女工们大为兴奋，研究出了一种最佳速度设置模式，工作效率明显提高。

经过改进后，次品率很快下降。在原定的半年实习期还差两个月左右时，生产率即超出原预计值30%以上。于是，奖金也高于原预计。6个月期满，学习津贴取消，女工们更熟练，也干得更欢了。结果，喷漆工段收入比邻近的其他班组高不少，甚至超过那些班组的高级技工了。

其他班组感到不公平，反映到厂长处。厂长下来了解情况，批评让工人自己掌握生产节奏是"瞎胡闹"。他下令停止这新一套做法，恢复设计院原方案。

第二个月，生产大幅下降，8位女工中，包括"大姐"在内的6位女工在以后的两个月中走掉了。又过两个月，工段长也挂冠而去，另谋高就了。

（资料来源：李剑锋. 人力资源管理十大误区. 北京：中国经济出版社，2004.）

二、思考·讨论·训练

1. 在调动员工工作积极性的方面，工段长的做法有哪些可取之处？

2. 公司生产效率大幅下降，人才流失其根本原因在哪里？

3. 女工们收入明显增加，出现"一枝独秀"的局面，其他员工不满，面对这种情况，你如何处理？

冯经理新的激励手段

一、案例介绍

冯敢赢是西屋机械公司供应部的经理，公司里同事乃至公司外的同行们都知道他是有名的敢想敢说、为人热情的人，尤其对新发明、新理念什么的很感兴趣，自己也常爱在工作中搞点新名堂。

前段时间，常听见冯经理对人嚷嚷说："我们公司的那套奖金分配制度我看是到了非改不可的地步了，奖金总额不跟公司绩效挂钩，每月固定按工资总额拿出5%当奖金，一共才

那么一点钱。具体每人分多少，由各部门领导按每人每月工作表现定，还要求搞什么‘重赏重罚，承认差距’哩。可是谈何容易，总共就那么一点，还玩得出什么花样？如果真要对干得好的多给，一般的少给，差的不给，不闹起来才怪呢！”

最近，冯经理又在跟人说：“改革公司奖金分配制度，我琢磨好久了，可就是想不出啥好点子来。直到上个月，公司派我去市经济管理干部学院参加一期中层管理干部短训班。有一天，请来一位美国教授给我们做了一次讲演。”“那位教授说，对员工的激励，不能太依靠高工资和奖金。又说，钱并不能真正调动人的积极性，能影响人积极性的因素很多，按重要性高低，他列出了一长串单子，好像最要紧的是工作的挑战性。照他解释，就是指工作不能太简单，轻而易举地就能完成，要艰巨点，让人得动点脑筋，花点力气，那活才有干头。再就是工作要有趣，要有些变化，多点花样，别老一套，太单调。他说，再就是要给自主权，给责任，要让人家感到自己有所成就，有所提高。还有什么表扬啦，跟同事们关系友好融洽啦，劳动条件要舒服安全啦什么的，我也记不准，记不全了。可有一条我是记准了：工资和奖金是摆在最后一位的，也就是说，最无关紧要了。”“那位教授还说，这理论也有人批评，说它仅适用于工程师、会计师、医生这类高级知识分子，对别类人未见得合适。”“短训班办完，回到公司里，正赶上年末工作总结，要发年终奖金了。这回我有了新主意。我们供应部里，论工作，就数李促维最突出。他大学本科毕业，积极肯干，还能动脑筋，于是我把他找来谈话。”“我先强调了他这一年的贡献，特别表扬了他的成绩，还细致讨论了明年提高成绩的具体方法，最后才谈到这最不要紧的事——奖金。我说，这回年终奖，因为奖金总额有限，你就跟大伙儿拿得差不多吧！”“可是，你猜怎么着？小李子竟发起火来了，真的火了。他噌地站起来说：‘什么？就给我那么一点儿？说了那一大堆好话，到头来我就值那么一点儿？得啦，您那一套好听的，请收回去送给别人吧，我不稀罕，表扬又不能当饭吃！’”“这是怎么一回事？把我搞糊涂了。”

（资料来源：王惠忠．企业人力资源管理．上海：上海财经大学出版社，2004.）

二、思考·讨论·训练

1. 李促维为什么会发火？
2. 冯经理新的激励手段失败的原因是什么？
3. 你认为应该如何激励员工才能真正有效？

我们愿意加班

一、案例介绍

卢小姐在荷兰银行单证部工作，这是银行最繁忙的一个部门，主要从事信用证通知、议付、审单、结汇、开证等烦琐而又单调的工作。虽然分工很细，但业务量很大，每月 1 500 万美元的交易额却只有 7 个人（包括卢小姐）在做，每天案头总是堆满了文件，而做不完的往往得加班 1～2 小时，因此到了星期五，没有人再愿意加班，而是想尽早回家过周末，虽然加班费是平时的两倍，但星期五恰是银行最忙碌的一天，有些事如不在星期五做完，就必须过两个休息日，这样在时间上就耽误了，也影响了银行的声誉。因此，副行长邓先生自然希望员工能自愿留下来加班，把事情做完。有一次星期五，需要结汇的单子并不多，所以员工们想下班后留下来干完，免得星期一案头又堆起一座小山，邓先生看见了，马上盛情邀请加班的员工在附近一家饭店共进晚餐。在席上，他先是对员工的加班行为进行表扬，同时希望员工们能继续下去，当然员工们都欣然同意。在以后的几个星期内，员工们在星期五都自愿留下来加班，而邓先生也每两个星期请员工们吃饭，这样过了一个月，员工们对此开始厌倦，并戏称邓先生的请客吃饭是“鸿门宴”。邓先生及时得到了这一反馈，并签发了一项新规定，凡星期五加班的，加班费按正常时间的四倍计算，累计加班时间满 20 小时的可休假一天，事实证明该规定非常有效。现在，员工们都愿意在星期五加班了。

（资料来源：义乌工商学院管理学基础精品课程网：http://www.ywu.cn）

二、思考·讨论·训练

1. 请用激励理论分析，为什么员工对星期五加班从愿意到厌倦、又到愿意？
2. 如果采用惩罚策略，是否也能起作用？为什么？
3. 采取什么措施解决存在的问题？
4. 试探讨荷兰银行单证部激励措施有什么特点和优势？

案例4 中捷股份的股票期权激励计划

一、案例介绍

中捷缝纫机股份有限公司（以下简称中捷股份或公司）是于 2004 年 7 月 15 日在深圳证券交易所中小企业板上市的企业。2006 年 2 月，中捷股份成为我国在大陆的上市公司中第一家正式推出股票期权激励方案的上市公司。根据中捷股份的公开信息，该公司的股票期权激励方案（草案）的主要内容如下。

（一）股票期权激励对象与范围

公司确定激励对象的法律依据是《中华人民共和国公司法》、《中华人民共和国证券法》、《上市公司股权激励管理办法（试行）》及《公司章程》等有关法律、法规和规范性文件的相关规定。激励对象包括公司的董事（不含独立董事）、监事和高级管理人员共计 10 名，他们

的任期均为2004年8月到2007年8月。激励对象必须经《中捷缝纫机股份有限公司股票期权激励计划实施考核办法》考核合格。

（二）股票期权激励计划的股票来源和股票数量

中捷股份授予激励对象510万份股票期权，每份股票期权拥有在自授权日起5年内的可行权日以行权价格和行权条件购买一股中捷股份股票的权利。股票来源为中捷股份向激励对象定向发行510万股中捷股份股票，占当前中捷股份股票总额的比例为3.71%，其中，获授股票期权最多的是公司总经理，获得75万份股票期权，其余的分别为55万份和40万份不等。

（三）股票期权激励计划的有效期、授权日、可行权日、禁售期

股票期权激励计划的有效期为自股票期权授权日起的5年时间，而授权日则在该激励计划报中国证监会备案且中国证监会无异议、中捷股份股东大会批准、商务部批准后由董事会确定。股票期权激励计划在股票期权授权日一年后可以开始行权，可行权日为中捷股份定期报告公布后第2个交易日至下一次定期报告公布前10个交易日内（但下列期间不得行权：①重大交易或重大事项决定过程中至该事项公告后2个交易日；②自其他可能影响股价的重大事件发生之日起至公告后2个交易日）。

激励对象出售其持有的中捷股份股票的规定为：在任职期间，每年转让的股份不得超过其所持有的公司股份总数的百分之二十五，所持公司股份自公司股票上市交易之日起一年内不得转让；在离职后六个月内不得转让其所有的公司股份；激励对象不得将其持有的公司股票在买入后六个月内卖出，或者在卖出后六个月内又买入，由此所得收益归公司所有，公司董事会应当收回其所得收益。

（四）股票期权的行权价格和行权价格的确定方法

股票期权的行权价格为6.59元，其确定方法为：行权价格取下述两个价格中的较高者上浮5%，即6.28元×(1+5%)=6.59元。

（1）股票期权激励计划草案摘要公布前一个交易日的中捷股份股票收盘价6.28元。

（2）股票期权激励计划草案摘要公布前30个交易日内的中捷股份股票平均收盘价5.94元。

（五）股票期权的获授条件和行权条件

1. 获授股票期权的条件

（1）中捷股份未发生如下任一情形（以下3种情形简称情形A）：

①最近一个会计年度的财务会计报告被注册会计师出具否定意见或者无法表示意见的审计报告；

② 最近一年内因重大违法违规行为被中国证监会予以行政处罚；

③ 中国证监会认定不能实行期权激励计划的其他情形。

(2) 激励对象未发生如下任一情形（以下 3 种情形简称情形 B）：

① 最近 3 年内被证券交易所公开谴责或宣布为不适当人选的；

② 最近 3 年内因重大违法违规行为被中国证监会予以行政处罚的；

③ 具有《中华人民共和国公司法》规定的不得担任公司董事、监事、高级管理人员情形的。

(3) 激励对象必须在同时满足如下条件时方可获授股票期权：

① 根据《中捷缝纫机股份有限公司股票期权激励计划实施考核办法》，激励对象上一年度绩效考核合格；

② 中捷股份上一年度加权平均净资产收益率不低于 10%；

③ 中捷股份上一年度扣除非经常性损益后的加权平均净资产收益率不低于 10%。

2. 行权条件

激励对象行使已获授的股票期权必须同时满足如下条件：

(1) 中捷股份上一年度加权平均净资产收益率不低于 10%；

(2) 中捷股份上一年度扣除非经常性损益后的加权平均净资产收益率不低于 10%；

(3) 根据《中捷缝纫机股份有限公司股票期权激励计划实施考核办法》，激励对象上一年度绩效考核合格；

(4) 中捷股份没有出现上述情形 A 的情况，激励对象没有出现上述情形 B 的情况。

3. 行权安排

自股票期权激励计划授权日一年后，满足行权条件的激励对象可以在可行权日行权；激励对象必须在授权日之后 5 年内行权完毕，在此时期内未行权的股票期权作废。

(六) 股票期权激励计划的调整方法和程序

1. 股票期权数量的调整方法

若在行权前，中捷股份有资本公积金转增股份、派送股票红利、股票拆细或缩股等事项，应对股票期权数量进行相应的调整。调整方法如下：

(1) 资本公积金转增股份、派送股票红利、股票拆细

$$Q=Q_0\times(1+n)$$

式中：Q_0——调整前的股票期权数量；

n——每股的资本公积金转增股本、派送股票红利、股票拆细的比率（即每股股票经转增、送股或拆细后增加的股票数量）；

Q——调整后的股票期权数量。

(2) 缩股

$$Q=Q_0\times n$$

式中：Q_0——调整前的股票期权数量；

n——缩股比例（即1股中捷股份股票缩为n股股票）；

Q——调整后的股票期权数量。

2. 行权价格的调整方法

若在行权前中捷股份有派息、资本公积金转增股份、派送股票红利、股票拆细或缩股等事项，应对行权价格进行相应的调整。调整方法如下。

（1）资本公积金转增股份、派送股票红利、股票拆细

$$P=P_0\div(1+n)$$

（2）缩股

$$P=P_0\div n$$

（3）派息

$$P=P_0-V$$

式中：P_0——调整前的行权价格；

V——每股的派息额；

n——每股的资本公积金转增股本、派送股票红利、股票拆细的比率或缩股比例；

P——调整后的行权价格。

3. 股票期权激励计划调整的程序

（1）中捷股份股东大会授权中捷股份董事会依上述已列明的原因调整股票期权数量或行权价格的权力。董事会根据上述规定调整行权价格或股票期权数量后，应及时公告并通知激励对象。

（2）因其他原因需要调整股票期权数量、行权价格或其他条款的，应由董事会作出决议并经股东大会审议批准。

（资料来源：http://business.sohu.com/20060427/n243032061.shtml）

二、思考·讨论·训练

1. 股票期权的激励原理是怎样的？员工持股为什么能产生激励作用？
2. 中捷股份在实施该股票期权激励方案后，公司绩效一定会显著提高吗？
3. 你认为，我国企业在实行股票期权激励时应注意哪些问题？

工作环境的挑战

一、目的：激励员工发挥他们的最高水平；帮助管理者提高管理技能；激励长期表现欠佳的员工；激励大型组织中的成员；设计激励环境。

二、时间：20～30分钟。

三、你将学到：你可以把学到的激励知识运用到具体的工作环境中去。

四、你需要：为每个参与者准备笔和纸。

五、怎样做：将参与者分成几个小组，让他们花15分钟的时间列出能够在工作场所激励自己的方法。如果愿意的话，你可以运用“轮换”法来提高你的团队的创造性：先让人们在一起工作几分钟，然后让他们单独工作几分钟，再让他们回到集体中去，关于“轮换”的更多信息，可以参阅《创造力游戏》一书中的“轮换游戏”部分。

各个小组都完成之后，让各小组的代表与大家分享他们的结果，并就提高工作激励的具体方法展开讨论。条件允许的话，你可以收上他们列出的清单，并将它们汇总，然后将它们分发给每个参与者（可以通过电子邮件）。

六、讨论题：

（1）描述你的组织可以提高个人激励的一些具体方法；

（2）描述你的组织可以通过培训和激励管理者，来更有效地提高个人激励的一些具体方法；

（3）你的哪个建议是最可行的？哪个是最不可行的？为什么？

（4）提高工作激励的合理时间表是什么样的？

（5）你赖以提高个人激励的主要理念（包括从本书或者其他地方学到的）是什么？

你对实现这些改变的乐观程度如何？请解释一下原因。

（资料来源：JDB营销管理学院，http://wenku.baidu.com/view/e717296baf1ffc4ffe47ac2a.html）

课后练习题

一、实训题：为所在班级制订一份激励计划。

实训目标：培养运用激励理论，进行有效激励的能力。

实训内容：为所在班级制订一份激励计划。

实训步骤：

调查与深入研究本班学生学习积极性及包括奖学金在内的激励状况。

以模拟公司为单位，就如何在本班进一步调动学习积极性，实现有效激励组织研讨。

每人为班级起草一份激励计划。

在班级组织研讨，深入分析目前的激励状况，研讨如何有效激励，充实、完善同学们的激励计划。

实训考评：学生代表在全班展示所制订的激励计划。

二、在何种情况下，人们会产生不公平的感觉，管理者应该如何处理？

三、调查显示，我国国有企业职工目前仍然把生理需要放在第一位，应如何对国有企业

职工进行激励?

四、美国工业界调查发现：领导者认为员工对高薪要求是第一位的，对工作所受赞赏的需要排第八位。而员工对自己的实际需要排第一位的是所受的赞赏，高薪只列第五位。请用激励理论对此进行分析。

五、自己查找资料，分析当前我国企业中人员激励问题的现状，结合所学内容谈谈应如何有效解决这些问题。

六、深入企业，了解企业人力资源管理人员和非人力资源管理经理对员工激励理论的掌握及其运用情况，写出调查报告。

第七章 培训开发

员工培训是企业风险最小，收益最大的战略性投资。

——沃伦·贝尼斯

我们把培训当做信仰，并且深信，培训正在改善我们的最终财务成果。

——美国摩托罗拉公司

学习目标

- 明确培训开发的含义；
- 把握培训开发的原则；
- 掌握培训开发的流程；
- 能够开展培训开发工作。

故事导入

让小鹰展翅高飞

从前有个猎人，在上山打猎的途中捡到了一只没有妈妈照顾的小鹰。猎人把小鹰带回了家。猎人家里有只母鸡刚刚生了一窝小鸡。于是猎人就把这只小鹰和小鸡们一起养在了院子里。

小鹰和小鸡一天天长大了，它以为自己是只鸡，就整天在院子里捉虫子吃菜叶子。猎人想让长大的鹰和他一起打猎，想让它高高地飞翔，做真正的猎鹰，但无论怎么尝试，小鹰就是不会飞。

无奈之下，猎人把小鹰带上了高高的山顶，把小鹰向山下抛了下去。惊慌的小鹰开始拼命地扇动翅膀，一下、两下……终于，小鹰找到了平衡、找到了飞翔的感觉，小鹰终于在天空中展翅高飞了。

如何从小鸡中间发现一只鹰？如何让这只鹰学会飞翔？如果这只鹰自己并不相信自己可以飞，怎么办？你如何帮它呢？如果猎人不把小鹰带到山顶，不把小鹰抛下去，整天和小鸡待在一起的小鹰能展翅高飞吗？不提供培训和学习的机会，鼓励它们敢于搏击长空，“小鸡”是无论如何也变不成“雄鹰”的。

一、培训开发的含义

员工培训的实质是企业对其员工的人力资源投资和开发。长期以来，发达国家和一些优秀的企业都十分重视员工培训工作，资料显示：20 世纪 90 年代美国摩托罗拉公司每年在员工培训上的花费达 12 亿美元，这一数额占公司工资总额的 3.6%。美国联邦快递公司每年花费 2.25 亿美元用于员工培训，这一费用占公司总开支的 3%。美国前总统克林顿在任职期间，要求美国企业至少把工资总额的 1.5%用于培训。法国企业的员工培训费用为工资总额的 3%，2 000 人以上的企业这一比例达到 5%。法国政府要求 100 名员工以上的公司将工资总额的 1.5%用于培训，或者把这一额度与实际花费之间的差额注入培训基金。随着科学技术进步和市场竞争加剧，企业的生存和发展越来越依赖于通过培训来提升员工的素质，员工主动接受培训的迫切性和要求越来越高。因此，员工培训工作不仅是提高企业竞争力的重要组成部分，而且成为激励员工的重要手段。

员工培训是指以企业为主体，有计划地组织员工从事学习和训练，提高员工知识和技能，改善员工态度和行为，增进员工绩效，使企业发展目标和员工个人发展目标能够共同实现的活动。

二、培训开发的原则

企业在开展员工培训时，一般应遵循以下原则。

（一）注重激励原则

培训的对象既然是企业的员工，就要求把培训看做是某种激励的手段。企业的员工可能层次不同，岗位不同，背景不一，但就其大多数人而言，都渴求不断地充实自己，完善自己，从而使自己的潜能充分发挥出来，换取更美好的未来。这是市场经济的一个重要的特征，作为管理者，必须承认和重视，而不应想当然地把员工仅仅看做是“经济动物”。员工自尊、自我实现的需要一旦得到满足，就会转化成深刻而持久的工作驱动力，使企业士气高昂。而培训是最直接的激励方式。

员工培训的效果与员工主动、积极地参与直接相关。为了充分调动员工的参与热情，培训的内容一定要有利于促进员工职业生涯的发展，要使培训成为激励员工的重要手段之一。要使员工清楚地感受到：参与培训是企业对自己的信任与重视；参加培训可能使自己未来的待遇、职位等发生变化；获得培训的机会，能使自己的职业愿望与需求得到更好的实现。这样才能在企业发展和员工个人发展有机结合的基础上增强培训效果。

（二）因材施教原则

培训的最终目的是提高人的工作能力。企业不仅岗位繁多，员工水平也参差不齐，而且员工在能力、人格、智力、兴趣、经验与技能方面都存在个体差异；所以，在培训时，既要掌握集体培训的总原则，同时，也要充分考虑员工各自的特点，针对员工相异的文化水平、职位、能力和要求及其他差异，区别对待，因材施教。如著名的海尔集团就根据每个人的职业生涯设计，为每个人制订了个性化的培训计划，建立了个性化发展的空间，提供了充分的培训机会，并实行培训与上岗资格相结合。

（三）实践提高原则

培训，既然是为了提高人的工作能力，就不能仅仅依靠简单的教学，而要为接受培训的人员提供实践或操作的机会，使他们在实践中体会，在培训中学习要领，从实际操作中提高能力。特别是一些涉及工作技能的培训，对实施的条件要求更高。海尔集团特别注意实战技能培训。海尔集团在进行技能培训时重点是通过案例“即时培训”模式来进行。具体地说，就是抓住实际工作中随时出现的案例（最优事迹或最劣事迹），当日利用下班后的时间立即在现场进行案例剖析，针对案例中反映出的问题或模式，来统一员工的动作、观念、技能，然后利用现场看板的形式在区域内进行培训学习，并通过提炼在集团内部的报纸——《海尔人》上进行公开发表、讨论，达成共识，使员工能从案例中学到分析问题、解决问题的思路及观念，提高员工的技能。这种培训方式已在海尔集团内全面实施。

“海豚式升迁”，是海尔培训的一大特色。海豚是海洋中最聪明、最有智慧的动物，它下潜得越深，则跳得越高。如一个员工进厂以后工作比较好，但他是从班组长到分厂厂长干起来的，主要是生产系统；如果现在让他干一个事业部的部长，那么他对市场系统的经验可能就非常缺乏，就需要到市场上去。市场一线的锻炼才是炼金的地方。

（四）培训为先原则

培训为先原则即先培训后使用原则。现代社会科学技术突飞猛进，生产工艺与设备更新周期越来越短，国内外市场竞争日益激烈。在这种情况下，只有依靠高素质的员工生产高质量的产品才能取胜，因此，要求企业在员工走上新的职位之前，必须先进行培训，然后才能上岗。纠正员工“随着时间的推延，会逐渐适应环境而自然地胜任工作”的错误观念，如果企业对员工走上新的职位之前不进行培训，或敷衍了事，将会使员工在长时期内提不高绩效，同时使员工的离职率居高不下。

（五）学用一致原则

员工培训一定要根据企业发展和具体工作的需要来开展。如根据实现企业战略目标超前培养高级管理人员和专业技术人员的需要、填补职位空缺的需要、新技术新设备使用的需

要、培养管理人员的需要、承担工程技术项目或新产品开发制造的需要等进行培训。为此，企业应有计划、有步骤、有系统、有针对性地开展培训项目，使员工所掌握的技术、技能和更新的知识结构能适应新的工作。培训方法也应学用结合，多采用启发式、讨论式、研究式、案例式和演示式的教学方法，应让受训者获得实践的机会，为受训者提供机会来运用培训中所学的知识、技能和行为方式。

（六）目标明确原则

为接受培训的员工设置明确且具有一定难度的培训目标，可以增强培训效果。培训目标设置得太难或太容易都会失去培训的价值。所以，培训的目标设置要合理、适度，同时与每个人的具体工作相联系，使接受培训的人员感受到培训的目标来自于工作又高于工作，是自我提高和发展的高层延续。

（七）强化效果原则

在培训过程中，要注意对培训效果的反馈。反馈的作用在于巩固学习技能、及时纠正错误和偏差。反馈的信息越及时、准确，培训的效果就越好。要结合反馈对接受培训人员进行奖励或惩罚。这种对培训效果的强化应在培训结束后马上进行，企业对于那些已经接受培训的员工如何使用，以及如何给他们更多的工作机会、更理想的工作条件要心中有数，对其中确实有能力、真正优秀的员工，应委以重任，并为他们提供晋升的机会。

三、培训开发的流程

培训的实施尤其是培训的效果取决于一系列的努力。一个完整的培训流程从培训需求分析开始，经过培训计划拟定、培训方案制订、培训项目实施、培训效果评估和培训跟踪反馈，最后是评估差距与不足，并以此作为新的培训需求分析的起点，从而形成一个完整的培训过程。培训开发流程如下①。

（一）培训需求分析

培训需求分析的目的是确认培训的必要性、了解培训的具体内容、排定培训需求的主次缓急。一般来说，培训需求分析需要从组织、工作和人员三个方面来进行。首先是组织分析，进行组织目标检查、组织资源评估、组织特质分析、组织绩效差距分析、存在问题及原因分析等，考察组织长期目标、短期目标、经营计划，判定知识和技术需求；将实际绩效与目标进行比较，评价组织环境，从而确定在组织层面的培训需求；其次是工作分析，对工作的内容和要求进行分析，确定新产品、新技术、新工艺、新设备、新流程等是否对培训有新

① 卿涛. 人力资源管理概论. 北京：北京交通大学出版社，2006.

的要求，从而确定工作层面的培训需求；最后是人员分析，分析个人需要完成的任务、成功完成任务所需的知识、技术、行为和态度，个人工作业绩评价标准，找出员工与要求或绩效之间的差距并分析造成差距的原因，确定员工层面的培训需求。培训需求分析是有效培训最为关键的一步，因为培训需求分析不仅决定培训是否具有针对性、培训是否能够解决影响企业生存和发展的问题、培训是否能够为企业赢得竞争优势，甚至决定培训是否有必要进行。培训的失败或低效往往是由于忽视培训需求分析或培训需求分析不到位。

（二）培训计划拟定

如果培训需求分析的结果显示确实有必要进行员工培训，接下来就是制订培训计划了。培训计划包括确定培训目标、规划培训内容、做好培训预算。培训目标是指该培训希望达到的目的或希望取得的效果。培训目标的确定应该针对培训需求分析的结果、解决培训需求分析确认的首要或急需解决的问题。同时，培训目标是培训效果评估中培训目标达成度的标杆，因此这个目标必须具体并具有可操作性。规划培训内容是根据需要解决的问题进行具体的培训课程设计。培训课程的设计要有针对性，要遵循宜细不宜粗、宜小不宜大的原则。此外，培训是一项重要的投资，这意味着培训需要资源的配合。培训的深度和广度将取决于经费的投入情况。培训经费预算不仅决定着培训计划和培训方案是否能获得批准，而且还是衡量培训计划和培训方案是否可行的一个重要指标。

（三）培训方案拟订

有了培训计划，还要有详细的实施方案或者说详细而具体的操作性行动指南。首先是确定培训的时间、地点和人员，其次是确定培训师的来源和要求。培训师的来源有两个主要的途径。内部培训师由企业内部的管理人员、专业技术人员或人力资源部门专职培训师担任。内部培训师的优势是熟悉企业的具体情况及存在的问题，了解企业的文化，掌握企业的工艺、技术和工作流程，更关心培训的结果和培训能力的被认可，而且培训成本相对较低。内部培训师的劣势则是距离太近反而会有“当局者迷”的情况，难以做到站得高、看得远；大多数内部培训师缺乏专门的培训技巧；对受训者缺乏“外来和尚会念经”的效果。聘请外部培训师有一定的风险，除了外部培训师不熟悉和了解企业的具体情况和存在的问题从而使培训缺乏针对性外，评价、确认和选择优秀的培训师本身就具有很大的挑战性。优秀培训师往往需要支付较高的报酬，货不对单固然给企业带来损失，培训预算也往往捉襟见肘。最后要制定明确具体的培训实施办法，包括由谁总负责，由谁负责哪项具体的工作（如谁负责发通知、谁负责准备设备、谁负责安排和预约场地、谁负责准备培训资料等），需要哪些部门如何配合及应该注意的事项等。实施办法越具体，培训过程出现差错的可能性就越小。

（四）培训项目实施

在这个阶段，首先是发出培训通知，通知受训人员及告知培训的目的、时间、地点和要

求，同时还要知会管理层及其他所有相关的部门和人员，既让受训人员做好准备、安排好工作，又易于得到管理层和其他相关部门和人员的支持和配合。其次是要落实和布置好培训场地和培训所需要的各种设备和仪器，这个环节特别需要注意细节，如培训前做好仪器设备的调试工作等。最后是要提前按照培训师的要求准备好各种培训所需要的资料，将需要提前发放的资料及时发到受训者手中。这个阶段还要注意培训过程中的全程关注、配合和对培训中出现问题的处理。

（五）培训效果评估

培训是企业一项重要的投资，不仅需要金钱成本，还需要时间成本和机会成本，当然还包括劣质培训给企业文化、产品质量、员工士气等带来的负面影响。因此培训效果是企业最为关注的指标，做好培训效果评估也就成为培训的关键环节之一。培训效果评估大体上包括培训目标达成度、受训者满意度及对整个培训过程进行检查三个方面。目标达成度是对照前面设定的培训目标及评估标准进行衡量：哪些目标已经达到及达到的程度、哪些目标未能达到及其原因、哪些目标设定不合理需要加以调整等；受训者满意度是针对培训目标及受训者的培训期望了解受训者对培训项目（包括培训目标、培训课程、培训安排、培训师水平和能力、培训方式和方法及个人收获等）的具体感受和评价；培训过程的检查是对培训的整个过程进行回顾和分析，检查每一个环节，总结经验和教训，不断改进培训工作存在的问题，不断提高培训的质量和水平。

（六）培训跟踪反馈

培训的效果并不仅仅体现在培训过程和培训结束时对培训目标达成度、受训者满意度的评价及对培训过程的检查，培训的目的是员工工作态度、工作行为和工作绩效的改善，即培训的最终目的是培训效果在实际工作中的转化，这往往需要培训结束后进行一定时期的跟踪和反馈，包括对培训转化度、培训满意度和效果持续度的评估。培训转化度是指培训的内容与工作实际的切合度，培训的内容在工作中的转化程度。培训转化度可以通过受训者个人的反馈或受训者上司和主管的评价及受训者个人绩效的变化来测量。培训满意度是培训结束后一定时期内受训者对当时受训的效果和后果的感受和评价。效果持续度是指培训效果持续时间的长短，通常是在培训三个月、半年和一年各做一次回顾和评估。这个环节关键是设立培训跟踪反馈机制和渠道。

（七）评估差距不足

一次培训的结束意味着下一个培训环节的开始，所以在做培训需求分析之前，还必须对前面的培训进行回顾、评价和分析，成功和经验固然必须继续保持和发扬，更重要的是找出问题和差距作为下一次培训的一个重要起点，并在以后的培训中吸取教训，注意加以改进和改善。

案例1 松下幸之助的培训之道

一、案例介绍

松下幸之助认为，一个人的能力是有限的，如果只靠一个人的智慧指挥一切，即使一时取得惊人的进展，也肯定会有行不通的一天。因此，松下电器公司不是仅仅靠总经理经营，不是仅仅靠干部经营，也不是仅仅靠管理监督者经营，而是靠全体职工的智慧经营。松下幸之助把“集中智慧的全员经营”作为公司的经营方针。

为此，公司努力培养人才，加强职工的教育训练，公司根据长期人才培养计划，开设各种综合性的系统的研修、教育讲座，公司有关西地区职工研修所、奈良职工研修所、东京职工研修所、宇郡宫职工研修所和海外研修所五个研修所。

由于松下公司把人才培养放在首位，有一套培养人、团结人、使用人的办法，所以在松下体制确立以来，培养了一支企业家、专家队伍。事业部长一级干部中，多数是有较高学历的、熟悉现代管理的人，不少人会一门或几门外语，经常出国考察，知识面广，年纪比较轻，比较精干，而且雄心勃勃，渴望占领世界市场，有在激烈竞争中获胜的志向，这是松下能够实现高效率管理的前提。

在如何培养人才上，松下有自己的独到见解。

(1) 注重人格的培养。名刀是由名匠不断锻炼而成的；同样，人格培养，也要经过千锤百炼，松下认为，造成社会混乱的原因，可能在于忽略了身为社会人所应有的人格锻炼。缺乏应有的人格锻炼，就会在商业道义上产生不良的影响。

(2) 注重员工的精神教育和人才培养。对员工精神和常识上的教导，是身为经营者的责任。松下力主培养员工的向心力，让员工了解公司的创业动机、传统、使命和目标。

(3) 要培养员工的专业知识和正确的价值判断。没有足够的专业知识，不能满足工作上的需要；没有正确的价值判断，也等于乌合之众，无法促进公司以至社会的繁荣。不过，培养员工正确的判断能力，不是件简单的事。但是只要随时养成判断价值的意识，就会有准确的判断，这样，做事时就能尽量减少错误。所以，在平常应该多参考别人的意见，和自己的想法作比较，从而想出更好的方式，作最妥善的决定。所以，应该鼓励员工不断地努力，相互学习，研究什么才是正确的价值判断。

(4) 训练员工的细心。细心体贴，看起来似乎是不足挂齿的小节，其实是非常紧要的关键环节，往往足以影响大局。因为在日新月异的现代世界，人们犯一点差错，就可能造成不可挽回的局面，所以，这种体贴而用心的表现，看起来微不足道，其实是至关重要的。

(5) 培养员工的竞争意识。松下认为，无论政治或商业，都因比较而产生督促自己的力量，一定要有竞争意识，才能充分地发挥潜力。

(6) 重视知识与人才相结合。知识是一种兵器，这种兵器要碰到人才才能发挥它的威力。松下引用汽车大王亨利·福特说过的一句话：“越好的技术员，越不敢活用知识。”说明

知识分子往往是弱者，容易陷于自己知识的格局内，画地为牢，缺乏迎战困难、打破陈规的精神，以至于无法成大功立大业。松下认为，今日的年轻人，多受过高中、大学的教育，所以有相当的学问和知识。由于现代社会的变迁，分工很细，公司的工作项目也越来越复杂，所以年轻人具备高程度的学问知识，一方面来说，是必要而且是很好的事。但重要的是不要被知识所限制。不要只用头脑考虑，而要决心去做实际的工作，在处理工作的过程中，充分运用所具备的知识。这样，学问和知识会成为巨大的力量。松下告诫刚从学校毕业的年轻人，要十分留心发挥知识的力量，而不要显示知识的弱点。

（7）恶劣环境促使成功。松下强调真正的教育是培养一个人的人格，知识的传授只是教育的第二意义。他认为现在的教育虽名为教育，但不能算是真正的教育，真正的教育是提高一个人的人性，仅传授知识不能算是教育，知识的传授只是教育的第二意义，给成长中的人知识，是给他们兵器，绝不是教育本身，教育的中心，是培养一个人的人格，至于知识、技术之类，可说是教育的附属。

一个具有良好人格的人，工作条件好，就能自我激励，做到今天胜过昨天，明天胜过今天，即使在恶劣的环境或不景气的情况下，也能克服困难，承担压力，以积极的态度渡过难关，开辟胜利的新局面。

适才适用，即在适当的位置上，配置适当的人才；人才活用，即通过对人的配置、信任和升迁，调动人才自动自发工作的精神。

（资料来源：赵曙明．人力资源管理案例点评．杭州：浙江人民出版社，2003.）

二、思考·讨论·训练

1. 企业的培训关键是观念的培训，也就是使员工接受公司的理念，并能在统一的理念下工作。请问，松下电器在培训中向员工传输的理念是什么？

2. 你如何看待培训的意义？

3. 假如你是一个公司培训部门的经理，你认为在培训中应该如何向员工传输理念？

案例2 麦当劳的培训课程计划

一、案例介绍

麦当劳在中国的快餐业领域好像滚雪球一样，遍布中国大中城市。麦当劳为实现其经营哲学“在时间和空间上，所生产的食品和服务没有任何两样”，因此格外重视培训。为了保证各连锁店在服务品质上的一致性，它在美国的伊利诺伊州艾克格鲁夫市（靠近芝加哥）设有汉堡大学（设有公认的学位培训机构）。这所大学提供不同的培训，有如何做汉堡、炸薯条，也有餐厅管理。

麦当劳把美国划分为 24 个区域，每个区域都进行一些初级培训，各区域店里均设制门市经理、操作经理及培训经理，如图 7-1 所示。

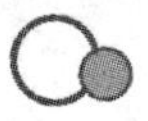

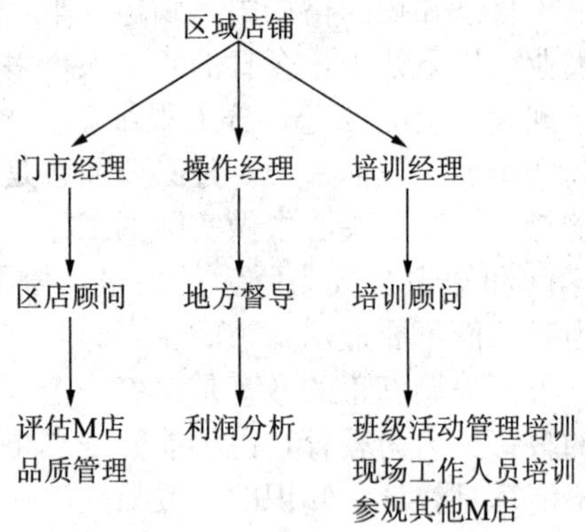

图 7-1 麦当劳培训机构

门市经理下设 25 个区店顾问执行麦当劳的评估与质量管理；操作经理下设 4～5 个地方督导负责执行各店的经营利润分析；培训经理下设 10 个培训顾问负责提供 1/3 的班级活动管理培训、1/3 的现场工作人员培训及 1/3 的实习参观。

以下分别列出门市顾问的课程表、地方督导课程表及培训督导（顾问）课程表，以供参考，如表 7-1、表 7-2 和表 7-3 所示。

表 7-1 麦当劳汉堡大学的门市顾问课程表

一、简介	
二、必备条件	
三、注册	
四、课程	
1. 导论	1 小时
2. 门市部历史和工作职责	1.5 小时
3. 责任区管理	2 小时
4. 对分店店长的工作场所教学	2 小时
5. 调整策略和门市部顾问策略	2 小时
6. 财务一、二、三和四	8 小时
7. 整个门市部顾问和目标	2 小时
8. 管理工会	1 小时
9. 执照	1.5 小时
10. 操作发展工会	1.75 小时
11. 新店的开张	2 小时
12. 分店店主评估	1.75 小时
13. 全体的食品销售目标	1.5 小时
14. 分店店主的形态	3 小时

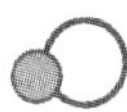

门市部顾问课程表说明如下

在简介以后，进行门市部的历史与经理职责的讲解，第三堂课是介绍责任区的管理，主要是讲授如何有效地在门市部的操作，员工相处。第四堂课是教导处理店主可能对门市部经理的需求及问题解决。第五堂课是讲授一些状况处理的策略与技巧。第六堂课是教授财务观念，以使学员了解财务报告的说明与填写，利润分析及成本观念。第七堂课是教授门市部顾问的技巧与目标。第八堂课是以讨论方式进行特别及限时的主题的培训。第九堂课是分店执照的申请与条款解释及签约。第十堂课是新的计划、工作步骤或产品发布会的培训。第十一堂课评估新店开张的条件（人、事、物、时、地）。第十二堂课是如何对分店主作评估和对他们作业务说明。第十三堂课是讲授整个食品的销售计划。第十四堂课是了解各分店店主的经营需要与形态。

表 7-2 麦当劳汉堡大学的区域督导课程表

一、简介

二、必备条件

三、注册

四、课程

1. 导论
2. 区域督导的角色
3. 分析培训需要
4. 时间管理
5. 销售建筑物
6. 系统分析问题/政策决定逻辑
7. 挑选人才
8. 人力资源管理
9. 提高人际关系的实习
10. 商店经营
11. 老板风格
12. 安全性
13. 管理讨论会
14. 能源管理
15. 财务管理
16. 操作过程的变化
17. 公开讨论会

区域督导课程表说明如下。

在简介以后，进行讲解区域督导的角色与责任，第三堂课讲授分析培训的需要。第四堂课讲授时间管理。第五堂课是分析销售地理环境（交通状况、腹地面积、人口等）。第六堂课是系统分析问题的练习，以此作为政策制定的推理基础。第七堂课是讲授挑选人才的要领。第八堂课是讲授人力资源管理及降低员工离职率。第九堂课是提高人际关系的培训教材，用团体活动的方式来进行。第十堂课是讲授商店经营的原则和技巧及一些要点。第十一堂课是讲授分店店主的经营理念与形态（其处理冲突的形态、沟通的风格）。第十二堂课是讲授安全的时间、地点及政策。第十三堂课是召开管理讨论会。第十四堂课是讲授能源管理。第十五堂课是财务管理的实习（如预算的拟定、收支表的填写）。第十六堂课是讲授在经营上可能突发状况的处理，或新产品、新的生产方式的诞生的适应。第十七堂课是公开讨论会。

表 7-3　麦当劳汉堡大学的培训督导课程表

一、简介
二、必备条件
三、注册
四、课程
1. 导论
2. 培训的系统取向
3. 培训方法
4. 管理讨论会
5. 陈述水准标记
6. 分析培训需要
7. 表现技巧
8. 教学实习和鉴定
9. 视听教育
10. 测试效果的结构和评估
11. 培训效用
12. 培训目标
13. 门市部的活动和顾问

培训督导的课程表说明如下。

在简介以后，讲解培训的系统方法，从需要的分析到培训的评估的概念了解。第三堂课是讲授培训的各种方法。第四堂课进行管理问题的讨论。第五堂课是拟定报告的标准。第六堂课是分析培训的需要。第七堂课是做口头与书面报告的技巧练习。第八堂课是教学实习和鉴定。第九堂课是视听教育课程，培养制作媒体使用的能力。第十堂课是讲授测验的编写与评估的技巧。第十一堂课是讲授确认培训的效用，以说服老板或员工做培训。第十二堂课是讲授培训目标的拟定。第十三堂课是讲授门市部的活动和咨询。

（资料来源：林泽炎．企业培训设计与管理．广州：广东经济出版社，2002.）

二、思考·讨论·训练

1. 比较一下门市部顾问、区域督导和培训督导这三个职位所学的课程，你能得出什么结论？

2. 说明一下麦当劳培训课程的特点。

3. 麦当劳的培训课程设计的指导思想是什么？

案例3　惠普中国公司的销售培训

一、案例介绍

在惠普中国公司，对销售人员的培训有两方面的含义，一是指长期的解决方案，它就像是一个路径图，告诉销售人员在什么时间应该具备哪些能力、掌握哪些知识，这是一个较长时间的积累过程，可能需要2～3年或3～5年，最终水到渠成地完成量变到质变的飞跃；二是指近期的解决方案，在时间紧、任务重的压力下，通过上一门培训课或者组织集训班，进行针对性较强的培训。惠普认为，解决方案的两个方面是缺一不可的。

（一）集训班运用三种手段

在组织销售集训班的过程中，惠普有三种实施方案。

（1）拿来。当发现合适的专业培训机构时，惠普会把专家请进来。当然，目前这种可以直接“拿来”的课程并不多，而且多限于知识传递类型的课程。

（2）调整。培训公司能提供的培训内容并不都符合要求时，惠普会按照业务部门的要求对内容进行改编。如果培训公司的课程内容很好，但讲课的老师不令人满意，惠普就派自己的销售经理出去听课，获得此课的授权讲课资格，然后回来自主授课。

（3）自编。销售人员培训最大的挑战是找不到合适的解决方案，此时惠普采取自己执笔主编教材的办法。挑选几位最出色的销售人员和经理，采访他们，让他们谈是什么素质使他们获得成功，然后把他们的采访记录整理成文件，交给管理层审核、修改后作为培训教材。

（二）集训班之魂——角色扮演

有些培训之所以没有带来预期的效果——行为的改变，原因之一就是培训中理论甚多，实践太少。为了增强培训效果，惠普专门为集训班编写了一个系列角色扮演脚本。以惠普业务部门优秀的销售人员的成功案例为蓝本，针对IT行业和惠普的产品编写充满实战性的练习教案。要求销售人员在每天晚上下课后，分成4～6人一组，用当天所学的技巧，真实地演练客户拜访，现学现卖，从而加速行为的改变，由于集训班是把3～5门销售课程放在一起，而每天的角色扮演，犹如一条线索把这些根本不相关的培训课串在一起，起到了画龙点睛的作用，因此，角色扮演被称为集训班之魂。

根据脚本，集训班需要若干人扮演客户或合作伙伴的角色，公司里众多优秀的销售经理就是现成的宝库，他们有非常丰富的客户经验，能把各种场合下、各种性格、各种态度的客户演得活灵活现，让销售人员用听学的知识、技巧和态度来应付、处理和引导客户。因此，惠普把销售经理称为集训班之源。由于邀请的经理多数是参加培训的销售人员的直接老板，也有上一级经理，所以他们在扮演角色时不仅可以直接向他们的员工介绍自己的经验，为员工做当场指导，同时还可以观察本部门的员工在集训班的学习表现。

（三）集训班之镜——多面点评

每次角色扮演之后，还要花很多时间来做点评。惠普认为，这是一个非常重要的、获取全面反馈信息的难得机会。点评一般围绕职业销售人员在一般销售场合应做到的动作，应具有的素质和心态展开。

点评是多角度、多方面的。培训讲师的点评强调课堂理论在角色扮演中的得与失，销售经理则专门点评在销售过程中需要经验积累的常识。成人学习最有效的方式之一是从同事身上学习，所以惠普的集训班还很重视来自学员之间的点评。点评在集训班中的作用是为学员提供一个多面镜，让他们清楚地看到自己在销售中的优势与劣势，因此称之为集训班之镜。

（资料来源：http://www.xmhtst.com/readnews.asp?newsid=493）

二、思考·讨论·训练

1. 惠普对销售人员的培训有什么特色？其指导思想是什么？
2. 试着分析惠普角色扮演的培训方法，如果应用在其他职位上应该如何设计？

新康医药集团的员工培训管理

一、案例介绍

（一）新康医药集团公司概况

新康医药集团总公司成立于1998年，有12家子公司，是目前由中央管理的我国最大的国有医药工商企业，年国内销售额超过110亿元人民币，进出口额2亿美元。新康医药集团总公司以“关爱生命，呵护健康”为企业理念，以中、西药和医疗器械的生产经营、科研设计和投资为核心业务，以创建跨国医药集团为目标。在国内拥有生产企业、科研设计院所、药材种植基地和设在北京、天津、上海、广州、沈阳、西安、石家庄、哈尔滨、昆明、南宁

等全国各大城市的营销网络。从1980年开始还先后与国外的一些著名跨国医药公司合作，建立了中国大家制药有限公司、华瑞制药有限公司、苏州胶囊有限公司、西安杨森制药有限公司、上海施贵宝制药有限公司、上海西门子医疗器械有限公司等22家中外合资医药生产企业。集团与世界上一百多个国家和地区的上千家企业建立了贸易和合作关系，并在中国香港、越南、德国、法国、美国及非洲有关国家与地区设有子公司或办事处。

公司企业员工培训一直被视为国内同业员工培训方面的典范，尤其在近几年，员工的培训工作得到了迅猛的发展。

（二）认识的转变

1. 企业态度：从“漠然视之”到“高度重视”

在近二十年的发展中，新康医药集团公司越来越重视员工的培训工作。公司从2000年到2007年，培训费用年增幅达到36%。公司拿出其工资总额的4%～10%用于培训工作，远远高于一般企业的培训费用。公司一些二级企业还把培训作为福利奖励给表现良好的员工，即企业根据个人发展的计划安排其所需参加的培训内容，以帮助员工更好地实现自身的职业生涯发展。与此同时，集团公司也通过提供培训课程、在岗培训、报销学费、资助参加管理研讨会等多种形式来支持员工参加培训工作。这也说明企业在物质上、精神上都支持员工参加培训。

2. 员工态度：从消极对抗到积极参与

以往参加培训的员工是公司“要我学”，培训内容枯燥，方法单调，工具落后，员工对参加培训有抵触情绪，即使参加了培训也是混日子。21世纪是知识经济时代，而知识经济最大的特点就是日新月异的知识更新。在这种情况下，工作种类也随知识的更新而更新，传统的工作岗位在不断地减少，甚至是消失，而更多的新型的工作岗位又不断地涌现出来。企业员工认识到了这一点，为了避免被淘汰，只有积极提高更新知识和技能以适应社会的发展，由“要我学”变为“我要学”。同时，在员工培训中，员工可以向经理人员提出自己需要接受的培训课程，公司培训部门、经理人员、员工三方协商安排。这种培训因为有员工本人的参与和决策，而且是员工的实际所需，员工往往更有主动性，更乐于参与，培训效果也会更好。

（三）分层分类的培训内容

1. 从狭隘单一的职业培训转向丰富多彩的全方位培训

在传统的培训工作中，培训方式一般是在职培训和脱产培训，这主要是针对一项具体的工作中所需的技能和知识而进行的培训，如生产线上的工人的技术培训工作。而在现在乃至未来的培训中，不仅要求员工掌握其工作中所需的知识和技能，同时还要求员工掌握沟通技巧、团队工作技巧等诸多方面的技巧。因为未来的社会是协作性社会，以合作求竞争才能达到利益的最大化。在这种情况下，只有掌握多种技能的员工才能在现代企业的工作中如鱼得水，在日益激烈的竞争中取胜。

2. 培训课程：从单一化到立体化、专业化

构建分层分类的培训课程体系，逐步完善课程库，充实相关的案例和资料，增强培训课程的系统性并且引进国际上最权威的培训机构LIMRA和LOMA的培训内容，还要结合公司的实际发展需要添加丰富多样的其他种类课程。在态度培训上要建立起公司与员工的相互信任，培养员工对公司的忠诚度，培养员工应具备的精神准备和心态。技能培训使员工掌握完成本职工作所必备的技能。高层管理者培训重点为如何制定好战略规划（如何进行战略分析、战略定位和战略实施），如何对公司员工进行激励管理（如制定激励政策等）。中层与基层管理者培训重点为如何管理好部门员工（如何指导、培训、考核部门员工），如何做好本部门的工作（如何培养协作精神、提高工作效率、加强上下级沟通、进行时间管理、项目管理、效益管理、系统管理）。员工培训重点为公司职员应具备的基本常识（含礼仪规范、规章制度的要求等）及公司员工如何进行自我管理（含制订工作计划、实现自我提高、塑造健全人格、培养意志品质、自信心训练、自我目标修正的方法与技巧等）。知识培训使员工基本具备完成本职工作所必须具备的知识，根据部门不同，培训重点应有针对性和可操作性。在中国的寿险市场，直到如今，产品和市场营销所受到的重视程度仍然非常有限，所以加强营销战略的培训至关重要。全行业的参与者必须付出艰苦努力来恢复较高水平的行业可信度，其中重要的一环就是提高专业化能力。课程设置要能够帮助销售人员在与客户沟通过程中拉近与客户的距离，能够理解客户的需求，正确宣传公司产品卖点，并与客户达成深层次的共鸣、分享。

3. 专项培训：针对销售人员别出心裁的“魔鬼训练营”

理论学习和时间体验并重。公司的销售人员和系统工程师接受为期12个月的初步培训，主要采用现场实习和课堂讲授相结合的教学方法。其中75%的时间是在各地分公司中度过的；25%的时间在公司的教育中心学习。

精心准备教学计划。分公司负责培训工作的中层干部检查该公司学员的教学大纲，这个大纲包括从公司中学员的素养、价值观念、信念原则到整个生产过程的基本知识等方面的内容。学员们利用一定的时间与市场营销人员一起访问用户，从实际工作中得到体会。此外，还经常让新学员在分公司的会议上，在经验丰富的市场营销代表面前，进行他们的第一次成果演习。

培训流程如下。

第一步公司基本情况介绍。包括集团公司经营方针的很多内容，如销售政策、市场营销实践及计算机概念和集团公司的产品介绍。

第二步主要是学习如何销售。在课堂上，该公司的学员了解了公司有关后勤系统及怎样应用这个系统，以及竞争和发展一般业务的技能。

第三步是现场实习。学员们到分公司现场实习，学员可以看到他们在课堂上学到的知识的实际部分。学员们在逐渐成为一个合格的销售代表或系统工程师的过程中，始终坚持理论

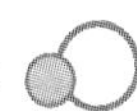

联系实际的学习方法。

第四步是“魔鬼训练营”式理论学习。现场实习之后，再进行一段长时间的理论学习，这是一段“魔鬼训练营”的课程：紧张的学习每天从早上8点到晚上6点，而增加的课外作业常常让学生们熬到半夜。

第五步是销售演习。这是一项具有很高的价值和收益的活动。一个用户判断一个销售人员的能力时，只能从他如何表达自己的知识来鉴别其能力的高低，商业界就是一个自我表现的世界，销售人员必须做好准备去适应这个世界。

一般情况下，学员在艰苦的培训过程中，在长时间的激烈竞争中迅速成长。每天长达14～15小时的紧张学习压得人喘不过气来，然而，却很少有人抱怨，几乎每个人都能完成学业。

（四）现代化的培训方式

1. 培训工具：从简单的低科技含量到复杂的高科技含量

在传统的以讲授为主的培训中，培训工具十分简单，一间教室、一块黑板、一本教材。这种培训往往易受时间、地点、人员方面的限制，难以收到良好的培训效果。而现代的培训工具则能最大限度地把高科技产品应用于培训工作中，如录像机、投影机、计算机。现代的互联网上的远程教育还可以把世界各地的员工召集在一起，打破了时空的限制，节省了员工异地培训的差旅费用、时间，大大降低了培训成本。

2. 特色培训——模拟角色

集团公司市场销售培训的一个基本组成部分是模拟销售角色。

在集团公司第一年的市场销售培训课程中，没有一天不涉及这个问题，并始终强调要保证演习或介绍的客观性，包括为什么要到某处推销和期望达到的目的。

同时，对产品的特点、性能及可能带来的效益要进行清楚的说明和演习。学员要学习问和听的技巧，以及如何达到目标和寻求订货等。该公司采取的模拟销售角色的方法是学员们在课堂上经常扮演销售员的角色，教员扮演用户，向学员提出各种问题，以考查他们接受问题的能力。这种上课接近于一种测验，可以对每个学员的优点和缺点进行评判。

另外，还在一些关键的领域内对学员进行评价和衡量，如联系技巧、介绍技巧与演习技能，与用户的交流能力及一般企业经营知识等。对学员们扮演的每一个销售角色和介绍产品的演习，教员们都给予评判。

特别应提出的是集团公司为销售培训所开发的具有代表性的、最复杂的技巧之一——阿姆斯特朗案例练习，它集中考虑一种假设的，由饭店网络、海洋运输、零售批发、制造业和体育用品等部门组成的，具有复杂的国际业务联系的情境。通过这种练习，可以对工程师、财务经理、市场营销人员、主要的经营人员、总部执行人员等的形象进行详尽的分析。这种分析使个人的特点、工作态度，甚至决策能力等都能清楚地表现出来。

在这个组织中，学员们需要对各种人员完成一系列错综复杂的拜访。面对众多的问题，他们必须接触这个组织中几乎所有的人员——从普通接待人员到董事会成员。

由于这种学习方法非常逼真，每个“演员”的“表演”都十分令人信服。所以，每个参加者都能像集团公司所期望的那样认真地对待这次学习机会。这种练习的机会就是组织一次向用户介绍发现的问题、提出该公司的解决方案和争取订货的模拟用户会议。

总之，集团公司的培训要走立体化、大培训之路，通过贯穿职业生涯始终的专业培训提升队伍素质，通过持续道德教育，提高职业素养，从而提高企业的核心竞争力。

（资料来源：姚裕群，文跃然．人力资源管理教学案例精选．上海：复旦大学出版社，2009.）

二、思考·讨论·训练

1. 像新康医药集团这样一家公司的培训工作应该注意哪些问题？
2. 如何提高员工对培训的兴趣？请你设计出几种方案增强员工对培训的热情。
3. 新康公司的培训内容包括哪些？
4. 请对新康医药集团公司的培训管理作出总体评价。

案例5 康佳集团的新员工入职培训

一、案例介绍

康佳集团自成立之始，就相当重视新员工的入职培训，一直把它作为集团培训体系中的重点，给予了相当的关注，而且还专门成立康佳学院来统筹安排并规划新员工的入职培训。多年来新员工入职培训的组织实践，使康佳学院针对企业用工的特点，摸索出了一套行之有效的新员工入职培训方案，最大限度地发挥了新员工培训的效果，使新入职的员工通过康佳学院的系统培训，能够迅速地转变成为具有康佳企业文化特色的企业人，敬业爱岗，为企业的发展作出应有的贡献。

康佳集团新员工入职培训的最大特色是能够针对不同的新员工类型，规划出不同的新员工培训方案，而且，运用多种培训手段和培训方式来实施新员工培训。

康佳集团针对新员工的学历、岗位及工作经验的不同，将新入职的员工分成一线员工入职培训、有经验的专业技术人员入职培训和应届毕业生入职培训三种类型，不同类型的培训内容和培训重点也各有不同，针对一线员工的入职培训，除了共同性的企业文化、人事福利制度、安全基本常识、环境与质量体系等内容以外，还规划了一线优秀员工座谈、生产岗位介绍、生产流程讲解、消防安全演练等课程，而且，还采用师带徒的方式，指定专人对新员工进行生活和工作方面的指导；对于有经验的专业技术人员的入职培训，除了共同性的必修内容外，还增加了企业环境与生产线参观、企业历史实物陈列室讲解、集团未来发展规划、团队建设与组织理解演练、团队沟通训练、销售与开发介绍及公司产品销售实践等课程；而

对于应届毕业生的入职培训，除了一些共同的课程外，还针对其特点，安排有校友座谈、公司各部门负责人讨论、极限挑战、野外郊游等活动，同时，还规划有三个月生产线各岗位轮流实习、专业岗位技术实习等内容，采取导师制的方式，派资深员工辅导新员工进行个人生涯规划设计，并对整个一年的工作实习期进行工作指导与考核，使其能尽快熟悉企业，成为真正的企业人。

另外，针对企业用工的特点，康佳还配合人力资源部，对不定期招聘的单个新员工采取报到教育的方式。每一个新招聘的员工，不管是从何时进入企业，在办理入公司手续之前，必须经过康佳学院的报到教育，由康佳学院指派专人进行个别的单独培训，培训时间安排为3小时，培训内容安排有作为一个新入职的员工必须掌握的内容，如上、下班时间与规定、公司基本礼仪，办公室规定，公司基本组织架构等，只有等新员工人数达到康佳学院规定的培训人数后，才针对新员工的类型，组织实施新员工入职培训。

通过不同形式、不同内容的新员工入职培训方案的实施，有效地贯彻了集团公司选才、用才、留才的人力资源管理宗旨，并且通过培训，缩短了新入职人员在公司实习过程，使部分有能力、有才干的人能够很快脱颖而出，成为公司的骨干，降低了招聘成本，规避了选才风险，成为公司人力资源管理中最为重要的一环。

附：《康佳学院应届毕业生入职培训规划书》

入职培训规划为六天，全部项目由三部分组成。

一、相见仪式

1. IceBreaking（破冰术）："我的画像"

通过康佳学院精心设计的游戏，让新员工自我介绍、相互认识，使相互间有一个初步的了解。

2. 组织团队

建立高绩效团队首先是把新员工分成若干个小组，每组人数3～7名（最好是5名），每个小组成员要求搭配合理（性别搭配、学校搭配、体能搭配、家庭背景搭配），每个小组民主选出一名组长，带领全组成员完成本小组团队建设的内容：组名、组徽、组口号、组歌等。

3. 举行入公司仪式

在中华人民共和国国歌和康佳之歌的伴奏下，新员工代表带领大家向公司总裁庄严宣誓（宣誓词为公司晨读内容）。此仪式的目的是培养新员工对公司的热爱。

二、培训内容展开

1. 人事福利制度介绍

由人力资源部负责人介绍公司在劳动用工合同、工资、奖金、福利、休假等人事方面的相关制度，使学员清楚地了解自己能享受的权利和应承担的义务。

2. 康佳发展历史、组织架构、发展规划等介绍使学员对企业有一个较清晰的了解，帮助新员工发现企业的优势、特点，从而树立起企业的崇敬之情，培养作为一名康佳人的自豪感。由企业文化中心、发展中心负责人讲授。

3. 通信及电视的开发管理课程

由通信与家电开发中心负责人带领新员工参观两个开发中心，并在参观中逐项介绍公司新产品在投产前产品开发的主要流程及各个阶段，使新员工初步了解新产品开发过程中各个流程的重要作用。

4. 营销管理课程

由营销公司负责人介绍公司产品的营销战略、市场定位、销售策略及竞争对手分析，使新员工能够迅速了解公司产品的营销方式和所面临的竞争压力。

5. 安全、健康、纪纲教育课程

由安全委员会负责讲授，主要介绍公司基本的规章制度和违规处罚标准。目的是培养新员工的安全意识，养成良好的生活与工作习惯，同时提醒学员在日后的工作中注意遵守，共同创造文明有序的工作环境。

6. 岗位礼仪及公司礼节、5S 教育课程

由康佳学院讲师讲授，主要涉及集团公司在问候、着装、汇报工作等方面商务礼仪的培训和个人办公中应注意的礼节问题，目的是创造公司内部文明的工作环境，维护公司对外文明的企业形象，推行企业 5S 观念。

7. 商场促销活动（实践课程）

由康佳学院、销售公司共同组织，安排学员到各个商场进行现场促销，亲身体验市场上各个家电厂商间的激烈竞争气氛，培养新学员居安思危的思想观念，同时活动结束，通过激烈的讨论，来深化新员工的认识能力。

8. 公司各部门及产品生产线参观

由康佳学院带领，参观公司的各个职能部门，由各个部门负责人介绍本部门的业务范围与业务重点，同时还参观公司产品生产线，了解产品的各个生产流程，进一步加深对公司的感性认识。

9. 角色转变课程，由康佳学院讲师讲授，主要包括以下几个课程。

（1）组织理解游戏。通过游戏，让学员认识到组织中不同的成员对目标理解存在的差异性，并初步认识个体与组织间的关系。

（2）团队沟通训练。通过科学设置的系列课程项目，体悟团队的作用，以增进对集团的参与意识，消除抱怨与负面冲突，同时，还可以培养自我授权的团队领导力。

（3）企业模拟挑战赛。运用相关软件，通过挑战赛形式来达到培养学员正确面对竞争的观念，培养学员既要勇于冒险，也要勇于承担责任的精神，同时还培养了小组成员的团队意识和团队成员间的合作能力。

三、室外活动（选择实施）

1. 极限能力（自我挑战）培训

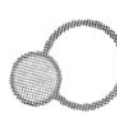

通过一次长途拉练来锻炼学员的意志力和团队合作精神（如爬深圳梧桐山）。

2. 野外郊游

通常安排在深圳的大、小梅沙海滨。全部培训结束，学员们在宁静的大海边放松自己，体会生活的美好。同时，还对培训进行最后的总结，提交书面的培训总结报告，并评选出本次培训的各种奖项（如最有成就的小组、最富有合作精神的小组、康佳之歌唱得最好的小组、本次培训最潇洒先生、最靓小姐、最有前途的组长等），由康佳学院予以表彰。

（资料来源：http://61.164.92.114/rlzy/hchl.asp）

二、思考·讨论·训练

1. 康佳集团的新员工入职培训有何特点？
2. 企业重视新员工入职培训有何重要意义？
3. 请为你所在的单位编制一份《应届毕业生入职培训规划书》。

案例6　如何拉动员工的培训需求

一、案例介绍

A公司是一家高科技生产企业，由于公司规模的持续扩张和经济效益的稳步提升，公司高层逐渐感觉到，现有在岗员工的综合素质和技能已无法满足公司快速发展的需要，并将成为制约公司可持续发展的一大瓶颈。于是，决定将全面提升员工素质和技能作为人力资源部长期关注的重点。

人力资源部根据公司发展需求，重新修订了现有岗位的任职要求，同时向所有部门和员工下发了培训需求调查表（调查结果显示，很少有员工提出明确的培训需求，且大部分员工反应较为冷漠），在分析调查反馈结果和近期业绩考核结果的基础上，提出培训计划，并迅速开展了一系列的培训活动。

由于各部门业务非常繁忙，为保证培训的全面、到位，A公司作出硬性规定：除特殊原因外，所有相关员工必须全部参加培训。同时，配以严格的考勤和培训效果评估手段，并将员工的培训态度和培训成绩与员工的月度业绩考核直接挂钩。

经过一段时间的培训，从现场培训效果看，员工素质和技能均有一定程度的提高，但人力资源部总感觉没有达到预期效果，而且越往后问题越多，主要表现为：

（1）课堂气氛呆板，员工不主动参与互动，请假、中途退场现象较为严重；

（2）进行现场培训效果评估时，受训员工的成绩基本令人满意，但在培训以后的工作中，其行为却变化不大，对所学知识不能融会贯通，或者根本不按新学到的知识（技能）去做，参加培训仅仅是为了应付培训后的考试，考试完了，所学的知识又全扔到了一边。

经人力资源部了解，产生以上现象的主要原因为：员工对自己在素质和技能方面所存在的“短板”认识不清晰，对公司确定的培训内容不甚认同，加之工作很忙，员工对公司“硬性规定必须参加”有一定的抵触情绪。因此，部分员工学习热情不高，基本以“应付”的态度对待培训。

A公司培训效果不理想的缘由是员工对培训的重要性和自身的培训需求不明确，致使员工对自身所存在的“短板”认识不足，无法充分认识自身所存在的差距和改进目标，以及技能、素质的提升所能带来的积极作用，没有从内心真正产生培训需要，从而导致培训需求的结果确认不全面或不完全真实，培训内容的设计成了“无的放矢”。缺乏主观能动性的培训，其结果也就变成了应付考试，加之岗位工作确实较为繁忙，参加培训成为一种“不得已而为之”的负担，培训效果自然不会理想。

需求根据现代人力资源管理要求，培训管理已不再是需求确认、审核计划、培训实施、效果评估等实际操作职能，而是更多地侧重于创造良好的学习环境、激发员工的学习欲望和热情、引导员工用正确的方法学习、帮助员工解决学习过程中的瓶颈等方面，从而从终端有效拉动培训需求，使持续、主动学习成为组织和员工工作（生活）中的自觉、自发行为，以促使员工（部门）的综合素质和技能持续获得提升，实现培训管理效益最大化。

要想培训取得圆满成功，必须着重从终端（员工）着手进行策划，通过“推”与“拉”两种力量的综合作用，使员工真正从内心产生培训需求欲望。

所谓“推”，就是公司根据员工岗位重点知识（技能）要求及学习中所遇到的问题，有针对性地抓住部分关键要素定期开展相关培训，帮助员工突破“瓶颈”，引导员工用正确的方法进行学习，以达到辅导员工学习和解决实际问题的效果，从而激发员工从内心深处自主学习的兴趣和热情。这样，员工才会主动地利用一切可利用的时间和方式自发地进行学习，彻底改变“被动参与培训”的心理状态。届时，员工自然就会把公司所举办的每一次培训当做是绝好的提升机会而用心予以把握，也就不会再出现像A公司这样的情形。

所谓“拉”，就是在实施员工考核的环节中，不仅关注最终业绩结果，同时对影响最终业绩的过程因素（技能、态度和品德）更要着重进行控制。管理者在考核工作中，应根据员工岗位业绩完成效果，结合员工现状与员工就达成绩效所必需的技能、态度和品德等因素进行深层次分析，帮助员工找出存在的差距并提出明确的改进要求。根据所确定的改进目标，分解成具体的考核指标分阶段在以后的考核周期中予以落实。另外，在培训实施的效果评估环节，一般较侧重于对员工培训成绩的考核，而对培训实施过程中员工的表现较少纳入评估范围。如果在评估内容中加入遵守纪律、参与程度、思维敏捷、语言表达、配合意识等相关指标，并分别赋予不同的权重，对保证最终的培训效果必能产生很好的促进作用。

具体来讲，可以从以下几个方面着手。

(1) 在设计薪酬结构时，将员工岗位技能的提升与其经济效益直接挂钩，把“岗位技能工资”作为员工薪酬的重要组成部分。在绩效考评环节，对员工综合素质和技能方面的每次提升均给予充分肯定，并在员工的最终考评结果中加以体现，让员工真正感觉到，自己的每

一点进步，公司都会积极予以关注和认可。

（2）在进行年度或半年度考评时，设立“学习进步奖”、“积极参与培训奖”、“创新奖”等相关奖项，对在主动学习、积极参与培训等方面表现突出及综合素质（技能）有显著提升的员工进行奖励，以鼓励员工将所学到的知识（技能）充分应用于工作岗位，创造“学习最光荣”的良好氛围。

（3）在培训效果评估环节，除了对最终培训成绩进行考评外，还可增设“最佳参与学员奖”、“最佳组织奖”（分小组互动参与时）、“最佳口才奖”等奖项，以增强员工的参与意识，引导员工树立正确的学习态度。

（4）培训形式应灵活多样，避免单一的集中培训方式。可根据培训内容的不同适当采取“网上培训”、“部门活动”、“读书活动”等形式，让部门（员工）根据自身的工作安排和兴趣，自行选择时间和方式进行学习，而人力资源部则通过具体的评估手段以控制最终培训效果，以利于部门（员工）选择在最佳状态下学习，保证部门（员工）正常的工作（生活）安排不受影响。

（5）受训员工以愉快的心情参与培训，是保证培训效果最佳的必要因素。培训的最终目的绝不仅是灌输内容，更重要的是让员工体会学习的益处，感受学习的快乐并最终养成终身学习的习惯。因此，在培训实施过程中，应尽量少用强硬手段对员工进行控制，避免引起员工的反感，培训组织者可根据参训群体的特性，加入一些带有娱乐色彩的培训形式，让培训师和受训员工之间互动参与，使受训员工在轻松和谐的环境中完成培训课程。

（资料来源：http://infos.edulife.com.cn/200811/28154666740_1.shtml）

二、思考·讨论·训练

1. 结合本案例谈谈，怎样才能使培训收到立项的效果？
2. A公司采用的“推”、“拉”手段有什么作用？
3. 企业怎样才能真正满足员工的培训需求？

搭纸牌

一、目的：让学员领会到协调、合作、交流的重要。

二、参加人数：每组5～6人，可有3～4组。

三、学员练习时间：15分钟。

四、工具：新纸牌4～5副。

五、讲师向各学员说明：

（1）各小组有15分钟的时间进行准备；

（2）小组成员可用纸牌的边将纸牌搭起来；

（3）搭得最高的小组胜出。

六、共同讨论题：

（1）是否有指挥者；

（2）是否有协助者；

（3）是否相互合作。

（资料来源：JDB营销管理学院，http://wenku.baidu.com/view/e717296baf1ffc4ffe47ac2a.html）

课后练习题

一、实训题：设计新员工培训方案。

背景资料：某社会培训学校主要针对中、小学生及学龄前儿童进行各类培训和辅导。该培训学校今年招聘了一批教师，如何让这些教师尽快融入组织，加深对组织氛围及文化的理解，完成从局外人到学校人的转变，是学校人力资源部门在新员工培训环节中应特别关注的问题。

实训目的：了解企业人力资源培训工作的基本流程，学会制订员工培训方案。

实训内容：根据背景资料制订新员工培训方案。

实训步骤：

将学生分成若干组，每组5～8人。小组同学针对本实训的背景资料进行讨论，确定培训需求，撰写分析报告。

制订培训计划。确定培训内容、培训时间、培训地点、培训资源等，并进行教学设计，设计对培训效果进行评估的调查问卷。

实训考评：针对实训过程撰写实训报告。每组选一人在全班进行汇报（建议制作课件汇报）。

二、请分析说明以下几组培训对象和培训内容和方式应该有什么不同。

（1）新员工和老员工；（2）高层管理者和基层管理者；（3）低学历员工与高学历员工。

三、结合自身的实际经验，谈谈员工进修、在职培训和工作业绩之间的关系。

四、目前我国企业员工培训存在的问题有哪些？企业培训如何才能获得更大的收益？

五、如果让你来当人力资源部经理，将如何设计提升自己能力的培训方案？

六、由教师组织学员了解某单位的培训情况，具体了解该单位的培训计划、课程设置、师资聘用、培训投入、培训效果等方面的情况。学员根据所考察的员工培训情况，写出考察印象及体会。

第八章 绩效管理

一件事情，无论其计划做得多么完美，如果没有令人满意的控制系统，在实施过程中仍然会出现问题。

——斯蒂芬·P. 罗宾斯

在一个战略制胜的年代，让自己的公司有正确的公司战略，为公司的分部制定正确的竞争战略，当然是无比重要的。而如果你打算让一个分部或一家公司改变战略，你最好是改变它的考核制度。

——罗伯特·S. 卡普兰

学习目标

- 明确绩效管理的性质；
- 把握绩效管理的过程；
- 明确绩效管理的工作环节；
- 能够开展绩效管理工作。

故事导入

两熊赛蜜

黑熊和棕熊喜食蜂蜜，都以养蜂为生。它们各有一个蜂箱，养着同样多的蜜蜂。有一天，它们决定比赛看谁的蜜蜂产的蜜多。

黑熊想，蜜的产量取决于蜜蜂每天对花的“访问量”。于是它买来了一套昂贵的测量蜜蜂访问量的绩效管理系统。在它看来，蜜蜂所接触的花的数量就是其工作量。每过完一个季度，黑熊就公布每只蜜蜂的工作量；同时，黑熊还设立了奖项，奖励访问量最高的蜜蜂。但它从不告诉蜜蜂们它是在与棕熊比赛，它只是让它的蜜蜂比赛访问量。

棕熊与黑熊想得不一样。它认为蜜蜂能产多少蜜，关键在于它们每天采回多少花蜜——花蜜越多，酿的蜂蜜也越多。于是它直截了当地告诉众蜜蜂：它在和黑熊比赛看谁产的蜜多。它花了不多的钱买了一套绩效管理系统，测量每只蜜蜂每天采回花蜜的数量和整个蜂箱每天酿出蜂蜜的数量，并把测量结果张榜公布。它也设立了一套奖励制度，重奖当月采花蜜最多的蜜蜂。如果本月的蜜蜂总产量高于上个月，那么所有蜜蜂都会受到不同程度的奖励。

一年过去了，两只熊查看比赛结果，黑熊的蜂蜜不及棕熊的一半。

要提高企业绩效，更好地把员工的投入转化为企业产出，必须采取专门的措施，从调动员工积极性和主动性入手，提高员工的工作效率。这是从人力资源角度进行绩效管理的任务。

一、绩效管理的性质

绩效管理是企业管理的主线，企业所有管理工作归根结底都是为了提高绩效，因此都可以看成是绩效管理。那么为什么要把绩效管理独立出来作为一个专门问题来研究呢？这是因为，绩效作为投入产出的结果，总是与一定的目标相对应的，并通过一定的指标来评价。因此，如何建立目标和测评结果，是一个具有相对独立性的问题，对于改进绩效状况具有特殊意义，需要且可以加以专门的处理。

所谓绩效管理，也就是围绕工作目标的制定与落实、工作效果的测评和改进所进行的管理。绩效管理的特殊性在于：与其他的管理方式相比较，绩效管理特别注重对于工作结果的比较与评价，而这种对工作结果的比较与评价，是以工作目标的量化处理和工作结果的量化考核为依据的。相应地，目标管理和考评管理体现了绩效管理的特征。

（一）绩效管理与考评管理

工作考评是绩效管理的关键环节。工作考评体现了绩效管理两个最重要的要求。

（1）以结果为导向。绩效管理作为一种过程管理，全过程都体现着结果导向的理念。从按照定性定量标准设定绩效目标，到按照统一标准评估员工业绩，再到按照绩效状况确定奖酬分配，都在强调一个思想，即为改进工作结果而努力，再依据工作结果看问题。这是与企业的本质要求相关的。归根结底，企业要靠为市场提供合格的产品服务来生存与发展，企业产出的价值要由市场来评价。相应地，以满足市场要求为起点建立起来的各项规章制度，也是以结果为导向的，立足于人们怎么干，而不是人们怎么想；在企业的绩效管理中，要做到一切工作最终用事实说话、用客观数据说话。

（2）以行为为中心。绩效管理之所以关注结果，目的不仅是强调结果的客观性，而且是强调结果的可变性，即关注如何才能有效地改进结果。由于工作结果即员工的行为结果，是通过员工活动产生的结果，因此绩效管理的第二个特点，是以员工的行为方式为中心，力图通过行为调整来提高绩效。也就是说，绩效管理是对员工行为的管理，它通过对绩效相关因素的分析，把其中人的因素找出来，界定那些能够获得高绩效的行为特征，加以强化与推广，以达到提高绩效的目的。因此，不仅绩效管理重视绩效反馈，帮助员工确立适应于职务要求的行为模式，对员工给予技能指导，而且其结果对于职务界定、任职资格、培训开发等

及其他与人们行为相关的人力资源管理职能活动，具有直接支持作用。

（二）绩效管理与目标管理

绩效管理与目标管理有很大程度的相似性，两者有下述一些共同特征。

（1）目标定位。两者都建立目标链和目标体系，即通过专门设计将企业目标逐级分解，转换为各部门、各员工的分目标。这种分解不仅是自上而下的细化过程，而且是企业与员工相互沟通的互动过程；企业要从员工那里得到目标可行性和改进方式的反馈，从而上下结合地进行目标定位。

（2）全员参与。两者都强调管理活动的参与性、民主性、自我控制性。在这种管理方式下，由于整合了个人和组织的目标，上下级之间形成了平等、尊重、互相信任、互相支持的关系。由于目标的制定和实施都有着员工的参与，以员工的需要和能力作为约束条件，强调了员工的地位，因此能够调动员工积极性，具有双向促进的特征。

（3）集体观念。由于目标定位方式和全员参与过程的作用，规章制度所代表的企业理念及内涵得到传播，规则内化为组织成员的内在准则与共同要求，从而为成员彼此之间的信任关系打下了基础。个体动力在规则的引导下转化为群体动力，个人对组织的认同转换为企业的凝聚力和竞争力，企业活力由此产生。

至于绩效管理与目标管理的区别，主要表现在：目标管理是一种全方位管理，往往带来整个组织机制的变革，而绩效管理主要在既定的组织平台上进行，以提高既有分工协作体系的工作效率为中心。

二、绩效管理的机制

绩效管理活动作为企业经营管理活动的一个组成部分，具有特定的运行机制，涉及管理者与管理对象的关系，以及管理活动的不同构成环节。

（一）绩效管理的关系

绩效管理关系，是指绩效管理活动中的主客体关系。绩效管理的主体是能够代表组织利益的管理者。所谓能够代表组织利益，包含两层意思。第一层意思是说，绩效管理主体的行为目标是企业利益，只有那些自觉地将自我价值实现融入企业价值实现过程的个体，才能够成为企业的绩效管理者。在这一点上，绩效管理主体是能够与企业目标相契合的个体。第二层意思是说，绩效管理主体具有代表组织利益的能力。具体来说，就是能够促进企业规则的落实，能够引导员工通过投入产出实践来实现企业与员工的共同发展。这个意义上，绩效管理者是一个导师，他能够清晰把握工作标准，把标准所体现的价值理念传达给管理对象，同时还要指导管理对象的行动方式，把标准贯彻到行动当中。绩效管理者还必须是一个公平的激励者。能否按照企业规则来公平评价员工业绩和给予相应奖酬，直接影响着能否有效地调动员工积极性。

在具体实践中，绩效管理的主体是多方面的，不仅包括上级，而且包括同级与下级，以及员工自身；其中最为重要的绩效管理主体，是员工的直接上级、各类业务的归口管理部门、专门的绩效评价机构。从不同角度开展绩效管理工作，具有不同的意义。

与绩效管理主体的多重性相对应，绩效管理的客体也是多方面的；理解绩效管理客体，要把握不同客体绩效活动在自觉程度与积极性上的区别。开始的时候，员工可能只是被动地接受规则的约束。通过管理主体的指导，员工能够体会到企业任务和自身要求的统一之处，就会认同企业工作要求，从而自觉努力。不同特点的管理对象，需要不同的绩效管理方式。

（二）绩效管理的过程

在员工绩效管理活动中，管理的各环节不仅密切联系，而且周而复始地不断循环，形成一个持续的过程。绩效管理首先从制订绩效计划开始。这一阶段的关键，是通过员工参与的方式共同设计员工绩效目标。共同参与非常重要，因为沟通不仅能使管理对象明确工作要求和预期相应绩效，而且能使管理主体对实现绩效的难点和关键路径具有深入具体的认识；这将有力地促进绩效实现。

在达成目标共识的基础上，要进一步实施绩效计划，通过绩效指导对工作进程进行有效管理，保证按期、按质、按量达到和实现目标。在此过程中，绩效信息的收集具有重要意义；信息收集的目的不仅在于奖惩约束，更在于指导工作改进。

收集了绩效信息以后，要对这些信息加以专门的分析与处理，从而对员工的行为表现、劳动态度及综合素质进行全面的监测、考核、分析，并作出相应评价；这个步骤具有关键意义，对员工具有直接引导作用。最后，要按照分析评价结果，对员工进行激励和反馈，调动员工的积极性，不断改进绩效。由此形成的反馈意见能够为下一轮的绩效计划提供参考。

就是说，绩效管理是一种过程管理，要特别注意信息的积累和分析；同时，绩效管理也是一种改进管理，要注重不断利用信息提高工作绩效。把握企业绩效管理流程的结构，对提高绩效有重要意义。

（三）绩效管理的环节

从人力资源角度探讨绩效管理，重点是员工工作绩效的管理，即通过提高个体绩效来提高企业整体绩效；这是企业绩效管理的基础。

在具体操作中，绩效管理大致由如下环节构成。

（1）确定绩效标准。绩效管理首先要确定绩效标准；明确的战略定位是确定绩效标准的前提。由于战略往往是企业在市场上具体定位的表述，是与其他企业展开竞争的目标要求，所以不少企业运用“标杆超越”的方法来确定自己的目标。这就要求企业找到范本企业，在此基础上确定需要超越的目标和行动计划，并把企业的战略目标分解到各个工作环节上加以落实。这些工作由绩效管理计划来完成。

(2) 进行绩效指导。战略的结果取决于执行，执行的关键是政策和措施得到实施者的理解和认可。因此，绩效管理的一个重要任务，是在向员工传达企业目标的同时，关注员工的自身目标，努力把两者结合起来，改善员工对组织目标的理解、认同和投入。成功的绩效管理总是以简单而清晰的目标表述，指导员工对企业发展形成清晰理解，使员工对企业发展与自己的关系有具体认同，从而推动企业成员努力实现绩效指标。

(3) 加强绩效考评。为实现绩效目标而努力的过程中，必须进行有效的监督和控制，以确保目标实现。为此需要进行绩效考评。绩效考评是用既定目标与实际状况进行比较的过程，也是对不同员工的工作状况进行比较的过程，其目的是发现缺陷、采取措施、褒扬先进、帮助后进；因此，公正、公平、公开的绩效考评标准和考评方式，是绩效考评成功的关键。

(4) 推动绩效改进。绩效管理的目的在于进行绩效改进。绩效改进是一个循序渐进的成果积累过程，需要长期不懈、持续努力。在此过程中，要根据绩效考评的结果及其产生原因的分析，不断采取措施，对员工的能力、态度、素质、合作方式等方面施加影响，如此才能达到绩效改进的目的。其中，改善组织氛围，加强共同学习和协作，建立双向促进机制，都具有重要意义。

五星啤酒：机制探索，绩效争议

一、案例介绍

1997 年 6 月，联合啤酒集团总裁汤姆·迈克穆朗和五星啤酒有限公司总经理赵晖申一起讨论了“绩效工资”体系问题。在此前的几个月里，赵晖申已经在五星啤酒公司的两个啤酒厂实施了这种计酬办法。这种激励机制设计得是否恰当，以及能否确保他的啤酒厂以更低的成本生产出更高质量的啤酒来，迈克穆朗必须就此作出评断。如果不能达到这样的效果，他就需要考虑应该如何改变这种体系，以实现联合啤酒集团的成本目标和质量目标。

（一）五星啤酒公司的状况

五星啤酒公司成立于 1915 年，它是中国最早的啤酒公司之一。和中国绝大多数啤酒公司一样，五星啤酒最初只在本地市场销售，主要是面向北京及外围的河北省地区。这种集中于当地市场的做法是由于地方政府的保护主义政策造成的，但又反过来导致了行业的分散结构。五星啤酒公司通过与全国范围内的多家区域性啤酒厂签订许可协议实现了市场渗透。经过多年的发展，五星啤酒公司在周边之外的一些地区也取得了部分市场份额。

五星啤酒在 20 世纪 90 年代之前占据了北京当地市场的绝大多数份额。其之所以取得这样的市场地位，是因为五星啤酒公司在当地有较长的历史，而且，它是北京市政府完全所有的一家国有企业，因而享有某些特权。1957 年，周恩来总理宣布五星啤酒为国宴的唯一指定啤酒，从而使该公司赢得了全国性声望。

但到了 20 世纪 90 年代初期，五星啤酒公司的市场地位开始削弱，三环啤酒成为五星啤酒公司在北京地区市场上的最大竞争对手。1993 年，五星啤酒公司与三环签订许可协议，允许三环啤酒公司生产五星啤酒，但只能在北京东北郊县的特定市场上销售。然而，五星啤酒公司很快就发现，三环啤酒公司利用低价格（实际上是同样的产品）和批发商、零售商的低忠实度，成功地夺取了大片市场。1995 年 1 月，亚洲战略投资公司成为这两家啤酒公司最大的股东。因此，如何使两家公司停止彼此的直接竞争，就成了亚洲战略投资公司最头疼的问题。

五星啤酒公司的产品质量下降，为三环啤酒公司的市场入侵成功提供了竞争的有利条件。亚洲战略投资公司取得五星啤酒公司的控制权后，立即发现公司面临的质量问题比他们预想的要严重得多。而且最令人头疼的是，公司的绩效一直很差，迈克穆朗觉得前总经理徐先生实际上是一个各个方面都毫无能力的人。他认为只要有必要，对员工的招聘、惩罚和解聘都是天经地义的。

（二）五星啤酒与亚洲战略投资公司的关系

北京亚洲双合盛五星啤酒有限公司（五星）的控股方是一家总部设在北京的投资集团——亚洲战略投资公司（Asimco）。亚洲战略投资公司的大股东是西方信托公司、维特·雷诺兹公司负责人摩根·士丹利和亚洲战略投资公司的最高管理层。该管理层工作组的成员包括如下。

杰克·伯考斯基（董事长兼首席执行官）——耶鲁大学优秀毕业生，他曾在哈佛商学院获得“贝克学者”称号，以前是纽约市佩诺韦伯公司的首席投资主管。

蒂姆·克里斯德（总裁）——剑桥大学物理学毕业生，20 世纪 80 年代，在阿瑟—达信公司担任会计师。在此期间，他曾在英国、澳大利亚、中国等多个地方工作过。后来，他进入伦敦东方与亚洲研究学院。在那里，他学会了流利地说、写汉语。

迈克尔·科若宁（首席投资与财务主管）——20 世纪 80 年代也一直服务于安达信公司，在澳大利亚、英国和中国香港担任会计师工作。

艾建（管理总监）——中国人，毕业于中国西安的西北工业大学。他以前在中国对外贸易经济合作部对外关系司担任重要职务。他说一口地道的北京话，英语也很流利。

亚洲战略投资公司投资中国啤酒行业的根本动机是双重的。其一，由于受中国居民的可支配收入水平不断提高的刺激，啤酒行业正在经历持续的高速增长，并有望使中国在未来几年内成为世界上最大的啤酒市场（超过美国）。其二，该行业高度分散，目前正在经历重大的重组过程。这种高度分散是中国过去实行计划经济的结果。随着对市场导向机制的逐渐认同，中国政府开始鼓励包括啤酒业在内的一些行业进行合理化重组。

行业舆论认为，在未来的几年里，全国啤酒厂的数目预计将从现在的 800 多家减至不足

600 家，啤酒产量有望增加。这意味着随着竞争的加剧，存活下来的公司将必须建立起一支强有力的管理队伍以寻求规模经济，保证高质量生产。

确定那些具有全球竞争能力的中国公司，向其提供资金、西方管理技术和尖端科技方面的支持是亚洲战略投资公司的投资战略，他们希望寻找的合作伙伴是具有进取精神、以市场为指导、以利润为导向的公司和行业领先者。机会一出现，亚洲战略投资公司就会调动其所有能力和全球资源来进行合约谈判及获得必要的批准。还会继续向合资公司提供资金、经验和技术支持等，并设计一个“金蝉脱壳”战略以保持已创造的价值。

亚洲战略投资公司将帮助原来利润差的国有企业转变为以市场为导向的、具有出口竞争力的公司。截至 1997 年 6 月，亚洲战略投资公司已经投资并组建了 13 家汽车部件制造合资企业、两家汽车零部件销售合资企业和两家啤酒制造合资企业。在所有合资企业中，亚洲战略投资公司都是控股股东，投资总额约 3.6 亿美元。各合资企业中的少数股东分别是不同合作方。五星合资公司是亚洲战略投资公司业务中数额最大的一项投资，资金投入总额为 70 亿美元，控制着五星公司 63％的股份；另外一个股东是当时的第一轻工业局，拥有 37％的股份。第一轻工业局是北京市政府的一个部门，在许多不同的商业活动中都持有股份。亚洲战略投资公司控股的另一啤酒合资企业是三环啤酒公司，拥有 54％的股份，投资额为2 300 万美元。

一个生产企业的生命在于提高产品质量，提高生产效益。当五星遇到质量问题时的冷静审查，大刀阔斧、不遗余力的改革让人反思。如何在充分利用现有设备的同时达到更高的质量目标，是联合啤酒集团的作业与质量顾问最担忧的问题。亚洲战略投资公司取得五星啤酒公司多数股份的时候，认为自己同时也获得了中国啤酒制造业中的一部分最先进的设备，虽然这些设备中有一些由于缺乏日常维护，还需要进行整修。但是近年来，面临资金雄厚的国外啤酒公司的大量涌入，五星啤酒公司要想保证产品和包装质量，在技术方面又似乎处于不利的地位。亚洲战略投资公司并没有考虑到五星啤酒的质量问题的根本所在。

（三）管理控制与激励并重

管理控制和激励的水平对于保证稳定的质量来说是至关重要的，汉斯·比尔格（Hans Bilger）对这个问题的看法如下。

生产质量稳定的啤酒所需要的技术，其实就是监控程序、与程序相关的纪律及向适当的人清楚地汇报工作情况。有规律地对作业进行监控、记录数据和传递结果的工作并不复杂。但是，如果管理层没有进行有效的控制，即确保工作按程序进行或信息切实得到沟通，这时问题就出现了。

例如，生产线工人应当定时记录罐中酿造的温度。目前这项工作做得倒是很好，但是其结果却经常没有被传递给使用这一信息的人。这表明公司中存在着职能壁垒，部门间根本没有跨职能的合作。而且即使有人向你汇报结果，当存在问题的时候，你最终得到的也只是你想听到的结果，而非真实的情况。可见，我们的质量问题和管理有关，啤酒公司的高级经理们应当对质量负责。我个人认为：理想的状况是，五星啤酒公司应该有一个独立的质量部，直接向副总经理汇报，而不是像现在正式的组织结构图显示的那样，向副总经理和总工程师汇报。公司的第一啤酒厂和第二啤酒厂都有自己独立的实验室，可以定期将他们的实验结果反馈给公司的质量保障部门；质量保障部也应该被赋予像警察一样的权力，其员工必须有能力说："这不够好"，并有权采取正确的行动。但不幸的是，这种方式违背了旧的根深蒂固的逐层汇报的传统。

亚洲战略投资公司和联合啤酒集团经过一系列严格的招聘程序，同意聘请赵晖申取代徐先生出任五星啤酒公司的总经理。在这之前，赵晖申是一家钢琴制造厂的厂长，他在那里工作了 20 多年，是在第一轻工业局的强力推荐下来到五星啤酒公司的。由于赵晖申没有啤酒业的工作经验，所以克里斯德对聘任他抱怀疑态度。赵晖申说："你不是聘我来制造啤酒的，你聘请我来是为了管理制造啤酒的人。"他因此获得了克里斯德的信任，从不被信任变为委以重任。亚洲战略投资公司和联合啤酒集团希望总经理赵晖申能够公正地为五星啤酒合资公司工作。他们还希望他能有效地利用联合啤酒集团的资源，努力提高五星啤酒的酿造作业生产率和整体质量。在合资公司中，赵晖申直接向董事会汇报工作。董事会成员包括杰克·伯考斯基、艾建、汤姆·迈克穆朗、赵晖申及一位第一轻工业局的代表。联合啤酒集团和五星啤酒公司的许多人都认为，赵晖申代表了中国新一代的经理人员。这是因为，他管理企业的方式是敢作敢为，绝不缩手缩脚，这种风格与过去国有企业的文化有着天壤之别。赵晖申认为，必须改变传统企业中的旧思维方式，必须考虑目标管理，希望人们多思考如何实现自己的目标，而不是如何浪费时间去想没有实现目标的借口，然后再坐等政府拨款。

（四）绩效工资制度

联合啤酒集团的一个重要目标是，帮助这两家啤酒公司建立起一种"绩效工资"的文化。联合啤酒集团认为，必须努力使人们关心他们的工作，关心他们自己，尤其是由于工作正开始在中国人的生活中扮演一个全新的角色。

1997 年 1 月，联合啤酒开始启动实施绩效工资机制。当时，赵晖申向联合啤酒集团请求帮助，但是，此刻联合啤酒集团的有限资源已被其他优先项目占用，所以没能提供全面支持。到 1997 年 3 月，联合啤酒集团答应帮助赵总建立绩效工资体系时，赵总拒绝了集团的帮助，因为他不愿意让联合啤酒集团改变他先前提出的设想。不过，他向联合啤酒集团透露了他的核心目标。这使迈克穆朗意识到，建立绩效工资体系这件事情对赵总来说有更高的优先级别。

赵总相信运用货币惩罚可以有力地促进绩效提高，这被迈克穆朗称为"少用胡萝卜，多用大棒"。罚款会从他们的月工资单中扣除，每个生产线工人的平均月工资约为 1 000 元人民币，这个数目几乎是国有啤酒公司中同等岗位工资的 2 倍。比如，在装瓶线上，衡量质量的一个关键指标是保证所有的啤酒瓶都要罐装到恰当的水平。为了保证发送出厂的啤酒都符合罐装指标，每条罐装线上都安排有两名员工手工分拣空瓶，另外还有 4 名员工手工分拣未装满的酒瓶。罐装后的酒瓶就被加盖日期并编号，以便使每瓶啤酒都能追溯到它的罐装线和贴标签线，如果在市场上发现了一瓶空的或没有装满的啤酒（无论是五星啤酒公司的销售人员、分销商，还是最终顾客发现的），那么，这瓶啤酒的罐装线上的6个人，就都会被处以总额为500元人民币即大约每人83元人民币的罚款。

酿酒专家汉斯·比尔格认为，这种方法太苛刻严厉了。他相信以每班6小时、每小时罐装12 000瓶这样的速度生产，工人们实在太累了，他们根本不可能查出所有的空瓶和未装满的酒瓶；另一方面，作业服务部的技术人员却认为，必须有人对这类错误负责，而且如果对一线经理也处以罚款，而不仅仅是处罚生产线工人的话，这种机制“从某种程度上说是公平的”。

该机制对于不良绩效有抑制作用。它规定：如果在酿造车间责任范围内出现碾谷机的卫生状况不佳的问题，将对该车间处以罚款。五星啤酒的大米含量为30%，麦芽含量为70%。酿造车间设有碾谷机，为生产提供适当的供应。碾谷机常出现的问题是灰尘度过高，这主要是由于没有做好清洁工作及灰尘收集系统的偶然故障。灰尘度过高容易导致细菌滋生，不仅会影响啤酒的质量，而且存在易燃易爆的隐患。1997年春天，比尔格在他的阶段性观察报告中指出碾谷机的状况不合格之后，碾谷机及其相关酿造车间生产线上的7名工人均被处以每人100元的罚款，从他们的下月工资中扣除。

在“赵总制定的工资机制是否有效”的争论中，引起最大争议的是有关销售人员的部分。五星啤酒公司正力图在北京市场的更大范围内重新确立其市场地位，因此，大力推动销售活动，进而提高市场份额的工作非常重要。虽然销售人员的底薪只是每月600元，但是如果销售业绩好的话，他们可以拿到每月6 000元的工资。然而，赵总在招聘过程中却遇到了一些困难，他发现很少有人愿意接受这种薪资多少主要取决于自身努力的机制。

另外，联合啤酒集团的一些作业与质量顾问也普遍怀有疑虑，怀疑这种特殊的机制会招致销售记录一般的员工的攻击。但他们只是“听说了一些传闻”，并没有确凿的证据。

赵总实施的一系列绩效工资方案在联合啤酒集团的经营顾问中引发了广泛的争论。争论的焦点是什么样的管理或方法能最有效地激励员工为追求质量而奋斗。威廉姆·波特和汉斯·比尔格的不同观点代表了顾问们意见的分歧。波特坚持认为，物质惩罚比表彰出色的工作更能有效地激励人们提高绩效。他相信“当人们口袋里装着更多人民币的时候会比你轻轻拍打他们的后背，让他们跑得更快”。与此相反，比尔格认为，对于工作质量的自豪感和工作出色获得的表彰是比物质奖励更有效的激励工具。在他的逻辑中，中国是一个地位敏感型的社会，人们十分重视给自己的同事和上级留下良好的印象。联合啤酒集团的经营顾问们虽然进行了大量激烈的讨论，但最终仍莫衷一是。

（资料来源：http://www.xinchou.com.cn/）

二、思考·讨论·训练

1. 你认为赵晖申的绩效考评是否合理，有什么需要改进的地方？

2. 你认为赵晖申采用“少用胡萝卜，多用大棒”的绩效考评方式的原因何在？

3. 如果你是赵晖申，你将做哪些工作来改善公司内部的情况？

案例2 员工个性化绩效评价标准

一、案例介绍

以万威公司的人力资源部经理、销售部经理及总裁办公室秘书三个岗位为例，为他们选择相应的评价指标和评价主体，具体内容如表 8-1、表 8-2 和表 8-3 所示。

表 8-1　人力资源部经理的绩效评价指标及评价主体

职位编号：	员工姓名：		评价时间：　年　月　日		
指标类型	全体评价指标	分　数	评　价　主　体	得　分	合　计
业绩 70 分	1. 关键业绩指标	50	直接主管		
	2. 主要监控指标	20	直接主管		
能力 20 分	1. 业务知识	4	直接主管、下属		
	2. 人力资源规划能力	4	直接主管		
	3. 组织领导能力	4	直接主管		
	4. 沟通协调能力	4	直接主管、同行		
	5. 管理创新能力	2	直接主管、同行		
	6. 培训下属能力	2	下属		
态度 10 分	1. 全局观念	3	直接主管		
	2. 成本观念	2	直接主管、同行		
	3. 责任感	3	直接主管、下属		
	4. 积极性	1	直接主管、下属		
	5. 自我开发意识	1	直接主管		
最终得分					

表 8-2 销售部经理的绩效评价指标及评价主体

<table>
<tr><td colspan="2">职位编号：</td><td colspan="2">员工姓名：</td><td colspan="2">评价时间： 年 月 日</td></tr>
<tr><td>指标类型</td><td>全体评价指标</td><td>分 数</td><td>评 价 主 体</td><td>得 分</td><td>合 计</td></tr>
<tr><td rowspan="2">业绩
70 分</td><td>1. 关键业绩指标</td><td>50</td><td>直接主管</td><td></td><td></td></tr>
<tr><td>2. 主要监控指标</td><td>20</td><td>直接主管</td><td></td><td></td></tr>
<tr><td rowspan="8">能力
20 分</td><td>1. 业务知识</td><td>4</td><td>直接主管、下属</td><td></td><td></td></tr>
<tr><td>2. 市场规划能力</td><td>4</td><td>直接主管</td><td></td><td></td></tr>
<tr><td>3. 市场开拓能力</td><td>4</td><td>直接主管</td><td></td><td></td></tr>
<tr><td>4. 组织领导能力</td><td>2</td><td>直接主管、下属</td><td></td><td></td></tr>
<tr><td>5. 沟通协调能力</td><td>2</td><td>直接主管、同行</td><td></td><td></td></tr>
<tr><td>6. 谈判能力</td><td>2</td><td>直接主管、下属</td><td></td><td></td></tr>
<tr><td>7. 公共关系能力</td><td>1</td><td>下属</td><td></td><td></td></tr>
<tr><td>8. 培训下属能力</td><td>1</td><td>下属</td><td></td><td></td></tr>
<tr><td rowspan="5">态度
10 分</td><td>1. 全局观念</td><td>3</td><td>直接主管</td><td></td><td></td></tr>
<tr><td>2. 成本观念</td><td>2</td><td>直接主管、同行</td><td></td><td></td></tr>
<tr><td>3. 市场观念</td><td>3</td><td>直接主管、同行</td><td></td><td></td></tr>
<tr><td>4. 培训下属观念</td><td>1</td><td>直接主管、下属</td><td></td><td></td></tr>
<tr><td>5. 自我开发意识</td><td>1</td><td>直接主管</td><td></td><td></td></tr>
<tr><td colspan="3">最终得分</td><td colspan="3"></td></tr>
</table>

表 8-3 总裁办公室秘书的绩效评价指标及评价主体

<table>
<tr><td colspan="2">职位编号：</td><td colspan="2">员工姓名：</td><td colspan="2">评价时间： 年 月 日</td></tr>
<tr><td>指标类型</td><td>全体评价指标</td><td>分 数</td><td>评 价 主 体</td><td>得 分</td><td>合 计</td></tr>
<tr><td rowspan="2">业绩
70 分</td><td>1. 关键业绩指标</td><td>30</td><td>直接主管</td><td></td><td></td></tr>
<tr><td>2. 主要监控指标</td><td>40</td><td>直接主管</td><td></td><td></td></tr>
<tr><td rowspan="5">能力
20 分</td><td>1. 业务知识</td><td>4</td><td>直接主管</td><td></td><td></td></tr>
<tr><td>2. 理解能力</td><td>4</td><td>直接主管</td><td></td><td></td></tr>
<tr><td>3. 执行能力</td><td>4</td><td>直接主管</td><td></td><td></td></tr>
<tr><td>4. 文字表达能力</td><td>5</td><td>直接主管</td><td></td><td></td></tr>
<tr><td>5. 计算机操作能力</td><td>3</td><td>直接主管、同行</td><td></td><td></td></tr>
</table>

续表

职位编号：	员工姓名：		评价时间： 年 月 日		
指标类型	全体评价指标	分 数	评 价 主 体	得 分	合 计
态度 10分	1. 协作性	2	同行		
	2. 服务意识	2	直接主管、同行		
	3. 自律性	2	直接主管、同行		
	4. 责任感	2	直接主管		
	5. 积极性	1	直接主管、同行		
	6. 自我开发意识	1	直接主管、同行		
最终得分					

通过上面的3张表格可以看到，人力资源部经理、销售部经理及总裁办公室秘书的评价指标是完全个性化的。对工作业绩的评价，由于3个岗位所从事的工作及所承担的职责各不相同，他们的关键业绩指标（KPI）和主要监控指标各不相同。对工作能力的评价，人力资源部经理有6项指标，销售部经理有8项指标，而总裁办公室秘书只有5项。对工作态度的评价，人力资源部经理有5项指标，销售部经理有5项指标，而总裁办公室秘书却有6项。而且各具体指标的内容也不尽相同，这些指标体现了不同岗位对任职者的要求不同。另外，针对不同的评价指标，设置的评价主体也是不同的，这样就保证了对指标最清楚的主体来进行评价。

在这里，不同评价主体的影响力体现在参与评价的指标数目上，参与评价的指标数目越多，说明该评价主体的影响力越大，反之则越小。被评价者的最终个人绩效得分是业绩、能力和态度三个维度折合分数之和。

这些评价结果最终和员工个人奖励挂钩。

（资料来源：李小勇. 100个成功的人力资源管理案例. 北京：机械工业出版社，2004.）

二、思考·讨论·训练

1. 你认为个性化的考核方法对企业的绩效管理有什么意义？
2. 如何根据职位的不同，选择不同绩效考核评价主体？

华夏银行商业信贷部的绩效评估

一、案例介绍

华夏银行商业信贷部总共有4名出纳员，其中1名是资深出纳员马丽，部门主管张岚负

责信贷部的工作，已经有3年了。张岚和马丽是好朋友。最近张岚了解到不久自己将调往其他部门，而且还向马丽透露了马丽有可能会接替她的职位的信息。

但是两个星期以后，银行人事部门却把张小燕调到信贷部任部门主管。张小燕拥有财经专业大学本科文凭，在此之前，她已经在华夏银行下属的一个营业所里干了5年，事实是她以往的绩效评估记录一向为优。她有很强的领导能力，与同事相处得也很愉快。这次的升职也是对她以往工作成绩的一个鼓励。

当张岚向张小燕介绍信贷部的员工和具体的工作职责时，她马上就意识到这里的工作与以往在营业所的工作内容和程序有很大不同。张小燕在欢送她的会议上诚恳地表明了要努力工作，尽快熟悉工作环境的意愿。

在张小燕上任几天后，她注意到当她向马丽询问有关工作程序上的问题时，马丽表现得并不友好，也不愿意合作。她不由想起了张岚临走时给她的忠告：马丽非常气愤竟然有人顶了原本应该属于她的主管职位，因此，当她的主管必须要小心。

在接下来的几个星期里，张小燕发现马丽不但时时和她作对，而且在工作中的表现也很糟糕，比如，她经常迟到早退，甚至还经常算错商业贷款的利息等。

根据马丽这样的绩效表现，张小燕很难相信她竟然能晋升为资深出纳员，但是张小燕惊讶地发现，以往马丽的绩效评估记录都是优良，她所发现的这些工作表现从来没有在以往的评估记录中显示过。张小燕决定先从侧面了解一下这究竟是怎么一回事。

从信贷部其他几名员工吞吞吐吐、闪烁其词的言谈中，张小燕还是了解到一些有关马丽的情况：马丽来信贷部工作，并且被评为资深出纳员，凭的并不是她自身的学历和能力，而是因为她在银行有过硬的关系。每次她都会和信贷部的主管搞好关系，所以在她的绩效记录中，不利于她加薪或升职的评语都不会出现。本来她非常有信心在张岚调走以后，能够升任信贷部主管，没想到事与愿违，恼羞成怒之时，她便决定给这个没有关系没有后台的新主管一点颜色看看。

了解情况后，张小燕非常紧张，在她以往的工作经验中，她还从来没有遇到过这样的员工。她决定第二天就和马丽谈一谈，希望处理好这件事，缓和与马丽之间的紧张关系。但是谈话的结果并不理想，在张小燕指出她工作中的一些失误后，马丽非常生气，她说她以后会做得很好，她拒绝了张小燕要帮助她的诚意。

又是几个星期过去了，马丽的表现根本没有任何改变，她还是经常算错账。在同事中拉帮结派，试图孤立张小燕。而眼看银行半年举行一次的绩效考评就要举行。张小燕不知道应该给马丽一个什么样的评价，又该和马丽怎样进行绩效面谈。

（资料来源：董临平，康青，陆军. 人力资源管理本土案例解析. 上海：立信会计出版社，2005.）

二、思考·讨论·训练

1. 马丽对张小燕存在对立情绪的原因是什么？
2. 张小燕应怎样解决自己遇到的问题？

3. 成功的绩效考核包含哪些因素？

4. 模拟一下张小燕和马丽考核面谈的情景。

案例4 联想电脑的考核体系

一、案例介绍

联想集团的责任考核体系是围绕“静态的职责＋动态的目标”两条主线展开的，建立目标与职责协调一致的大岗位责任考核体系。联想电脑公司的具体考核实施框架包括静态职责分解、动态目标分解、分解经营指标和考核评价方式四个部分。

（一）静态职责分解

1. 明确经营宗旨

首先是明确公司宗旨即公司存在的意义和价值。然后在公司宗旨之下确立公司的各个主要增值环节、增值流程，比如市场－产品－研究与开发－工程－渠道－销售等。接下来，确立完成这些增值环节、增值流程需要的组织单元，构造组织机构。如产品流程牵头部门为各事业部的产品部，服务流程牵头部门为技术服务部，财务流程牵头部门为财监部等。最后，确立部门宗旨。依据公司宗旨和发展战略并在相应的组织结构下，阐述部门存在的目的及其在组织结构中的确切定位。

比如，1997年物控部宗旨为：在公司宗旨和发展战略指导下，健全并完善合理的库存结构，有效地利用资金，在有竞争力的时限内最大限度地满足用户订单需要，不断优化公司的物流运筹模式，提高公司经营效益和竞争力。确立宗旨，对明确部门的定位、指导业务方向、职责界定、对外工作协作及员工指导等有重大意义。

2. 确立部门职责

部门职责是指部门为实现其宗旨而应履行的工作职责和应承担的工作项目，它确定了部门在公司增值流程中的工作范围和职责边界。宗旨是确定部门职责的方法和方向，职责是对宗旨的细化和具体演绎。

职责不是具体的工作事项，而是同类工作项目的归纳总结，一般从以下几个方面考虑：部门在增值流程中所处的业务环节；穿过该业务部门的若干业务主线（确定部门的主要职责）；相邻部门的“输入”和“输出”关系（确定职责边界）；工作模式的改进与创新。部门职责能起到明确工作职责边界、减少部门之间工作职责交叉、确定部门岗位设置和制定工作流程的作用。

3. 建立工作流程

工作流程包括工作本身的过程、信息系统与管理控制过程。其实质就是在部门与部门之

间、处与处之间建立职责的联系、规章和规范。如电脑的工作流程为：需求调研—产品规划—产品定义—产品开发—测试鉴定—过程转化—采购—生产准备—生产制造—品质测试—产品运输—市场准备—代理分销—用户服务信息反馈。公司非常重视建立覆盖各个工作环节的工作流程，并在全员范围内进行工作流程制造方法培训，这为部门协调、运作规范、提出问题、持续改进、提升效率打下了坚实的基础。

4. 落实岗位职责

理清了由公司宗旨、部门职责及部门为履行职责而应遵循的工作流程后，就可以将职责最终落实到每个岗位上。岗位职责来源于部门职责的细化和工作流程的分解，一般以“岗位指导书”的形式明确规定一个标准岗位的岗位职责、岗位素质、工作条件、岗位考核等。如一个部门经理的职责由三个部分组成：一是由本人具体完成的职责；二是将一部分职责分解为下属承担的职责；三是由本部门牵头，并由几个部门共同承担的职责。

（二）动态职责分解

以上按照职责这条主线，从公司宗旨—部门职责—岗位职责进行分解；同时以工作流程的方式，使各部门、岗位之间的职责和工作有机地协调起来。但是一个岗位知道“做什么”、“怎么做”还不够，还要知道什么时间做、要做到什么程度、达到什么样的目标，要知道如何围绕企业中期发展战略与目标，按职责（横向）和时间（纵向）进行目标分解，最终落实到每个岗位，从而保证每个岗位的工作都是企业的有机组成部分，使每个人的工作都与公司发展密切相连。

1. 分层进行战略规划

将企业目标具体化的首要步骤是战略规划。公司战略更多关注的是在哪儿竞争的问题，而不是如何竞争的问题。公司范围的战略分析可以导致增加业务、保持业务、强调业务、弱化业务和调整业务的决定。业务部门要将战略落实到组织每一单元的活动中去。

联想集团的战略规划分为三个层次：集团发展纲要、子公司战略规划、业务部门战略规划。联想集团的中长期战略目标及路线是公司最高层（执委会）定期沟通分析的结果。为了适应IT产业快速变化，战略目标及路线每年视情况予以局部调整。集团战略、目标及路线通过各种会议、发言等形式向集团内外传达。公司战略目标及路线对公司的各项活动起着重要的指导作用，为此集团规划部门制定了《联想集团的规划管理大纲》，对目的、原则、规划职责、阶段做了指导性的说明。

子公司层次的战略规划是在集团中长期战略规划和战略路线的指导下制定的，子公司的战略规划，基本按“上—下—上—下”的方式展开。部门层次的业务规划在联想受到全集团的高度重视，联想集团在1998年、1999年两次召集全国各地的所有高级经理集中进行1～3天关于如何制定业务规划和经营预算的培训。在联想内部评价成绩时，对于是“瞄着打”还是“蒙着打”或是“打了再瞄”，都作了清晰的区分。另外，联想业务规划的意义，不仅限于规划的结果，更重要的是业务规划本身，对推动各级经理人思考和总结、强化经营意识、树立“说到做到”的联想文化起到了巨大作用。子公司层次的战略规划是部门年度业务规划的重要指导，业务规划的结果落实到每年的经营预算，各业务模块的预算都必须与业务规划相联系，在“能量化的量化、不能量化的细化”的原则指导下，业务规划按责任中心和时间进度，分解落实成具体的成本、利润、销量、时间、满意度等指标。

业务规划首先要求确立宗旨、职责，根据宗旨和职责，在非常详细的环境分析基础上得出全年的目标。之后，进行经营预算、业务规划和管理规划。如联想电脑公司台式机事业部一个规划的五步酝酿过程是：① 启动点是干部的务虚研讨会，所有处级以上干部都要参与，任务是明确全年工作的指导思想，说出全年的工作目标，确定整个大预算的框架，明确分工（明确谁负责哪一块），确定推进时间表；② 各个层次开会，分块多轮次研讨，提出每一块的规划草稿，要求全员参与，提高规划的准确性，减少阻力，建立沟通平台；③ 根据相应的规划内容，制订一整套分季度的考核方案，来考核这个大预算的相应内容；④ 结合大预算把考核方案写入目标任务书，整个集团都运用“推进目标任务书”方式进行管理；⑤ 要求每个季度都要按照目标任务书进行总结。

2. 分解目标考核落实

为保证各项规划的实施，各牵头部门在与相关部门进行沟通与交流的基础上，将目标按职责分解到相关部门，年初制定《年度发展规划与目标》，对本部门的年度目标按职责—时间分解为部门内各处的年度目标、各季度的工作目标和实施计划，形成《部门季度计划》；处级经理以上干部，要按季度（月度）分解目标，并列入处级经理以上干部的考核之中，形成《处季度（月）工作计划》；重要干部或岗位，要按月分解，制订《月工作计划》。

与岗位责任书对应，公司采用了“目标任务书”进行目标管理，其要点是：针对部门目标和薄弱环节，重点抓关键环节和重要步骤，对重点工作制定改进措施和计划，并重点推进监控实施，以保证最终实现目标；确定最重要的又确实有力解决的工作目标，一个部门或岗位一个季度确定重点工作 3～4 个，日常职责则不在“目标任务书”上体现；把企业宗旨和目标分解到个人的“岗位责任书”和“目标任务书”后，就为监控和考核打下了扎实基础。

（三）分解经营目标

在“能量化的量化、不能量化的细化”的思想指导下，业务规划的结果必须落实到每年的经营预算，各业务模块的预算财务标准都必须与业务规划建立联系；另一方面，为了达到设定的目标，需要企业运作环节各方面能够得到持续改进。将这些目标落实到实处首先需要在目标与职责之间建立清晰的分解和对应关系，为了建立这种关系，管理部门建立了各种运作和核算模型，最具特色的是“屋顶图”和“双链模型”。

1. “屋顶图”

“屋顶图”是联想电脑公司根据管理会计原理、结合自己的产品成本构成，建立的一个量化的产品经营核算体系。

电脑公司台式机事业部通过“屋顶图”将所有的费用细分成广告费、部门费，成本项目

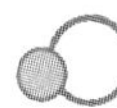

具体分成材料、制造、运输、技术服务、积压、财务六块，再把前两年的历史数据装进去，就得到清晰的产品成本结构图。这六块成本都可以落实到一个最直接的部门，比如，广告费由市场部负责，部门费用由经营管理部负责等。这样就建立起一个架构，将开源节流的任务分解到每一个部门，将控制成本的任务分解到每一个岗位上去，这样就把每项费用变成它最直接的部门考核指标。

这个体系非常类似于财务的损益表，但与一般损益表不同的是，这是一个管理者能够非常直观和清晰地看到某个产品的成本和费用的架构，每一个阶段都有相应的部门来对它进行控制，每一个部门都可以非常容易地在这张图上找到自己的定位，找到它和整个利润指标的关系。“屋顶图”成为日常工作中沟通和考核的语言后还收到了更多的效果，比如使经营者非常直观地了解到产品成本结构，使经营问题清晰化；强化了全员的经营意识；促使管理者抓住主要问题，把事业部推上一个良性运作的轨道等。

2.“双链模型”

电脑有不断降价的趋势，在满足需求的情况下，库存越小风险越小，这就要求大大提高运作速度。为此，电脑公司建立了一个双供应链模型。

从向供应链发出订单到产品能够确认卖出为“确认周期”，然后从接到客户的订单到把货发到客户手中，然后从录入成品部到产品被确认为成品为“库存周期”，这样一步步就形成所谓的“接收链”。

供应链中的接收和交付链，形成一个“Y”字形。在 1998 年，销售供应链大概是 9 天，公司在年度规划中提出把销售链从 9 天压缩到 7 天的运作目标之后，首先是责任的划分，比如确认周期是由资财部负责，库存周期和发货运输周期由商务部负责，材料与生产周期由制造厂负责，等等，这样明确以后就会有一个细化的目标。比如，库存周期要减少到 0.2 天，确认周期要从 3 天减少到 2 天，发货减少到 1.8 天，运输要从 3.5 天减到 2 天，发货减少到 1.8 天，运输要从 3.5 天减到 3 天，等等。这些都落实成为考核控制的目标。

目标确立之后，管理者发现各个部门都动起来了，除提高工作效率外，还推动了主观创造性；借助双链将各阶段工作效率指标落实到相应环节的责任部门，也有利于相应的统计和监控。

“屋顶图”和“供应链”或许不是个复杂的理论，但能够切实帮助管理者规划经营和分解目标，推动企业各环节开源节流，并使信息及时得到反馈，这对联想电脑公司建立“确定目标—考核评价—改进提高—确定新目标”的良性循环起到了极大的支持作用。

（四）考核评价方式

设定职责和目标后，联想利用制度化的手段来保证“说到做到”，以实现预设目标。具体形式有以下几个方面。

1. 定期检查评议

首先是干部管理。联想集团干部每季度都要写对照上月工作目标的述职报告、自我评价和下季度工作计划，述职报告和下季度工作计划要与直接上级协商，双方认可。电脑公司为了保证干部在位受控、目标过程监控到位和提高对干部考核的科学性和准确性，在办公网络系统上建立一套《干部目标管理》的实时监控查询系统，基本内容包括各级干部对直接和间接上级主管的目标实施月（星期）管理报告系统和各项规划的季度（月）实施情况报告系统。

其次是对业务的监控。业务单元的业绩报告每月都向集团汇报，总部业务管理部门每季度都与预算对比，发现问题提示集团执委会，执委会随时听取汇报；每个季度，重要的业务部门要向子公司总经理室汇报总结；此外，还有其他季度、半年、全年的报告、汇报、总结形式等。制度化的业务汇报都形成了既定的程序，比如，电脑公司几十个处的半年工作小结都遵循以下的程序安排：宗旨一职责一目标和策略回顾一目标完成情况一策略执行情况一原因分析和改进措施一下季度工作计划。这种规范有利于确定行为目标导向、提高沟通效率、发现问题和总结提高。

最后是业绩考核。联想集团总部的财务、审计部门每年都要对各子公司的经营业绩进行核实，以防范舞弊，做到公正透明地展示工作成绩。

2. 量化考核，细化到人

联想电脑公司的综合考核指标评价体系分部门业绩 P 值考核、员工绩效 Q 值考核两部分。部门业绩 P 值考核的目标是通过检查各部门中心工作和主要目标完成情况，加强公司对各部门工作的导向性，增强公司整体团体意识，促进员工业绩与部门业绩的有机结合。员工 Q 值考核是为了帮助员工了解组织目标，对个人进行有效激励，也是组织进行人事决策的重要依据。

考核形式是多视角、全方位的，包括上级对下级的考核，平级之间、下级对上级的评议，以及部门互评等。部门互评的目标是对各部门在“客户意识、沟通合作、工作效率”等软件工作指标方面进行评价，评价结果作为对部门负责人年度绩效考核的参考依据。通过部门互评，发现组织在工作关系方面存在的问题；民主评议的目标是为考察干部管理业绩和干部选拔、干部培养及干部自我发展等提供参考，帮助干部清醒认识自我，建立透明、健康的干部提升发展机制。部门业绩 P 值考核每季度进行，员工绩效 Q 值考核、问卷形式的部门互评和民主评议，每年综合考评一次。

部门业绩 P 值考核的内容完全是结果导向的：各部门围绕“利润中心”进行考核，同时要体现各自的主要业务，如技术服务部的售后满意度、职能部门的内部客户满意度、软件事业部的网站建设满意度等。各指标尽可能实现量化考核，有些不能量化但反映部门中心工作、同时对公司有重要影响的指标，如软件的网站建设满意度考核，则采用打分的形式。部门业绩 P 值考核可实行第三方考核部门问卷形式互评，主要是客户意识、开放性、资源共享、工作效率等指标；对部门管理采用问卷形式民主评议，民主评议内容涉及核心文化认同、个人影响力、专业水准、管理技能、队伍形象、协调沟通能力等方面。

员工绩效 Q 值考核的内容分为两部分：一是工作业绩结果导向，占 80%。根据直接上

级与员工预先商定的目标业绩工作计划或考核指标计划，以“激励指导、公正考评”为原则评价员工个人业绩效果；二是行为表现及能力，这是部门过程导向，共占20%。根据联想核心文化，按普通员工、各级管理人员分别制定不同的考核标准和权重。

（五）考核工作流程

部门业绩 P 值考核工作流程是：各部门在制定年度规划同时制订各自的年度考核方案及季度分解方案；各部门方案上报企业管理部门。由企业管理部门负责组织相关考核部门（如财监部、客户关系部等）与被考核部门沟通协商，最后确定部门考核方案（包括考核项目、权重、考核数据来源、评分标准）；人力资源部根据考核方案，计算考核得分，再根据对应的部门类别，计算 P 值并反馈给各部门。

员工绩效 Q 值考核工作流程是：员工用《工作述职报告》、《绩效考核表》自评打分，再与直接上级共同商定制定《下一季度工作计划/考核表》，作为下一季度业绩考核的主要依据；直接上级在员工自评基础上，对照《工作计划/考核表》和员工的实际业绩与表现进行打分，同时对其下一季度的工作计划、完成效果、考核建议等进行审批（这通常采用面对面交流或每季一次的干部民主生活会形式）；部门总经理对员工内所属部门的考核等级进行审核调整后，汇总到人力资源部，评价结果要求符合公司的正态分布比例；通过绩效面谈告诉其考核结果，肯定成绩、提出改进意见和措施，挖掘员工潜力，同时确定下季度工作计划，面谈结果双方签字认可；员工如果对考核评定过程有重大疑义，有权向部门总经理或人力资源部提出申诉；所在部门及人力资源部为每位员工建立考核档案，考核结果作为工薪、年度奖金、干部任免、评选先进、岗位调换及考核辞退的重要依据。

考核结果应用。各部门季度工作评价是决定薪酬的依据，P、Q 考核评价结果与薪酬的关系是：员工月薪 $=P\times Q\times$ 岗位定级工作量。尽管工薪保密是联想的“天条”，但电脑公司通过员工培训、内部网等，全员宣传贯彻考核体系，使每一个员工了解钱是如何得到的。

（资料来源：http://jpkc.swufe.edu.cn/2005/renlizy/anli/13.html）

二、思考·讨论·训练

1. 利用你所学的绩效考核知识分析，联想公司的绩效考核体系存在着怎样的不足？并提出你的整改思路。

2. 请分析，联想公司的绩效考核体系中的中国特色是什么？

3. 如果联想在其并购的国外企业中使用这种绩效考核制度，是否可行？为什么？

案例5 "王—李事件"质疑绩效考核的公正性

一、案例介绍

M公司在对员工进行考评的过程中，采取了"360度全视角考评"法对员工实施年度绩效考核，普通员工的考核权重，依据考评视角的不同分别设置为：直接主管考评占60%，关联岗位评级考评占20%，上级主管审核占20%。

一年一度的考核结果公布后，行政部文员小王得78分，采购部文员小李得83分。对于这样的考核结果小王深感不公，他认为，无论工作绩效，还是工作能力，自己都比小李强得多，并且从总体上看，自己比小李辛苦，为此，小王向人力资源部提出改变考核结果的请求。

人力资源部接到小王的请求后，对小王和小李的考评情况进行了全面、细致的调查了解并得出结论。

（1）考评者对王与李的考评均是按制度规定的操作等程序和考评标准进行的，考核结果是公平的。王对考核结果的"不服"是王在对李的考核结果进行比较的基础上产生的。

（2）从各方面调查得知，不论是从工作绩效、工作能力，还是从工作态度看，王确实比李优秀。

（3）这种现象普遍存在，如果将对王的考核结果予以修改，势必牵扯到较广的层面，给绩效考评带来较大的负面影响。

基于以上考虑，在上级审核时，王的最终考核结果虽有所调整，但由于上级审核所占权重不大，调节作用并不明显。

"王—李事件"给M公司人力资源部提出了严峻的课题：考评方法是根据现代人力资源管理论并结合公司的实际情况制定的，而且是经人力资源管理专家认可的，可实际操作结果却存在如此大的误差，问题到底出在哪里？

（资料来源：http://hr.zjpx.org/html/msg/2600.html）

二、思考·讨论·训练

1. 试分析"王—李事件"的原因。
2. 绩效考核怎样才能体现公平？

小刘“2分”走人

一、案例介绍

从人力资源部在与销售部员工小刘的离职面谈中了解到：小刘最近的一次绩效评估发生在各部门上报考评结果的前一天下午。小刘抱怨：“我当时正参加一个客户会议，被主管王经理叫了出来，当场就做绩效面谈。面谈中他列举的几个关键事件都是不利于我的，明显是给我穿小鞋嘛！而且我根本没有再申辩的机会，就给我打了2分。这样的主管根本不了解下属。”

人力资源部随后走访了销售部主管王经理，王经理解释说：“那天下午我突然想起是公司绩效评估的最后一天，就马上找他过来了。但前一周实际已经通知他了。等我找他时，他先是说没时间准备，可公司布置的事怎么能不做呢？然后就是态度不好，我刚说了他几句，他就反驳，说他在这一个季度里没做过那几件事。平时我都记录在案的，怎么可能没做？再对他讲了几句他平时的工作失误，他就只是愤怒和沉默，我想至少他应该给我一些积极的回应才对。平时他还挺不错的，但是这次评估中似乎很不高兴。最后我说：给你打2分？他说：2分就2分！还签了字。所以，他就不达标了，只好离开公司。”

二、思考·讨论·训练

1. 请分析“小刘‘2分’走人”的原因。
2. 部门主管如何做好绩效面谈？

星图游戏

一、目的：

本游戏旨在训练参与者自我监控绩效的方法。发挥你的最佳水平，停止拖延；设立和达到你的个人目标；克服焦虑和对失败的担忧；激励员工发挥他们的最高水平；帮助别人杜绝拖延；帮助别人渡过难关；激励长期表现欠佳的员工；激发团队的最佳绩效；激励大型组织中的成员；激励销售人员。

二、时间：15分钟。

三、你将学到：如果监督自己的行为，你的绩效会提高。

四、你需要：下面的表。

计划表

待改进的表现	自我监控方法
0	1
1	2
2	3
3	4

五、怎样做：

向参与者说明自我监控通常会提高绩效，研究表明，当人们有意识地跟踪自己工作进展的时候，他们通常进步得更快。人们可以用多种多样的方法和个性化的“星图”来实施自我监控。

在他们完成后，找几个志愿者同大家一起分享他们的计划。就自我监控对提高绩效的意义展开讨论。

六、讨论题：

（1）以前你用过自我监控来帮助你提高绩效吗？对你来说，这个方法效果如何？

（2）你将怎样运用自我监控来帮助你的工作？

（3）对你写在表格上的某件事情，你感到惊讶吗？请给出解释。

（资料来源：JDB营销管理学院，http://wenku.baidu.com/view/e717296baf1ffc4ffe47ac2a.html）

课后练习题

一、结合本章故事导入的“两熊赛蜜”故事，分析一下黑熊与棕熊各具备怎样的考评体系？为什么产生了不同的效果？

二、阅读以下寓言故事并回答问题。

不让猴子偷懒

山里面住着一群猴子，由猴王管理着整个猴群。猴群中有明确的分工，有些负责哺育小猴，有些负责保护猴群的领地，有些则外出寻找食物。

最近一段时间，猴王发现外出寻找食物的猴子带回来的食物越来越少。仔细一查，原来是一些猴子在偷懒。这些猴子每次都不把找到的食物全部带回来，而是只带回一部分，因为反正有食物拿回来就能交差，带多带少一个样。而不偷懒的猴子发现后，就觉得干多干少差不多，也跟着偷懒了。于是猴王决定改变这种状况，想在猴群中举行一次评选先进与后进的活动，奖励先进，惩罚后进。但是猴王却为如何评选先进犯了难。

到底采取什么样的方式来评选先进呢？猴王想出了几种评选手段：按照是否勤劳，按照带回食物的多少或者是将猴子分为两只一组对比评价。但仔细一想，又都有问题。

如果按照是否勤劳进行评价，会发现这种方式很难操作。猴王不可能天天看着每只猴子，这就导致善于在猴王面前表现自己的猴子被选中，而这将严重打击真正辛勤劳动的猴子们的积极性。

如果在猴群内互相评价，也存在很多问题，互相评价的结果可能导致猴子们互相照顾，谁也不公正地评价谁；或者互相提意见，影响团结，起不到评价的作用。

如果按照带回食物的数量来评价，可能会出更多的问题：因为猴子有分工，不是所有猴子都要去寻找食物；那么，不负责寻找食物的猴子就没有机会被选中，但是这些猴子在猴群中的作用也很重要。另外，如果按照这种评价方式，猴子一定都会争着在猴群附近寻找食物，没有人愿意去远处的村庄——距离远，又有危险，而实际上村庄地里的包谷对于猴子的生活也很重要。

如果采用两只猴子一组互相比较来进行评价也有问题。因为除了猴王对很多猴子不了解之外，也存在工作量大，并且不同工种的猴子之间无法比较的问题。

猴王想来想去也想不出一个很好的解决方案。于是猴王将猴群中的长者叫过来，让长者给出个主意。

长者问猴王："大王，您想要我出个什么样的主意呢？"

"其实也很简单，我要一种能够公平、公正，而且简单易行的评价方法。"猴王说。

长者捋了一把胡子，也犯难了。怎样才能又简单又公正而且又要能够操作呢？说起来简单，真正操作起来可就复杂了。

问题：

（1）到底采取什么样的方式来评选先进呢？你有什么好的建议？

（2）本寓言故事对你有何启示？

三、根据本人经验和学识水平，就你校的学生干部拟定一份考评办法。

四、根据本人经验和学识水平，对你所熟悉的一位同事或者同学进行考评，并写出考评总结。

五、实地考察某企业的绩效考评情况，并撰写出考察报告。

六、以评选优秀学生寝室为例，运用多种方法分别进行绩效评价。

七、某管理学家说："成功（管理绩效）的企业是相似的，不成功的企业各有各的不同。"请谈谈你对这句话的理解。

第九章 薪酬管理

人力资源战略支持组织战略，而人力资源战略的达成有赖于薪酬战略（管理体系）的支持。若组织战略所拟定的内容无法被薪酬战略（管理体系）所落实，则造就组织战略无法贯彻。另外，薪酬战略（管理体系）不仅要配合组织需要，也要塑造组织，不仅要配合绩效考评，而且要对绩效进行管理。

——李汉雄

关键的因素不是一个公司付给雇员多少薪酬，更重要的是如何设计和管理薪酬系统，并传递这方面的信息。

——韦恩·卡肖

学习目标

- 明确薪酬与薪酬管理的含义；
- 把握薪酬管理的原则；
- 熟悉薪酬管理的流程；
- 能够开展薪酬管理工作。

故事导入

骡驴驮货

从前，一个人同时养了一头驴和一头骡，用来运货到城里去卖。

一天，他要进城卖货。他将货物分成两份，平均分给驴和骡驮着进城。

驴看到自己驮的货物和骡的一样多，很气愤地说："主人给骡吃的食物比我的多一倍，却让我和骡驮的货物一样多。这太不公平了。哼!"

走了一段路后，驴感到货物越来越重，脚步也越来越重，支持不了了，而骡依然健步如飞。主人看到，就把它身上的货物移一部分到骡背上。

再走了一段路后，驴更没精神了，骡却好似越来越精神，主人又把货物移了一部分。

驴不服气，可是实力不行啊!

最后驴身上空无一物。

这时，骡瞪着驴说："你现在还认为我不该多吃一倍的食物吗？"

驴低下了头，它似乎明白了些什么。

薪酬管理是人力资源管理的一个难点，薪酬管理政策也是企业员工最关心的企业政策之一。企业只有建立合理的薪酬体系，进行公平的薪资分配，才能加强凝聚力和竞争力，促进企业与员工的共同发展。

一、薪酬与薪酬管理的含义

薪酬是指企业对其员工给企业所做的贡献，包括他们实现的绩效，付出的努力、时间、学识、技能和经验等所付给的相应的酬劳或回报，其实质是一种公平的交易。

薪酬是员工从事工作的物质利益前提和激励因素，它与员工的切身利益密切相关，是影响和决定员工的工作态度和工作行为的重要因素之一。同时，薪酬也与企业的绩效密切相关，是企业十分关心的大问题。这是因为：其一，薪酬作为一种成本，在企业成本中所占比重很大，其增加直接导致企业利润的下降；其二，薪酬作为一种激励手段，如果运用得好，将极大地调动员工的积极性。因此，人力资源管理的一项重要任务就是建立科学的薪酬制度，合理地确定员工的薪酬水平和薪酬结构，以保障员工的物质利益，激发员工的工作积极性，吸引和稳定高素质员工，同时保证企业获得良好的绩效，增强企业的竞争能力，为促进企业目标的实现而创造必要的条件。

二、薪酬管理的原则

薪酬管理是企业对员工的付出和贡献确定其相应的薪酬总额、薪酬结构、薪酬形式和薪酬水平等的过程。作为一个持续不断的过程，薪酬管理包括制订薪酬计划和政策，拟订薪酬预算，调整和控制薪酬预算和薪酬水平，评价薪酬制度的有效性等内容。薪酬管理是政策性很强的一项工作，在实际工作中必须遵循以下基本原则。

（一）合法原则

为了维持社会经济持续稳定发展，为了维持员工的利益，各国政府都制定了一系列法规，直接、间接地控制员工的薪酬状况。在我国，有关薪酬的法律法规，是劳动法体系的重要组成部分。企业人力资源管理的一项重要工作，就是运用法律规范，协调企业生产经营过程中的薪酬关系，维护企业和员工的合法权益。

（二）公平原则

在一个企业中，薪酬分配是否合理的一个重要标准是看其是否公平。企业薪酬管理的公平体现在外部公平和内部公平两个方面。①外部公平是指企业的薪酬水平与劳动力市场中的薪酬水平相当。在劳动力市场中，员工的薪酬水平是由劳动力市场的供求状况决定的，而市场正是通过薪酬的上下波动，把人力资源合理地配置于各行业和各企业之中，因此，企业如不根据劳动力市场的薪酬水平进行薪酬管理，就很难吸引和留住自己所需要的员工。②内部公平是指同一企业中每人所得工资与其他人所得的工资相比，应该公平合理。既包括同种职位、同等绩效下薪酬是相等的，也包括不同职位、不同绩效下的薪酬是不等的，员工的工资差异要根据工作复杂程度、技能水平、责任大小、贡献多少而定，通过这种差异体现公平原则。

（三）效益原则

企业作为一个独立的经济实体，必然要追求利润最大化，必然会进行劳动力的成本控制，力图用较少的投入获得较大的产出。在实际工作中，员工薪酬分成两个部分：一是与企业效益不挂钩的基本薪酬，二是与企业效益挂钩的绩效薪酬，前者一般计入成本，后者可以从利润中提取。企业为了控制人工成本，使薪酬更具有激励性，可以在基本薪酬的基础上，利用与利润挂钩的绩效评估指标建立薪酬体系，使员工与企业形成利益共同体，企业生产经营好时，大家分享利润；企业生产经营差时，大家共担风险。

（四）激励原则

在竞争日趋激烈的今天，企业薪酬管理的目的，已不能仅限于维护企业的正常工作，而是要极大地调动员工的工作积极性，激发员工的潜在能力，使员工和企业真正成为命运共同体，从而提高企业的竞争能力。因此，员工薪酬制度的设计或调整，一定要注重激励因素，遵循激励原则。

（五）相符原则

相符原则是指在企业薪酬管理中，必须注意货币薪酬与实际薪酬相符。所谓货币薪酬，是指员工通过工作获取的货币收入。实际薪酬是指员工用所得货币能够实际买回的消费品服务。通常情况下，员工的货币薪酬水平并不完全等于其实际购买水平，真正表现员工薪酬水平的是实际薪酬。为了维护员工的实际生活水平不断提高，企业要随着社会消费品物价指数的变化，相应地调整员工的货币薪酬水平。

三、薪酬管理的流程

为了保证薪酬制度的合理性和科学性，应该遵循一套完整而正规的薪酬管理流程。

（一）制定本企业的薪酬原则及策略

企业设计薪酬首先必须在发展战略的指导下制定企业的薪酬原则和策略。企业战略决定

和揭示企业的目的和目标，是指导企业组织行为的决策准则。企业的薪酬原则和策略要在企业的各项战略的指导下进行，集中反映各项战略的需求。薪酬的设计应有利于强化组织的竞争优势，有利于组织宗旨的实现。

（二）职位分析

职位分析是确定薪酬的基础。结合公司经营目标，公司管理层要在业务分析和人员分析的基础上，明确部门职能和职位关系，人力资源部和各部门主管合作编写职位说明书。

（三）职位评价

职位评价（职位评估）重在解决薪酬的对内公平性问题。它有两个目的，一是比较企业内部各个职位的相对重要性，得出职位等级序列；二是为进行薪酬调查建立统一的职位评估标准，消除不同公司间由于职位名称不同，或即使职位名称相同但实际工作要求和工作内容不同所导致的职位难度差异，使不同职位之间具有可比性，为确保工资的公平性奠定基础。职位评价是职位分析的自然结果，同时又以职位说明书为依据。在国际上，比较流行的如Hay模式和CRG模式，都是采用对职位价值进行量化评估的办法，从三大要素（技能水平、解决问题的能力、承担的职务责任）和若干个子因素方面对职位进行全面评估，从而确定各个职位的相对价值。

（四）市场薪酬调查

市场薪酬调查重在解决薪酬的对外竞争力问题。企业在确定工资水平时，需要参考劳动力市场的工资水平。公司可以委托比较专业的咨询公司进行这方面的调查。薪酬调查的对象，最好是选择与自己有竞争关系的公司或同行业的类似公司，重点考虑员工的流失去向和招聘来源。薪酬调查的数据，要有上年度的薪资增长状况、不同薪酬结构对比、不同职位和不同级别的职位薪酬数据、奖金和福利状况、长期激励措施及未来薪酬走势分析等。只有采用相同的标准进行职位评估，并各自提供真实的薪酬数据，才能保证薪酬调查的准确性。薪酬调查的结果，是根据调查数据绘制的薪酬曲线。在职位等级—工资等级坐标图上，首先标出所有被调查公司的员工所处的点；然后整理出各公司的工资曲线。从这个图上可以直观地反映某家公司的薪酬水平与同行业相比处于什么位置。

（五）薪酬定位

在分析同行业的薪酬数据后，需要做的是根据企业状况选用不同的薪酬水平。影响公司薪酬水平的因素有多种。从公司外部看，国家的宏观经济、通货膨胀、行业特点和行业竞争、人才供应状况甚至外币汇率的变化，都对薪酬定位和工资增长水平有不同程度的影响。在公司内部，盈利能力和支付能力、人员的素质要求是决定薪酬水平的关键因素。企业发展阶段、人才稀缺度、招聘难度、公司的市场品牌和综合实力，也是重要的影响因素。

（六）薪酬结构设计

薪酬结构指的就是企业的组织结构中各项职位的相对价值与其对应的薪酬之间保持着什么样的关系。不同的企业可根据自己的实际情况，设计出适合自己的薪酬结构线，以形成职位的实际薪酬标准。在具体进行薪酬结构设计时往往要综合考虑三个方面的因素：一是其职位等级，二是个人的技能和资历，三是个人绩效。在工资结构上与其相对应的，分别是职位工资、技能工资、绩效工资。也有的将前两者合并考虑，作为确定一个人基本工资的基础。职位工资由职位等级决定，它是一个人工资高低的主要决定因素。职位工资是一个区间，而不是一个点。企业可以从薪酬调查中选择一些数据作为这个区间的中点，然后根据这个中点确定每一职位等级的上限和下限。例如，在某一职位等级中，上限可以高于中点20%，下限可以低于中点20%。相同职位上不同的任职者由于在技能、经验、资源占有、工作效率、历史贡献等方面存在差异，导致他们对公司的贡献并不相同（由于绩效考核存在局限性，这种贡献不可能被完全量化体现出来），因此技能工资有差异。所以，同一等级内的任职者，基本工资未必相同。如上所述，在同一职位等级内，根据职位工资的重点设置一个上下的工资变化区间，就是用来体现技能工资的差异。这就增加了工资变动的灵活性，使员工在不变动职位的情况下，随着技能的提升、经验的增加而在同一职位等级内逐步提升工资等级。绩效工资是对员工完成业务目标而进行的奖励，即薪酬必须与员工为企业所创造的经济价值相联系。绩效工资可以是短期性的，如销售奖金、项目浮动奖金、年度奖励；也可以是长期性的，如股份期权等。此部分薪酬的确定与公司的绩效评估制度密切相关。

综合来说，确定职位工资，需要对职位做评估；确定技能工资，需要对人员资历做评估；确定绩效工资，需要对工作表现做评估；确定公司的整体薪酬水平，需要对公司盈利能力、支付能力做评估。每一种评估都需要一套程序和办法。所以说，薪酬体系设计是一个系统工程。

（七）薪酬体系的实施和修正

在制定和实施薪酬体系过程中，及时的沟通、必要的宣传或培训是保证薪酬改革成功的因素之一。从本质意义上讲，劳动报酬是对人力资源成本与员工需求之间进行权衡的结果。人力资源部可以利用薪酬制度问答、员工座谈会、满意度调查、内部刊物甚至BBS论坛等形式，充分介绍公司的薪酬制定依据。企业的内、外部环境是不断变化的，员工的需求也不是一成不变的。在保持相对稳定的前提下，随着企业经营状况和市场薪酬水平的变化也应做相应的调整。为保证薪酬制度的适用性，规范化的公司要对薪酬进行定期调整。在确定薪酬调整比例时，要对总体薪酬水平作出准确的预算。在企业中，可由财务部门做此测算，另外也可由人力资源部做此测算。

朗讯独特的薪酬机制

一、案例介绍

朗讯科技公司是美国通信业巨擘。北京朗讯科技光缆公司是美国朗讯科技光缆公司在华设立的分公司之一，主要生产制造通信光缆。现该公司产品在中国国内光缆市场所占份额雄踞市场第二位，其成绩的取得不但有其先进科技产品依靠的优势因素，更有其以卓越的管理制度和激励机制来吸引和保留优秀人才的因素。该公司的薪酬机制有其独特之处。

（一）该公司的薪酬结构

1. 工资

工资体系共有十个级别，除十级外（副总经理级），每个级别都有 A、B 两个等级，而每个等级又有最高和最低工资。工资从一级到十级差别为 20 多倍。工资标准不固定，而是随着所在地区薪资行情的变动而做相应修订，总体水平要比国有企业同类员工的行情高出许多。

2. 奖金

奖金分为两种类型：一为常规半年奖、年底奖，奖金发放根据公司经济效益和对员工个人绩效评估后而定；二为非常规季节奖、随机奖，这两种奖根据上级对员工的工作表现而定，每次获奖名额不超过员工总额的 10%，奖金一般相当于员工半个月到一个月的工资水平。

3. 其他福利

公司除支付按当地政府规定的社会保险外，另外还为员工购买人身意外保险和个人财产商业保险、门诊医疗商业保险等，并且每年还在员工住房、教育、培训疗养、旅游、工会活动等基金领域作出预算开支，供员工福利消费。

4. 股权认购和股权奖励

股权认购为每个员工认购公司股票 100 股。而股权奖励只发给不超过员工总数 5%的优秀员工，具体数目不定。无论是股权认购还是股权奖励，都不用员工自己掏腰包，而是由公司将股权在名义上赠给员工，但不能出售，必须等到 3 年后才可出售归自己。

（二）公司薪酬动作及其特点

1. 底薪调整

为保持竞争优势，公司每年联合参加或由公司人力资源部单独组织一次相关企业薪酬调查，并对调查结果进行系统分析比较，其调查内容如下。① 当地物价指数的变动。它有时可以左右公司决定是否马上调薪。② 当地所有企业年度平均增资水平。③ 各相关公司的最高增薪和最低增薪水平情况。④ 各相关公司各职位的全部薪酬水平情况最高及最低水平变化。⑤ 各相关公司各职位的薪酬结构比例。⑥ 当地各相关公司和全国本行业公司的总体售货员流失率情况，经理、专业技术人员流失情况。

2. 员工职务晋升增薪

经理人员可以参照公司的工资级别提出员工晋升增资建议。通常是逐级晋升，但有时业绩异常优秀的员工也有连升三级的事例。正常晋升增资的幅度在10%～25%左右，越级晋升的幅度在25%～40%的水平。

3. 员工招聘时的定薪

决定招聘新员工定薪的因素有学历、经验、专长、经历。① 学历。刚毕业的本科生工资在最低一级，刚毕业研究生学历相应高出15%。② 经验。有两年以上工作经验的本科生比没有经验的高出20%，有两年工作经验的研究生比没有经验的同类人员高出30%。③ 专长。如果在招聘时发现一个人发挥的作用会大于其他员工，则公司可提供超出规定的工资级别，极有可能会高于在相同岗位上已经工作了几年的员工工资。④ 经历。新员工在不同行业、不同领域、不同公司工作过，特别是在著名企业工作过，其工资定级会被公司着重考虑。

4. 工资的正常晋升，半年奖、年底奖的发放与绩效评估

这三类薪酬是严格按照员工半年和一年度的绩效评估结果决定的。公司在员工的绩效评估中采取矩阵式正态公布法，共分5个档次，一是“不能接受”，二是“免费接受”，三是“基本完成任务”，四是“完成任务”，五是“超额完成任务”。硬性规定必有5%的员工考核结果落在第一类，10%的员工考核结果落在第五类，其余的则以不同的百分比分布在其他三类中。落在“不能接受”类的员工不能发奖金，而且要限定3个月内改正，如果没有明显的改正，将会面临被公司请走的危险。落在“免费接受”类的员工发奖金幅度最低，工资部分不能有所增长。落在“基本完成任务”类的员工发奖幅度为标准额，其年度工资的晋升，也是按公司反复测算的标准额增薪。落在“超额完成任务”类的员工其奖金和工资晋升幅度最高，有时比平均增幅高出一倍以上。

（资料来源：王惠忠. 企业人力资源管理. 上海：上海财经大学出版社，2004.）

二、思考·讨论·训练

1. 你认为朗讯科技公司的薪酬机制有什么特点？
2. 你认为朗讯科技公司的薪酬机制和其市场竞争力有什么相关性？
3. 朗讯科技公司的薪酬机制对你有什么启示？

泰斗网络公司的三种岗位薪酬体系

一、案例介绍

泰斗网络公司是一家网络服务商，成立于1998年，现有员工200多人，许多人都是在某一领域富有专长的专家，80%的技术人员都具有博士学位，公司新产品年更新率达到30%。是什么样的利益回报有如此巨大的吸引力，致使大批优秀人才对泰斗网络公司投入如此大的热情呢？答案就是泰斗网络公司的薪酬水平和薪酬构成。

在泰斗网络公司有三个重要的岗位：项目管理、研发和系统工程。

这三种岗位总体薪酬水平都比较高，年度平均总薪酬都超过10万元。公司高利润在这三种从业人员的薪酬水平上得到充分体现，见表9-1。

表9-1 各岗位年薪总额

岗位名称	薪酬范围/年
研究开发经理	23～29万元
系统工程经理	15～20万元
项目管理经理	11～14万元

从表9-1中可以看出，在薪酬总体水平比较高的基础上，对于不同性质的岗位，薪酬水平也存在一些差距。项目管理人员平均薪酬水平最低，系统工程人员收入相对较高，研发人员的薪酬最高。这也从侧面反映出了泰斗网络公司对不同岗位人员的重视程度的差异。这种薪酬差异是由该公司系统集成业的行业特点决定的。

泰斗公司主要靠技术服务和提供解决方案获利，因此对岗位技术水平要求的高低对薪酬有直接影响。对于研发人员，他们对企业的贡献在于通过技术研究和技术实践为公司积累技术资本，是保持企业长期、稳定发展的基础，是增强企业市场竞争力的前提。对于系统工程人员，主要通过具体的工程实施和技术支持保证工程项目的顺利执行，但往往使用成熟的技术工具，在技术上没有太多研究突破。至于项目管理人员，工作中已经包含部分行政管理的成分，技术含量最低，因此薪酬水平低于研发和系统工程人员。表9-2揭示了上述三种岗位薪酬构成的成分及其比重。

表 9-2 各岗位薪酬构成及其比重

岗位名称	基本现金总额	补贴总额	变动收入总额	鼓励总额
系统工程经理	71%	2%	18%	9%
研究开发经理	81%	2%	6%	11%
项目管理经理	80%	2%	10%	8%

从薪酬构成比例来讲，不同性质的岗位差异明显。最突出的特点是系统工程人员的固定现金收入比例明显低于项目管理和研发人员，而变动收入比例却最高。这是由各个岗位所承担的工作任务的不同性质所决定的。

系统工程人员的工作任务是完成整个工程的实施，工程周期可能是几周、几个月，甚至跨年度。在实施过程中可能会出现种种问题，从而导致企业受到损失。企业的通用做法是减少系统工程人员的固定收入比例，加大奖励作用的变动收入比例，用来激励员工通过努力保证工程项目的顺利实施，有效降低项目执行的风险性。相反，对于研发和项目管理人员，工作的失败风险性比较小，因此通过增加固定收入的办法起到留住员工的作用。

二、思考·讨论·训练

1. 泰斗网络公司的差异化薪酬有什么特别之处？
2. 泰斗网络公司的薪酬体系和薪酬结构为企业带来了什么？

如何在企业经营管理过程中，实施这种差异化的薪酬体系和薪酬结构？

这样的工资制度是否可行

一、案例介绍

红旗配件厂上个月的订单突然增加了很多，但工厂的产量却无法配合。为解决这一难题，厂长周大富把他的心腹兼爱将罗文由研究室调至生产科，希望他能施展才能，增加该部门的产量。罗文到生产科后，经过几天的详细调查，发现厂里现在的工资制度是计时制，不论工人生产效率高低，一律以工作时间乘以每小时工资率来计算。这种做法无法激励工人增加产量。现有制度规定：每天工作 8 小时，每小时工资 2.4 元。在标准情况下，工人每日可得工资 19.2 元。罗文又翻阅生产记录，发现工人目前每天平均产量只有 92 件。如果按这种生产量，根本无法如期满足客户的需要。但如果要增加工人，又受机械的限制。罗文想来想去，最后认为只有采取奖励制度来鼓动工人充分利用现有机械设备来增加产量这一个办法。

罗文决定采用奖励制度，他定的标准如下：

1. 标准工作时间为 8 小时。

2. 每小时工资为 2 元。

3. 标准产量为每小时 10 件，每天 80 件。

4. 奖金比率 150%。

5. 计算公式。

标准以下者：标准工时×小时工资率

标准以上者：标准工时×小时工资率＋［(实际工时－标准工时)×小时工资率］×150%

例如，甲、乙、丙三人在标准工时下，其产量各不相同，其工资计算如下。

甲每日产量 72 件，低于标准，依奖励制度可得工资 16 元（按原有工资制度可得 19.2 元）。

乙每日产量 92 件，工作量与原来相等，但高于现在的标准，可得工资为 8×2＋［(92/10－80/10)×2］×150%＝19.6 元（略高于原有工资）。

丙每日产量 120 件，高于标准，可得工资为 8×2＋［(120/10－80/10)×2］×150%＝28 元。

新的工资制度颁布后，工人们听说厂里将每小时工资减少了 0.4 元，使得每个月工资减少了 96 元，感到非常气愤，有一些工人消极怠工并扬言要上街游行。

周厂长知道了这件事后大为紧张。他找来罗文责备他为何不先经批准，就轻易修改制度，把事情弄得一团糟。罗文争辩道："工人以前每天平均产出 92 件，若要维持以前的收入，这很容易办到。而且我定的奖金率为 150%，只要多生产，保证赚得比以前多，谁知他们竟不知好歹要怠工。"

周厂长语重心长地对罗文说："大部分工人的教育程度并不高，根本不会费神去计算他的工资得失。要是工资忽高忽低，他们会怀疑厂里是否在其中动了手脚。而且工资计算方法改变后，公司还得多增加一位职员来管理工资，在厂里周转不甚灵活的时候，还要增加人工成本，实在是不明智。我认为订单增加不是长久现象。过一阵子，订单可能恢复到以前的水平。到时候没有较多的工作给工人做，再奖励就闹笑话了。"

罗文仍坚持自己的观点："本来厂里生产科所采用的工资制度就不合理，使懒惰工人所得工资和勤快者一样多，其结果使勤快工人觉得生产再多也没有好处，何必拼命？这次所采取的工资制度，赏罚分明，相信不但可以达到增产目的，而且还可以将生产科彻底整顿。至于那些怠工的工人大都是低于工作标准的，正好可以借此机会予以剔除。何况生产科的工作也不太复杂，新进人员只要受过半个月的训练就可以参加生产。所以……"

周厂长对于这件事感到非常困扰。他了解罗文的个性，有才干、好胜、肯努力，不过脾气暴躁。以前在厂里有很多人怨恨他，只因自己很赏识他，大家都忍让他。眼看到了交货日期，偏偏又出了这个问题。

二、思考·讨论·训练

1. 罗文的工资制度是否可以激励生产？如果不可以，是否可以恢复以前的制度？如果可以，应如何引进才不会引起工人不良反应？

2. 周厂长的意见正确吗？请分析。

3. 对于罗文和工人之间的关系问题，周厂长应如何解决？

案例4 阳光快餐店的薪酬问题

一、案例介绍

阳光快餐店位于S市的一条繁华街道上，餐厅规模不大，陈设幽雅。餐厅的服务员由餐厅老板张海鹰的两个妹妹担任，同时她们还兼任厨房的帮工。厨师是张海鹰从家乡请来的李蒙。由于餐厅生意兴隆，张海鹰决定扩大规模。张海鹰租赁了阳光快餐店隔壁的一间空房，将餐厅座位从原来的8个增加为20个。

由于规模扩大了，服务员和厨房里的帮工人手明显不够，因此张海鹰通过一家人才中介机构聘请了8名员工，其中两名是40岁以上的当地的下岗妇女，张海鹰让她们帮助厨师打打下手，从事食品的清洁和准备工作，工资为每个月800元。其余的6名员工都是20～30岁之间的年轻人，他们或多或少都有一些在餐厅打工的经验，张海鹰给他们的工资是每个月600元。虽然从表面上看，服务员的工资要低于厨房工作人员，但是，如果服务员在工作时尽心尽责，那么他可能获得的小费也会是一笔不小的数目。

装修一新的阳光快餐店再次开业了。正当张海鹰踌躇满志考虑餐厅下一步的发展时，他发现来自员工的矛盾已经不容他忽视了。矛盾的起源是厨房工作人员和服务员之间的对抗。厨房工作人员认为那些服务员挣了比他们所应得的多得多的钱；相反，厨房工作人员这么辛苦，却每月只能拿800元的定额工资。要不是她们的辛勤劳动，服务员就只能提供冰冷的食物。在燥热又不通风的工作间，每晚听着服务员谈论着他们在小费中赚了多少钱，这一切激怒了厨房工作人员，她们认为这非常不公平。但服务员们却自有他们的看法，他们认为人人都会切菜洗杯子，他们觉得自己在个人素质和职业化程度上要比厨房工作人员优秀得多。

张海鹰在亲眼目睹了几次明争暗斗后，决定要着手解决这个问题。因为他发现这种争执已经影响到了餐厅的正常营业，有时客人在餐厅等了很久，但菜却迟迟不能上来，原因是心怀不满的厨房工作人员故意在拖延时间，有好多次都导致客人非常生气。

事实上，张海鹰在管理餐厅的过程中，有关员工的薪酬问题，他从来没有认真考虑过，也没有遇到过真正的麻烦。因为以往在餐厅工作的人，几乎都是他的亲戚朋友，主厨李蒙也是以合伙人的身份在餐厅工作的，与他的关系也非常好，每到年终张海鹰都会给他一个很厚

的红包，他们合作这两年多来，一直没有出现过什么不愉快。以往他以为经营餐饮业最主要的是在原材料的采购、确保菜的质量等方面，但是现在他发现对于员工的薪酬问题也不容忽视。经过认真考虑，为了增强厨房工作人员的工作积极性，张海鹰决定给这两名女工增加工资，每人每月 1 000 元。于是弥漫在餐厅中的紧张气氛暂时消失了。但是，不久张海鹰发现那些服务员的工作积极性开始下降了，有一两个人甚至还私下透露过跳槽的念头。原因是他们觉得既然厨房工作人员的工资增加了，那么他们的底薪也应该增加，况且他们通过熟人了解到，在其他餐厅类似性质的工作，服务员每月的底薪是 800 元。

张海鹰这才发现问题不像他一开始想象的那么简单，他也曾考虑过辞退这批员工，重新招募一批新人，但是每次招聘和培训的费用也是一笔不小的数目，另外，频频更换员工对餐厅来说也有很多负面的影响。员工的工资肯定不可能无限制地增加下去，但是又该如何调动他们的工作积极性呢？

（资料来源：周贺来．人力资源管理实用教程．北京：机械工业出版社，2010.）

二、思考·讨论·训练

1. 阳光快餐店的员工为什么对现行薪酬方案不满意？请分析一下其中的原因。
2. 请替张海鹰规划一个合理的薪酬体系，张海鹰还可通过哪些措施和手段留住员工？

案例5　三瑞德公司的薪酬计划

一、案例介绍

在驱车前往公司的路上，三瑞德公司的副总裁李德显得若有所思、心神不宁。今天上午公司的中高层管理人员和各团队的代表将坐在一起，专门讨论他为公司制定的薪酬方案。三瑞德公司主要生产销售各类化学药品，年销售额达 12 亿元。

3 年前公司开始实施全面质量管理。在克服了重重的困难和阻力后，三瑞德公司的改革取得了可喜的成果，公司的面貌发生了实质性的变化。如今公司在交货速度、质量改进及提高生产率等方面已经有了明显的进步。在全面质量管理工作中，三瑞德公司重新组织了以员工为主导的员工团队，这样做的目的是为了允许和鼓励各层次的员工更快、更好、低成本地开发产品。公司的组织结构正体现了这种思想。但是，公司的薪酬制度还没有体现这种思想。现行的薪酬制度是建立在旧的等级、职位、资历、工作时间和大量与组织绩效无关的标准之上的。这样的制度不能体现按绩效付酬的思想，也起不到激励的作用。可以说旧的薪酬制度遭到了越来越多人的抱怨和反对。

在这样的背景下，三瑞德公司决定改革薪酬制度，管理层决定由副总裁李德负责此事。李德经过近两个月的调查研究，多方收集反馈意见，并在听取专家建议的基础上，制定了一套新的薪酬方案。在大会上，李德提出了他的新方案，以下是新方案的主要内容。

新的薪酬方案中工资由两部分组成：基本工资和变动工资。其中基本工资占总工资的75%，变动工资部分占总工资的25%。基本工资是个人固定的薪水，由公司内部的公平原则体现。而变动工资则由团队的绩效和部门财务状况决定。团队的绩效主要体现在五个方面：产品质量、单位销售成本、交货速度、安全和环境。

李德在发言中谈到，他希望新的薪酬方案能够支持并且推进公司中已经发生的变化。即团队解决自身问题能力的提高，新产品、新工艺的不断涌现等。李德认为这主要由工资中的变动部分体现。因为变动部分由团队绩效决定，即他们是否在质量、单位成本、交货速度等方面作出了改进，与其他部门的协同工作是否增加了部门的利润。虽然在衡量每个团队的工作绩效时，具体标准将由团队的工作方式决定，但无论具体标准是什么，新的薪酬计划能够直接满足公司的管理思想。

李德的发言刚刚结束，快人快语的研发部主任王玮就接上了话茬：“我觉得新的薪酬方案不可行。因为不对员工工作加以指导，而只采用激励的方法是毫不现实的。我招聘、培养的人都是技术人员，他们都有理工科的学历背景，他们正在为公司的经营战略发挥他们所学专长，他们对此也游刃有余。可是他们在团队工作中，却必须花很多时间向其他团队成员解释基本化学原理，这挤占了他们很多本来在实验室的工作时间。我希望让他们自由地工作，做他们最擅长的也是我们最需要的工作。”

王玮平息了一下激动的心情，接着说：“最重要的是，我希望能吸引最优秀的人并给他们激励。可如果按照团队其他成员的绩效来评定他们的报酬，那就很难留住研发人员，这样我们就会失去优秀的员工，甚至整个研发力量。”

“你当然这么想，”刘路回敬了一句，他是包装团队的代表。“你们这些技术人员当然认为自己在发明新产品中是最重要的。其他如配药、灌装、运输、销售的人都不如你们重要。”

“而且你也不能代表车间技术人员的观点。”刘路继续说，“我们包装团队有一位成员叫赵平平，他以前在实验室工作，可他现在非常喜欢我们这个25人的工作团队。他想知道客户是如何使用他设计的产品的，在批发产品的过程中是如何付款的。他更喜欢现在的工作是因为他知道产品在生产出来以后，是如何进行包装的。所以为什么不能把他的工作和我们团队的改进联系在一起？他的技术只有在我们成功地服务了顾客以后才体现出价值”。

“刘路，也许……”王玮想发言。

“等一下，王玮！”刘路继续说。“因为我确实对该方案的另一部分有意见。它将团队的绩效同每个人的工作联系在一起。这意味着一旦团队中的某一个人产生了工作失误，团队中的其他人就必须一同受到惩罚。拿我们包装团队来说，将近一年来，我们一直在努力工作，在每个周末都加班。现在我们3周装卸的货物相当于过去3个月的量，并且我们已经把损失减少到了过去的1/5。现在我们正在寻找能够降低包装成本的方法。尽管这些改进并非很容易达到，但是我们一直在努力工作。因为我们都喜欢自己决策。坦率地讲，我们大部分人认

为如果有权自己选择，我们会做得和上级预期的一样，甚至更好，我认为我们已经这样做了。”

“但是，我们一直没有看到因努力工作得更好，而得到提升或奖励。确实，管理人员每个月都去我们那里，并把我们的成功告诉公司里的每个人。但是事实上，我们并没有比以前多挣任何钱。”

“如果公司实施新的薪酬计划，我还是不知道我的团队会因为努力工作而多得多少奖金，但是很明显，我的团队会因为其中一人的失误让集体受到惩罚。”刘路说完，抱着双臂坐回座位。

此时公司的财务总监张敏说话了：“刘路，我们是否可以换一种眼光来看问题。所谓的惩罚，只是经营中的一种结果而已。我们必须准备随时面对问题。如果这些问题不能及时得到解决，那积累起来就会造成严重后果而不可收拾。但是真正的问题是谁该为之负责。刘路可能把他的薪水与他不可控制的领域联系起来，因此他感到了不满。但是他的团队与其他团队相比为什么应该不同呢？如果人人都要求与众不同，三瑞德化学公司将不复存在。举例来说，如果油价上扬，导致乙烯成本上升，从而导致我们产品成本上升，公司会因此而受到影响。6 年前发生这种情况时，公司维护了员工的利益，因为我们是把薪金作为固定成本。而根据新的薪酬方案，员工薪金的 4%将和公司的整体业绩挂钩。我认为，这还是比较合理的。毕竟高级管理人员薪金与企业整体业绩挂钩更多些，最多可达 6%。每个人的工资为什么不可以有些浮动呢?”

此时公司的培训主管高斯清了清嗓子大声说：“我同意张敏的意见，将个人薪金与公司的整体业绩联系起来，不过我的出发点与张敏不同。将团队业绩与成员薪金挂钩，可以鼓励大家更努力地工作，也许在此过程中，团队成员之间会有冲突，但是最终结果会使企业更加成功。新的薪酬计划会督促大家协同工作，组成高效团队，成员之间相互学习、指导，以便将工作做得更好。实际上，我更希望大多数人的薪金依据团队对其他团队的贡献而定。”

此时，聚合物团队的王克插话了，“我对新方案没有什么意见。但是，公司里很多人没有能力也不愿意真正融入计划。硬要培训他们，我们会花太多的精力和金钱。所以我建议可以采用裁员的方法，应裁员 5%，谁不愿接受变革谁走人，这样还能考虑考虑这个新计划”。

“很好。王克，谢谢你的建议。”公司总裁章军最后总结说，“李德，我知道你花了不少时间与员工交流，出于关注企业的发展才提出了这样一份计划。原则上，我认为这份计划不错。它把员工的薪水与绩效联系起来。我从不认为我们已有的质量管理和薪酬方案尽善尽美，但我们已有了很好的建议，我们将在下周推出新制度。下面，我们来听听专家们的意见，所谓旁观者清，当局者迷”。

来自 MT 公司负责薪资的副总裁赵启化在众人的注目下，清了清嗓子，不紧不慢地谈出了自己的看法。“我觉得章总所说的下周推出新制度，与公司所实施的全面质量管理的理念相矛盾。为什么对所有公司成员都有影响的薪资计划不听取所有人的意见，而仅仅由高层管理部门决定呢？所以公司应该增强员工的参与度，薪酬计划的制订过程和最终结果都应取决于受其影响的员工。近来摩托罗拉的一个技术人员的团队，制订了他们自己的薪酬计划，并交给了薪酬管理人员。经高层管理人员同意后即可实行。现在，他们的计划尽管还不完善，但允许员工制订并维护薪酬计划的思想继续下去，会产生良好的效果。

所以，我认为李德应该像个教练，在薪资条件产生重大改变时，去听取一个跨职能团队的意见，此团队应由公司各层人员组成。薪酬专家应深入到员工中回答问题，以推动此过程的发展，与员工们分享他的专长，而不是强制他们接受一个结果。

我不认为把员工的部分工资转化为风险工资会起什么作用。同众多历史悠久的大企业一样，三瑞德公司的企业文化会阻碍其实行风险工资。因为在三瑞德公司，地位观念、家长制作风在公司里还根深蒂固，我估计三瑞德公司的最高管理层在员工们极度怀疑的情况下，推行部分风险工资制度会不顺利。

当然，风险工资本身从理论上来说是合理的。在许多公司里也行之有效。但它能成功实施的基本立足点是：员工能否认识和理解他们的业绩和薪酬之间的关系。

我想三瑞德公司的工资改革方案最终会选择与市场一致的基本工资并加上一定的利润分享。这样可以保证员工因努力工作带来的收入的一部分，直接反馈给他们自己。

此时来自当地一所著名大学商学院的何冰教授接过了话题："今天，一个流行的说法是薪酬的再设计能激励不同的个体。对此我并不认同。薪酬并不是影响变化的好方法。以上大家的讨论给我的一个感觉是，围绕薪酬再设计所引发的争论与人们实际工作关系并不大，可以想象，新的薪酬计划对于提高员工的工作积极性的效果不大。

我认为三瑞德公司的薪酬再设计工作重点应在于鼓励所有的员工，从内心深处真正认识到提高工作绩效的必要性和迫切性。一般情况下，如果人们抵制组织中发生的正式的改变，比如薪酬的再设计工作，那是因为他们感觉不能接受新的责任和行为。所以，要顺利推行新的薪酬计划，李德应该给员工们机会学习并逐渐适应新的角色和责任。

薪酬的职能是创建企业内部的平等和公正。薪酬应该使员工们被组织吸引，没有证据表明现在三瑞德公司的工资制度已经存在严重的问题，必须加以改进了。我个人认为，在解决怎样付薪以前，应解决怎样工作的问题。所以作为一个组织应该尽量延迟薪酬变化的时间，直至企业强烈需要进行薪酬制度的再设计工作。

我的建议是让薪酬计划作用下降，三瑞德公司并不真正需要薪酬的改变，它真正需要考虑的是如何击败对手，如何更好地服务顾客。作为总裁，章总应真正关心团队工作情况如何。如果他们工作得不好，应该找出原因，而不是简单地进行一次薪酬再设计工作来解决所有的问题。"

（资料来源：董临平. 人力资源管理本土化案例解析. 上海：立信会计出版社，2005.）

二、思考·讨论·训练

1. 薪酬制度在企业中发挥着怎样的作用？

2. 三瑞德公司应怎样解决企业遇到的薪酬制度改革问题？接下来它应该采取怎样的举措？

猜人名游戏

一、形式：分 5 人一组，20 人一个班最为适合，这样就有 4 个小组。

二、时间：15～20 分钟。

三、材料：四顶写有名人名字的高帽。

四、适用对象：最适合训练销售人员及一线管理人员。

五、活动目的。

训练一线管理人员，或参加培训的销售人员熟练使用封闭式问题的能力，利用所获取的信息缩小范围，从而达到最终目的。该训练让学员在寻求 YES 答案的过程中，练习如何组织问题及分析所得到的信息。

六、操作程序。

(1) 在教室前面摆四把椅子。

(2) 每组选一名代表扮作名人坐在椅子上，面对小组的队员们。

(3) 培训师给坐在椅子上的每一位名人戴上写有名人名字的高帽。

(4) 每组的组员除了坐在椅子上的自己不知道自己是什么名人，其他人员都知道，但谁都不能直接说出来。

(5) 现在开始猜，从 1 号开始，他必须要问封闭式的问题如“我是……吗?”如果小组成员回答 YES，他还可以问第二个问题。如果小组成员回答 NO，他就失去机会，轮到 2 号发问，以此类推。

(6) 谁先猜出自己是谁者为胜。培训师应准备一些小礼物给赢队。

七、有关讨论：

(1) 你认为哪一位名人提问者最有逻辑性?

(2) 如果你是名人，你会怎样改进提问的方法?

(资料来源：JDB 营销管理学院，http://wenku.baidu.com/view/e717296baf1ffc4ffe47ac2a.html)

课后练习题

一、实训题：制定某企业薪酬方案。

实训目的：学会薪酬结构调查，掌握薪酬方案设计程序。

实训内容：调查企业薪酬管理情况并制定企业薪酬方案。

实训步骤：

将学生分组，每组 5～8 人。

分组进行前期调研，收集和整理企业薪酬管理的资料。

利用所学过的薪酬结构设计的思路和方法，完成该企业的薪酬结构设计，形成完整的薪酬管理方案。

实训考评：撰写薪酬方案。

二、某职工请事假一天，按公司规定扣除工资 30 元，该职工认为是克扣工资，请对此谈谈你的看法。

三、如何处理好企业薪酬公平分配的问题？

四、为什么过于简单和过于复杂的薪酬管理都会降低薪酬的激励作用？

五、薪酬试行以后，如何对薪酬进行调整？

六、借助自己的关系网络，进行某一岗位的薪酬调查（包括有哪些内容，各占多大比重，影响因素和制定策略等），写出调查报告。

七、就“员工薪酬是否应该保密”这个比较敏感的话题展开辩论。全班同学分两组，每组选出 3～5 名代表开展辩论练习。一组认为“员工的薪酬公开更好”，一组认为“员工的薪酬保密更好”。

第十章 职业生涯管理

选择职业是人生大事，因为职业决定了一个人的未来……选择职业就是选择将来的自己。

——罗素

无论我们从事何种工作，只要尽力而为，这本身就是一种可嘉的献身精神。

——约翰·加德纳

学习目标

- 明确职业生涯管理的含义；
- 把握职业生涯管理的原则；
- 熟悉职业生涯管理的流程；
- 能够开展职业生涯管理工作。

故事导入

鸬鹚罢工

一群鸬鹚辛辛苦苦跟着一位渔民十几年，立下了汗马功劳。不过随着年龄的增长，鸬鹚的腿脚不灵便了，眼睛也不好使了，捕鱼的数量越来越少。不得已，渔民又买了几只小鸬鹚，经过简单训练，便让新老鸬鹚一起出海捕鱼。很快，新买的鸬鹚学会了捕鱼的本领，渔民很高兴。

新来的鸬鹚很知足：只干了一点微不足道的工作，主人就对自己这么好，于是一个个拼命地为主人工作。而那几只老鸬鹚就惨了，吃的住的都比新来的鸬鹚差远了。不久，几只老鸬鹚瘦得只剩皮包骨头，奄奄一息，被主人杀掉炖了汤。

一日，几只年轻的鸬鹚突然集体罢工，一个个蜷缩在船头，任凭渔民如何驱赶，也不肯下海捕鱼。渔民抱怨说："我待你们不薄呀，每天让你们吃着鲜嫩的小鱼，住着舒适的窝棚，时不时还让你们休息一天半天。你们不思回报，怎么这么没良心呀！"

一只年轻的鸬鹚发话了："主人呀，现在我们身强力壮，有吃有喝，但老了，还不落个像这群老鸬鹚一样的下场！"

一个人从出生到死亡的整个人生经历中，存在着不同的生命周期，如生物生命周期、社会生命周期、家庭生命周期和职业生命周期等。其中在人生中最重要的起决定性作用的是职业生命周期，因为他是人生存和发展的前提条件。而且，人从任职前的职业培训，到寻找职业和从事职业，直到脱离职业及其中职业变更和发展的活动占据了人生大部分时间。职业生涯又称职业发展，是指一个人一生中职业工作经历的总和，其限定于个人直接从事职业工作的这段生命时光，上限起始于任职前的职业学习和培训。职业生涯是个体的行为经历，而非群体或组织的行为经历，是指一个从任职前的职业培训到完全脱离职业的时间内，个人的工作任职经历或历程，因此，职业生涯不仅表示职业工作时间的长短，还包含职业发展、变更的经历和过程，包括从事何种职业、职业发展的阶段、由一种职业向另一种职业的转换等具体内容。

一、职业生涯管理的含义

职业生涯管理是指企业对员工的职业进行设计、规划、执行、评估、反馈和修正，为员工构建职业生涯的通道，以实现企业发展目标和员工个人职业发展目标有机融合、彼此受益的过程。职业生涯管理必须通过员工和企业共同努力的合作才能完成。因此职业生涯管理包括员工职业生涯的自我管理和企业指导、协助、提供必要条件两个方面。职业生涯管理的概念有四方面的深刻含义。

（一）职业生涯管理是企业为员工设计的职业发展和职业援助规划

职业生涯规划是以自我价值实现和增值为目的的，而且个人发展目标的实现并不局限于特定的企业内部。职业生涯管理则是从企业的角度出发，根据企业发展对职业的需要，指导员工完成自定位，鼓励将个人职业目标同企业发展目标紧密相连，并尽可能多地给予他们发展机会，在此过程中谋求企业的持续发展。

（二）职业生涯管理必须满足个人与企业的双重需要，实现二者的共同目标

职业生涯管理着眼于满足员工的职业发展需要。因此要实行有效的职业生涯管理，必须了解员工现实的职业生涯目标，以及在实现职业生涯目标过程中会遇到哪些方面的问题，如何解决这些问题，员工的职业生涯历程可以分为哪几个阶段，每个阶段的典型矛盾和困难是什么，如何加以克服和解决。企业只有在对这些信息有充分了解之后，才可能相应地制定出有关政策和措施帮助员工解决这些问题，为员工提供相应的发展机会。同样，在满足员工职业发展需求的同时还必须满足企业自身职业发展的需要。这可以通过两个方面的工作来实现：一方面，在满足员工职业发展需求的时候，使全体员工的职业技能得到提高，进而带动企业整体人力资源水平的提升；另一方面，在职业生涯管理中对员工的有意引导可使与企业目标方向一致的员工脱颖而出，从而为企业培养高层经营、管理或技术人员提供人才储备。

（三）职业生涯管理的形式多种多样、涉及的内容十分广泛

凡是企业对员工职业活动的指导和帮助，都可列入职业生涯管理中。其中，既包括针对员工个人的，如各类培训、咨询，以及为员工扩充技能、提高学历的学习给予便利等，同时也包括针对企业的诸多职业发展政策和措施的，例如，规范职业评议制度，建立和执行有效的内部晋升制度等。从时间上看，职业生涯管理自招聘新员工进入企业开始直至员工流向其他企业退休而离开企业的全过程都存在。

（四）职业生涯管理是一种动态管理，它贯穿于员工和企业职业发展的全过程

每一个企业成员在职业生涯的不同阶段及企业发展的不同阶段，其发展特征、发展任务及应注意的问题是不同的，因此，对每一阶段的职业生涯管理也应有所不同。由于决定职业生涯的主客观条件的变化，企业的职业生涯规划和发展也会发生相应的变化，职业生涯管理的侧重点也应有所不同。

二、职业生涯管理的原则

（一）利益结合原则

即个人发展、企业发展和社会发展相结合的原则。管理职业生涯与管理一个产品生产不同，企业的最终目标是要通过帮助员工的职业发展，实现企业的持续发展，达到企业目标。同时，在企业提供的有效职业管理中，员工发展顺利，并将自己的聪明才智奉献给社会。企业目标要服从社会需要，员工能力也要服从企业发展需要，三者相互影响达到共赢，即择己所能，择世所需，择己所利，这是职业生涯管理与设计的根本原则。

（二）动态性原则

职业生涯管理的对象是职业生涯，而职业生涯是伴随人一生的一个长期的、动态的过程。施恩将人的一生分为九个阶段：成长幻想阶段、探索阶段、进入工作实践阶段、基础培训阶段、早期职业的正式成员资格阶段、职业中期阶段、职业中期危险阶段、职业后期阶段、衰退与离职阶段和退休阶段。在不同的阶段，人都有不同的心理状态和行为能力，因而职业生涯的任务也是不同的，由此将职业生涯管理也分成四个阶段：进入组织阶段、早期职业阶段、中期职业阶段和后期职业阶段。企业应针对不同阶段的特点进行研究，也就是要坚持动态性原则，使各项管理措施能伴随着员工的成长和企业环境的变化而不断进行更新。

（三）系统性原则

职业生涯管理是一项系统工程，职业生涯管理体系的各个组成部分必须按照统一的条件

和前提联系起来，比如与业绩考核、招聘、人力资源规划和提升、转岗等人力资源开发活动密切联系，要和企业的营销、生产、财务等工作结合起来，将企业外部条件和内部条件有机结合，创造出企业和员工的更大发展空间。

（四）互动性原则

企业与个人在职业生涯管理中是相互依存、相互作用、共同发展的，因此必须坚持互动性原则。企业要根据员工个体特点给予必要的职业生涯规划指导，为员工职业生涯路径疏通道路，并对员工进行必要的培训或提供学习的条件和机会；员工个人要关注企业发展战略，有效规划职业生涯，要不断学习，提高个人职业生涯发展水平，以满足企业发展的需要。

三、职业生涯管理的流程

员工职业生涯管理是一个系统的管理工程，应具备完善的流程和体系。进行员工职业生涯管理，首先必须清楚它的流程，使企业的员工职业生涯管理在一开始就走在正确的道路上。员工职业生涯管理系统的开发应与公司的发展战略紧密结合在一起，高层管理者要支持并且管理者与员工要共同参与设计，在员工的职业管理过程中要配备员工的职业辅导员提供全程的咨询与辅导。员工职业生涯管理流程总体包含七大步骤，具体步骤如下。

（一）公司依据发展战略制定人才发展规划

员工发展是企业发展的根本保证。实践证明，员工职业生涯规划与管理跟企业目标之间是密切相关的。企业目标的实现是所有员工部分个人目标（与企业目标相一致的部分）实现之和。因而，员工的职业生涯规划和管理要与企业的发展战略紧密结合起来。企业根据发展战略制定相应的企业人才发展规划，所有员工的职业生涯规划和管理应以企业人才发展规划为宏观指导。企业人才发展规划主要内容如下。

(1) 人才发展总体规划，是指企业在战略规划期内人力资源管理的总目标、总政策，是关于人力资源管理总的实施步骤和总预算的安排。包括：阐述组织对各种人力资源需求和配置的总框架；阐明与人力资源管理方面有关的重要方针、政策和原则，如人员选聘、晋升、培训、奖惩和福利等方面；确定人力资源投资预算。

(2) 人力资源业务计划，指总体规划的具体实施和人力资源管理具体业务的部署。具体包括：职务编制计划，是指根据企业发展需要，制定企业经营活动需要设立什么职务，设立多少职务，每个职务又需要什么条件的计划。在企业的人力资源管理中，必须充分预计企业每一阶段的经营管理活动，并根据经营管理活动本身对人员的需求，准确估计企业自身的优势和劣势，精确测算各职务业务量和人员的能力阈限，明确岗位职责和权利，再根据岗位职责要求来确定该岗位的能力要求，完成职务说明书和职务要求细则，在企业组织结构中依据能岗匹配的原则来设置岗位和安排人员。

(3) 人力资源补充计划，是指企业根据组织运行的实际情况，对企业中长时间内可能产生的空缺职位加以弥补的计划，旨在促进人力资源数量、质量和结构的改善，是吸收新员工的依据。一般来说，该计划是和晋升计划相联系的，因为晋升会造成组织内的职务空缺逐级向下移动，最后积累到较低层次的人员需求上来。有时较高的职位也会出现空缺，需要从企业外部以较高的代价来获得。所以，在企业进行招聘录用活动时，既要考虑几年后员工的使用情况，也要考虑采用什么方式来获得这些人员。

(4) 人员流动计划，是指有计划地安排人员流动，以实现企业内部人员的最佳配置。

（二）员工确定个人职业发展意向

公司向所有员工通报战略期内公司人才发展规划，员工结合战略期内公司人才发展规划，根据自己的个人特征、职业兴趣等，确定适合自己的职业生涯发展意向。

（三）员工个人职业素质客观测试，并与职业辅导员协商确定初步职业发展规划

企业对员工个人的职业发展目标有了初步了解后，便要对员工个人特质与能力进行测评和分析，以避免员工进行自我设计时，职业生涯目标盲目偏高或偏低，造成设计失真。主要是通过对员工的个性、智力水平、职业倾向、气质、管理能力、一般能力倾向等方面的测评，了解员工的基本素质情况，还可以较全面地分析员工的长处与不足，在职业生涯规划中扬长避短，并针对其不足，制订相应的培训计划。主要测试方法有卡特尔 16 种人格因素测验、智力测验、霍兰德职业倾向测验、气质测验、管理能力测验和一般能力测验等。

在进行员工个人职业素质客观测试后，对员工的基本职业素质有了较为全面的掌握，专职的职业辅导员便可与员工进行深度交流和协商。职业辅导员从专业的角度，结合职业素质测试情况，以及平时员工工作情况，充分考虑员工的个人职业意向，制定出员工职业发展初步的规划。之后，向员工征询意见，对意见不统一的内容进行重点沟通，双方阐述理由，争取达成一致的意见（如果意见不统一，也可进行步骤 4，由公司职业发展委员会进行审定）。

（四）公司职业发展委员会审核和修正员工职业发展初步规划

在职业辅导员与员工就员工职业发展规划基本达成一致，制定出初步的员工职业发展规划后，将员工职业发展规划递交到公司职业发展委员会。公司职业发展委员会由公司最高层、公司外部职业发展指导顾问、人力资源部专职职业辅导员、各部门主管和员工代表共同组成。其主要作用有三：其一是从公司发展战略及衍生出的公司人才发展规划角度，去审核和修正员工职业生涯发展初步规划；其二是从综合专家的角度解决职业辅导员与员工未达成的一致意见；其三是从全公司的宏观层面规划和协调各位员工的职业生涯发展事宜。

（五）制定员工的职业生涯发展正式规划

在公司职业发展委员会审核和修正员工职业发展初步规划后，由职业辅导员向员工通报和解释，在得到员工的同意后，便制定出员工的职业生涯发展正式规划。职业生涯发展规划

包含员工个人职业素质测评结果、职业选择、职业通道选择、职业生涯目标及实现目标所采取的相应措施等几项关键内容。

（六）员工职业生涯发展规划的实施

职业生涯规划的制定是员工职业生涯管理的基础，职业生涯规划的落实是员工职业生涯管理的关键。员工职业生涯规划制定后，便进入了职业生涯规划的实施阶段。企业一方面应建立与职业生涯管理相配套的员工培训与开发体系，有针对性地提高各类员工的知识和能力，完善其职业发展需要的能力体系；另一方面要制定完整、有序的职业生涯管理制度与方法，要让员工了解企业的文化、经营理念、管理制度，并及时向员工反馈信息。最常用的方法有：① 继任规划，即企业为保障其重要岗位有一批优秀的人才能够继任，而采取的相应的开发培训、晋升与管理等方面的制度与措施，或叫接班人计划；② 导师计划，即由企业中富有经验的、生产效率较高的资深员工担任导师，辅导、指导、传授年轻的员工，达到角色示范、心理辅导、接纳承认和形成友谊的目的。另外，员工个人方面是否积极地实施职业生涯发展规划也是员工职业生涯管理成功的关键。

（七）员工职业生涯发展情况评估

在职业生涯发展规划的实施过程中，需要不断地评估与反馈，并适当进行调整。员工职业生涯发展评估一般一年进行一次，称为员工职业生涯年度评审。员工职业生涯年度评审主要对员工的职业目标达成情况、职业业绩、职业素质、职业技能等进行评价，使员工发现自己的缺点，并促使其愿意改正，满足员工想要知道别人怎样看待他的工作的正常愿望，使员工无拘无束地讲述自己的才干、所遇到的困难及愿望，消除企业内可能存在的误解。当然，通过员工职业生涯发展情况评估后，有时也需要对员工职业生涯发展规划进行调整。这种调整可能是全盘调整，即重新制定员工职业生涯发展规划（这种情况较少，主要出现在企业的发展战略改变后，致使公司的人才发展规划发生了改变）。另外一种调整是局部调整，可能是调整具体的行动计划，也可能是对职业生涯通道的调整。

有一点需要说明的是，在整个员工职业生涯规划和实施的过程中，每位员工都须配备一名职业辅导员。职业辅导员对员工进行全程的职业咨询和辅导。

3M公司的职业生涯体系

一、案例介绍

3M公司的管理层始终尽力满足员工职业生涯发展方面的需求。从20世纪80年代中期开始，公司的员工职业生涯咨询小组一直向个人提供职业生涯问题咨询、测试和评估，并举办个人职业生涯问题公开研讨班。通过人力资源分析过程，各级主管对自己的下属进行评估。公司采集有关职位稳定性和个人职业生涯潜力的数据，通过计算机进行处理，然后用于内部人选的提拔。

公司的人力资源部门可对员工职业生涯发展中的各种作用关系进行协调。公司以往的重点更多地放在评价和人力资源规划上，而不是员工职业生涯发展的具体内容。新的方法强调公司需求与员工需求之间的平衡，为此，3M公司设计了员工职业生涯管理的体系。

(1) 职位信息系统。根据员工民意调查的结果，3M公司于1989年年底开始试行了职位信息系统。员工们的反应非常积极，人力资源部、一线部门及员工组成了专题工作小组，进行为期数月的规划工作。

(2) 绩效评估与发展过程。本过程涉及各个级别（月薪和日薪员工）和所有职能的员工。每一位员工都会收到一份供明年使用的员工意见表。员工填写自己对工作内容的看法，指出主要进取方向和期待值。然后员工们与自己的主管一起对这份工作表进行分析，就工作内容、主要进取领域和期待值，以及明年的发展过程达成一致。在第二年中，这份工作表可以根据需要进行修改。到年底时，主管根据以前确定和讨论的业绩内容及进取方向完成业绩表彰工作。绩效评估与发展过程促进了3M公司主管与员工之间的交流。

(3) 个人职业生涯管理手册。公司向每一位员工发放一本个人职业生涯管理手册，它概述了员工、领导和公司在员工职业生涯发展方面的责任，还明确提出公司现有的员工职业生涯发展资源，同时提供一份员工职业生涯关注问题的表格。

(4) 主管公开研讨班。为期一天的公开研讨班有助于主管们理解自己所处的复杂的员工职业生涯管理环境，同时提高他们的领导技巧及对自己所担任之各类角色的理解。

(5) 员工公开研讨班。这一员工公开研讨班提供个人职业生涯指导，强调自我评估、目标和行动计划，以及平级调动的好处和职位晋升的经验。如何有效利用职位信息系统也被纳入公开研讨班的内容之中。

公开研讨班结束后，员工们根据要求回答跟踪问卷调查，而且他们的行动计划也得到跟踪。为一视同仁地协助员工和主管，人力资源部准备了一个资料库，其中有与个人职业生涯相关的录像带。

(6) 一致性分析过程及人员接替规划。集团副总裁会见各个部门的副总裁，讨论其手下管理人员的业绩情况和潜能。此过程影响到评定结果和人力资源部门的评审过程，因此对于转岗、发展和晋升都具有影响。然后管理层召开类似会议，与此同时开展人员接替规划项目。

(7) 职业生涯咨询。公司鼓励职员主动去找自己的主管商谈个人职业生涯问题，也为员工提供专业的个人职业生涯咨询。

(8) 职业生涯项目。作为内部顾问，员工职业生涯管理人员根据员工兴趣引发出一些项目，并将它们在全公司推出。

(9) 学费补偿。此项目已实行多年，它报销学费和与员工当前岗位相关的费用，以及与某一工作或个人职业生涯相关之学位项目的全部学费和费用。

(10) 调职。职位撤销的员工自动进入个人职业生涯过渡公开研讨班，同时还接受具体的过渡咨询。根据管理层的要求，还为解除聘用的员工提供外部新职介绍。

在3M公司试图更加准确、更加现实地统一员工需求和公司需求的努力中，它已经成功地提高了工作效率，更大程度地焕发起员工们为实现公司目标而进行的参与。主管们在员工职业生涯指导方面更具信心，在改进与员工的交流方面更具可信性。3M公司的各项职业生涯管理活动针对的是真正的需求，因此，它为个人和公司都带来了最大的利益。

（资料来源：王惠忠. 企业人力资源管理. 上海：上海财经大学出版社，2004.）

二、思考·讨论·训练

1. 3M公司的职业生涯管理体系有何特点？

2. 3M公司职业生涯管理体系还有没有需要完善的地方，这一体系有何借鉴意义？

案例2 成都鼎鑫的员工职业生涯规划

一、案例介绍

（一）背景介绍

成都鼎鑫技术工程有限公司（以下简称“成都鼎鑫”）是一家成立于2001年年底的股份公司，主要从事钢铁行业内工业电气自动化控制系统的研究开发、工程设计、设备供货及施工安装的“一条龙”总承包服务。它是由集团公司发起，整合了集团内分布于四地的钢铁自动化设计院的优良资源而设立的科技型股份制企业。

由于近两年钢铁市场异常火热，公司的业务量一直非常饱满，其员工经常是超负荷工作，疲于应付各项工作任务；为了适应市场的需求和公司的长期发展，公司的人员规模也一直在扩大，单技术人员就从最初的60多人增加到了182人，公司的总人数也由100多人增加到了300多人。为了有效地解决急剧的业务膨胀和人员扩张给公司带来的诸多现实性和发展性问题，公司决定寻求外力。

（二）企业与个人诊断

员工职业生涯规划的本质就是基于企业价值基础上的个人价值实现，公司在操作的时候一般都要基于调查和诊断这两个重要因素：一是公司价值基础；二是个人价值追求。

针对公司价值基础，公司进行了组织环境与管理现状的诊断，以期发现公司价值追求和现实基础的差距。

针对个人价值追求，公司施行了职业发展调查与人才测评，以期发现个人的价值追求和现实素质的差距。

1. 组织环境与管理现状诊断

咨询公司在对企业施行了常规的文件资料调研、关键人员访谈和问卷调查等方法之后，初步掌握了企业的基本特征。

(1) 公司具有技术型和知识型特性。除了生产线的工人以外，公司100%的员工具有本科及以上的学历；技术人员在公司中占据主导和核心的地位，所有职能部门的管理人员也都来自于技术骨干，用公司领导的话讲就是“不懂得技术怎么做管理啊”，也由此看出，技术的权威在公司发挥着更为重要的作用和影响力。

(2) 公司正处于战略探索和业务成长期。公司在2002年制定的经营目标是1亿元人民币，但是在年终时却完成了2亿多的销售额；根据2002年的业绩完成情况制定了2003年3亿元的目标，但是截至项目开始的2003年8月份，销售额已经突破了4亿元，并且还有好多待签项目。这种发展速度固然是件好事，但也使得公司对于自身能力和外部环境的审视具有了很大的不确定性，公司的发展战略及资源配置不知该往哪个方向投入或集中。

(3) 管理注重人性化和发展的滞后性。由于知识分子的特性，使得公司的管理非常开放，非常尊重人才和技术权威，从而使其对于人员的个性合理化地接受和予以保护，注重和谐与人性化的发展；同时，由于公司所有人员一直在忙于应对市场需求，而很少时间来系统地考虑管理和制度化、规范化建设，始终想着“等业务不忙了，再好好抓一下管理”，这种等靠的心态也决定了公司管理的相对滞后性。

(4) 公司领导具有超前的意识和开放的心态。在管理体制的建设上，公司领导大胆并积极地引入了“平衡计分卡”的战略绩效考核体系和几近于上海薪酬水平的激励性薪酬体系，确立了“人才是企业最宝贵的财富，企业利益与个人发展相辅相成”的公司价值观。同时积极实践这一人才战略，不仅所有高级管理人员都在读各知名院校的EMBA，而且鼓励全体员工积极参加各种培训，在平衡计分卡的考核指标里明确规定了个人的年度培训课时，不管参加何种培训，不论是否与公司业务相关，一律报销全部培训费用，可以说在人才的培养上下足了工夫。

(5) 公司的文化正处于整合的过程中。有以下几个突出的特点：一是公司人员结构复杂，原有合并员工大都保持了原设计院的工作习惯和文化特征，彼此之间存在着潜在的而非表面化的矛盾和冲突；二是主流文化没有确立和形成，新进人员很难找到归属感，大都钻研技术，注重学习；三是管理的地区性限制；四是工程人员的服务现场性和流动性强，一方面工程技术人员长时间在项目工地现场对客户进行协调和服务，另一方面由于公司业务项目较多，工程技术人员在各项目间流动的频度较高，一人可能同时兼任好几个项目经理，同时负责好几个项目，这样一方面增加了公司对于人员异地监管的难度，同时不利于企业文化的培养和形成。

(6) 公司员工的工作压力非常大。一是来自行业内激烈的技术竞争；二是由于公司业务量增大，个人的工作量长时间饱满，人员一直处于紧张忙碌状态；由于不能够寻求技术上的发展和突破，一味地输出造成了技术人员很强的心理压力，加上技术人员的培养周期较长，技术梯队难以在短时期内形成。

此外，公司人员还有较强的归属感和认同感。

2. 测评和评价中心

实施人才测评和评价中心，主要是基于职业生涯规划中的“能力—动机—个性”统一模型，即全面、深入地测量个人的能力状况、动力状况和个性倾向，准确地探寻其事业的能力区域、愿望区域和适合区域，客观认识和调整三者使其达到统一状态，以达到“能做、想做和适合做”的高效统一境界。

3. 综合评价

(1) 员工能力评价。能力水平普遍较高，具有很强的逻辑思维能力和解决问题的能力，但人际技能普遍偏弱，尤其言语表达和沟通能力均表现不足。

(2) 员工动力评价。比较喜欢具有创新和挑战性的活动，对于自我成就期望和目标设置较低，缺乏积极进取的动力，相对更喜欢安稳，同时回避矛盾和挫折，缺乏积极决策的胆识和魄力；在组织内的表现更多的是一种本位意识和任务导向，具有很好的服从愿望，而积极影响和控制他人的愿望普遍较低。

(3) 员工的个性评价。有65%的员工性格偏内向型，在组织活动中更多的是关注自己的内心活动，风格较为独立；有75%的员工性格偏向直觉型，有很好的系统性和完整性，关注变化，对于现实的、具体问题关注不够，比较粗心；有80%的员工性格偏向理智型，注重通过理智的分析和逻辑推理解决问题，对待工作比较客观，但对于人际关系不敏感，较为忽略他人的情绪感受，刚性有余，柔性不足；有70%的员工性格偏向判断型，做事都有很强的条理性和计划性，遵从规范和程序，但处理变化的能力稍弱，灵活性和适应性不足。

(4) 员工的职业性向评价。绝大部分员工喜欢技术操作型和研究型的工作和活动，而对于社交和经营的兴趣不高，即对于组织的经营管理和人际交往活动都不感兴趣。

（三）规划方案

企业项目组在进行方案的设计时，确立了个人、团队和组织三个层面的职业生涯规划和开发原则，并注重操作的实际性和步骤性。

1. 个人层面

(1) 加强自我认知。客观审视自我，明晰自我发展的能力、动力和个性适合范围。

(2) 职业生涯规划和开发的系列培训，包括自我认知与管理的技巧。

(3) 寻找具体和细化的差距。知识、技能、个性、动力等方面。而差距主要包括：与现职岗位要求的差距；与企业战略发展和创新变革发展的差距；与自我价值实现要求的差距等方面。

(4) 职业生涯规划。确定职业发展目标、发展重点和实施步骤；制定详细的年度工作目

标和计划；月度评审办法和生涯规划合作伙伴，以相互监督和支持；制订个人培训计划，并向组织申请。

（5）定期接受职业顾问的咨询和辅导。

2. 团队层面

（1）确定每个人在工作上的合作伙伴，组建互助小组。

（2）建立内部研修制度。配合公司知识管理，确立企业内部技术方向的导师制度，以研修的方式进行人才培养。

（3）确定内部讲师制度。加强关键员工的人际技能和沟通技能，同时促进公司的专业团队向纵深拓展。

（4）加强小组研习活动。以专业和项目为单位组织定期和不定期的讨论活动，在问题的解决中加强个人风格磨合和团队的形成。

（5）修订现有培训管理规定，兼顾组织和个人发展需要，制订统一的有时效性的培训计划。

3. 组织层面

（1）成立职业生涯规划领导小组，由北森盛世职业顾问公司、成都鼎鑫公司高管和人力资源主管组成，负责全公司的职业生涯规划领导与指导，提供职业生涯规划的组织保证。

（2）建设公司内部的信息网络平台。将四地办公系统通过网络集中，制定统一的信息发布标准和平台。

（3）建立企业“发展中心”、“评价中心”、“资源中心”和“咨询中心”，提供对个人和团队发展的资源支持和咨询辅导，并建立和完善以内部员工满意度为目标的职业生涯规划服务体系。

（资料来源：http://www.beisen.com）

二、思考·讨论·训练

1. 成都鼎鑫是怎样对员工进行职业生涯规划的？
2. 员工职业生涯规划对知识型成长企业有何独特意义？
3. 成都鼎鑫员工职业生涯规划方案有什么特点？

案例3 左右为难的经理

一、案例介绍

桑纳制药公司主管财务的副总经理方洪波最近一段时间总是显得心事重重。他的下属总是看到他皱着眉头、若有所思的样子。细心的人会发现，自从新的总经理到任后不久，这种状况就开始出现了。

事实上，最近一段时间一直困扰在方洪波心头的一个问题是，他要不要继续在桑纳制药公司干下去。作为桑纳的创始人之一，他和前任总经理钱鸣有良好的私人关系，在过去的6年里，他一直在为公司卖力地工作，钱鸣也在很多事情上听取方洪波的意见。尽管偶尔双方会出现意见不一致的情况，但是，从总体上来说，他们的合作是坦诚、愉快的。方洪波在桑纳制药公司也有如鱼得水的感觉。但是，自从去年新任总经理赵凯来了以后，方洪波的这种感觉在逐渐发生变化。

无疑，赵凯要比钱鸣敢作敢为，公司的业务也确实在增长，但是方洪波却再也找不到与钱鸣共事时的那种感觉。很多时候，他都觉得自己无所事事，显然，他被赵凯巧妙地架空了。比如，在最近的一次董事会上，方洪波惊讶地发现在他提交的年度财政预算中，有关员工保险费的数额被降低了，而总经理的旅行和招待费用却增加了不少。当方洪波找到赵凯时，赵凯只是轻描淡写地表示以后碰到类似情况会先和他商量。赵凯的这种态度令方洪波深感恼火，又觉得左右为难，如果他不向董事会报告此事，日后一旦此事暴露，董事会会认为他也参与其事；如果向董事会汇报此事，无疑会得罪赵凯，方洪波在桑纳的前途也会就此终结。无论如何，方洪波都觉得该是离开桑纳的时候了。也许换一个工作环境会改变目前的状况，方洪波开始跟猎头公司接洽。

很快，猎头公司就为方洪波介绍了一家名为南枫的制药公司。这是一家资金雄厚，员工和睦，秩序良好的大公司。更重要的是这是一家正处于成长期的公司。方洪波猜测应该不会有官僚现象，于是方洪波决定跳槽。

最初在南枫的工作比方洪波预料的还要顺利。他与一大批人见了面，非常热情地交谈，其中有两个人值得一提。一个是南枫公司主管财务的副总经理鲁晓，另一个是国内部的财务总监李琼。在南枫公司的指挥链条上，方洪波对李琼负责，而李琼对鲁晓负责。在方洪波和李琼见面前，他先和鲁晓会面，方洪波一见鲁晓就喜欢上了他。因为鲁晓令他想起了钱鸣同样的真诚、坦率和友好，是一个典型的职业经理。他和方洪波谈南枫公司的股票价格，谈曾经经历过并购、重组、一些重要位置的大换血以及“空降部队”的引入等，他告诉方洪波如今南枫公司已经进入了一个新的发展阶段，一切都在正常进行。这一切令方洪波对南枫的前景充满希望。

李琼给人的第一印象是精力旺盛、坦率、开朗。她和方洪波谈了约一个小时，主要都在谈她的部门发展计划。她对于南枫的前景既乐观又激动。她还谈到了放权、信任和合作。这又着实令方洪波激动了一番。最后，李琼还陪着方洪波在未来的办公室转了转，向他展示了里面的设计和摆设。分手前，李琼送给方洪波一件礼物——一副精致的太阳眼镜，并对方洪波说，“好好干，你的前途会很灿烂”。方洪波在激动之余，暗下决心要把以往工作中所积累的经验毫无保留地贡献给南枫。

最初方洪波在南枫的工作主要是熟悉工作程序和会议备忘录。李琼习惯每星期开一次例会，参加会议的除了方洪波以外还有两个直接的下属。会议的主要目的是互相交流情况，个

人都把最重要的信息作个通报，以便让其他同事也了解其他人的工作进展。方洪波觉得开这个会议虽然占用了宝贵的工作时间，但是互相交流和协作是一个成功的团队必不可少的，因此每次他都精心准备自己的发言内容，并且打算认真倾听其他同事的发言。然而几次例会下来，方洪波就觉得不对劲。每次开会时，李琼总是说她想让人自由发言，但是她自己却总是一刻不停地说。有一次，方洪波忍不住打断了滔滔不绝的李琼，希望她能回答由方洪波负责谈判的一个项目的背景方面的问题。出人意料的是，李琼对此置之不理，继续大谈她的发展计划。

此事在方洪波的心头蒙上了一层阴影，他隐隐约约地感觉到最初的乐观想法太早了一点。他对李琼的言行和为人产生了怀疑。不久，方洪波的怀疑得到了证实。有一天，方洪波和财务部的几个老员工在一家自助餐馆一起吃午饭。方洪波告诉了他们自己以前的一些经历。其中一个人对方洪波说："你真够幸运的，你是在为骗子李琼做事，我听说她自从升上国内部财务总监以后，就再也没有正常过。她每天都在谈论着授权与信任，但是她真正需要的是更多保守的理由。"听着这一切，方洪波觉得嘴里的食物一点味道都没有了。

接下来李琼的表现在不断印证着那些老员工的评价。有一次，方洪波和鲁晓单独会面，事前没有告诉李琼。第二天，李琼就把方洪波叫到她的办公室，当着另外两个人的面大声责备他。她并不问到底是什么事情，只是强调说她理所当然要参与此事。方洪波心里明白，李琼大发雷霆的真正原因是她想知道他整天都在干什么，作为她的下属，方洪波应该什么事情都向她汇报，尽管她不会给予任何答复；如果方洪波有什么想法，也应该通过她向上级反映。很显然，她喜欢这样对待每个人。

还有一次，李琼结束了一个星期的休假回来上班，到办公室后的第一件事，就是把方洪波找来，要他汇报她不在时做的每一件事。她翻看着本应属于方洪波的一系列备忘录、信件、文件，间或递给他一些文件或信件复印件追根究底。显得她非常关注方洪波所做的一切。方洪波看着这一切，心里头真不是滋味，在李琼眼里，难道我就真的一事无成吗?

然而麻烦还不止这些。一天，李琼直接打电话给市场部经理，说方洪波准备的几个项目有问题。而在方洪波看来，最大的问题就是没有让李琼过目。当方洪波明白这一点时，他走进李琼的办公室，直截了当地对她说："这纯粹在浪费我的时间，而且你这样做会破坏整个部门的可信度，如果你想亲自控制每件事，那为什么要煞费苦心地雇用我呢?"

方洪波决定不再忍耐下去，他要找机会与鲁晓谈一次。机会很快就来了。第三季度快结束时，南枫公司举行了一次由所有部门参加的会议来审查新年度的财政计划数据。会后，鲁晓邀请方洪波共进午餐。吃饭时，他问方洪波感觉怎么样。方洪波就尽量用事实说明，李琼喜欢把所有的权力都掌握在自己手中。令方洪波惊讶的是，鲁晓对这些事情了如指掌，他说："我们都知道李琼有她的问题，她有天赋，并在这里作出了贡献。但是她有时过分要强。事实上，她今年已经豁达多了。依我看，你有她欠缺的人际交往技巧，所以你应该能够帮助她不再找别人的麻烦，这将是你在南枫公司的最大贡献。"

方洪波听了，心里不由得有些飘飘然，虽然不知道该如何"帮助"李琼。

然而，李琼对方洪波的态度一如既往，甚至有点变本加厉。每次当方洪波催促李琼给他想要的信息，或维护他的决定时，李琼总是或明或暗地挖苦他一下，有时也会在别人面前诽谤他。

最令方洪波难以忍受的是，在公司的内部刊物上看到了李琼写的一篇文章，题目是信任与放权。方洪波觉得这一切实在是太虚伪了。南枫公司实在是一个绝对好的范例让其他公司参照学习，但不明真相的人看到李琼的这篇文章，会觉得她很开明。

方洪波又开始考虑是否离开南枫公司，以此改变自己的工作处境。

（资料来源：董临平. 人力资源管理本土化案例解析. 上海：立信会计出版社，2005.）

二、思考·讨论·训练

1. 方洪波是否应该第二次跳槽，请谈谈你的看法。
2. 个人进行职业生涯规划需要考虑哪些因素？
3. 对于新成员而言，进入组织后怎样才能尽快适应新环境？

通用电气的接班人选拔

一、案例介绍

选择接班人，韦尔奇先走一步。

担任通用电气公司（GE）首席执行官（CEO）已20年的杰克·韦尔奇准备退休，但他正为选择继任者的事烦恼，早在1991年，他就认识到选择接班人工作的重要性，并天天记在心上。

不过，选择接班人的进程是在1999年才加紧进行的。韦尔奇鼓励GE董事会成员去三个最有可能成为总公司CEO的竞争者（见以下该三人个人档案）管理的企业巡视，并询问GE主要企业的负责人，看他们认为下一届的CEO应该是谁。6月份，他让一些有培养前途的人担任上述三个企业的二号职务，以便为GE提供下一代接班人。

20年间，韦尔奇在华尔街的声望不断上升，GE的利润获得明显的增长，GE的市场价值已从他接手时的130亿美元，上升到目前的5 600亿美元。“谁想接替韦尔奇？他做的是世界上最难做的工作。”

GE的下一个领导人将必须在某些领域采取严厉的措施集中资源，停止业绩下滑的趋势，这就意味着要剥离公司的某些主要资业，比如器具制造公司。

近20年来，在GE内部有一种普遍说法：GE是一个“思想学校”。韦尔奇的思想已深深地渗入了公司的内部，这个系统的运转如此协调，它不需要另一个杰克·韦尔奇。一个曾在GE当过经理的老板说：一个人能经营一个市值上万亿的公司，不可能。我认为新的

CEO应带来完全不同的管理方法。这种方法将更多地依靠团队，而不是依靠个别明星。但其他人不这样认为。他们警告说，在一个复杂的组织内，怀疑强有力的领袖人物的价值是危险的。

上述三个人不管谁担任GE的CEO，他们的工作担子将发生质和量的巨大飞跃。从1981年4月韦尔奇成为CEO以来，GE的收入从279亿美元增加到2000年的1 300亿美元，接近美国GDP的2%。GE的经营遍布100多个国家，雇员达34万人。它的业务范围包含商品和服务——从轨道机车到共同基金。

韦尔奇每年下达数千道命令处理事务，内容从雇用、解雇到工厂投资。不同的管理结构可能为新CEO团结他的团队赢得时间。韦尔奇像他的前任雷吉·琼斯一样，采用赛马的方式选定继任者。那就意味着当正式宣布继任者的名字时，两个"失败者"可能会离开这家公司，让GE失去两个高级经理。而忠诚于这两个人的人也一定会离开。当然，三个竞争者没有一个是韦尔奇的克隆物，并且可能很不错。一个前GE经理说："韦尔奇使人感到威严，但伊梅尔特能用完全不同的风格领导。在一个因特网快速发展的年代，这是一种好的风格。"伊梅尔特知道更多的调整方法，使一个小组的专家很快集合起来，去完成一个特别任务。

韦尔奇很清楚他应该如何避免某些不利他地位上升的事。当年琼斯为了确定谁是他的接班人，把韦尔奇和另外两名竞争者爱德华·胡德和约翰·伯林格姆召到费尔菲尔德总部，制造了一场争夺CEO位置的政治斗争。至今韦尔奇尚对他当时被提名感到惊奇。因为他的年龄仅45岁，且作风粗鲁。这次，韦尔奇用了很长时间，让竞争者通过管理自己那部分产业来证明自己的能力，并且他明确下一个CEO也应年轻得足以干20年。当然，当韦尔奇在1981年从琼斯手里接管GE时，他有一个条件：尽管GE盈利状况不错，但它非常臃肿，并且提供了许多改善的机会。韦尔奇砍掉了117个企业和10万个工作位置。

新的CEO将接手一个业绩处于巅峰状况的公司。GE来自金融服务的利润比许多典型的金融服务公司的利润的3倍还多。"韦尔奇即使犯了错误，也能渡过难关。而新的CEO将不再有那样的'可靠性'。如果他们开始犯错误，小错误将变成大错误。"

由于业务量巨大，GE的经营有许多业务是高度周期性的。例如，它的动力系统公司在市场对天然气发电设备的需求大幅增加之前，在20世纪90年代中期的经营很不景气。它的一些金融服务业务在经济衰退面前特别脆弱。韦尔奇说，他担心世界证券市场由于一次猛跌，会破坏消费者的信心，使经济由增长变为停滞。

继续延长GE的增长将取决于新CEO如何开展业务。对新CEO的头号挑战，将是如何使上述增长率保持到2003年或更久一些。

三个最有希望问鼎GE王国宝座的人选情况如下。

1. 杰弗里·伊梅尔特

出生：1956年2月19日生于俄亥俄州辛辛那提市。

背景：父亲是GE飞机引擎公司经理，母亲是中学教师。

家庭：妻子安德拉在GE塑料公司工作，有一个女儿。

业余爱好：高尔夫。

教育：在Dartmouth大学完成大学学业，获得经济学、应用数学学士。后来又在哈佛大学获得MBA。

目前职务：GE医疗系统部门总裁和总经理。

曾任职务：1989年任消费服务副总裁和器具部门副总裁，1991年任销售副总裁，1997年任医疗系统部门CEO。

其他优点：强硬的领导风格、广泛的兼并经验。

不足：没有在GE重要的资本服务部门工作过。

2. 詹姆斯·麦克纳尼

出生：1949年8月22日生于罗得岛州普里维登斯。

背景：父亲为密歇大学教授，母亲是教员的女儿。

家庭：两次婚姻，第二个妻子叫海蒂。首次婚姻有2个孩子；第二次婚姻有3个孩子。

教育：耶鲁大学美国研究文学士、哈佛MBA。

目前职务：GE飞机引擎公司总裁和CEO。

曾任职务：1989年任GE资本公司执行副总裁，1991年任GE电气销售公司总裁，1992年任GE亚洲公司总裁，1995年任GE照明设备公司总裁。

其他优点：出色的团队建设者。

不足：一些人认为他缺少接替韦尔奇的能力。

3. 罗伯特·纳德利

出生：1948年5月17日生于宾夕法尼亚州奥德福杰。

背景：父亲曾在GE的洗碟机部门和电视机部门工作。母亲是家庭妇女和不动产代理商。

家庭：妻子叫苏珊，有4个孩子。

业余爱好：汽车比赛、高尔夫。

教育：西伊利诺斯大学商业理学士，路易斯维利MBA。

目前职务：GE动力系统公司CEO。

曾任职务：1991年任GE加载器具公司CEO，1992年任GE运输系统公司CEO，1995年任GE动力系统公司CEO。

其他优点：工作十分努力，密切联系消费者。

不足：可能算不上一个战略思想家。

执掌GE公司董事长、总裁要职近20年之久的杰克·韦尔奇，是GE公司光辉业绩的主要创造者。但是，GE公司发展史上最成功的决策，却发生在韦尔奇上任之前。韦尔奇的前任雷吉·琼斯，用7年时间物色挑选了韦尔奇。如果说韦尔奇改写了GE的历史，那么，

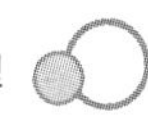

韦尔奇改写GE公司历史的过程，是从琼斯决定提任韦尔奇的决策开始的。

就挑选继任者而言，琼斯的不凡之处在于一开始就认为，他要挑选的是一位与自己风格不一样，能够领导GE公司改革的继任者。假若继任者仅仅是前任的拷贝，公司无疑会失去活力。对于继任者，琼斯的脑子中并没有一个现成的人选。在他的要求下，人事部门提供了一份包含96位候选人的名单。经过筛选，候选人数缩减至19人。这时，琼斯发现名单上少了一个应该有的人，那就是负责塑料企业的杰克·韦尔奇。人事部认为，韦尔奇"为人特别"、"好闹独立"，且只有39岁，"十年之后考虑也不晚"。琼斯命令将韦尔奇补充进入候选人圈子。再次筛选后，剩下的候选人减少到11人，韦尔奇名列其中。

1978年元旦刚过，琼斯开始实施他的"机舱面试"计划。每当一个候选人走进他的办公室，琼斯总是故作神秘地把门关好。然后点上烟斗，示意被谈者坐定放松，接着，开始说出公式般的第一个问题："听我说，比尔，你和我现在乘坐公司的飞机旅行，这架飞机已经坠毁了。（稍作停顿）谁该继任GE公司的董事长？"多数被询问的候选人表现得不知所措。每个候选人被要求提出3位董事长的候选人姓名。从这样的谈话中，琼斯了解到许多有关候选人对其他候选人的想法和合作可能性。

当年，韦尔奇也是在意料之外被召去接受"机舱面试"的。根据琼斯的要求，韦尔奇写下了3个董事长的候选人的姓名，其中包括后来成为他的董事会合作者的胡德、柏林盖姆和他本人。当琼斯问及3个人中谁最有资格时，韦尔奇脱口而出："这还用问吗？当然是我啦。"他们都忘了，韦尔奇已经"坠机遇难"了。3个月后，琼斯把候选人压缩至8人，并再次分别召见他们，作第二轮"机舱面试"。当然，问题作了改变："这回，你我同乘一架飞机，但是，飞机坠毁后，我死了，而你幸免于难，你说谁该来做公司董事长？"琼斯要求每人列出3名候选人，自己可以列在其中。令琼斯高兴的是，他最中意的3名候选人，韦尔奇、胡德和柏林盖姆，各自在3名董事长候选人名单中包含了另两位。这时，琼斯心目中的继任者形象和姓名已经明确了。他就是杰克·韦尔奇。

自从韦尔奇宣布自己将在2000年年底退休开始，关于未来CEO的猜测就一直没有平静。韦尔奇做了一个培训和测试人选的5年计划，他和董事们不动声色地考验了十多人，轮流分派给他们各种任务，让他们与董事会成员和华尔街的分析人士接触。他们用颇为丰厚的无投票权股票和购股权保证他们不外流。一位猎头说："杰克·韦尔奇的这一招很漂亮，任何人想要挖走他们都必须付出高昂的代价。"

董事会的5人委员会专门负责与11个分公司的首脑会面，韦尔奇有意不参与其中，以免他们在作出判断时受他的影响。委员会将对所有人的印象写成书面报告交给韦尔奇和负责人力资源的副主席威廉·康纳德。韦尔奇说："这件事做起来并不令人尴尬。我们不是说：'我们要看看你能不能当老板。'他们面见每个分公司老总，是对整个公司和整个领导队伍进行评判。"

二、思考·讨论·训练

1. 根据本案例内容总结一下接班人选拔的基本步骤。

2. 根据三个最有希望问鼎 GE 王国宝座的人的档案资料，分析韦尔奇选择伊梅尔特作为接班人的必然性。

3. 接班人的挑选战略如何与公司的发展阶段紧密结合？

职业生涯规划书范例

一、案例介绍

大学生朱亚翔的职业生涯规划书，是其在“航天杯”首届中国大学生职业规划设计大赛获得的一等奖作品。现将它作为一个职业生涯规划的实例收录，我们相信它对企业员工的职业生涯管理具有重要的参考意义和研究价值。

大学生朱亚翔的职业生涯规划书

姓名：朱亚翔

性别：男

年龄：22 岁

所在学校：信阳师范学院文学院

（一）前言

随着我国高等教育的大众化发展趋势，高校毕业生的就业问题越来越突出。严峻的就业形势给当今大学生带来了前所未有的压力。作为一名即将走上工作岗位的大四学生，在此时对自己和职业环境进行准确评估，进而规划自己的职业生涯，有十分重要的导向意义。

（二）职业定位

根据个人的实际情况和面临的职业环境，我的职业定位是西部基层教育工作者。整个职业生涯按照时间顺序分为以下三个阶段：① 大四阶段；② 基层教师（23～35 岁）；③ 西部办学（36～60 岁），这三个阶段按照时间顺序分布，根据各个阶段的职业发展特点，制定不同的阶段目标、实施路径、调整方案（见表 10-1），使自己不断完善，使职业目标得以实现，促进自己与社会的共同发展，寻求个人价值与社会需要的契合点。

表 10-1 职业路径列表

职业阶段	时间	职业目标
第一阶段	大四	大四学生
第二阶段	23～35 岁	基层教师
第三阶段	36～60 岁	西部办学

（三）认识自我

为了科学、全面地认识自我，我参加了职航快线的人才测评，测评结果如下。

1. 职业能力

职业能力是一个人从事某项工作的潜质，对一个人的职业定位和职业选择非常重要，它决定了一个人是否适合做某项工作。只有人与岗很好地匹配，才能使自己的职业生涯得到很好发展，反之，会阻碍自己的职业发展。另外，对自己的职业能力有了清晰、明确的认识，才能在以后的自我提升中扬长避短，不断提高自己。

我的推理能力、数理能力和信息分析能力及语言能力较强，而基本技能和人文素质较低。较强的推理能力得益于自己缜密的思维、做事认真、讲求逻辑性。这项能力对一个人经营一个较独立的团队有很大帮助，能清晰地分析出团队的生存空间、发展步骤等。数理能力是对数字的整理分析能力，这是在数字化社会中人的一项必备能力。信息分析能力是在综合材料的基础上提炼出对自己有价值的信息，这项能力对做一名语文教师非常有帮助，因为对课文的分析是语文教学的重点。语文课文的重要特点就是通过象征、隐喻等手法将作者的思想和感情隐藏于文字之后，造成距离美感，这就要求语文教师对材料中直接表述的内容有较强的分析能力。语言能力是作为一个教师最重要的能力之一，它是知识的最后传输阶段，是直接影响工作质量的一种能力。而人文素质是从事各种职业所不可缺少的一项能力，尤其是教育工作者。因为教育是面向人、面向孩子的职业，教师的职责不仅要向学生传递知识，而且要培养学生高尚的品德。教师先要有高尚的品德，才能给学生以好的影响。人文素质是我比较缺乏的，要在以后的学习、生活中不断提高完善。

2. 职业价值观

职业能力决定一个人对职业的选择能否很好地适应职业，而职业价值观决定能否在职业生涯中得到自我追求的满足。前者更侧重于短期选择和表象，后者更侧重于长期发展和内在提高。所以，两者同等重要。我的三个最主要的职业价值观是：家庭取向、经营取向和自我实现取向。这三个价值取向各有其优势和劣势，分析如表 10-2 所示。

表 10-2 职业取向测评结果

	家族取向	经营取向	自我实现取向
优势	1. 有较高的稳定性和忠诚度； 2. 做事勤奋踏实； 3. 重视同事、个人情感	1. 独立性强； 2. 主动行动； 3. 有强烈的成就动机	1. 重视他人感受与价值； 2. 做事目标明确； 3. 有强烈的发展、提升意识
劣势	1. 进取心不够； 2. 处事比较保守； 3. 工作状态易受家庭影响	1. 较主观； 2. 协作性可能不够； 3. 可能比较固执	1. 可能不够客观； 2. 对自身利益考虑不够； 3. 有时过于敏感

以上对三种主要价值取向的分析，使我更深层次地了解了自己的优缺点，应在以后的学习生活中不断提高完善自己，更好地评估调整自己的职业规划，更好地实现自己的职业目标。

3. 职业人格

职业人格是人格的一个组成部分。一个人的人格是相对固定的。所以，认识自己的性格，特别是职业性格是定位适合自己岗位的前提。只有做到人岗匹配，才能发挥自己职业人格中有利于职业发展的部分。所以，选择适合自己职业人格的职业也就意味着选择适合自己性格的职业。通过测评可知，我的职业人格属于稳健型，具体表现如下。

第一，综合特质。冷静有耐心；稍许的开明态度，友善且热心；接纳他人的看法；珍惜与人之间的互动；内向。

第二，能力优势。忠实可靠；善解人意，善于聆听与辅导，极具毅力；自制且有耐心；能稳定地完成艰难工作。

第三，人际关系。希望别人主动；外表稳重可靠；维持既有人际关系；交际圈小。

通过对我的职业人格的分析可知：稳健型的职业性格使我适合做相对稳定且不具有冒险精神的工作，适合与人打交道，能独立承担并很好地完成一项有难度的工作。但一些不利因素也会影响到我的职业目标的实现，所以，在清楚认识自我的基础上，要积极主动地完善自己职业性格中不利于实现职业目标的因素，为职业目标的实现时刻准备着。

4. 个人因素和外部环境因素 SWOT 分析

（1）个人部分。① 健康状况。身体很健康，无重大疾病。能够顺利通过服务西部计划的体检。平常喜爱运动，像爬山、游泳、打篮球等，善于学习与休闲的有机结合，生活有规律，学校寝室 10 点半熄灯，一般 11 点睡觉。早晨 6 点起床，保证 7 个小时左右的睡眠时间。白天午休 1 小时，保证高效率的学习。

② 学习情况。在中学学习一直很好，以较高分数考入信阳师范学院。尤其是语文，一直很优秀，为大学期间中文专业的学习打下基础。大学期间在学好专业课的基础上，积极培

养对其他专业的学习兴趣。

③ 兴趣爱好。爱好写作、演讲、演话剧等文娱活动，积极锻炼自己对文字和语言的驾驭能力。爱好爬山、打篮球等体育活动，使自己拥有强健的体魄，旺盛的精力。

④ 个人提高。我善于将理论知识与实际情况结合起来，在知与行统一的基础上，得出自己的结论，有一定的科研能力。通过大学生活的锻炼，提高了自学能力，能独立完成一门功课的初步学习。

⑤ 管理技能。有较强的领导团队的能力，善于与人沟通，善于控制自己的情绪，有较好的心理素质，在策划组织大型活动中体现出了较高的组织能力。

⑥ 价值追求。追求自我价值的实现，有强烈的事业成就欲望。看重对社会的一份责任，注重个人内在素质的提高和生活的精神享受。

（2）学校部分。① 专业学习。我所就读的是中文专业中的汉语言文学，是中文专业的基础性专业。选择这一专业是我兴趣与特长的结合。学习过程是愉快的，也是很有成效的，其中现代文学曾考过全班最高分。但是文学理论由于理论性太强、较枯燥，学习效果相对较差。

② 技能掌握。顺利通过了普通话测试，取得了一级乙等证书。计算机通过了省文管二级测试，能熟练使用 Word、Excel 等 Office 办公软件和 FoxPro 数据库管理系统软件。英语通过了非专业四级考试，有一定的阅读和交际能力。

③ 所任职务。任华中地区十大文学社团之一的远方文学社社长，出版《远方》杂志，定期请作家、教授举办文学讲座。任学校学工部教育科学生助理。任信阳人民广播电台兼职主持人。现任我班班长。这些职务锻炼了我的工作和人际交往能力，提高了我的专业素质。

④ 所获奖项。一等奖学金、单项奖学金。“网通杯”首届河南省大学生职业规划设计大赛“规划设计之星”荣誉称号。信阳师范学院教师技能大赛二等奖。信阳师范学院校庆 30 周年演讲比赛一等奖。

⑤ 学习环境。信阳师范学院的学习风气和考研率较高，良好的学习氛围为自我提升创造了客观条件，学校优美的环境和良好的师资及浓厚的学术氛围使我的素质得到了潜移默化的提高。

⑥ 生活环境。近几年学校注重了基础设施的建设，住宿、就餐、购物、休闲、锻炼等设施达到了国内一流水平，为自我提升提供了物质保障。

（3）家庭部分。① 家庭经济情况。农村一般家庭，经济上可以帮我完成学业，但不能提供更多的经济上的支持。

② 家人健康状况。家人均身体健康，不会影响我的职业选择和职业发展。

③ 家庭成员关系。家庭成员关系非常好，都非常支持我的职业选择。

综合以上分析，采用 SWOT 分析法得出以下结论，如表 10-3 所示。

表 10-3 SWOT 测评结果

	机会因素（O）	威胁因素（T）
外部环境因素	1. 国家对大学生就业尤其是到西部基层就业的优惠政策。 2. 在西部大开发、西部基层教育发展的迫切性、必然性的历史机遇下，农村下一阶段就业人数增多，我国基层教育小班教学模式将推广。 3. 知识经济时代的到来，教育在国民经济中的作用越来越重要。教师的地位越来越高	1. 大学生就业形势严峻，竞争激烈。 2. 就读学校和所学专业竞争力不强。 3. 西部基层教育发展缓慢，基础设施跟不上，限制个人才能的发挥
	优势因素（S）	弱势因素（W）
个人状况	1. 身体健康，精力充沛。 2. 有正确的目标和为目标奋斗的毅力。 3. 有扎实的专业知识基础，较高的人文修养。 4. 在组织、参与各种活动中得到很多经验。 5. 在大学时期，参加了各种社会实践，增强了对社会的认识。 6. 家人和朋友的大力支持	1. 自我意识强。有时忽略别人感受。 2. 自信心太强，对困难估计不足

由 SWOT 分析可以看出，师范类专业学生就业形势虽然很严峻，但如果把目光关注于广大基层，就业前景还是很乐观的。我的性格特征、能力倾向以及家庭和在学校所学专业决定我选择做一名西部基层教育工作者是正确的选择。但随着越来越多的大学生投身西部教育事业，竞争还是有的，所以我要为了实现这一职业目标在各个方面做好准备。

认识自我总结：通过以上的自我分析，根据职航快线人才测评结果和 SWOT 分析显示以及家人、朋友对自己的评价，说明我适合从事教育事业，也具有为社会作贡献的精神和自主创业的能力。

（四）职业环境

1. 西部大开发

自从 2000 年我国西部大开发迈出实质性步伐以来，短短几年，青藏铁路、西气东输等大型工程相继竣工；500 万亩退耕还林还草试点工程、高新技术产业化项目等正在如火如荼地进行，西部已成为一片开发的热土。中共中央已经明确表示，要坚持实施西部大开发战略不动摇，坚持对西部大开发的支持力度不减弱。在这一历史机遇下，西部的基层教育也面临难得的发展机遇。

2. 大学生志愿服务西部计划

在西部面临的难得历史机遇面前，人才的缺乏日益凸显。为此，国家共青团中央、教育

部、财政部、人事部从2003年开始联合发起“大学生志愿服务西部计划”，鼓励大学生服务西部。胡锦涛总书记就实施“大学生志愿服务西部计划”曾作出重要指示，中央下发了《关于引导和鼓励高校毕业生面向基层就业的意见》的文件。2005年西部计划全国项目办共派遣11 300名志愿者，这些志愿者大都是两年的服务时间。我毕业的2007年，国家将招募和11 300这个数字相当的志愿者去填补这些志愿者的空缺。随着西部社会的全面发展，这一数字有可能增加。“大学生志愿服务西部计划”和这一计划的良好落实为我到西部支教职业目标的实现提供了客观条件。

3. 西部基层教育情况

西部基层教育面临着严峻的现实。随着国家“两免一补”政策在西部的实施，很多贫困家庭的孩子得以走进教室，避免了失学的命运。但严峻教育现实的改变不可能一蹴而就，主要体现在以下几个方面：首先是学校基础设施的建设跟不上学生的需要。国家在免除了学生的学杂费之后，按照学生人数给学校一定的财政补贴，这些补贴用来弥补免收学杂费造成的财政空缺，只是维持学校的正常运转。而学校校舍、体育器材等需要较多资金的项目则很难得到改善。其次是师资力量薄弱。在如今的西部基层教育讲台上的教师，大多年龄较大，且有一部分是由民办教师转为公办教师的，这些教师具有丰富的教学经验和可贵的奉献精神，但随着社会的发展变化，知识经济、信息时代的到来，他们的知识体系和教学方法已经落后，不利于学生的学习。而西部本土培养出来的师范类学生又由于人事制度的落后得不到很好的安排。再者是“读书无用论”的不良影响，加之高中又不在国家免除学杂费的范围，个体家庭经济的贫困很难负担起高中费用，导致很多孩子在初中毕业后就外出打工，影响了西部整体教育质量。以上这些严峻的教育现实，决定了西部还需要大批高素质的教师充实到教育第一线，也需要高质量的、能帮助西部贫困孩子的高级阶段的中学。这样的形势使我的西部办学的职业目标不仅具备了个人价值实现的可能，同时也具备了社会意义，使自我价值与社会需要得到了很好的结合。

4. 专业因素

据《关于做好2005年大学生志愿服务西部计划招募选拔工作的通知》显示，现阶段西部紧缺农业、林业、水利、师范、医学等专业，学历要求为“突出本科及本科以上学历”。我就读的信阳师范学院是一所以本科教学为主的有一定影响的师范类院校，非常符合国家相关政策要求。

我所学的中文专业是基础性学科，虽然不是社会需要的热门专业，但多年来一直保持稳定的就业形势。其就业行业主要是记者、编辑、教师、文秘等。可选择行业不是太多，但近年需求量稳中有升。如果师范类的中文专业学生把就业目标放在基层，则非常容易就业。因为在广大中小学，语文是一门基础学科，需要大批优秀的语文教师。

5. 社会力量办学

在西部大开发这一战略中的西部农村教育，也将取得历史性的发展。随着西部基层教育的发展和前段时期我国人口出生高峰的到来，西部入学人数将会增加，会给虽在发展但基础尚薄弱的西部基层学校带来压力，为社会力量办学提供空间，也使其变得迫切。国家对社会力量办学也一直大力支持，尤其是2003年9月1日实行的《民办教育促进法》更是给社会力量办学以法律的保障。相信这方面的法律建设会越来越完善。

总结：通过对职业环境的分析可以看出，国家社会大环境对教师尤其是西部基层教师的需求量依然很大。所读学校以及所学专业都能使我找到一份教师工作。国家的教育形势为到西部办学提供了客观条件。选择教育工作，不仅是我的职业倾向和岗位的很好匹配，也是适应国家和社会发展的需要。

（五）实施路径

1. 大四学生

这一阶段总目标：打下扎实的专业知识基础；掌握一名合格教师所应具备的各项技能；提高自己的人文素质；收集就业信息，了解必要的面试技巧，报名西部支教。

（1）行动策略。如图10-1所示。① 学好专业知识。中文专业知识包括三大块：语言、文学、文艺理论。我校中文专业大四学年开设主要课程：近代文学、西方文学思潮、中国文字学、中国民间文学、语文教学论（以上为必修课）；老舍研究、鲁迅作品专题研究、诗词曲赋比较研究（以上为选修课）。

② 学习时间。保证正常上课时间，课余抽出一定时间预习、复习，阅读与课程相关的书籍，以扩大知识面。

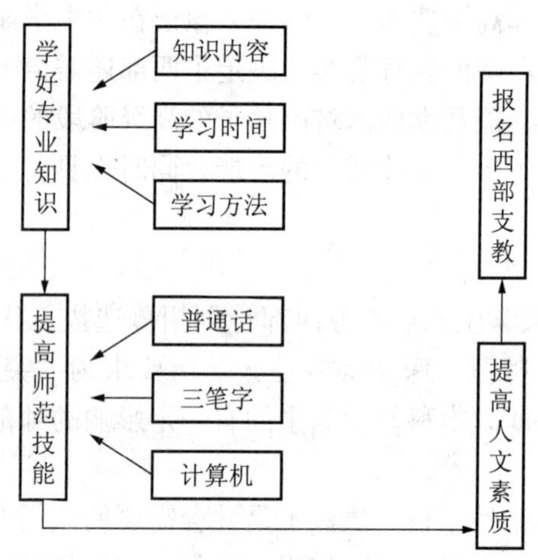

图10-1 行动策略

③ 学习方法。有系统地复习前三年所学专业知识，时间截至大四上学期。大四学年要学的课程根据每门课程的性质采取不同的学习方法。文学性质的课程要把理论学习和作品阅读、背诵相结合。研究性的课程应多阅读相关书籍，扩大知识面，掌握最前沿的研究成果。实践性的课程如语文教学论等，要把理论学习和实践相结合，提高自己的实际能力。

④ 提高师范技能。师范技能主要包括普通话、三笔字、计算机等。这些在以前的大学阶段学习中已经得到了比较系统化的学习和锻炼，最后一年要做的是进一步强化，使其和实践更好地结合。

（2）强化措施。① 普通话。作为教师，语言的普通话训练侧重于发音准确和较强的语言组织能力。我已经考取了普通话一级乙等证书，发音已经达到较高水平，计划每天抽出半小时的时间读一些文章，在日常生活中坚持说普通话，保证语音的标准化。提高语言组织能力的具体措施：阅读散文大家的著作，学习其质朴、委婉而又内涵无穷的语言风格。背诵汉赋名篇，学习其铺张、凌厉的语言风格。阅读鲁迅作品，学习其语言的深刻性与简洁性。

② 三笔字。三笔字指粉笔字、钢笔字、毛笔字。三者内在是统一的，复习在书法课上学到的理论知识，平常经常练习。每天下课后，抽出 20 分钟在教室黑板上练习粉笔字，在平常写字中有意识地锻炼钢笔字，每天晚饭后抽出 20 分钟在寝室练习毛笔字。定期请我校书法学教师、信阳书法协会主席姚学贤老师批评指正。

③ 计算机。在以前的大学学习中，已经熟练地掌握了计算机基础知识，通过了省文管二级考试。需要进一步提高的是教学课件的制作。主要措施是从图书馆借阅有关课件制作方面的书籍，利用学校机房自学，遇到困难向机房老师请教。

④ 提高人文素质。人文素质虽然很抽象，但对人的影响却是具体的，影响到一个人对待工作、对待生活的态度。要通过阅读中国古典文学作品和外国文学名著来提高人文素质，并要特别注意在日常生活中严格要求自己。这也是内职业生涯的重要组成部分。

⑤ 收集信息，报名支教。国家团中央、教育部等四部委 2003 年联合发起的“大学生志愿服务西部计划”在我省各高校得到了很好地落实，我将从西部计划网站上及时了解相关信息，并留意我校的相关信息发布。在规定时间内网上报名，接受学校选拔。学校选拔标准是：思想品质好、业务素质高、奉献精神强、身体健康。这些素质我都具备，自信能通过学校的选拔和省项目办的审核。我国现行的服务西部计划大部分是为期两年，可申请重新分配工作，并且有一定的优惠政策。两年期满后，我将申请留在西部基层学校。

2. 基层教师（23～35 岁）

本阶段目标：践行素质教育；做学校的管理者。

（1）践行素质教育行动策略。素质教育的最终实现，不仅靠专家的大声疾呼，更要靠无数一线教师的躬身践行。也许一个人的践行微不足道，但正是无数的微不足道，才能彻底改变应试教育的面貌。实施措施如下。

- 培养自强精神和平等心态。既不自卑也不自傲，用平和的心态对待生活。
- 注重学生知识和技能的提高。
- 注重自身提高。

（2）做学校管理者的行动策略。

目标实施路线：班主任＋中层管理者＋高层管理者。

（3）实施措施。① 班主任阶段。刚参加工作的年轻教师大多从事班主任的管理工作，实现这一目标不是太困难。职位虽然不高，但因是学校的基本单位，与学生接触最多，是一个很能锻炼人的岗位。我将在班里大力提倡民主教育和爱心教育，建立一个宽松、团结的班集体。从思想上让我的学生意识到肩负的责任和学习的重要性，从而营造浓厚的学习氛围。在学习成绩和学生综合素质两方面作出优异成绩，争取晋升为教务方面的中层管理者。

② 中层管理者。准确地说是教务方面的中层管理者。在这一阶段，我将首先加强师资队伍建设，通过能者上、庸者下的竞岗政策，建立高素质的教师队伍，并且使教师年龄老中青结构合理。与当地及国内师范类院校取得联系，加大教师培训力度。加强本校教师的业务交流，利用自身资源提高教师素质。其次是加大教学改革，大力推广素质教育。在学校教师内推广素质教育理念，全面改革学校的应试教育面貌。

③ 高层管理者。在这一阶段我将着重考虑学校的生存和发展环境，为学校制订长远的发展计划。加强学校与社会的沟通和交流，开门办学校。注重对社会力量办学的关注和研究。

3. 西部办学（35～60 岁）

（1）本阶段目标。创办一所体现我的教育理念的、突出公益性质的高级中学，挖掘自身经营取向，为西部教育尽己之力，达到自身价值实现和社会需要的很好契合。

（2）目标实现保障。西部教育的需要；国家政策的支持；丰富的教学经验和学校管理经验；资金和师资的保证。

（3）行动策略。① 资金筹措。资金来源有以下几个方面：个人积累；亲友支持；国家和社会慈善机构支援捐助；银行贷款。主要以吸纳社会资金为主。社会力量办学吸纳社会资金的形式有三种：教育贮备金、教育债券、股份制形式。第一种对于家长风险太大，已产生的种种弊端使其已没有太大的市场空间。第二种形式需要政府统一规划，作为学校个体不易操作。我将主要采取股份制形式筹措办学资金。

② 师资建设。师资的好坏是决定一个学校档次的决定性因素。但很多民办学校又都面临着师资不稳定的困扰，我将努力建立一支高素质的、稳定的教师队伍。具体措施有：公开招聘，注重应聘者的专业素质和道德修养；与当地教育主管部门积极沟通协商，解决教师的编制问题，享有和公办学校老师一样的待遇；提高工资待遇，实行多劳多得的制度；加大教师培训，为我校老师提供良好的发展前景；以对西部基层教育的赤诚之心留人。

③ 办学理念。建设校园文化，突出公益性质。建设特色校园，注重学校软环境建设。在保证学校正常运转的基础上，加强对贫困孩子的经济资助。

（六）评估、调整

1. 评估

（1）评估时间：每月评估一次。

（2）评估办法：自评与他评相结合。

（3）评估内容：自我能力、积累、职业兴趣的变化情况和我所从事的职业环境及其发展

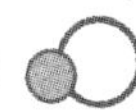

前景。

2. 调整

上述职业目标主要突出地表现为外职业生涯规划。内职业生涯规划也蕴涵其中。两者实质不同，但实现方式殊途同归。都表现为个人的不断完善、个人发展和社会贡献的更好协调。职业生涯规划是一个有机、持续不断的探索过程，随着自身条件和外部环境的变化而变化；规划是在客观现实的基础上合理的逻辑推理，所以具有一定的弹性。在实际操作中，把合理的科学预测与实际相结合，坚持原则性与灵活性相结合，才能使规划真正得以实现。

如果第二阶段的职业目标——基层教师实现不了，我将把就业范围扩大，主要是扩大就业地域，而不是改变职业。第三阶段的西部办学难度较大，如果到了预定职业期，主客观办学条件不成熟，我将适当延缓办学时间，但这一目标不会改变。虽然社会在不断变化，但知识始终是推动社会前进的动力，任何时候都会受到重视。我的职业目标也始终具有积极意义。

（七）结束语

结合自身的实际情况做好职业生涯规划对职业发展和自我实现起着十分重要的作用。规划固然美好，但真正实现它们需要在人生路上不断进取，百折不挠。思想有多远，我们就能走多远。重要的不是现在我们站在哪里，而是下一步走向何方。当我站在大四，当我回望过去，当我展望未来，我要做的是贮满知识的风，信念的风，向着遥远的彼岸扬帆远航！

（资料来源：曹鸣岐. 职业生涯规划. 高等教育出版社，2008.）

二、思考·讨论·训练

1. 朱亚翔的职业生涯规划书有何独到之处?
2. 请为自己制作一份职业生涯规划书。
3. 请设计一个“职业生涯规划表”。

职业生涯讨论会日程安排

一、案例介绍

下面是某企业一个职业生涯讨论会日程安排的例子，我们可以看到一个为期 2 天的职业生涯讨论会的日程和内容安排。

在这个讨论会之前 2 个星期，讨论会的参加者收到一封信，介绍讨论会的所有项目和内容，信中还附有一套练习资料，包括技能清单、价值观识别、生活成就调查和一个生涯指导机会和阅读材料。

第一天

8：30—10：00

介绍职业生涯规划概述

对参加者表示欢迎，介绍项目

总经理致辞

总的介绍日程安排和预期的结果

参加者介绍（提出完成项目的预期）

生涯发展的总的看法

公司的哲学

为什么需要制订职业生涯计划

职业生涯计划是什么，不是什么

职业生涯计划模型

10：00—中午

自我评价：第一部分

个人的自我评价：价值观

价值观卡片分类练习

介绍职业生涯规划总结工作单

个人自我评价：技能

有目的的技能练习

检查生活成就（对工作前的情况进行综合练习）

识别成就主题

辨别工作技能（从工作前的调查中）

填写职业生涯规划总结工作单

13：00—15：30

自我评价：第二部分

个人自我评价：职业锚

职业锚模型练习

小组练习

填写职业生涯规划总结工作单

个人自我评价：偏爱

对我而言成功意味着什么

技能知识和个性品德

填写职业生涯规划总结工作单

个人自我评价：职业通道模型

总结工作前的方向选择
填写职业生涯规划总结工作单

15：30—16：30
环境评价
有关公司的情况
目标、成长的地区、期望、营业额、工作竞争、未来的技能
填写职业生涯规划总结工作单
个人的职业生涯轮廓
真实试验看看你如何

第二天
8：30—10：00
目标设定
预热练习
回顾一下我已经做了什么，将要做什么
建立目标
创造一个理想的未来
未来的技能和成就
期望的生活方式
生活和职业生涯目标

10：15—13：30
环境评价：第三部分
公司中的生涯资料
介绍支持服务，提供有关信息
自我推销：用什么来达到你的目标
安排成功人士与他们共进晚餐以讨论问题
总结午餐的讨论

13：30—16：30
开发职业生涯行动计划
作出职业生涯决定
识别长期的选择
识别短期的选择
增进职业生涯决定
决定提高他们的模型和方法

制订你的职业生涯计划

使你的目标与机会相一致

下一步职业生涯步骤

开发行动计划

意外事故计划

推行——让委员会进行下一步总结和体会

（资料来源：周文霞. 职业生涯管理. 上海：复旦大学出版社，2005.）

二、思考·讨论·训练

1. 职业生涯讨论会的日程安排应注意什么？
2. 怎样举办职业生涯研讨会？

案例7 几次工作转换带来的困惑

一、案例介绍

周志善今年35岁，在我国一个综合性大学的商学院主修财务会计专业。本科毕业之后，他凭借名牌大学毕业、在校期间优良的学习成绩等有利条件，顺利地在上海一家国有银行找到了一份工作。

在银行工作期间，尽管一开始他从事的是出纳员的工作，但是周志善在平时的工作中认真负责，善于为客户着想，很快赢得了主管、同事和客户的好评。同时，他还利用业余时间自学银行信贷、期货股票、投资理财等课程，因为周志善认为，上海乃至中国的经济正处于腾飞前的起步阶段，理财是很重要，也是很有前途的工作。周志善当然明白，他不可能一辈子从事出纳员的工作，他还有更远大的抱负。

正当周志善在银行稳定工作的时候，一个偶然的机会改变了周志善的计划。原来，周志善的姐姐在几年前就东渡日本留学，并顺利地在日本定居。她希望弟弟也能够到日本发展，并已经为他在东京的一家商社找好了工作，办好了相关的手续。姐姐当然希望他能够在东京站稳脚跟，继续深造，姐弟俩并肩奋斗。

是走还是留？周志善面临着职业生涯的第一次抉择。如果走的话，不仅铁饭碗没有了，而且意味着以往他在银行所作的努力将付诸东流，到东京一切从头再来。如果留下，那么他将失去一次梦寐以求的深造机会，在盛行出国留学的今天，很多人都梦想能有这么一次机会，如果错过，实在可惜。

权衡再三之后，周志善决定远走日本，因为他还年轻，应该去闯一闯。于是，他向领导递交了辞职信。

到东京以后，由于有姐姐的关照，他顺利进入一家贸易商社工作，同时在一所大学学习语言。由于周志善英语基础好，商社缺乏这类人才，所以一开始周志善做的是翻译工作，半年下来，他的英语和日语水平都有了长足的进步。一年以后，凭着一贯的敬业精神，周志善再次脱颖而出，被上司看中，调到财务部门做起了他的老本行。与此同时，他开始在日本大学在职攻读 MBA 学位。四年很快过去了，周志善的语言能力和业务能力比起四年前有了不小的进步，但是在职业生涯上，却没有太大的发展。

由于日本民族强烈的排外性，作为一个外国人的周志善感觉不可能在职务上有很大的晋升空间。所以，当在商学院的 MBA 学习结束后，他毅然决定回国发展。凭借自身的实力，他很快就在某日资企业找到了一份翻译的工作。周志善日语、英语纯熟，又有丰富的财务管理经验和 MBA 学位背景，所以工作没多久，他就颇得日方的器重，可以破例以翻译的身份参与董事会、公司的日常管理，甚至参与与合资中方的协调工作。然而，在做这一切的时候，周志善总觉得有些尴尬，日方愿意给他高薪，却始终不愿意给他升职，他在公司的正式职位只是一个翻译，有些对周志善心怀妒忌的同事更是对他冷嘲热讽。

考虑到以上原因，周志善决定再次跳槽，凭借以往的资历和工作经验，他很快就在另一家著名的日资企业三木公司找到了工作。这次他干的是老本行——成本会计。由于该公司成本核算是直接对远在东京的公司总部负责，周志善事实上也成了公司成本会计的负责人，但是他名片上的抬头依然是成本会计。

周志善认为大公司办事有一定的规则，所以并不着急，在工作中仍秉承他一贯的敬业精神，工作完成得相当出色，多次受到公司总部的表彰。另外，他还利用业余时间学习，考取了注册会计师资格证书。

周志善的努力终于得到了公司的承认，他被提升为财务部成本系的系长。他很振奋，认为自己终于有了盼头，他工作也愈加勤奋了。但是，随着时间的推移，公司财务部长换了四任，有精明强干的，也有平庸无能的，但是他们都有一个共同点，都是日本人。尽管公司不断给周志善加薪，但是他的名片上的头衔依然是“成本系长”。周志善清楚，他不是日本人，所以他在山木公司的职业生涯也就到此为止了。

明白了这一切的周志善很沮丧，思前想后，他还是决定要走，去重新选择一家欧美背景的外资企业工作。因为根据以往经历，已经明明白白地说明了一个道理——日资公司均存在着较为强烈的排外情绪，在日资企业不可能有很多的职位晋升空间。周志善希望思想比较开放又比较活跃的西方企业可能会好些。

带着这样的期望，周志善开始为第三次跳槽作准备。查看招聘广告，准备个人简历，忙于应付各种类型的面试和考试。周志善发现，面试他的公司、办事处均对他的业务能力评价颇高，对他的工作经验很感兴趣。但是，又都对他高薪离职的动机和原因表示难以理解。所以，在面试的时候，都再三探究他离职的理由。周志善认为日资企业和西方公司的文化背景不同，恐怕难以理解，况且，如果据实以告，说是因为觉得在原来企业得不到令人满意的升职而离职，会给人一种野心勃勃的印象，因此，周志善一旦被问到这个敏感问题，总是婉转表达他的意思。如此一来，反而引起了误会。有的公司认为他没有诚意，有的则认为周志善必定是做了什么不可告人的事情，在原单位待不下去了，才想到辞职的，所以，都没有接受他。

由于周志善的此次跳槽准备，是瞒着三木公司进行的，所以，经过几次求职面试失败后，他也决定暂时把这件事情放一下，安心在三木做他的系长。但是很快周志善就感觉到了不对劲，先是以前就决定好的加薪允诺没有兑现，然后公司又派了一个助手，名义上是跟周志善学习，实际上明眼人一下就能看出，是为了日后取代他的位置。周志善暗暗叫苦，他明白，三木公司一定已经察觉到了他想跳槽的事情。他估计消息的泄露是由于某家他前去应聘过的公司在作背景调查，或是他曾联系的猎头公司走漏了风声。

这下，周志善真的着急了。他再次行动起来，然而还是和上次一样，好多公司都对他离开三木的理由表示质疑。拖了一段时间后，由于周志善和三木公司的合同期已满，三木对他的跳槽行为非常不满，不愿意和他再续合约，于是，周志善失业了。

没有工作的最初一段时间，周志善并不是十分焦急，他甚至有一种解脱的感觉，还打算好好休息一下，给自己放假，带妻子和孩子出去旅游，放松放松多日来紧绷的神经。但是这样的日子并没有持续很长的时间，事实上，周志善给自己的放假也是自欺欺人，由于没有为日后的工作和生活做好打算，即便是在风景优美的旅游胜地，他也是心不在焉。

很快，生活的压力就令周志善感到沉重。每月固定的高额购房贷款要还，父母、妻子的唠叨更是令他烦不胜烦。无奈，周志善只好再次踏上求职路。此次他抱定宗旨，要在西方企业中寻找合适的工作。

几个月过去了，就在周志善几乎灰心的时候，他突然接到了一个美国公司的约见电话，抱着一线希望，他赶去面谈。在交谈过程中，美国公司的老总并不在乎周志善的日企背景，还很欣赏他的工作能力。最后，总经理当场拍板，给了他一个财务经理的职位，而且薪水并不比原先在三木低。可是，周志善并没有感到喜出望外，因为，他觉得这家公司的规模较小，许多规章制度都不完善，在管理上存在不少问题。

尽管这不是一家理想的公司，但是周志善鉴于目前自己的状况，就抱着姑且一试的心态答应下来。工作了一个月以后，周志善的担心变成了现实。这家美国公司由于规模小，绝大部分事情均由总经理一人说了算，管理制度很不健全，财务审核更是非常混乱，甚至还存在偷税漏税、虚开发票等许多问题，周志善几次向总经理提出，结果均是不了了之。周志善决定再一次跳槽。

（资料来源：周贺来．人力资源管理实用教程．北京：机械工业出版社，2010.）

二、思考·讨论·训练

1. 结合本案例分析一下职业生涯选择涉及哪些因素？

2. 分析造成周至善多次离职的原因。

3. 你的职业生涯发展是否顺利？在本案例的启示下，你认为该如何把握自己的职业生涯发展的命运？

造房子

一、目的：让学员领会到协调、合作、计划、交流的重要。

二、参加人数：每组 4～6 人，可有 4～5 组。

三、练习时间：25 分钟。

四、工具：各小组剪刀一把，塑料胶带一圈，A4 废纸 100 张（可以包含 5 张各种颜色的彩纸）。

五、讲师向各学员说明。

（1）在练习前。① 请各小组各造一栋纸房子，房子将推销给讲师。

② 房子要标准，高、大、稳、美。

③ 造房子的时间有 25 分钟。

④ 当 25 分钟后，各小组须派一人上台推销他们所建的房子。

⑤ 讲师将以糖果支付房款。

（2）在造房子后。① 各小组要清点所余的纸张数，以便核算成本（一张 A4 纸成本是一颗糖果）。

② 各小组向讲师报价。

③ 讲师最后可以用糖果买下一栋楼。

六、共同讨论题。

（1）是否没有向客户（讲师）澄清要求。

（2）是否没有领导者。

（3）是否没有做计划。

（4）是否没有进行有效分工和授权。

（5）成本是否很高（用了多少纸）。

一、请以“十年后的我”为题为自己设计一份职业生涯规划书，并与自己的老师和朋友讨论它的现实可行性。

二、个人职业规划如何与组织发展不同阶段的要求相适应？

三、设计一个以“职业生涯大家谈”为主题的活动方案，具体方案的表现形式可以灵活多样，如讨论、演讲、辩论等。

四、有人观察了许多大学毕业生的职业道路，发现他们的职业成功与否，与在校学习的成绩没有必然联系。你同意该看法吗？如果同意，你认为这里面的主要原因是什么？如果不同意，请说明你的观点和理由。

第十一章　劳动关系管理

如果他们不再相互对立，而是齐心协力，那么，由他们创造出来的盈余会多得真正惊人。他们双方都会认识到，如果用友好合作和互相帮助代替敌对和冲突，他们就能够共同使这种盈余比过去有巨大的增长，从而有充足的余地来大大提高工人的工资；同样，大大增加工厂的利润。先生们，这就是伟大思想革命的开始。它是走向科学管理的第一步。这种革命就是完全改变双方的思想态度，用和平代替战争，用真诚的兄弟般的合作代替争论和冲突；用齐心协力代替相互对立，用相互信任代替猜疑戒备，双方变成朋友而不是敌人。

——弗雷德里克·温斯洛·泰勒

学习目标

- 把握劳动关系管理的含义；
- 明确劳动关系管理的内容；
- 熟悉劳动关系管理的途径；
- 能够开展员工劳动关系管理。

故事导入

员工的乐园

海因茨去佛罗里达旅行。可是他很快就回来了。

“为什么回来得这么早？”

“你们也不在，一个人游玩没有意思。”

他指挥工人在工厂中央安放了一只大玻璃箱，员工们好奇地过去看，原来里面有一只巨大的短吻鳄，重达 800 磅，身长约 4.35 米，年龄为 150 岁。

“怎么样，这个家伙看起来还好玩吗？”

“好玩。”许多人都说以前从未见到过这么大的短吻鳄。

海因茨笑呵呵地说：“这个家伙是我佛罗里达之行最难忘的记忆，也令我激动万分。请大家休息的时候一起来分享这份快乐吧！”

原来，这是海因茨特意为员工们买回来的。

海因茨非常善于管理企业，老板与员工之间建立融洽的劳资关系是他的经营秘诀。他身材短小，可员工们都认为他很高大，因为他十分容易让人接近，和员工打成一片。他还特别善于用自己的热情来打动员工，使大家非常激动和振奋。

亨利公司的劳资关系被认为是美国企业的楷模，被誉为“员工的乐园”。

正确地处理与不断改善劳动关系，加强企业劳动关系管理对保障企业与职工的互择权，实现生产要素优化配置，保障企业内各方面的正当权益，调动员工的积极性，改善企业内部劳动关系，维护安定团结都具有重要意义，企业应予以高度重视。

一、劳动关系管理的含义

劳动关系是指劳动者与所在单位之间在劳动过程中发生的关系。劳动关系是重要也是最基本的一种社会关系，企业是发生劳动关系最集中的地方。企业中的劳动关系又常常被称为员工关系、雇员关系，从西方国家引进的称呼“劳资关系”也得到了普遍认同。不管怎么称呼，劳动关系都是基于雇主（资方、企业、单位、老板）与雇员的雇佣关系所形成的关系。

在我国现有架构下，劳动关系主要通过雇主与雇员之间签订的雇佣契约（合约、合同、协议等）形成，并受雇佣契约所规定的各方的权利和义务的约束。但当雇佣双方发生劳动争议或出现单方毁约或一方利益受到另一方的侵害时，除了可以通过司法途径寻求解决之外，各级劳动行政管理部门也发挥着重要的监管和协调作用，双方还可以选择通过劳动仲裁来解决。在我国，各级工会在保护劳动者权益中的作用不断得到加强。

劳动关系管理是指组织为建立和维系雇佣双方的良好关系所作的各种努力和各种活动，包括主动管理和被动管理两种。所谓主动管理就是组织本着良好的劳动关系，是实现组织与员工双赢的理念，抱着努力构建和谐的雇佣关系的美好愿望，主动通过各种努力尊重员工的人格尊严、重视员工的各种需要、关注员工的安全、提供具有竞争力的福利待遇、关爱员工的成长，从而使雇佣双方形成良好的合作关系。而被动管理实际上就是起灭火和善后的作用，即当矛盾已然存在或冲突已经发生的时候，积极采取措施解决矛盾和冲突，防止矛盾和冲突的进一步恶化，最大限度地减少矛盾和冲突给雇佣关系带来的负面影响，并努力消除事件对其他员工带来的冲击，避免更大范围的信任危机发生。

二、劳动关系管理的内容

劳动关系管理的范围很广，劳动关系管理的内容一般包括以下几个方面。

（一）雇佣关系管理

劳动关系首先体现为雇佣与被雇佣的关系，所以劳动关系管理首先要对雇佣关系的形成和雇佣关系的解除进行管理。雇佣管理也可以成为员工人口管理，这个阶段主要应注意五个问题：一是要符合相关劳动法律、法规的规定和要求；二是严格把好选人关，选对人、选好人，为后续的管理打好基础；三是注意签订明确规定双方权利、义务的劳动合同或劳动合约；四是做好员工的入职培训，在入职培训中让新员工了解企业的各项规章制度和行为规范，让新员工尽快融入到组织的企业文化中；五是关心新员工的工作和生活，帮助新员工解决实际困难和各种实际问题，用真心换来员工的真情，为建立良好的劳动关系打好基础。新型劳动关系的一个重要表现就是雇佣双方都有自主选择的权利，劳动关系的解除是正常的现象。劳动关系的解除有可能是员工主动要求的，这个时候主要是做好员工的挽留工作，如果员工去意已决，要了解员工离职的原因，积极协助员工办理好各种手续，使人去情在，让去的人心暖，让留的人心安；如果劳动关系的解除是企业方主动提出的，要么是员工表现欠佳，要么是企业需要裁员，不管是哪种情况，除了要有理有据，使去者无恨，还要保障被解雇者的各种权益，让去的人得到一些安慰，让留的人不至于寒心。

雇佣关系管理中一个重要的任务就是劳动合同的管理。我国《劳动法》第 16 条规定："建立劳动关系应当订立劳动合同。"劳动合同是明确雇佣双方权利和义务的契约性文件。通过订立劳动合同，雇佣双方的劳动关系得以确立，受雇一方的岗位、职责、任务、工资和福利待遇与雇佣方的责任和义务等都得以确定；通过订立劳动合同，一旦发生劳动争议，双方的是非曲直就有了基本的法律依据，雇佣双方的权益也在很大程度上得到了法律的保障。劳动合同可用来约束和规范雇佣双方的行为，大大降低企业的用人风险和劳动者权益受侵害的风险。

《劳动法》第 17 条对劳动合同的订立也作了明确的规定："订立和变更劳动合同，应当遵循平等自愿、协商一致的原则，不得违反法律、行政法规的规定。"也就是说，劳动合同的签订应以雇佣双方平等的法律地位为前提和基础，双方都不得采取强迫、欺诈、威胁或乘人之危等手段，不得将自己的意志强加给对方，劳动合同必须体现双方的真实意愿，是双方协商一致的结果，体现互利互惠的原则。同时，劳动合同必须依法订立，首先是订立合同的主体必须合法，如劳动者要达到法定的劳动年龄，具有劳动权利能力和劳动行为能力，雇佣方则必须具备承担合同义务的能力；其次是合同的内容必须符合法律的规定；最后是劳动合同的签订必须符合法律规定的程序，如保证双方的知情权和平等自愿等。劳动合同的形式包括书面形式和口头形式，法律规定劳动合同必须采用书面形式，口头协议或约定的劳动合同的法律效力和法律保障性都较之书面合同要差。一般来说，企业事先都会准备好统一的、格式化的劳动合同，在签订劳动合同时受雇方自愿决定是否同意合同条款、是否签订。

（二）劳动纪律与奖惩管理

俗话说国有国法，家有家规。一个组织也不可能没有相应的纪律和规则，正所谓"无规矩不成方圆"。制度建设是建立良好劳动关系的一个关键环节，有了制度，管理活动和管理行为就有了依据，员工的行为也就有了规范和准则，不仅可以减少管理的盲目性和主观性，减少员工行为的非理性和惰性，而且可以大大减少劳动纠纷的发生。完善的规章制度应该明确地告知员工企业的各项规定和要求，让员工明白什么行为是提倡的，什么行为是可接受的，什么行为是不可接受的，什么行为是要受到惩罚的，而且要将这些主要规章制度印成手册或指南，发到员工手上，并通过入职培训等各种形式宣传这些规章制度，使之深入人心。

劳动纪律的目的是要员工对自己的行为负责，不仅可以起到预防性作用，还可以对违反法律的行为进行矫正，即纪律本身也是企业奖惩的主要依据。劳动纪律不仅要告诉员工应该做什么和不应该做什么，而且要让员工明白做了应该做的事情会得到什么奖赏、做了不应该做的事情会受到什么惩罚。根据行为的性质和造成的后果决定惩罚的种类，如口头警告、书面警告、停职、降级、开除等。

劳动纪律和奖惩管理特别要注意把握好纪律的刚性与人情味的柔性之间的关系。制度化管理并不意味着冷酷无情，刚性与柔性并非水火不容，刚柔并济才是劳动关系管理的艺术性所在。一是在纪律或制度制定时就要有人性化，体现对员工利益和权益的尊重，体现对员工的爱护和关怀；二是通过纪律制定过程的员工参与，提高纪律的认同度；三是要加强纪律的沟通，让员工对纪律的目标和内容有清晰的了解和认识；四是在纪律的执行过程中要人性化，要公正、公平，要维护员工的尊严，对事不对人，给员工申辩的机会，给员工改错的机会，有一个申诉和处理的机制来保障员工受到冤枉或不公正对待时有处可诉；五是管理者和劳资关系管理人员自身要努力提高自己的能力、水平、修养和纪律管理的技巧。

（三）劳动权益保护管理

劳动关系管理的目的是建立良好的劳资关系，一种良好的关系必然建立在互利互惠的基础上，或者说必然是双赢的。因此，劳动关系管理绝不仅仅是对雇主利益的维护和保护，劳动关系管理的一个重要任务就是劳动者劳动权益的保护。企业员工的劳动权益保护一方面是指与劳动有关的、影响员工身心健康的各种保护措施（如合理的劳动时间、作息时间和休假制度），切实保护员工安全的各种措施，提供良好的工作场所（如通风状况、光线情况和卫生条件等），以及其他可能会影响到员工身心健康的方面。另一方面，劳动权益保护还包括员工在企业里其他各项权益的维护，如对与自身利益相关的信息的知情权，在利益受到损害时的索赔权等。

只有充分维护企业和雇员双方的合法权益，调动企业和雇员双方的积极性，才能使企业的资源最大限度地优化，促进经济发展和社会进步。一方面，要注重维护雇员的合法权益。只有在生产发展、社会进步的前提下，不断地提高企业雇员的劳动报酬、收入水平，提高福利待遇，才能实现社会生产的目的，才能促进社会的不断发展和进步。提高雇员的积极性可对企业的发展起到巨大的作用，人是生产力许多因素中最积极的因素，只有充分调动企业雇员的积极性和创造性，充分重视企业人力资源的开发，才能在企业生产经营中产生较高的生产效率和巨大的商机，为企业带来发展空间或机会。另一方面，也要注重维护企业合法利益，减轻企业负担，提高企业竞争实力，这是社会进步、经济发展和维持雇员生活的基础。

一旦企业受到严重冲击，企业被迫停产或倒闭，将会对企业和雇员带来非常不利的影响，既损害企业利益，又使雇员生活受到严重影响。

（四）劳动争议管理

企业和雇员在某种意义上是相互依存的，有着共同的利益基础，但毫无疑问，企业和雇员也存在着利益动机上的差异。对企业而言，最根本的目标是实现企业利润最大化，要达到这个目标，一个重要的途径就是通过降低成本（包括生产成本和劳动力成本）来提高市场竞争力；而作为雇员，他们更关心的是自身利益的最大化，最直接的表现就是工资福利待遇的最大化和职业发展前景。因此，雇佣双方在具体的工资标准和工资支付、福利待遇、劳动条件、劳动时间、劳动关系解除等涉及各自权利和义务的事项中不可避免地有时会发生分歧、矛盾和纠纷，这意味着劳动关系可能会出现不和谐、不协调。如果不能及时、妥善、合法、公正地处理这些劳动争议，不仅会严重影响劳动关系中的合法权益，而且还会间接影响到其他雇员对企业的信任。所以，劳动纠纷管理是劳动关系管理中一项非常重要的内容。

劳动争议尤其是集体性或重大的劳动争议如果得不到妥善处理，往往会导致雇员的不满、抱怨、旷工、怠工、事故，甚至会发展为罢工和破坏，雇主可能会采取黑名单甚至关闭工厂的做法，其结果都是破坏企业正常的生产秩序，破坏劳资双方的关系，最终是企业和雇员双输的局面。处理劳动争议，劳动立法是一个重要的措施，《企业劳动争议处理条例》中明确表述劳动争议立法的目的是："为了妥善处理企业劳动争议，保障企业和职工的合法权益，维护正常的生产经营秩序，发展良好的劳动关系，促进改革开放的顺利发展。"

劳动争议的处理一般有两种途径：一是争议双方进行协商、谈判，最后由一方或双方作出妥协；二是借助第三方的力量来解决，包括调解、仲裁和诉讼。在劳动关系管理中，劳动争议管理主要指第一种途径，即企业内部采取措施尽可能预防矛盾的产生和激化，当出现劳动争议时本着解决问题、双方共赢的原则进行平等协调、对话和谈判，争取和平解决。在第一种途径失败，即争议双方无法通过协商、对话和谈判解决分歧和纠纷，不得不借助第三方力量来解决时，才采用第二种途径。

当发生劳资纠纷的时候，首先要弄清楚纠纷的前因后果，详细查阅相关法律、法规及企业的规章制度或合约，了解责任方及责任的大小；其次要耐心做好沟通和说服工作，防止矛盾和冲突的进一步恶化；再次是积极进行对话和谈判（包括集体谈判），争取最佳的处理方式；万一企业内部无法解决而必须通过仲裁或司法途径时，要积极配合仲裁机构和司法机构的工作，争取最佳的处理结果，并尽可能防止事件给企业形象带来负面影响；最后是要在企业内部做好解释和宣传工作，努力消除事件对其他员工带来的冲击，避免更大范围信誉危机的发生。

（五）社会保障管理

社会保障是指社会保险、社会救济和社会福利等，在企业劳动关系管理中，社会保障主要指为员工购买社会保险。社会保险是国家通过立法的形式，由社会集中建立基金，使劳动者在年老、患病、工伤、失业、生育等丧失劳动能力的情况下能够获得国家、社会补偿和帮助的一种社会保障制度，包括养老保险、失业保险、工伤保险、医疗保险和生育保险等。国家对整个社会保障体系有明确的法律规定，企业应该严格遵守这些法律规定，建立完善的社会保障体系，维护员工的基本权益，维护良好的劳动关系。

三、劳动关系管理的途径

（一）立法

劳动争议的产生在很大程度上是因为相关法规不健全，因此当企业各方因利益冲突而产生矛盾时，常常无法可依，无所适从，通过完善法律，企业各方的权、责、利就可明确下来，并在法律的基础上加以调整。

（二）发挥工会及党组织的作用

工会与企业党组织代表职工与企业协调劳动关系，兼顾职工与企业的利益，避免矛盾激化。

（三）培训主管人员

劳动争议的产生和劳动关系的紧张，常常与企业主管人员的工作作风、业务知识、法律意识有关。通过对企业主管人员的培训，就能增强他们的劳动关系意识，掌握劳动关系问题处理的原则及技巧。

（四）提高职工的工作生活质量

改善劳动关系的根本途径是提高职工的工作生活质量。提高职工的工作与生活质量的主要内容包括：参与管理、职务设计、周期性安排（“培训—工作—休息”）、满足个人的特殊要求，使职工在工作中感觉到真正的意义。

（五）职工参与民主管理

职工参与民主管理可以使职工参与企业的重大决策，尤其是涉及广大职工切身利益的决定，这样可以更好地使企业经营管理者在作出重大决策时充分考虑职工的利益。

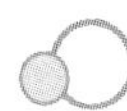

案例1　灵活、高效的全员聘用合同制

一、案例介绍

民办高等教育作为我国教育改革发展的新事物，经过国家政策支持与自身不断发展，其地位和作用已经越来越得到社会的认可。由于民办高校在办学体制上的灵活性，决定了它在不断的发展过程中呈现出不同于公办高校的独特之处，其发展经验具有十分重要的总结价值。

郑州大学升达经贸管理学院（以下简称升达学院），是由以台湾教育家王广亚博士为董事长的台北广兴文教基金会与郑州大学合作兴办的一所民办高校，创办于1994年，目前以应用型经贸管理本科教育为主，现有在校学生1.20万余人，其中本科生1.069 5万人，已毕业学生7 376人，连续几年就业率保持在90%以上，2003年就业率达到95.5%。在短短不到10年的时间内，升达学院之所以能取得较快的发展，原因固然是多方面的，但是其中非常重要的一点就是，在结合自身实际情况的基础上，形成了一整套比较完善的人力资源管理体制。

在教职工的管理上，升达学院实行全员聘用合同制。学院与教职工通过签订聘用合同，明确界定双方的权利，做到真正意义上的学校自主用人、员工自主择业，实现教职工聘用能上能下、能进能出。具体的运作实践证明了它有利于合理配置和有效利用人力、物力、财力资源，实现人员结构的最优化、效益的最大化；有利于引入激励竞争机制，激发和调动教职工的工作积极性、创造性；有利于人才的自我意识和价值观念在市场经济条件下获得极大提升。从而既提高了办学效率，又节约了办学成本；既保证了教学质量，又营造了和谐的工作氛围，收到了良好的效果。

（一）岗位设置

升达学院实行创办人领导下的院长负责制，其组织体制分为四大块：教学系统、行政系统、党团系统和董事会。针对各类工作岗位，学院将其分为教师、职员和工友三大类岗位，其中教师包括专任和兼任教师，职员包括专任职员、技术人员及教师兼任行政职务（总务长、教务长、学务长、图书馆长、系主任、主任、秘书、科长）人员，工友包括本校技工、工友和临时工。教学系统包括五系（外语系、管理系、资讯系、商学系、文法学系）、三部（共科部、公外部、体育部）、22个专业。每系、部设主任、教学秘书、行政秘书各1人，专任教师和兼任教师若干名，系主任必须兼任教师岗位。体育部设专任工人岗位2人。

行政系统包括院长、副院长，四处、三室、一馆、两个中心。每个单位一个主管。

教务处：职员岗位11人，负责教学行政管理，包括课务科（4人）、注册科（3人）、科研教材科（3 人）。

学务处：职员岗位 12 人，负责学生事务管理，包括生辅科（4 人）、劳卫科（3 人）、课外活动科（4 人）。专任工人岗位 22 人，月资临时工岗位 31 人，日资临时工岗位 2 人。

总务处：职员 20 人，包括事务科（3 人）、保管室（3 人）、伙食科（4 人，管理 41 个食堂和商店）、保卫科（2 人）、出纳室（2 人）、营缮科（4 人）。专任工人岗位 38 人，月资临时工岗位 29 人，日资临时工岗位 19 人。

招生就业处：职员岗位 5 人。

秘书室、外事办：职员岗位 9 人，专任工人岗位 3 人。

人事室：职员岗位 4 人。

会计室：职员岗位 4 人。

图书馆：职员岗位 18 人。

计算机视听中心：职员岗位 16 人，负责网络管理、软件开发、计算机视听设备的教学管理（技术服务、软件网络）。

健康中心：职员岗位 13 人。

党团系统包括党总支、院团委、校工会，专职职员岗位 2 人，其余均为兼职。各系秘书干事、辅导员岗位作为职员岗位单独设置，按每 240 名学生设 1 人的比例设置。

（二）工作职责和岗位要求

1. 根据岗位的不同，设置严格的工作职责

如对人事室其中一位人事干事的职责界定为：① 办理员工任免调离之具体事项；承办聘书（包括缮稿与制作）、聘函，办理离职交代、人事变动登记等事项；② 办理教职工人事资料之汇集、登记、保管与统计分析；③ 办理教职员工资格之审查及各种人事证明文件之审查、签发；④ 教职员工之校徽、工作证、印章、离职等资格证明之签缮统计事项；⑤ 差假、勤惰之登记考察及出差日程的会核事项；⑥ 办理人事奖惩之签拟事项；⑦ 主任交办有关人事事项。

2. 在制定工作职责的同时，提出岗位要求

同样是对该人事干事，对其提出的岗位要求是：① 依规章办事，公正廉洁；② 负有保守公务机密之义务；③ 凡赶办要务时，虽例假亦应照常办公或轮值；④ 随时收集资料，考察社会实况，以为经办业务之参考；⑤ 确实贯彻一切人事规章；⑥ 例行文件之处理如有错误或引用章则、例案及行文手续有错误，由承办人负责，其关系重大者，主管就应连带负责，如文字上之错误（如人名、地名、及数字等），由承办人负责。

升达学院实行教职员工请假代理制。在《教职员工请假办法》中规定：教职员工若需请假，必须严格履行请假程序，若需请人代理时，代理人必须经过教务长或学务长同意后才有资格代理；主任、科长等职务需请假者，除履行请假程序外，必须按相应的程序选定代理人，同时还必须对代理人的权限范围作出明确的界定和交代。

（三）实行严格的聘用合同管理

1. 聘用程序

（1）制订科学的用人计划。根据近年来不断扩招的实际，预计学院将达到1.2万～1.5万人的规模，据此制订了学院各相关岗位的总体进人计划，然后再分解到各系、部、室等单位。比如在教师引进上，计划2004年专任教师比例要达到50%，2005年要达到60%，2006年要达到70%，在学院总体计划的指导下，会同各系、室等单位制订各单位进人计划。

（2）人员来源。以教师岗位为例，基本实行向社会公开招聘。专任教师招聘主要通过向其他院校及有关专业学会发出征求信，同时在全国专业报刊及网站上刊登招聘广告，吸引应届研究生及其他符合要求的专业人员前来应聘和就职。兼任教师则主要是在本市其他高校教师中进行招聘。

（3）如何聘用。教师聘用的决定权由学院学术委员会兼任的职务聘用委员会掌握。该委员会为常设机构，由院长担任主任，各系主任为成员。各系、部、室将聘用人选提交给委员会，委员会再通过综合考察，决定是否聘用应聘人员。

（4）根据工作需要决定职称聘用。针对某些岗位的实际情况，实行“低职高聘，高职低聘”的灵活聘用原则。如学院的健康中心，由于主要是针对一些常规疾病的防治需要，而不是要克服疑难杂症及进行复杂手术，所以现任健康中心主任虽具有主任医师的高级职称，但只按主治医师聘用。学院计算机视听中心由于目前只负责设备维护，而不是主要进行程序开发，因此计算机视听中心主任虽有高级工程师职称，但只按工程师聘用。而对一些在教学等岗位上能力突出、成绩显著的人员，经考核符合规定的，则在原有基础上晋级聘用。比如，某位教师虽然目前只有讲师职称，但由于岗位重要，而且其教学效果好，则可按副教授职称聘用。

2. 签订合同

被聘用时，学院所有教职工都和创办人、院长签订《聘书》。《聘书》是依照《教育法》、《教师法》及相关法律法规而形成的范本，《聘书》中有明确的聘用期限、职务、薪金水平和职务聘任规约等有关双方的权利与责任方面的内容，特别是涉及学校提供的工作、生活、福利条件和应聘者的工作任务等方面都有具体而清晰的规定。聘用人员在通过职务聘用委员会的考核后，即会收到由学院人事部门发出的聘书，所有教职工应于收到聘书五日内送交人事室，否则视为放弃应聘。

3. 合同管理

学院统一规定教师两年一聘，职工一年一聘，在聘用期内严格执行学院制定的包括《人事管理办法》、《请假办法》、《教职工考核办法》、《教职工手册》等在内的规章制度。这些制度都已经明确地体现于双方签订的《聘书》中，包括《教师聘任规约》和《职工聘任规约》。

（1）聘用。被聘用人员依人事室书面通知之日起两周内或核准期限为报到时限，并以其完成报到手续时间决定其到职支薪时间。

（2）续聘。受聘者最迟在其受聘期满之前半年，应向所在单位提出续聘报告，否则，视为无意在受聘期满后继续在学校工作。是否被续聘则依据考核结果，由聘用委员会综合考察决定。

（3）解聘或不续聘。教职工不履行《聘书》中规定的规约，或经考核不能胜任者，即予以解聘或不续聘。专任教师、职工被解聘或不续聘后，能依照离职交付办法办理手续的，将发给一个月薪金和生活及地区性补贴，以便延揽工作，但是如果违反国家劳动法相关规定或服务时间未达聘期一半的，则不发给。

（4）离职。教职工申请离职，应于聘期期满前三十日提出，辞呈应经院领导核准，按规定办理离职手续后，学院人事室发给离职证书。否则，以违约论处，收取违约金，并赔偿学院的经济损失。

（5）改聘。专任教师无正当理由不履行支援代课义务，或不愿接受奉派兼辅导员或行政职务，改聘为兼任；兼主任、科长、辅导员等职务的教师，其考核结果低于规定的标准者，去其兼职；兼行政职务的职员或工友，其考核结果低于规定标准者，免其兼职。

（6）人事约谈。经各方面反馈和综合考核，达不到规定要求并已被列为拟变动聘用合同的人员，由单位主管或与人事室及院领导一起对其进行谈话，帮助其找出差距、分析原因，寻求改进办法，并根据约谈结果决定聘用合同是否变动，以及如何变动。

（资料来源：河南财经学院高校人事制度改革课题组．灵活高效的全员合同制．人才瞭望，2004（6）.）

二、思考·讨论·训练

1. 升达学院专兼任教师相结合及改聘等聘任制度的推行在人力资源管理上有何意义？
2. 升达学院严格的聘用合同管理发挥了怎样的作用？
3. 升达学院实施全员聘用合同制有哪些得天独厚的条件？
4. 公办高校应怎样实行全员聘用合同制？

劳务关系不同于劳动关系的法律调整

一、案例介绍

（一）基本案情介绍

申诉人刘礼美，黄建英、刘进沐、叶水莲四人住九江县沙河乡天坡村四组。

申诉人：女　1947年6月生　汉族　九江县人　住沙河乡天坡村7组。

被诉人：南昌铁路局沙河街北站。

2003年10月18日，申诉人刘礼美、黄建英、叶水莲、刘进沐等四人以被诉人无故辞退为由向本会申请仲裁，要求被诉支付每人经济补偿金 2 800 元，额外补偿金 1 400 元，延时工资 22 228.5 元并加总额 25%的经济补偿金 5 557 元，支付双休日加班工资 18 720 元、节假日加班工资 2 511 元并加 25%经济补偿 627.25 元支付每人劳动防护用品费 920 元，合计支付每人各项工资及补偿金 54 764.25 元。同时，要求被诉人补办 1994 年至 2003 年的养老保险、医疗保险、失业保险等社会保险。申诉人在开庭审理中，向本庭提供了下列证据：① 被诉人向申诉人发放的胸牌、工作牌：上有照片、编号和卫生保洁员字样，黄色马夹；② 证人陈世江谈话笔录 1 份；③ 村委会证明 1 份；④ 工作照片 1 组；⑤ 人寿保险股份有限公司证明 1 份等。申诉人借助上述证据证明与被诉人自 1994 年以来存在着事实劳动关系。

被诉人提交答辩称：申诉人提出的仲裁申请与事实完全不相符，申诉人与被诉人之间根本就不存在劳动关系，而是彻头彻尾的劳务关系，理由如下。① 双方根本就不存在劳动关系中的那种管理与被管理的关系。申诉人的工作时间完全由申诉人自己掌握，他们可以自己调剂、可以是自己或亲属代为；被诉人只是每天早 8 点和下午 3 点检查申诉人的劳动成果是否达到约定标准。② 工作内容单一，是我们正式职工本职工作外的附带职责，是由职工出资，单位统一对外发包的劳务关系，申诉人只对卫生保洁工作的成果负责，而无须承担其他职工应当承担的其他义务，如学习、遵章守纪等。③ 卫生保洁工作的内容简单，适合建立劳务关系，而且双方事实上也是以劳务关系出现的。对卫生保洁工作结果不满意的，双方可以终止劳务关系。④ 此外申诉人主体年龄不受劳动法调整，如申诉人刘礼美、刘讲沐、叶水莲均超出劳动法规定的就业年龄。⑤ 工作时间与私活时间叫以——并进行，并不受到被诉人的任何约束。⑥ 劳务关系只需按照劳动法律法规规定的其他义务去履行。

庭审中，被诉人向本会递交了以下证据。① 该单位的管理制度。② 职工的上岗证。③ 有关证人、证言。

（二）调查核实情况

本案开庭审理，并通过庭审辩论和庭上调查，对双方提出的证据作出以下认定。① 申诉人提交的胸牌、服装真实，但属于从事劳务工作的需要和安全的需要，且胸牌与单位上岗证存在本质区别，不能证明劳动关系成立。② 陈世江证言内容真实，说明双方存在劳务关系及劳动安全上的约定。③ 村委会证明真实，只证明双方存在劳动安全上的约定。④ 人寿保险公司的证明不能直接证明劳动关系的存在，申诉人无其他补充证据证明。⑤ 工作照片一组（申诉人提交），属于事后追补，与被诉人提出的证人、证言及本会调查的证人、证言存在事实上的对立，本会对其真实性不予认定。⑥ 被诉人提交的管理制度、上岗证及有关证人、证言与本会调查所获得的证据，事实相符，本会予以认定，本会依据上述证据，认定双方劳务关系成立。

（三）处理结果

经调解，刘进沐、叶水莲与南昌铁路避沙河街北站和解、撤诉，刘礼美、黄建英两人调解不成，本案依法裁决如下。

（1）驳回申诉人的仲裁申请；

（2）本案仲裁费壹仟元整由申诉人承担。

（资料来源：http://hrss.jiangxi.gov.cn/Content/show.php?id=5088）

二、思考·讨论·训练

1. 劳动关系与劳务关系存在怎样的区别？
2. 为什么法院作出如此判决？

竞业限制的经济补偿

一、案例介绍

石理（化名）原是苏州市一家外资公司的总经理，辞职后由于恪守双方约定的竞业限制，竟找不到合适的工作。最终，石理选择了自己创业，然而此举却给石理取得竞业限制补偿金带来了麻烦。为了维权，石理拿起了法律武器，并获得了支持。

与此同时，一直备受业界关注的竞业限制有关问题也随之而来。

（一）工作之前先约定

1997年8月27日，石理被苏州市一家无纺布外资公司聘用。工作之前，双方签订了一份劳动合同，其中约定从1997年10月15日起聘用石理担任公司财务总监，从1998年1月1日起担任公司总经理。

由于石理的职位在公司属于高层管理人员，有些特殊。公司与石理还特别在劳动合同中约定，石理在与公司终止劳动合同的两年中，不得参与任何与公司或其关联企业的产品在合同终止时有竞争的商务活动。竞业限制范围划定为中国以及其他亚洲国家，还有德国、美国、加拿大和墨西哥。

约定中还细化地提到，如果石理离开公司，经过努力不能得到一个类似而又不违反竞业限制义务的职位，公司将从解除劳动合同之日起，每月按其最后一个月工资50%的标准，支付石理补偿金；如果石理找到了合适而又不违反竞业限制义务的工作，但其收入低于以上50%的标准，公司补偿其不足的部分；公司支付石理上述补偿的期限为24个月，或到石理找到适合工作时止。

此外，如果终止劳动合同，公司需提前一个月书面通知石理终止支付补偿，而石理从终止支付补偿之日起无须履行竞业限制义务。

协议签订后，石理正式开始了在无纺布公司的工作，这一做就是7年。

（二）信守承诺为履约

2004 年下半年，公司决定提前终止与石理的劳动合同，并于当年 9 月 17 日、24 日两次向石理发出终止劳动合同的书面通知。

经过协商，当年 12 月 16 日，石理与公司达成了终止劳动合同的和解协议。

其中约定，石理和公司终止劳动合同的生效时间为 2005 年 3 月 31 日。公司按照终止劳动合同前 12 个月石理的平均工资 125 395 元/月，向石理支付 8 个月的经济补偿金人民币 100.316 6 万元；2005 年 1 月至 3 月的总收入为 29.575 万元。

同时按照公司规定，石理还可以取得固定赔偿金 6 万马克（合计 32.5 万元人民币），额外补偿金 25 万元。

双方在协议中还约定，石理所取得的所有货币补偿是其最终、充分的补偿，但这些补偿均不影响劳动合同中关于竞业限制条款的效力。也就是说，以上额外补偿金是对石理在终止劳动合同的生效时间之前，承诺不从事与公司相竞争的业务而给予的。

此外，在该和解协议中，双方还对雇佣关系终止前，石理应履行的职责、住房费用、车辆、医疗保险、假期的安排等作了明确约定。协议签订后，石理向公司交接了工作，公司也支付了协议中约定的全部款项。

（三）创业引发新问题

虽然石理曾是外企高层管理人员，然而由于受到竞业限制，石理离开公司后迟迟未找到工作。

“离开公司后，我也尝试过很多公司的招聘，甚至找过猎头公司，但结果都不理想。”谈起四处找工作的那段日子，石理脸上挂满了愁容。

在就业竞争如此激烈的今天，找工作本身就很困难，更何况还要遵守竞业限制。已年近 50 的石理曾是生意场上的得意之人，没想到如今却在就业中连连碰壁。几次之后，石理决定自立门户。他利用手头的资金，于 2005 年 2 月 4 日成立了一家投资管理公司，经营范围为研发、设计、销售环保技术及产品，以及企业投资信息、咨询服务。由他自己担任该公司的法人代表和总经理。

可令他没想到的是，自己迫于无奈成立了公司，却成了后来不能得到竞业限制补偿金的口舌。

2005 年五六月间，已与原公司终止合同的石理和对方就是否应支付竞业补偿金等问题发生争议。公司认为，石理成立公司就意味着找到了合适的工作，已经无须再支付补偿金。对这一说法，石理觉得，信守诺言却换来无理对待，于是决定用法律武器维护自身权益。

当年 6 月 28 日，石理向劳动争议仲裁委员会提出仲裁申请，要求原公司支付竞业限制补偿费及逾期支付利息。10 月 8 日，劳动仲裁驳回石理的要求。

（四）对簿公堂为维权

本来已为仲裁的结果感到不平，公司的又一项举动激怒了石理。

2005年7月1日，公司向石理发函，通知自当年7月31日起，免除石理的竞业限制义务，而石理也无权再得到补偿。

对于终止合同时至7月31日的竞业限制补偿问题，公司承诺石理，如果他能“充分证明”他确实找不到一个合适而又履行了竞业避让义务工作的话，公司将对他能否取得补偿金的问题“研究研究”。

仲裁要求被驳回，公司又出尔反尔，石理感到自己半年多来的努力似乎都成了无用功。另外，他对公司如同儿戏的决定实在不服，于是同年10月24日，石理把公司告上了法院。

石理在诉状中称，要求法院确认竞业限制约定中的部分条款无效；判令公司支付竞业限制补偿金250 790元及逾期支付利息；并判令公司一次性支付剩余20个月的竞业限制补偿费1 253 950元。

对此，无纺布公司认为双方已签订了和解协议，对于石理要求的补偿没有成立的条件。另外，石理既然已经成立了公司，也就是找到了合适的工作，公司也无须再支付该款项及相应的违约金。另外，他们已经通过发函通知石理无须继续履行竞业限制义务，因此剩余20个月的补偿金自然也就不存在了。

但石理觉得，自己成立公司是无奈之举，并且也不影响竞业义务的履行，另外公司单方面终止竞业限制也没有道理，对他而言不公平。

（五）索要补偿受支持

对于石理的质疑，苏州虎丘区法院最终给出了答案。

法院认为，无纺布公司单方提前终止竞业限制协议的约定并不违反法律规定，所以法院不予支持石理要求一次性支付剩余20个月的竞业限制补偿费要求。

关于竞业限制补偿金，只要石理履行了竞业限制义务，公司就应该支付竞业限制补偿金，无论是否获得了其他工作，无论这份工作收入的高低。因此，在无纺布公司不能证明石理存在违反竞业限制义务的情况下，法院认为公司应当按约支付从2005年4月1日起至2005年7月31日的竞业限制补偿金，补偿标准则按照石理平均工资125 395元/月的50%计算。

关于逾期付款利息的主张，法院认为应从公司终止竞业限制协议之日的第二日算起。

最终，法院判决该公司支付石理竞业限制补偿金25.079万元及逾期付款利息。

（资料来源：http://www.ChinaHRD.net）

二、思考·讨论·训练

1. 根据2008年1月1日施行的《中华人民共和国劳动合同法》，法院的判决是否合理？说明所依据的具体条款。

2.《劳动合同法》中的“竞业限制”和《公司法》中的“竞业禁止”存在哪些不同？“竞业禁止”是否适用于石理的情况？

案例4　扬州曙光电缆的劳动安全管理

一、案例介绍

扬州曙光电缆有限公司成立于1985年，经过20多年的发展和积累，现已成为国内线缆行业著名的电缆制造企业。目前拥有固定资产2亿多元，年生产和销售能力达到15亿元。系国家级重点高新技术企业、江苏省重合同守信用企业、一级计量企业、AAA级资信企业、扬州文明单位、江苏省清洁生产先进企业。并通过ISO 9001质量管理体系、ISO 14000环境管理体系和OHSAS 18000职业健康安全管理体系论证。长期以来，扬州曙光电缆有限公司严格加强安全管理，建立、健全安全管理机制，完善安全管理制度，提高安全工作的执行能力，加强企业安全文化建设，安全生产管理水平显著提高，推动和促进了企业各项工作健康发展。主要的做法如下。

1. 健全机构，强化责任，加强安全工作的组织领导

安全工作是一切工作的基础。近年来，该公司就建立了三级安全网络：成立安全生产管理小组，设立安全生产专门部门，组建安全员队伍，形成横向到边、纵向到底，齐抓共管的安全管理格局。该公司召开的生产协调会将安全工作列入重要议事日程，做到每次开会必提安全工作，安全工作贯穿于公司各项工作过程中。公司安全管理小组在总经理亲自领导下，负责对公司安全工作的全面领导，安全生产小组副组长由常务副总和安全科长担任，成员由各职能部门负责人担任。在平时工作中，主要从五个方面加强领导。

（1）健全会议制度。公司每月召开一次生产协调和安全管理例会，定期召开安全情况通报会，及时落实和解决生产过程中的安全问题。在此基础上，定期不定期地召开安全管理小组成员会议。另外，在每次召开的中层管理人员会议上，也要对公司近期的安全管理情况和要求进行通报和安排。

（2）加强安全评审。每年10月份定期由总经理牵头，安全管理领导小组全体成员对安全工作年度运行情况进行综合评审，评审结果作为下一年度安全工作计划制订的主要依据。

（3）签订安全责任状。根据公司年度安全工作计划和各部门的年度安全目标责任书，各部门车间负责人在每年年初都要与公司总经理签订安全责任状。然后各部门车间的负责人根据安全责任目标层层分解，将安全责任切实传递到每一位员工身上。

（4）强化部门职能。该公司成立的安全管理职能部门——安全科，强化了安全管理部门职能，为安全管理工作提供了重要条件。同时在公司建立了一支精干、稳定的安全管理队伍，除了安全管理部门有8名安全专职工作人员外，公司还配置若干名兼职安全员，为安全

管理工作提供了人员保证。

2. 完善制度，注重落实，切实提高安全工作的执行能力

有了健全的组织机构，还必须要有完善的制度进行规范管理，用制度管人，用制度管权，用制度管事，方可为安全管理工作打下坚实的基础。为此，该公司制定了《安全管理规范》、《门卫安全管理规定》等若干个管理制度、《作业指导书》等若干个程序文件及若干个岗位安全操作规程，对涉及安全的诸方面工作都作了翔实的明确和规范。该公司还把每个岗位的操作规程张贴到每台设备上，方便员工学习、掌握和运用。

制度是依据，关键在执行。为此，该公司在落实制度过程中，主要抓了以下四个方面的工作。

(1) 坚持定期组织设备、设施的安全状态的专项检查，发现隐患及时整改，保证设备、设施的安全。另外，设备部还根据设备运行状态，年初制订设备大、中修计划和设备保养计划，并逐步实施到位。

(2) 坚持每月组织一次安全运行情况及安全记录检查，规范各项制度、程序文件的有效落实和各种安全管理、检查记录按要求执行。对内、外审中发现的安全问题要求立即整改到位并进行验证。

(3) 坚持不定期组织一次综合检查，对作业现场人员遵守操作规程情况、设备设施的运行情况、现场环境等进行综合的检查，加大现场的监管和执法力度。

(4) 坚持安全员的责任区负责制。该公司明确了部门车间负责人为公司安全员，是各部门车间安全第一责任人。要求他们每天都要深入一线，加强调查研究，解决安全生产中的突发问题。检查中发现的隐患问题要及时上报，及时整改并负责跟踪落实。

3. 文化宣传，活动引导，着力建设安全工作的长效机制

安全作为一种文化，是社会发展水平一个重要标志，也是企业兴旺发达的一种表现。近年来，该公司坚持将安全文化建设，纳入到企业文化建设的总体规划中，使安全文化与企业文化相融共生，协调发展，整体推进，主要做了三个方面的工作。

(1) 创新安全文化理念。安全理念必须以科学发展观为指导。该公司通过认真总结安全生产的经验和做法，认真排查安全重点部位，并制作安全警示装置和张贴安全宣传标语，同时还利用橱窗、黑板报、厂报、电子显示屏等多种形式将安全理念和安全意识广泛宣传和灌输，把安全管理法律、法规和相关制度变成员工自觉遵守的工作标准和行为准则，在全体员工中逐步形成“安全责任重于泰山，一人受害全家痛苦”的安全责任理念，和“安全第一，预防为主”的安全防范理念。

(2) 活化安全文化形式。安全文化活动要注重员工的认同度和娱乐性，要通过寓教于乐，实现激励和教育的目的。为此，该公司先后组织和开展了各种形式丰富的文体活动，主要包括：开展安全竞赛活动；组织应急预案演练；观看安全生产宣传图片；开展技术培训和岗位练兵等活动。员工非常乐意参与，安全意识和安全责任感也显著增强。

(3) 拓展安全教育内容。教育培训是安全文化传播的重要手段和有效途径，也是建立安全

长效机制的重要内容。该公司的安全教育培训工作主要抓了四个方面的工作：一是管理人员的培训；每名管理员在上岗前必须经过安全培训，熟知各工序生产的安全防范部位；二是新进公司的员工，除了正常的业务技能培训外，还由师傅负责其操作安全，造成操作失误，师傅要承担责任；三是定期组织安全员进行安全应急措施的培训；四是日常其他业务技能培训。

纵观该公司的发展历程，可以悟出一个道理：没有安全，就没有稳定，更谈不上发展和前途。安全责任重于泰山，加强企业安全文化建设，是企业推进公司健康发展的必然选择。任何企业的发展，都需要一个稳定的安全环境和形成一种重视安全的氛围。

（资料来源：http://www.hbsafety.cn）

二、思考·讨论·训练

1. 为什么说劳动安全管理是“一把手工作”？
2. 企业如何有效地实施劳动安全管理？
3. 扬州曙光电缆有限公司的劳动安全管理最大的特色是什么？

高空飞蛋

一、目的：体现小组成员的创造力及团队精神。

二、形式：3个人一个小组为最佳。

三、类型：创造力，团队合作。

四、时间：30分钟。

五、材料及场地：每组鸡蛋1只，小气球1只，塑料袋1只，竹签4根，塑料匙、叉各2只，橡皮筋6条；3层楼及楼下空地。

六、适用对象：所有学员。

七、操作程序。

（1）培训师把上述材料发给每组，而后让学员在25分钟之后到指定的3层楼的地点把鸡蛋放下来，为了不使鸡蛋摔破，可以用所给的材料来设计保护伞。

（2）25分钟之后，每组留一位学员在3层楼高的地方放鸡蛋，其他学员可以到楼下空地观赏及检查落下的鸡蛋是否完好。

（3）鸡蛋完好的小组是优胜组，可以进行决赛，胜出者，培训师可以给一些小礼品作为奖励。

八、讨论题：

（1）你们组的创意是怎么得来的？

（2）在小组合作过程中大家的协调程度如何？

（资料来源：JDB营销管理学院，http://wenku.baidu.com/view/e717296baf1ffc4ffe47ac2a.html）

课后练习题

一、实训题：企业劳动关系管理状况调查。

实训目的：明确劳动关系管理的基本内容，把握企业劳动关系管理现状。

实训内容：进行企业劳动关系状况调查。

实训步骤：

由学生组成调查小组，每组 6～8 人。

利用业余时间深入本地区大、中、小型企业进行劳动关系现状调查和访问，具体了解企业劳动关系管理的制度及实施、合同签订、劳动争议处理、员工的满意度等。

调查访问前要制定调查提纲，采用多种调查方法进行调查。

实训考评：一、每组完成调查报告一份。

二、到一个企业考察其劳动安全和劳动卫生状况，提出改进措施，写出改进建议方案。

三、就如何消除劳动疲劳谈一下你自己的个人见解。

四、作为一个劳动关系管理员，你认为企业可以采取哪些劳动争议的预防措施？

五、假设你公司有 10 人的劳动合同将于一个月后到期，有 5 人将被终止劳动合同，有 5 人将续订劳动合同，请你分别为他们办理相关手续。

六、请谈谈你对“员工末位淘汰制”的看法。

七、当前我国企业劳动关系管理面临哪些新挑战？

八、搜集一些不同行业企业劳动合同范本，比较它们在格式和条款上的差别。

九、自己上网，搜集我国劳动法、劳动合同法、劳动就业促进法的全文，并研读学习。

参考文献

[1] 卿涛，罗键. 人力资源管理概论. 北京：北京交通大学出版社，2006.

[2] 莫寰，张延平，王满四. 人力资源管理：原理、技巧与应用. 北京：清华大学出版社，2007.

[3] 陈筱芳，张兴贵. 人力资源管理：网络化互动教学系统配套教材. 北京：清华大学出版社，2008.

[4] 贺秋硕，喻靖文，殷智红. 人力资源管理案例引导教程. 北京：人民邮电出版社，2010.

[5] 李柯. 秘书与人力资源管理. 北京：北京大学出版社，2010.

[6] 郑兰先. 人力资源管理. 北京：清华大学出版社，2008.

[7] 李立轩，殷学红，袁圣东. 人力资源开发与管理，高等教育出版社，2007.

[8] 褚福灵. 人力资源管理职位实训教程. 北京：清华大学出版社，2009.

[9] 于秀芝. 人力资源管理. 北京：中国社会科学出版社，2009.

[10] 吴国华，崔霞. 人力资源管理实验实训教程. 南京：东南大学出版社，2008.

[11] 邵海霞，李俊琦，李辉. 职业教育与就业指导. 北京：清华大学出版社，2006.

[12] 鲍丽娜，李孟涛，李浇. 管理学习题与案例. 大连：东北财经大学出版社，2007.

[13] 李颀. 浅谈人力资源外包. 中国商贸，2009（9）.

[14] 李鑫磊. 企业人力资源管理外包理论探究. 中国市场，2010（23）.

[15] 王维，熊菲. 浅析人力资源管理外包. 当代经济，2009（1）.

[16] 梁文艳. 人力资源外包刍议. 集体经济. 2009（3）.

[17] 肖冬云. 人力资源管理信息系统的设计与实现. 内蒙古财经学院学报（综合版），2009（3）.

[18] 黎晗. 现代企业人力资源管理信息系统研究. 科学技术与工程，2006（12）.

[19] 苏列英，党宁，张妙俞. 人力资源管理信息系统. 商场现代化，2006（11）.

[20] 贾颖娟，杨佰丽，贾磊. 浅析人力资源信息管理系统建设. 商场现代化，2010（2）.

[21] 薛献华. HRMIS：全面提升人力资源管理效率. 人才资源开发，2005（8）.

[22] 程方升. eHR：信息化时代人力资源管理的新取向. 新资本，2007（4）.

[23] 陈志福. 我国企业人力资源管理信息化存在的主要问题及对策，中国科技信息，2006（4）.

[24] 李丽，李旗. 人力资源管理信息化的问题及对策. 现代经济信息，2010（3）.

[25] 熊萍. 电子化：网络时代人力资源管理的新变革. 中国人才，2003（11）.

[26] 姚裕群，文跃然. 人力资源管理教学案例精选. 上海：复旦大学出版社，2009.
[27] 周贺来. 人力资源管理实用教程. 北京：机械工业出版社，2010.
[28] 周占文，宗蕴璋. 人力资源管理，北京：电子工业出版社，2009.
[29] 于秀芝. 人力资源管理. 北京：中国社会科学出版社，2006.
[30] 刘永安. 企业人力资源管理经典案例. 北京：清华大学出版社，2007.
[31] 张岩松，周瑜弘，等. 人力资源管理案例精选精析. 北京：中国社会科学出版社，2006.
[32] 郑晓明. 人力资源管理导论. 北京：机械工业出版社，2005.
[33] 王惠忠. 企业人力资源管理. 上海：上海财经大学出版社，2004.
[34] 贾晓辉. 人力资源管理理论与实务. 北京：中国国际广播出版社，2004.
[35] 陈天祥. 人力资源管理. 广州：中山大学出版社，2001.
[36] 余凯成. 人力资源管理. 大连：大连理工大学出版社，1999.
[37] 张德. 人力资源开发与管理. 北京：清华大学出版社，2001.
[38] 李小勇. 100 个成功的人力资源管理. 北京：机械工业出版社，2004.
[39] 牛雄鹰. 员工任用（一）：工作分析与员工招募. 北京：对外经济贸易大学出版社，2002.
[40] 李剑锋. 人力资源管理十大误区. 北京：中国经济出版社，2004.
[41] 赵曙明. 人力资源管理案例点评. 杭州：浙江人民出版社，2003.
[42] 张帆. 薪酬设计技巧. 广州：广东经济出版社，2002.
[43] 储企华. 现代企业绩效管理. 上海：文汇出版社，2002.
[44] 刘光明. 中外企业文化案例. 北京：经济管理出版社，2000.
[45] 林泽炎. 企业文化建设与高效管理. 广州：广东经济出版社，2002.
[46] 李剑锋. 劳动关系管理. 北京：对外经济贸易大学出版社，2003.
[47] 徐娅玮. 职业生涯管理. 海口：海天出版社，2002.
[48] 胡志刚. 中国企业核心竞争力：人力资源. 北京：经济科学出版社，2003.
[49] 孟昭宇. 中外企业人力资源管理案例精选. 北京：经济管理出版社，2003.
[50] 于秀芝. 人力资源管理. 北京：经济管理出版社，2002.
[51] 卢泰宏. 跨国公司行销中国. 贵阳：贵州人民出版社，2002.
[52] 刘兴蓓. 管理学原理教学案例. 北京：清华大学出版社 2005.
[53] 赵曼. 人力资源开发与管理. 北京：中国劳动社会保障出版社，2002.
[54] 余凯成. 管理案例学. 成都：四川人民出版社，1987.
[55] 张丽华. 管理案例教学法. 大连：大连理工大学出版社，2000.
[56] 梅子惠. 现代企业管理案例分析教程. 武汉：武汉理工大学出版社，2006.
[57] 里德. 哈佛第一年：商学院的真实经历. 北京：中国建材工业出版社，1998.
[58] 周文霞. 职业生涯管理. 上海：复旦大学出版社，2005.

[59] 董临平，康青，陆军. 人力资源管理本土案例解析. 上海：立信会计出版社，2005.
[60] 曹鸣岐. 职业生涯规划. 北京：高等教育出版社，2008.
[61] 周明星，咸桂彩. 现代职业生涯设计. 北京：北京交通大学出版社，2007.
[62] 叶龙，史振磊. 人力资源开发与管理. 北京：北京交通大学出版社，2006.
[63] 秦志华. 人力资源管理. 北京：中国人民大学出版社，2006.
[64] 蒋蓉华. 人力资源管理基础. 北京：清华大学出版社，2007.
[65] 雷银生. 企业战略管理教程. 北京：清华大学出版社，2006.
[66] 朱永国. 人力资源管理案例教程. 北京：首都经济贸易大学出版社，2006.
[67] 谌新民. 新人力资源管理. 北京：中央编译出版社，2002.
[68] 余凯成. 组织行为学·人力资源管理案例与练习. 大连：大连理工大学出版社，2003.
[69] 张佩云. 人力资源管理. 北京：清华大学出版社，2004.
[70] 黄明涛. 16 节职业素质课. 北京：中国致公出版社，2007.
[71] 余凯成. 人力资源管理. 大连：大连理工大学出版社，2002.
[72] 施必善. 人力经理必做的 100 件事. 北京：中国致公出版社，2002.
[73] 王玺. 最新人力资源规划、招聘及测评实务. 北京：中国纺织出版社，2004.
[74] 崔保华. 人力资源整合精华读本. 合肥：安徽人民出版社，2002.
[75] 傅永刚，王淑娟. 管理教育中的案例教学法. 大连：大连理工大学出版社，2008.
[76] 金圣才. 企业人力资源管理师（四级）过关必做习题集. 北京：中国石化出版社，2008.